中国企业社会责任建设

蓝皮书（2011）

顾问兼名誉主编：陈宗兴
主　编：黎友焕　刘延平
副主编：曹明福　王　凯

人民出版社

责任编辑:李椒元
装帧设计:徐　晖
责任校对:宋春燕

图书在版编目(CIP)数据

中国企业社会责任建设蓝皮书(2011)/黎友焕,刘延平主编.
　-北京:人民出版社,2011.10
ISBN 978-7-01-010201-6

Ⅰ.①中…　Ⅱ.①黎…②刘…　Ⅲ.①企业责任:社会责任
　-白皮书-中国-2011　Ⅳ.①F279.2

中国版本图书馆 CIP 数据核字(2011)第 173685 号

中国企业社会责任建设蓝皮书(2011)

ZHONGGUO QIYE SHEHUI ZHEREN JIANSHE LANPISHU

黎友焕　刘延平　主编

人民出版社 出版发行
(100706　北京朝阳门内大街 166 号)

北京新魏印刷厂印刷　新华书店经销

2011 年 10 月第 1 版　2011 年 10 月北京第 1 次印刷
开本:700 毫米×1000 毫米 1/16　印张:31.25
字数:478 千字　印数:0,001-3,000 册

ISBN 978-7-01-010201-6　定价:58.00 元

邮购地址 100706　北京朝阳门内大街 166 号
人民东方图书销售中心　电话 (010)65250042　65289539

《中国企业社会责任建设蓝皮书》
编辑委员会

吴成娟（韩）   美国加州大学伯克利分校（University of California, Berkeley）政治学系伯克利亚太经济合作组织研究中心博士

余鸿华（美）   美国凤凰城大学（University of Phoenix）博士

张　群　北京科技大学经济管理学院院长、教授、博士生导师

张明玉　北京交通大学经济管理学院党委书记、教授、博士生导师

林　军　广东恒健投资控股有限公司总经理、高级经济师、博士

林　勇　华南师范大学经济管理学院院长、教授

赵景峰　西北大学经济管理学院教授、博士生导师

高　闯　首都经贸大学校长助理、教授、博士生导师

郭文美　美国新墨西哥大学（University of New Mexico）博士

曹明福　天津工业大学经济学院副院长、教授、博士

喻卫斌　广东商学院人事处副处长、教授、博士

黎友焕　北京交通大学经济管理学院教授，广东省企业社会责任研究会会长，《企业社会责任》杂志社社长兼总编辑，广东省社会社科综合开发研究中心主任、研究员，博士

《中国企业社会责任建设蓝皮书(2011)》
编撰委员会

顾问兼名誉主编:陈宗兴

编委会主任:刘延平　黎友焕

主　编:黎友焕　刘延平

副主编:曹明福　王　凯

撰稿人:(以姓氏笔画为序)

　　　　文志芳　王　凯　王　星　陈小平　李双双

　　　　宋晓玲　张　艳　姜　甜　戚志敏　郭思敏

　　　　郭继远　路　嫒　章　林　黎友焕　魏升民

　　　　李　超　齐晓龙　赵秀英　丘新强

编辑部主任:陈小平

编辑部副主任:文志芳　张　艳

编　辑:魏升民　丘新强　李双双　王　星　戚志敏　路　嫒

　　　　戴海燕　冯瑞珍　林淑慧·郭思敏　齐晓龙　李　超

编辑部地址:广州市天河北路 369 号广东省社会科学院 2 号楼 401,

　　　　　　邮编:510610

编辑部电话:020-38814403;020-38813632

蓝皮书网站:http://www.chinaiso26000.com

目　录

前言 ……………………………………………………………（1）

理　论　篇

第一章　中国企业社会责任理论研究新进展 ……………（3）
　第一节　企业社会责任的定义及维度 ……………………（5）
　　一、企业社会责任的定义 ………………………………（5）
　　二、企业社会责任的维度 ………………………………（7）
　第二节　企业社会责任动因及影响因素研究 ……………（9）
　　一、企业社会责任发展的动因研究 ……………………（9）
　　二、企业履行社会责任的影响因素研究 ………………（10）
　第三节　企业社会责任的主要理论分析范式 ……………（14）
　　一、利益相关者理论与企业社会责任 …………………（14）
　　二、社会契约理论与企业社会责任 ……………………（16）
　　三、公司治理理论与企业社会责任 ……………………（17）
　　四、责任竞争力与企业社会责任 ………………………（19）
　　五、可持续发展理论与企业社会责任 …………………（20）
　第四节　企业社会责任标准和评价研究 …………………（22）
　　一、企业社会责任标准 …………………………………（22）
　　二、企业社会责任评价 …………………………………（22）
　第五节　企业社会责任实践导向及应用研究 ……………（24）
　　一、企业社会责任的实现机制 …………………………（25）
　　二、企业社会责任与消费者 ……………………………（28）

三、企业社会责任与信息披露 ……………………………… (30)

四、企业社会责任管理 ……………………………………… (32)

五、企业社会责任与企业绩效 ……………………………… (35)

六、民营、中小企业社会责任 ……………………………… (38)

七、企业社会责任与和谐社会 ……………………………… (40)

小结与展望 …………………………………………………… (42)

参考文献 ……………………………………………………… (43)

规　制　篇

第二章　企业社会责任报告编制规则研究 …………………… (51)

第一节　企业社会责任报告编制规则综述 ………………… (52)

一、全球性的企业社会责任报告编制规则 ………… (52)

二、地区性的企业社会责任报告编制规则 ………… (54)

三、行业性的企业社会责任报告编制规则 ………… (56)

第二节　我国企业社会责任报告编制规则综述 …………… (59)

第三节　CSR 报告编制规则需要解决的几个难题 ………… (61)

一、如何界定 CSR 报告的报告范围 ……………… (62)

二、如何评价 CSR 报告发布信息的质量 ………… (62)

三、如何规范 CSR 报告的披露方式 ……………… (63)

四、其他因素 ………………………………………… (64)

第四节　ISO 26000 与企业社会责任战略 ………………… (66)

一、解读 ISO 26000 的"障眼法" ………………… (68)

二、认证挑战 ………………………………………… (73)

三、小结 ……………………………………………… (76)

第五节　中国 CSR 报告编制规则的可行性探讨 ………… (76)

一、高管致辞 ………………………………………… (76)

二、关于本报告 ……………………………………… (76)

三、企业概况 ………………………………………… (78)

四、企业社会责任战略与管理 …………………… (80)

　　五、利益相关者 ……………………………………… (84)

　　六、展望 ……………………………………………… (94)

　　七、附录 ……………………………………………… (95)

　第六节　未来的展望 …………………………………… (96)

　第七节　研究不足之处 ………………………………… (97)

　参考文献 ………………………………………………… (98)

第三章　ISO 26000 制定历程与展望 …………………… (102)

　第一节　ISO 26000 概述 ……………………………… (103)

　第二节　ISO 26000 的制定历程 ……………………… (107)

　　一、ISO 26000 制定问题的提出 …………………… (108)

　　二、ISO 26000 的制定者 …………………………… (109)

　　三、ISO 26000 制定会议概况 ……………………… (113)

　　四、ISO 26000 制定工作的特点 …………………… (118)

　第三节　ISO 26000 对我国的影响 …………………… (121)

　　一、减少交易成本，增加组织盈余 ………………… (121)

　　二、提升组织社会形象，促进组织的发展 ………… (123)

　　三、增加组织福利，实现可持续发展 ……………… (124)

　　四、完善法律法规体系，构建和谐社会 …………… (125)

　第四节　ISO 26000 的展望 …………………………… (127)

　　一、加强 ISO 26000 研究、培训和普及工作 ……… (127)

　　二、关注 ISO 26000 社会责任认证的热议 ………… (128)

　　三、促进 ISO 26000 社会责任报告的发布 ………… (129)

　　四、构建适合我国国情的社会责任体系 …………… (129)

　　五、积极推进社会责任法制化建设 ………………… (129)

　参考文献 ………………………………………………… (130)

第四章　SA 8000 认证全球化进程及趋势分析 ………… (135)

　第一节　SA 8000 制定背景 …………………………… (136)

　第二节　SA 8000 全球认证进程及分析 ……………… (137)

　　一、SA 8000 认证中发达国家仍为少数 …………… (138)

　　二、SA 8000 认证中劳动密集型企业仍为多数 …………………… (139)

　　三、SA 8000 认证中中小型企业仍为多数 ………………………… (143)

　　四、SA 8000 认证数量逐渐趋缓 …………………………………… (146)

第三节　SA 8000 与 ISO 26000 对比分析 ……………………………… (146)

　　一、用途、构架不同 ………………………………………………… (147)

　　二、重点内容涉及的方面不同 …………………………………… (148)

　　三、权威性不同 …………………………………………………… (148)

　　四、目的方向存在差异 …………………………………………… (149)

第四节　SA 8000 全球趋势分析 ………………………………………… (149)

　　一、SA 8000 认证趋势将趋于平缓,但仍然会保持净增长 ……… (149)

　　二、SA 8000 认证仍会加深对市场准入的影响 ………………… (150)

　　三、SA 8000 的认证将加深发展中国家和发达国家的争论 …… (151)

参考文献 ………………………………………………………………… (152)

现 状 篇

第五章　中国企业社会责任建设走势评析与展望 ……………………… (157)

第一节　中国企业社会责任建设成就分析 ……………………………… (159)

　　一、企业经济责任的成就 ………………………………………… (160)

　　二、企业伦理责任的成就 ………………………………………… (166)

　　三、企业慈善责任的成就 ………………………………………… (169)

　　四、企业环境责任的成就 ………………………………………… (174)

第二节　中国企业社会责任建设的主要问题分析 ……………………… (176)

　　一、企业经济责任的问题 ………………………………………… (177)

　　二、企业伦理责任的问题 ………………………………………… (179)

　　三、企业慈善责任的问题 ………………………………………… (182)

　　四、企业环境责任的问题 ………………………………………… (185)

第三节　中国企业社会责任缺失的原因分析 …………………………… (188)

　　一、企业管理者社会责任观念淡漠 ……………………………… (188)

　　二、社会力量的维权意识薄弱 …………………………………… (189)

三、社会监督不力,企业违规缺乏刚性约束 ……………（190）

四、我国立法滞后,企业参与慈善的动力不足 …………（190）

五、地方政府片面追求目标GDP,环境污染严重 ………（192）

第四节　中国企业社会责任建设的对策建议……………（193）

一、政府推进层面,强化政府在企业社会责任中的引领作用 …（193）

二、企业推进层面,形成企业伦理责任的企业文化和管理
体制 ……………………………………………（195）

三、社会推进层面,加大企业社会责任实践的外部压力 …（197）

第五节　结论与展望 …………………………………（199）

参考文献 …………………………………………………（201）

第六章　中国国有企业社会责任建设走势评析与展望………（204）

第一节　正确理解国有企业社会责任 ……………………（205）

一、国有企业的性质 ………………………………（205）

二、国内关于国有企业社会责任的研究 ……………（208）

三、国有企业社会责任的内容分析 …………………（209）

四、加强国有企业社会责任建设的意义 ……………（212）

第二节　国有企业履行社会责任现状评析 ………………（214）

一、国有企业履行企业社会责任取得的成就…………（214）

二、具有代表性的国有企业履行社会责任情况分析…（219）

第三节　国有企业社会责任建设存在问题分析……………（225）

一、国有企业履行社会责任中存在问题简述…………（225）

二、国有企业履行社会责任存在问题的原因分析………（227）

第四节　未来国有企业履行社会责任实现的途径展望 ……（230）

一、国有企业履行社会责任内部建设方面 …………（230）

二、国有企业履行社会责任外部建设方面 …………（234）

参考文献 …………………………………………………（237）

第七章　中国民营企业社会责任建设走势评析与展望…………（241）

第一节　民营企业发展现状 ……………………………（242）

一、中国民营企业呈现新发展态势 ·················· (242)

二、金融危机中民营企业渐渐恢复 ·················· (246)

三、融资问题依然严峻 ··························· (246)

四、民营出口企业受国际贸易保护主义影响较大 ·········· (247)

第二节 民营企业履行企业社会责任的现状及问题分析 ·········· (248)

一、民营企业社会责任的驱动机制分析 ·············· (248)

二、我国民营企业履行社会责任的现状 ·············· (252)

三、我国民营企业在履行社会责任中存在的问题及根源

剖析 ··································· (254)

第三节 民营企业履行社会责任的行动战略研究 ············ (256)

一、文献研究 ····························· (257)

二、民营企业生命周期与利益相关者重要性分析 ········ (259)

三、民营企业履行社会责任战略的构建 ·············· (261)

第四节 民营企业社会责任建设的政策建议及展望 ·········· (262)

一、政策建议 ····························· (262)

二、民营企业社会责任发展的新趋势 ················ (265)

参考文献 ······························· (266)

第八章 中国外资企业社会责任建设评析与展望 ·········· (270)

第一节 中国外资企业概念的界定 ·················· (271)

一、中国外资企业含义 ······················· (271)

二、中国引进外资情况 ······················· (271)

第二节 外资企业社会责任的内涵 ·················· (273)

第三节 中国外资企业社会责任建设评析 ·············· (275)

一、中国外资企业承担社会责任现状 ················ (276)

二、在华外资企业社会责任弱化的原因 ·············· (285)

第四节 促进中国外资企业社会责任建设的建议 ············ (289)

一、完善一系列相应的法律法规 ·················· (289)

二、建立外资企业社会责任约束和评价机制 ············ (290)

三、发挥政府的引导作用 ······················ (291)

　　　四、发挥工会保障劳动者权益的作用 ……………………（292）

　　　五、加强公众和新闻舆论等社会监督工作 ………………（292）

　第五节　中国外资企业社会责任建设展望 ………………………（293）

　　　一、履行社会责任是外资企业可持续发展的需要 ………（294）

　　　二、外资企业履行社会责任是中国政府和公众的强烈诉求 ……（294）

　　　三、国际社会组织和国际标准约束和规范着在华外资企业的

　　　　　社会责任实践 …………………………………………（294）

　第六节　小结 ………………………………………………………（295）

　参考文献 ……………………………………………………………（295）

第九章　中国商帮企业社会责任比较分析 ………………………（298）

　第一节　中国商帮的基本情况 ……………………………………（299）

　　　一、商帮的内涵 …………………………………………（299）

　　　二、现代商帮的格局 ……………………………………（300）

　　　三、现代商帮的经营特征 ………………………………（301）

　　　四、现代商帮面临的问题 ………………………………（304）

　第二节　中国商帮企业社会责任概述 ……………………………（305）

　　　一、企业社会责任的概念和层次 ………………………（305）

　　　二、商帮与企业社会责任 ………………………………（307）

　　　三、商帮履行企业社会责任的发展阶段 ………………（309）

　第三节　中国商帮企业社会责任的现状 …………………………（311）

　　　一、企业经济责任 ………………………………………（311）

　　　二、企业伦理责任 ………………………………………（316）

　　　三、企业慈善责任 ………………………………………（319）

　　　四、企业环境责任 ………………………………………（321）

　第四节　中国商帮企业社会责任的比较分析 ……………………（323）

　　　一、中国商帮企业社会责任的比较 ……………………（323）

　　　二、中国商帮企业社会责任的分析 ……………………（325）

　第五节　中国商帮企业社会责任发展的建议 ……………………（328）

　　　一、解决民营企业成长中的难题是前提 ………………（328）

　　　二、以全面认识为基础,按需建设是重点 ……………………… (329)

　　　三、与华商的崛起相结合 ……………………………………… (330)

　　参考文献 ……………………………………………………… (330)

第十章　国内企业发布《社会责任年度报告》分析报告 ……… (333)

　第一节　国内企业发布《社会责任年度报告》现状分析………… (334)

　　　一、综合分析 …………………………………………………… (334)

　　　二、对比分析 …………………………………………………… (337)

　第二节　国内企业发布《社会责任年度报告》存在的问题 …… (344)

　　　一、企业发布社会责任报告自愿性差 ………………………… (345)

　　　二、社会责任范围界定不一致 ………………………………… (345)

　　　三、报告编制没有统一的标准 ………………………………… (346)

　　　四、报告编制存在印象管理现象 ……………………………… (349)

　　　五、报告披露内容过于行业化 ………………………………… (349)

　　　六、缺乏独立第三方审验 ……………………………………… (350)

　　　七、报告披露未能与利益相关者有效沟通 …………………… (350)

　第三节　完善企业社会责任报告的建议 ……………………… (351)

　　　一、制定和完善法律法规 ……………………………………… (351)

　　　二、保证报告的完整性 ………………………………………… (352)

　　　三、发展独立第三方审验 ……………………………………… (353)

　　　四、掌握披露技巧 ……………………………………………… (354)

　　　五、强化舆论监督 ……………………………………………… (356)

　第四节　国内企业发布《社会责任年度报告》展望 …………… (356)

　　　一、发布报告的企业数量将不断增长 ………………………… (357)

　　　二、报告的质量将不断提升 …………………………………… (357)

　　　三、报告编制的指标和准则不断完善 ………………………… (357)

　　　四、与国际惯例接轨 …………………………………………… (358)

　　　五、利益相关方重要性渐现 …………………………………… (359)

　　参考文献 ……………………………………………………… (359)

第十一章　在华跨国企业发布《社会责任年度报告》分析报告 …… (361)

　第一节　在华跨国企业发布企业社会责任报告现状 ………………… (362)

　　一、报告数量分析 ………………………………………………… (362)

　　二、报告名称分析 ………………………………………………… (362)

　　三、报告质量 ……………………………………………………… (364)

　第二节　在华跨国企业社会责任报告存在问题 …………………… (370)

　　一、缺乏"中国特色" ……………………………………………… (370)

　　二、实行"双重标准" ……………………………………………… (371)

　　三、存在"无章可循"现象 ………………………………………… (371)

　第三节　对策建议 …………………………………………………… (372)

　　一、健全法制建设 ………………………………………………… (372)

　　二、建立我国企业社会责任评价机制 …………………………… (373)

　　三、加大宣传教育力度,增强舆论监督 ………………………… (374)

　第四节　在华跨国企业社会责任报告展望 ………………………… (374)

　　一、在华跨国公司企业社会责任报告的数量和质量将大幅

　　　　提高 …………………………………………………………… (374)

　　二、在华跨国企业社会责任报告参照标准必将趋同 ………… (375)

　参考文献 ……………………………………………………………… (376)

第十二章　企业社会责任咨询培训市场走势评析及展望 ………… (378)

　第一节　企业社会责任咨询培训市场概述 ………………………… (379)

　　一、企业社会责任的涵义 ………………………………………… (379)

　　二、社会责任培训市场结构分析 ………………………………… (380)

　　三、企业社会责任咨询与培训的意义 …………………………… (387)

　第二节　国内社会责任咨询与培训市场发展驱动力分析 ………… (389)

　　一、跨国公司 ……………………………………………………… (389)

　　二、政府 …………………………………………………………… (390)

　　三、社会公众 ……………………………………………………… (391)

　　四、社会责任投资 ………………………………………………… (391)

　第三节　国内企业社会责任咨询与培训市场现状及存在问题

　　　　分析 ……………………………………………………（392）

　　　一、国内企业社会责任咨询与培训市场发展现状 ……………（393）

　　　二、国内企业社会责任咨询与培训市场存在问题 ……………（394）

　　　三、问题存在的根源剖析 ………………………………………（396）

　　第四节　政策建议及市场展望 ……………………………………（397）

　　　一、政策建议 ……………………………………………………（397）

　　　二、市场展望 ……………………………………………………（400）

　　小结 ……………………………………………………………（401）

　　参考文献 ………………………………………………………（401）

实　践　篇

第十三章　承担社会责任研究使命，创新开展企业社会责任研究

　　　　　——广东省企业社会责任研究会工作掠影 ……………（407）

　　第一节　广东省企业社会责任研究会简介及其发展历程 …………（408）

　　　一、广东省企业社会责任研究会简介 …………………………（408）

　　　二、广东省企业社会责任研究会的发展历程 …………………（408）

　　第二节　广东省企业社会责任研究会工作情况及其社会影响 ………（410）

　　　一、研究会各项工作开展简况 …………………………………（410）

　　　二、研究会工作成效及其社会影响概况 ………………………（424）

　　第三节　研究会面临的主要问题及未来的工作思路 ………………（427）

　　　一、目前面临的主要问题 ………………………………………（427）

　　　二、未来的工作思路 ……………………………………………（427）

　　参考文献 ………………………………………………………（428）

附件一　2010 年 1—12 月企业社会责任动态 ……………………（429）

附件二　2010 年中国企业社会责任研究成果统计大全 …………（444）

后记 ……………………………………………………………………（481）

前　言

赫伯特·西蒙(Herbert A. Simon)说过,最成功的生物是对其环境最有益的生物。同样,最成功的企业也是对社会最有益的企业。企业不仅是区域经济的基本组织,也是区域社会的基本组织,更是一个影响自己生存发展环境的基本组织。任何一个企业,都有义务与本地区的自然资源、社会发展相协调,使企业的自身发展与外部环境形成良性互动,在提高企业微观经济效益的同时促进区域宏观经济效益的提高,实现企业和区域经济共同的可持续发展。

在适应企业社会责任理念国际化发展进程中,不少中国企业已经认识到企业社会责任是产品质量和企业的社会形象的统一,是合法经营和道德经营的统一,是所有者利益和利益相关者利益的统一,是效率和公平的统一,是企业的有形资产与无形资产的统一。中国企业已开始把社会责任理念和要求融入企业发展战略、生产经营和企业文化之中,部分觉悟程度较高的企业还在积极探索将社会责任工作融入企业战略和日常管理,建立全面社会责任管理体系。积极履行企业社会责任,越来越成为中国企业塑造世界级品牌的伦理力量。

不过,中国企业在社会责任的践行和摸索中,也不可避免地存在着理解片面、方向不明、行为被动、反应迟缓等种种误区和缺陷,使中国企业的社会责任运动一直处于一种不太规范的状态。尽管近几年国家行政部门、行业协会、社会团体等制定、规划、建议了有关企业社会责任的种种规则约束,企业、学术界、媒体等也发布了若干关于中国企业社会责任的报告,但中国企业的社会责任建设还没有从无序中走出,中国的企业社会责任建设还需要一个方向性的引导和系统化的论证。

黎友焕教授以及他的研究团队从 2004 年开始就编撰出版企业社会责任建设蓝皮书,本书是继 2010 年推出对中国企业社会责任建设有指南意义的蓝皮书后,又在此基础上推出更系统、更全面的有关中国企业社会责任建设的2011年蓝皮书。这本蓝皮书和近几年出版的相关书籍相比,有这样几个显著的特点:

一、更高。首先是这本蓝皮书的起点更高。众所周知,黎友焕教授是中国研究企业社会责任的知名专家之一,从事企业社会责任研究10多年。他对国内外的企业社会责任进行了全方位的深入研究,其成果十分丰富,承担了国家、省、市、企业或境外机构委托的一大批纵向或横向课题,出版关于社会责任研究的著作20多本,发表社会责任专业论文100多篇,接受了中央电视台、凤凰电视台、人民日报和光明日报等媒体关于企业社会责任方面的专访600多次。黎友焕教授的企业社会责任研究团队在近年内不断壮大,核心成员50多人,他领导下的广东省企业社会责任研究会就有近600名会员。黎友焕主编的《企业社会责任研究系列丛书》、《中国企业社会责任研究专家文库》、《ISO 26000研究系列丛书》和《中国企业社会责任研究优秀文库》等大型系列丛书也正在陆续公开出版发行。本书正是黎友焕教授企业社会责任研究团队的又一力作。其次是理论分析层次更高。该书与其他书籍的不同之处,在于该书将利益相关者理论、社会契约理论、公司治理理论、责任竞争力和可持续发展理论融合在一起,统一在一个分析框架内,对中国企业社会责任建设进行了理论分析和实证研究,相比去年蓝皮书的分析更进一层,理论层次更高。

二、更新。本书的内容更新,不仅在去年蓝皮书的基础上对中国企业的社会责任建设报告推陈出新,还增加了在其他相关书籍中很少看到的规制研究。在书中,以相当篇幅介绍了国际社会责任标准ISO26000及其对我国的影响,SA8000的国际认证问题,更难能可贵的是该书综述了企业社会责任的编制规则、CSR报告编制规则需要解决的关键难题,为中国企业编制规范的企业社会责任报告提高了标准蓝本。此外,本书还就中国商帮的社会责任问题展开了论述,这在国内外的企业社会责任研究中还属首创。

三、更全。从内容上来看,该书分为三篇:理论篇、规制篇和现状篇,既有理论综述,又有编制规则,还有企业社会责任现状,论述的内容十分全面;从逻辑结构上来看,该书把众多概念、理论统一到一个分析框架中,分析了经济责任、伦理责任、环境责任和慈善责任,框架结构比较完整;从企业属性来看,既有对国有企业的分析,又有对民营企业、外资企业、跨国公司、社会责任年度报告、咨询培训机构的分析,还有对中国一个特定的商业群落——商帮的分析;从时间上来看,既有对历史的回顾,现状的解剖,还有发展趋势的分析与展望。从内容来看,这完全是一本全方位的企业社会责任工具书。

正因为该书更高、更新、更全,她的分量才更重。

企业社会责任是一个社会和经济成熟化的标志。但愿这本成熟化的蓝皮书能为中国企业、中国经济和中国社会的成熟作出贡献。

理 论 篇

第一章 中国企业社会责任
理论研究新进展①

摘要：目前中国学者对企业社会责任作了大量的研究，形成了各种不同的新观点，本文从企业社会责任定义及维度、动因及影响因素、理论分析范式、量化实证研究及企业社会责任实践应用研究等五个方面对中国国内企业社会责任理论近两年研究的最新进展进行了全面的综述。

关键词：企业社会责任、利益相关者、信息披露、企业绩效、和谐社会

Abstract：Scholars in China have made a lot of research about corporate social responsibility, and have had variety of new ideas. This paper, we have analyzed the latest progress of CSR and made comprehensive review from the five dimension, such as the definition of CSR, the influencing factors of CSR, the major theoretical analysis paradigm of CSR, the standards and evaluation of CSR, the practice orientation and applied research of CSR.

Key Words：corporate social responsibility, stakeholders, information disclosures, corporate performance, harmonious society.

企业社会责任（Corporate Social Responsibility，简称 CSR）的概念最早在 19 世纪的西方国家出现。20 世纪 50 年代以后，企业社会责任理念才逐步得到国际社会的广泛认同和普遍接受，企业社会责任的内涵和外延才有所扩大，安全生产、员工福利、消费者保护、环境保护等内容才得到企业的重视。传统

---

① 本文为陕西省教育科学规划课题"行业企业参与职业教育激励机制研究"（SGH0902154）和陕西教育学院教改项目（10JG0027Y）的阶段性成果。

经济学认为,企业是市场经济中自利的基本经济组织,经营目标是实现利润最大化,因而十分强调对股东权益的保护,但在市场竞争日趋激烈尤其是在全球化不断深入的条件下,企业社会责任运动伴随着跨国公司的业务发展而向全世界扩散和渗透,为了生存和发展,企业不得不承担起维护其他利益相关者合理权益的责任。

中国虽然自古以来就有类似"企业社会责任"的伦理思想和实践,但却没有最早提出这一概念。中国的"企业社会责任"概念是个舶来品,在经济全球化的大背景下,企业社会责任理念在20世纪80年代也被引入中国,我国学术界和理论界对企业社会责任的研究也逐渐升温,并走过了从理念引进、知识介绍到结合中国实际、积极探讨的过程,相关研究迅速增加,研究质量逐步提高。随着中国企业更深入地融入全球竞争以及工业化进程的加快,中国企业又面临生态环境污染、员工和消费者权益受损、城乡差距加大、社会秩序失范等社会问题。党的十六大明确提出"和谐社会"的目标后,社会各界对企业要履行社会责任的要求进一步增多,学术界的企业社会责任研究随之进入了迅猛发展期。这一时期,关于企业社会责任的比较研究、案例研究逐步增多,文献研究呈现多学科的视角,研究内容也从理念引进转向结合中国经济发展的特定阶段和中国企业自身特点的本土化研究,从探讨社会责任的内涵、意义转向寻找更具中国企业特色的履行社会责任的方法、措施和机制。近年来,企业社会责任已经引起全社会的广泛关注,我国学术界和企业界从不同视角开展企业社会责任方面的研究并进行实践探索,取得了相应的成果。然而,我国在企业社会责任方面的研究进展到底如何,未来的研究趋势是什么? 本章在团队前期研究的基础上,基于对近两年中国知识资源总库(CNKI系列数据库)中有关企业社会责任方面文献的梳理总结,概要性地介绍了企业社会责任的研究成果,并从企业社会责任内涵界定、影响因素、理论分析范式、量化实证研究及企业社会责任实践应用研究等方面对中国国内企业社会责任理论的最新进展进行了全面的综述,最后提出了企业社会责任未来的研究展望,以期推动我国企业社会责任方面的理论研究和实践发展。

第一节　企业社会责任的定义及维度

一、企业社会责任的定义

对企业社会责任概念的界定和把握是研究企业社会责任的基本问题。企业社会责任理念由于学者们各自研究内容和方法不同,直到目前,关于其定义界定尚没有形成统一的看法。进入到 21 世纪,经济全球化的进程促使整个国际社会普遍关注企业社会责任。我国学者从各自的学科角度对企业社会责任作出不同的诠释。黎友焕(2007)把企业社会责任界定为:在某特定社会发展时期,企业对利益相关者应该承担的经济、法规、伦理、自愿性慈善以及其他相关责任[①]。王曼(2008)认为企业社会责任内涵的基本内容应划分为底线责任和超越责任(如图 1 - 1),其中底线责任从是否有明确的制度文件等规范角度来看可以称为是显性责任,也是企业必须承担的社会责任,这些责任主要涉及企业生存状况,消费者权益、员工福利、债权人报偿、按规定缴纳税款等,另外还涉及环境保护法的各种强制规定;从是否有明确制度文件规范角度来说,超越责任可以称为隐性责任,因为对于企业履行超越责任并没有明文规定企业去做哪些事情,其推动力是看不见的文化、伦理、道德的力量[②]。

李纪明(2009)认为企业社会责任是指企业在所从事的各种活动中,应当对所有本地与世界各地既受企业决策与活动的影响,同时又能够影响企业决策与活动的各利益群体(利益相关者)承担的相应的责任,以求得企业在经济、社会、环境等领域获得均衡的可持续发展能力,是个人本位向社会本位转化的集中反映[③]。刘德佳(2010)认为所谓企业社会责任,就是"企业"作为一种社会存在对"社会"所需承担的"责任",就是企业在创造利润、对股东利益负责的同时,还要承担起对债权人、员工、消费者、社区和环境等利益相关方的社会责任,包括遵守商业道德、保证安全生产和职业健康、保护劳动者的合法

---

① 黎友焕:《企业社会责任研究》,西北大学 2007 年博士学位论文。
② 王曼:《中国企业社会责任理论与系统研究》,天津大学 2008 年研究生论文。
③ 李纪明:《资源观视角下企业社会责任与企业绩效研究》,浙江工商大学 2009 年博士学位论文。

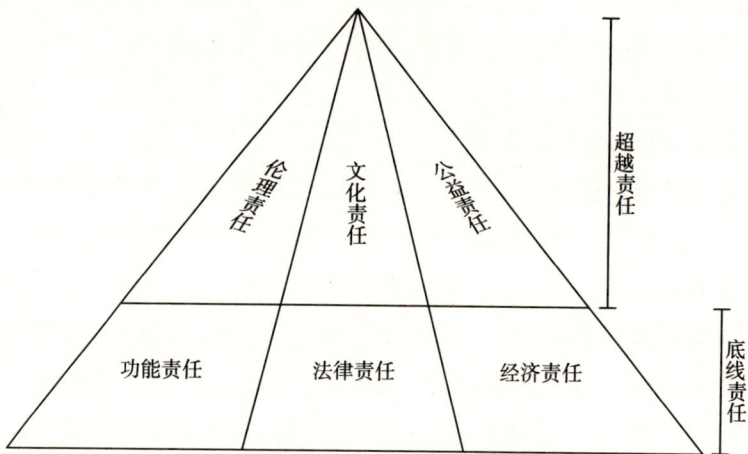

图 1－1　企业社会责任内涵

权益、保护消费者权益、保护弱势群体、支持慈善事业、捐助社会公益、保护环境等。企业社会责任有八项内容，即企业对股东、债权人、员工、消费者、社区、政府、社会公益事业和环境的责任①。张继青（2010）认为企业管理者对股东负责，实现利益的最大化是企业经营的应有之义，不应当被包含在社会责任之中，其社会责任指的是企业在为股东谋求利润最大化之外对其他利益相关者所负的责任，可分为两个层级：即第一层级为"法律责任"，是较低层级的社会责任，违反的后果是法律惩戒；第二层级为自愿履行的道德义务，如社会捐赠、为社区的发展作出贡献等，属于企业自愿承担的部分，是较高层级的社会责任，应当通过适当的激励措施加以引导②。总的来说，在秉持企业社会责任现代经济观的理念下，积极界定出符合我国国情的企业社会责任内涵，以便将企业和谐发展有机地整合到社会和谐进步中，对企业社会责任的研究显得越来越重要③。

---

①　刘德佳：《构建和谐社会进程中我国企业社会责任建设研究》，东北师范大学 2010 年博士学位论文。

②　张继青：《企业社会责任概念的正本清源》，《法制与社会》2010 年第 2 期。

③　赵丰年：《企业社会责任的宏观经济动因与促进策略研究》，北京邮电大学 2008 年博士学位论文。

二、企业社会责任的维度

虽然国内绝大多数学者和企业界都认为企业应该承担社会责任,学术界已有很多企业社会责任概念和分类的研究,但近年来有关企业社会责任的维度依然层出不穷,这说明理论界依然没有得出统一的、定义明确的企业社会责任维度。徐尚昆、杨汝岱(2007)对中西方企业社会责任维度进行了对比分析,总结出它们共有的维度有六个,即经济责任、法律责任、环境保护、顾客或客户导向、员工或以人为本、社会捐赠、慈善或公益事业,其中西方独有的企业社会责任维度主要有股东和平等,而中国独有的企业社会责任维度则是就业、商业道德和社会稳定与进步①。李伟阳、肖红军(2008)运用了包含内容、方式和动力等维度在内的三维模型对企业社会责任进行了全面理解,具体表现如图1-2。一是定义指出了企业应履行哪些社会责任,即履行社会责任的内容;二是定义明确了企业应如何履行社会责任,即履行社会责任的方式;三是

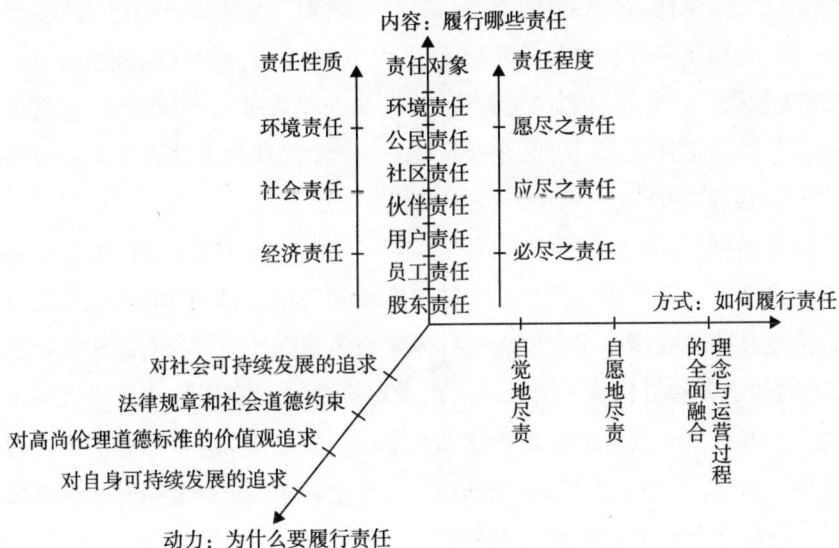

图1-2　企业社会责任定义的三维模型分析

①　徐尚昆、杨汝岱:《企业社会责任概念范畴的归纳性分析》,《中国工业经济》2007 年第 5 期。

定义突出了企业为什么要履行社会责任,即履行社会责任的动力①。

林巧燕、吴静静(2009)利用获得的 115 份有效问卷分析了国内企业承担道德以及慈善责任的力度及其与企业员工行为变量之间的关系。企业社会责任的道德维度对员工向心度、员工忠诚度以及员工满意度均具有显著的正向影响,而企业社会责任的慈善维度仅对员工向心度的影响达到了统计显著性,对员工忠诚度以及满意度的影响并不显著②。张衔、肖斌(2010)认为企业社会责任应当有两个维度:一个是以禁止损害和损害赔偿为原则的强制性社会责任维度,另一个是以福利增进为原则的选择性社会责任维度或自愿性社会责任维度。强制性社会责任属于企业必须履行的最低责任要求,无论企业的规模、行业和性质怎样,都必须履行。从某种程度上说,强制性社会责任构成了企业存在和发展的基本前提和最低道德要求,其责任的实现程度与企业自身的经济绩效无关,即无论企业经营处于何种状况,都必须履行。一旦企业违反强制性社会责任,企业必须进行赔偿,并受到相关制裁。选择性社会责任是企业在履行强制性社会责任的基础上,可以由企业自愿选择的社会责任。因为,这类社会责任是以福利增进为原则的,企业是否履行不能强制,只能由企业根据其社会责任理念、认知、企业家偏好、企业伦理和道德以及企业经济能力进行取舍和选择③。

综上可知,尽管企业社会责任概念在 21 世纪开始广泛传播,但是迄今为止对于企业社会责任仍然没有一个被普遍接受的定义;长期以来,人们对社会责任究竟从哪些维度去考察或者说具体应该包含哪些内容仍有极不相同的认识,不同的学者和机构从不同的视角出发对企业社会责任的认识是有一定差异的。但是上述对企业社会责任定义及维度的差异其实存在很强的互补性和内在的一致性,差异在于切入的视角不同,而企业社会责任本身却没有本质差别④。企业社会责任应该包括经济责任、法律责任、伦理责任和自愿性责任四

---

① 李伟阳、肖红军:《企业社会责任概念探究》,《管理学动态》2008 年第 21—22 期。

② 林巧燕、吴静静:《企业社会责任承担对员工行为的影响》,《统计与决策》2009 年第 14 期。

③ 张衔、肖斌:《企业社会责任的依据与维度》,《四川大学学报》2010 年第 2 期。

④ 卢孝军:《企业社会责任与员工组织承诺的关系研究》,浙江工商大学 2010 年硕士学位论文。

类,在企业社会责任内容的历史演进中,人们最先关注的是经济责任,接着是法律责任,然后是伦理责任,最后才是自愿性责任,而企业对这四类责任的重视程度是从经济责任到自愿性责任逐渐降低的。企业社会责任的定义应该是系统的、全面的、综合的,但是企业需要实行的社会责任则应该是视企业自身状况决定的,并不是说所有的社会责任企业都必须同时实行,企业社会责任的实行应该是分层次的①。

第二节　企业社会责任动因及影响因素研究

一、企业社会责任发展的动因研究

20世纪90年代企业社会责任运动导入我国以后,国内理论界便就企业社会责任发展的动因进行了广泛的探讨。黎友焕(2007)认为社会责任的观念和范围逐步扩大的根本原因是加速的工业活动不断地改变社会。在这种情形下,社会责任来源于企业活动对社会产生的影响;企业社会责任还产生于企业环境中的一些难处理的社会问题;消费者的权益要求是企业实施社会责任的直接动力之一。他们要求企业在追逐利润的同时,不仅考虑眼前的效益,还应承担一定的社会责任②。赵丰年(2008)认为企业社会责任在中国引起关注和重视的主要原因是可持续发展面临严峻的形势。中国目前仍未摆脱西方国家所走过的工业化老路,当前的经济发展仍然是以消耗资源和污染环境为代价的经济高增长发展模式,经济增长付出的资源环境代价过大,经济结构矛盾突出,社会矛盾凸显,保持社会经济平稳较快增长的良好势头仍面临很多问题和挑战。企业作为社会的最基本单元既是推动经济发展的主要力量,又是影响可持续发展的关键因素,因此在落实科学发展观和构建和谐社会的进程中我们有必要对企业的社会责任进行更进一步的研究③。邓小峰(2010)指出社会经济可持续发展的战略目标,要求企业承担一定的社会责任。从现实来看,

---

① 黎友焕、刘延平主编:《中国企业社会责任建设蓝皮书(2010)》,人民出版社2010年版。
② 黎友焕:《企业社会责任在中国——广东企业社会责任建设前沿报告》,华南理工大学出版社2007年版。
③ 赵丰年:《企业社会责任的宏观经济动因与促进策略研究》,北京邮电大学2008年博士学位论文。

企业作为推动社会经济发展的主要力量,积极主动地承担其经济、法律、伦理、慈善等社会责任,对于从根本上解决劳资纠纷、安全事故、环境污染等问题,推进社会经济可持续发展,具有独特的作用。社会经济可持续发展是以企业可持续发展为前提。企业为了自身的生存发展,以及实现自我、超越自我的内在需求,自觉自愿地承担起社会责任,并且通过承担社会责任,获得了持续竞争的优势。企业勇于承担社会责任,不仅推动了企业的可持续发展,更推动了社会经济的可持续发展,推动了人类社会文明进程,是一个利人、利己、为全人类谋福祉的"最道德"的行为①。张锋(2010)概括性地将推动企业社会责任发展的动因归为:经济全球化、"全球协议"及非政府组织机构的介入,其中经济全球化在更大范围和更高层次上以更快的速度优化了资源配置,促进了经济繁荣的同时也带来了一系列严重的社会问题;"全球协议"倡导发展企业社会责任;人权组织、劳工组织及非政府机构(NGO)的介入,推动了企业社会责任的发展。此外来自经济和道德的因素依然高居榜首;其次是创新与学习,雇员激励和危机管理②。

二、企业履行社会责任的影响因素研究

事实上,企业承担社会责任的态度和行为是由多方面因素决定的,如领导特征、顾客需求、政府管制等都是学术研究中经常涉及的因素,这些因素都影响企业承担社会责任的范围、数量和种类。我们可以根据以下三种思路来对这些影响因素进行分类讨论。

第一种思路是按照因素与企业的关系,可将这些因素分为外部影响因素和内部影响因素。王曼(2008)认为企业履行社会责任是受一国历史、文化、制度、经济发展水平,国际社会中发达国家跨国企业和国际组织的社会责任标准推行,企业规模,企业的所有制性质,预期心理等因素影响的。她按照这些因素与企业的关系,将其分为外部影响因素,主要包括:国家经济情况与社会

---

①　邓小峰:《企业社会责任对社会经济可持续发展推动力分析》,《企业经济》2010 年第1 期。

②　张锋:《企业社会责任与公司财务绩效关系的实证研究》,西安理工大学 2010 年硕士学位论文。

发展水平、历史和文化、法律与制度、政府对企业社会责任的态度、跨国公司及社会责任标准、企业各利益相关者、媒体及非政府组织(NGO);内部影响因素主要包括企业的所有制性质、企业规模大小、企业文化、管理者价值取向及品德、预期心理对企业承担社会责任的影响等。耿合江、韩振燕、崔伟(2008)认为企业社会责任受到企业外部、内部因素的影响,其中外部因素包括法规、伦理道德,内部因素包括盈利能力和企业文化(见图1-3)①。吴秀云(2009)在现代竞争条件下,企业是否承担社会责任,承担什么样的社会责任,如何承担社会责任,受到多种因素影响,概括起来主要有企业自身因素、政府因素、行业因素、社会因素。一是企业自身因素。决定企业自身履行社会责任不同态度和行为的因素有:企业是否具有长期经营战略的考虑;企业家和高层管理者的社会责任意识;企业的竞争意识和行为。二是政府因素。政府对企业履行社会责任的影响主要体现在政府对企业的期望和引导上。三是行业因素。从我国的情况看,我国行业组织比较健全,在推动企业社会责任方面也发挥着重要的作用。不过总体上来看,因受到我国行业组织自身地位的合法性、资源和能力的有限性、在行业中的权威性制约,行业组织对促进企业履行社会责任的应有作用不能有效发挥出来。四是社会监督因素。对企业履行社会责任的社会监督主要来自于企业员工、消费者、投资者、商业伙伴和新闻媒体②。

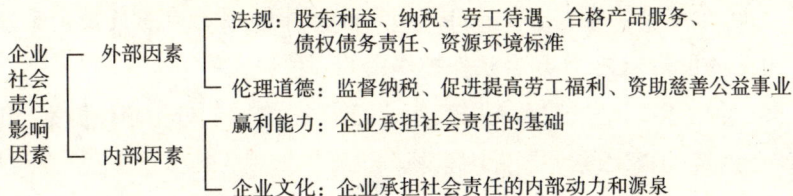

```
企业          ┌ 外部因素 ┬ 法规:股东利益、纳税、劳工待遇、合格产品服务、
社会          │          │        债权债务责任、资源环境标准
责任          │          └ 伦理道德:监督纳税、促进提高劳工福利、资助慈善公益事业
影响          │
因素          └ 内部因素 ┬ 赢利能力:企业承担社会责任的基础
                         └ 企业文化:企业承担社会责任的内部动力和源泉
```

图1-3　企业社会责任影响因素图

第二种思路根据因素的来源,把它们分为利益相关者因素和动机因素③。

---

①　耿合江、韩振燕、崔伟:《企业社会责任的影响因素及推进机制》,《中国人力资源开发》2008年第7期。

②　吴秀云:《企业履行社会责任的影响因素及制度安排》,《商业时代》2009年第34期。

③　杨建锋:《企业社会责任研究进展述评》,《技术经济》2009年第8期。

　　基于利益相关者视角的研究,近两年研究这一题名的文章较多,仅2010年一年有关此题名的就有28篇文章。利益相关者因素是指雇员、消费者、政府或非政府组织以及一些游说团体等可以影响企业经营模式的重要利益相关者的期望与需求。辛杰(2008)认为影响CSR因素有客户与环境利好、员工文化形象、管理创新与竞争力、和谐经济与国际社会、外部利益相关者及风险规避等①。从某种意义上讲,CSR就是企业对内外部利益相关者需求的一种响应性行为。因此,利益相关者的期望和偏好无疑会在很大程度上影响企业的CSR水平。

　　杨建锋(2009)认为动机因素指的是组织从事社会责任行为的目标和动机。动机因素可以分为外部动机和内部动机两种:外部动机包括希望提升组织形象、响应政府或非政府组织的各种要求、对风险进行有效管理和增进客户忠诚度;内部动机则包括企业自身的发展需要,组织成员追求的回报社会、促进社会福祉的慈善性动机。利益相关者因素对CSR起到的是外源性的拖动作用,而动机因素起到的是一种内源性的推动作用。谢佩洪、周祖城(2009)将CSR分为内在的利益驱动机制和外在的合法性机制,其中内在利益驱动机制是指积极承担社会责任对企业还具有增值作用;外在的合法性机制是指现实中,各利益相关者(政府、社区、客户、供应商)对企业都有伤害能力和潜在伤害可能,会给企业带来潜在的价值损失,而承担企业社会责任是企业为防止这种可能的价值损失、实现合法保护作用的一种途径②。

　　第三种思路则是按照影响因素所处的水平,把它们分为个体因素、组织因素、产业因素、国家因素和国际因素③。

　　个体因素方面,管理者的价值观、职业背景以及任职期限都会显著影响企业的社会责任行为,其中价值观是最重要的因素,其他个体层面的因素实质上都是通过影响价值观来影响CSR的。晁罡等(2008)实证研究认为企业领导者的法律、伦理、慈善3个责任取向正向影响、经济责任取向负向影响企业社

---

　　① 辛杰:《企业社会责任驱动因素研究》,《预测》2008年第6期。

　　② 谢佩洪、周祖城等:《中国背景下CSR与消费者购买意向关系的实证研究》,《南开管理评论》2009年第1期。

　　③ 杨建锋:《企业社会责任研究进展述评》,《技术经济》2009年第8期。

会表现和组织绩效;孙德升(2009)从高阶理论的视角提出了一个高管团队特征与 CSR 关系的分析框架,认为高层管理者的年龄、教育、职能经验、任期、财务状况等背景特征能在一定程度上预测企业的社会责任行为①。潘时常、张卫(2009)认为企业家作为企业的经营者和管理者,作为公民,理当主动承担并切实履行社会责任。目前,我国宏观经济发展遇到了一定的困难,对企业家能否很好地履行社会责任是一个严峻的考验。企业家履行社会责任,不仅会受到自身价值观念、素质、能力、态度等因素的影响,而且会受到历史文化、自身受教育程度、市场环境、政府、社会舆论等因素的影响与制约②。杨建锋(2009)在对大量外文资料述评的基础上认为企业社会责任履行了个体因素之外,还包括:一是组织因素方面,财务绩效是 CSR 的重要影响因素。首先,只有资源较富余的企业才具有采取 CSR 行为的资本;其次,领导模式也是 CSR 的关键推动因素——领导能为企业设置伦理基调,并有效支持组织成员进行社会责任活动;再次,企业的曝光程度能显著影响其社会责任行为,容易受到公众关注的企业会受到更多的制度压力,因此也就倾向于表现出更多的社会责任行为;最后,企业的一些人口统计变量(如规模、发展阶段以及所有制等)也会在一定程度上影响其社会责任行为,只是这些因素往往不具有太多理论价值,所以在实际研究中经常被用作控制变量。二是产业因素方面,不同产业具有不同的曝光度,利益相关者对其的关注程度也有所差异。利益相关者对曝光度高的产业具有更高的社会责任期望,这也就使在这些产业中运营的企业倾向于表现出更多的社会责任行为。三是国家因素方面,首先,不同国家的法律、法规会对 CSR 做出不同的要求;其次,不同国家的政府具有不同的响应性(指政府对公众期望和要求作出回应的效率和效果),响应性高的政府对社会大众的呼声反应更加敏捷,这有利于保护利益相关者的利益,并较好地促使企业采取社会责任行为;最后,不同国家由于其文化特征不同,国民对企业应承担的社会责任的内容和程度要求也有较大差异,这也会对 CSR 产生相应的影响。四是国际因素方面,主要是一些跨国的非政府组织能通过整合

①　王晶晶等:《企业社会责任的研究现状及未来研究展望》,《管理评论》2010 年第 8 期。

②　潘时常、张卫:《论企业家应履行的社会责任及影响因素》,《现代经济探讨》2009 年第 11 期。

消费者力量或者游说当地政府等手段来对全球企业实施社会责任方面的影响①。

总之,企业社会责任的驱动力是多元和多样化的,有来自社会环境等外部也有来自企业内部的因素,企业履行社会责任的最大原因还是基于对经济利益的追求,但还是推动了企业社会责任的发展,对企业和社会都有一定的积极作用。因此,所有这些动因共同促进了企业社会责任的不断向前发展。

第三节　企业社会责任的主要理论分析范式

目前关于 CSR 的研究已经超越了简单描述的阶段,学者们开始在研究中运用各种成熟理论,并通过研究来对这些理论范式进行检验和修正,从而使得CSR 研究具有了更高的理论意义。

一、利益相关者理论与企业社会责任

美国斯坦福大学研究小组首次提出"利益相关者"的概念,后经弗里曼等学者的努力使其发展成为对很多学科都有深远影响的经典理论。利益相关者是指那些对企业战略目标的实现产生影响或者能够被企业实施战略目标的过程影响的个人或团体。利益相关者理论主要是关于公司治理的理论,主要研究企业及其利益相关者之间关系的理论,它从对企业社会绩效评价的角度提出企业不仅要对股东负责,而且要对所有的利益相关者负责。斯蒂纳认为,利益相关者模型描述了企业处在这样一种环境中,企业是各种利益的中心,管理者拥有道德职责,要更为深入地考虑它们的决策对于各种相关利益团体利益的影响②。黎友焕将企业利益相关者定义为与一个企业利益相关的个人或群体,可分为直接的利益相关者和间接的利益相关者,前者包括股东、员工、顾客;后者则包括一切商务伙伴、行业协会、社区、非政府组织、媒体、政府、竞争对手、外部董事和一般公众等③。

---

①　杨建锋:《企业社会责任研究进展述评》,《技术经济》2009 年第 8 期。
②　黄邦汉:《企业社会责任概论》,高等教育出版社 2010 年版。
③　黎友焕:《企业社会责任》,华南理工大学出版社 2010 年版。

利益相关者理论是企业社会责任的基础理论之一,从利益相关者的角度界定企业社会责任是一个比较有益和被广泛认可的视角,近年来已得到了我国学者的广泛认可,成为他们用以支持企业社会责任理论研究的重要工具。郭文美、黎友焕(2007)也认为作为有责任感的企业不仅仅是以赢利为目的,应该同时关注利益相关者的利益,如为消费者提供可靠安全的产品,同商业合作伙伴建立良好的合作关系,关注环境和社会公益事业等,而这些正与实现社会的可持续发展的要求相吻合;吴宣恭(2007)指出企业不可能离开社会的支持,必须处理好同其他社会主体,特别是企业职工的关系,为改善企业的经营管理,树立企业的社会责任感,构建正常的市场关系,作出有益的启示①。刘录敬、陈晓明(2010)认为企业社会责任与利益相关者两大理论相结合后,产生了基于利益相关者理论的企业社会责任观,企业不再只对股东负责,追求股东利益的最大化,而是对包括股东在内的所有利益相关者,如员工、政府、社区等均承担相应的责任,也正是基于利益相关者理论,企业的社会责任(包括企业社会绩效),得以按满足各利益相关者要求的程度进行评估②。李淑英(2010)将利益相关者理论的核心理念概括为企业是为其一切构成要素创造价值的生产制度和社会经济体系,是其利益相关者相互关系的联结,其目标和责任不只是对资产所有者负责,而且要对所有的利益相关者负责,它包括股东、员工、消费者、商业伙伴、政府等等③。孙平(2010)以利益相关者理论为基础,界定了企业社会责任的边界,将企业社会责任划分为:对股东的责任、对债权人的责任、对员工的责任、对消费者的责任、对环境的责任、对社会公益事业的责任以及对政府的责任七个方面,并从理论上分析了各利益相关者的社会责任对财务绩效的影响,得出了理论分析的基本结论④。周绍朋、任俊正(2010)认为:"从企业利益相关者角度来说,企业对所有的利益相关者负责,但是对特定的利益相关者的社会责任又有所不同。利益相关者可分为直接(初级)利益相关者和间接(高级)利益相关者。前者是指与企业直接发生联

---

① 黎友焕、龚成威:《国内企业社会责任理论研究新进展》,《西安电子科技大学学报》2009年第2期。

② 刘录敬、陈晓明:《基于社会责任的企业财务战略研究》,《改革与战略》2010年第7期。

③ 李淑英:《利益相关者理论视野中的企业社会责任》,《教学与研究》2010年第6期。

④ 孙平:《企业社会责任与财务绩效互动关系研究》,山东大学2010年硕士学位论文。

系的群体,包括股东、投资机构、员工、客户、供应商以及政府、为企业提供服务的公共部门等,后者则包括与企业没有直接联系但可相互影响的群体,如媒体、非营利组织、种族组织等。企业应该针对不同利益相关者进行社会责任需求分析,对社会责任战略进行统一规划。"

二、社会契约理论与企业社会责任

社会契约的观点是美国一个民间团体"经济发展委员会"于1971年提出的,其基本含义是:企业是各种契约的连接点,它是不同个人之间一组复杂的显性契约和隐形契约结合而成的一种法律实体,它是一种人性化的组织,它能够而且必须对其经营活动所处的社会系统的要求作出回应,承担相应的社会责任。(美)托马斯·邓菲(Thomas W. Dunfee)将社会契约理论发展到新的高度,他从综合社会契约的角度指出,现实的或"现存的"社会契约构成了企业道德规范的一个源泉,当这些现实的但通常是非正式的社会契约以自由而明智的一致同意为基础时,并且当他们提出的规范与更广泛的伦理学理论原则相一致时,它们显然就成了强制性的,企业有义务遵守企业与社会达成的这一广泛的社会契约①。黎友焕还是认为应把社会契约和企业社会契约的定义加以区别,并将社会契约定义为约束不同社会成员行为模式的规则和假设,企业与社会之间的契约就叫企业社会契约,即约束企业及其利益相关者的行为模式的规则和假设②。

企业社会契约论认为,企业自成立起便与社会之间形成了契约,以此来规范双方的权利和义务,这一契约包含着一个社会固有的假定和期望。王世权、李凯(2009)从企业本质视角对企业社会责任进行了解构,他认为企业履行社会责任在本质上就是基于其生产性履行与利益相关者缔结的各种契约,其逻辑起点是社会交换关系所衍生的企业契约性与生产性,最后基于利益相关者诉求与企业社会责任表现之间的缺口角度提出了企业应该适度承担社会责任

---

①　王晓珍等:《企业社会责任理论研究综述》,《企业管理》2009年第10期。

②　黎友焕:《企业社会责任》,华南理工大学出版社2010年版。

的履约要义①。黎友焕、龚成威(2009)认为:"事实上,现代企业理论也已经把企业理解为不同个人之间一组复杂的显性契约和隐性契约的交汇所构成的一种法律实体。在这种法律实体中,交汇的契约既有经营者与所有者之间的契约、经营者与雇员之间的契约,还有企业作为债权人与债务人之间的契约、企业作为供应商(或消费者)与消费者(供应商)之间的契约、企业作为法人与政府之间的契约等。这样,企业的行为实际上就成了一组复杂契约系统的均衡行为,这种复杂的契约系统的主体就是一系列目标不同且可能相互冲突的利益相关者。②"孙平(2010)以社会契约论为其企业社会责任与财务绩效关系研究的理论依据并认为公司财务绩效不仅仅取决于利益相关者对公司资源显性索取权的成本,还同时取决于隐性索取权的成本,而隐性索取权就包括社会责任在内。如果公司出现对社会不负责任的行为,那么拥有隐性索取权的利益相关者就可能将这些隐性契约转为对公司而言成本更高的显性契约。因此,企业要想提高财务绩效,必须主动承担对利益相关者的社会责任,降低隐性索取权的成本③。社会契约理论可以为利益相关者理论的合理性提供伦理基础;同时还可以为利益相关者理论研究从个体视角向关系视角的转变提供可能。但李曙光(2009)警告说契约是不完善的,这在发达国家都是一个非常大的问题,原因是市场信息披露不充分,或者有欺诈,或者契约本身有结构性缺陷。所以,政府和司法机构要干两件事:一要保证契约的正常履行,二要防止不完善契约带来的问题。整个社会的商业信用和整个社会关系的信用是建构在契约被充分履行的基础之上的④。

三、公司治理理论与企业社会责任

公司治理与企业社会责任的问题也是近年来我国学者研究的一个热点问题。企业社会责任导向下的公司治理问题已成为国内公司治理研究的一个新

---

①　王世权、李凯:《企业社会责任解构:逻辑起点、概念模型与履约要义》,《外国经济与管理》2009 年第 6 期。

②　黎友焕、龚成威:《企业社会责任理论研究新进展》,《西安电子科技大学学报》2009 年第 1 期。

③　孙平:《企业社会责任与财务绩效互动关系研究》,山东大学 2010 年硕士学位论文。

④　黎友焕:《企业社会责任》,华南理工大学出版社 2010 年版。

的趋势,企业社会责任在现代公司治理中发挥重要的作用。王长义(2007)通过规范研究得出,公司治理和社会责任具有历史的渊源性和发展的共生性。公司治理和社会责任都产生于现代大公司的出现,二者统一于利益相关者理论和实践。公司治理是社会责任得以实施的重要途径,社会责任则能够推动公司治理的有效改善与良性发展①。黎友焕(2007)从信息披露机制可以产生放大作用的机理出发论述了企业社会责任与公司治理,即企业积极履行了社会责任,它从中得到的好处会变大;企业逃避社会责任、违法违规,其承受的成本也会被放大,而良好的信息披露机制则来自于良好的公司治理结构②。宋建波、李爱华(2010)认为企业的法人治理结构是决定企业行为最重要的影响因素,为了使企业较好地履行应承担的责任,必须建立起有效的法人治理结构,具备有效法人治理结构的企业才能够形成实现社会责任分担的微观基础。他们通过对上市公司社会责任履行情况的分析以及其与公司治理结构的相关性研究证实了公司治理结构中的前五大股东的持股比重、监事会规模、总股本、高管人数和前十大股东关联情况是对上市公司社会责任履行具有显著性影响的公司治理因素,即完善的公司治理结构对社会责任履行有积极作用。企业应该在自身实践中,加强对公司治理结构的完善,提高对相关者利益的保护,增强企业的社会责任水平③。从社会责任的视角出发,对公司治理模式进行研究,既能满足企业对公司治理水平的要求,又能满足社会各界对企业履行社会责任的期待,对于完善目前的治理模式具有重要的意义。利益相关者理论与公司治理理论相结合,在公司治理机制中引入利益相关者、考虑社会责任是公司治理的必然趋势。虽然有很多学者将社会责任与公司治理结合在一起进行研究,但是这项研究仍处于探索阶段,相关理论还很不成熟,并且不同的国家也存在不同的利益相关群体,同时传统公司价值观对公司治理的影响还十分普遍,如何建立既能满足相关者对企业履行社会责任的要求又适合企业

---

① 王长义:《公司治理与企业社会责任:基于历史视角的研究》,《现代管理科学》2007年第11期。

② 黎友焕:《企业社会责任在中国——广东企业社会责任建设前沿报告》,华南理工大学出版社2007年版。

③ 宋建波、李爱华:《企业社会责任的公司治理因素研究》,《财经问题研究》2010年第5期。

规模的治理模式,还值得进一步研究(李晓慧、唐立峰,2009)。

四、责任竞争力与企业社会责任

关于企业社会责任与竞争力的关系的研究,著名战略管理大师迈克尔·波特认为:"企业社会责任其实并不简单意味着成本、约束或者说慈善活动的需要,而是企业创新和提高竞争优势的潜在机会。只有通过战略性地承担社会责任,企业才能对社会施以最大的积极影响,同时收获最丰厚的商业利益。"国内学者的研究结论绝大多数都肯定了企业应该承担社会责任并已经明确提出企业可以将社会责任内化为核心竞争力的观点。殷格非(2005)阐述了"责任竞争力"的内涵,他认为企业应运用自身的专业优势解决社会、环境、员工等问题,使企业在履行社会责任的同时经济效益同步提升,竞争力得到增强;刘藏岩(2005)认为企业履行社会责任可转化为企业的竞争力,有利于企业跨越国际壁垒,能提升企业的长期赢利能力[1];叶敏华(2007)认为企业社会责任已经成为继人才、技术和管理之后的一种新的竞争力,只有勇于承担社会责任的企业,才是人们尊重的企业,才会是基业长青的企业[2];张红(2008)甚至认为企业社会责任不是企业的负担,而本身就是企业核心竞争力的一部分;黎友焕、龚成威(2008)则从企业履行环境责任的必要性出发认为企业社会责任是一种竞争优势,"企业社会责任的履行已经不是被迫的无奈行为,也不仅仅是为满足制度与监管的要求,它将成为企业培养差异化竞争优势的平台,会帮助企业顺利进入新兴市场并最终支持企业实现长期、可持续的增长"[3]。李建升、李巍(2009)认为企业社会责任通过直接影响利益相关者的决策和行为或者通过企业形象间接影响利益相关者的决策和行为两种途径可以增加企业资源和提升企业能力,促进企业经营目标的实现,并转化为企业竞争优势[4]。张旭、宋超、孙亚玲(2010)以 59 家医药上市公司 2003—2007 年的

---

① 李灿:《企业社会责任与竞争力研究综述》,《统计与决策》2009 年第 19 期。

② 叶敏华:《企业社会责任与可持续发展研究》,《上海经济研究》2007 年第 11 期。

③ 黎友焕、龚成威:《环境规制下的国外企业社会责任运动及启示》,《世界环境》2008 年第 3 期。

④ 李建升、李巍:《企业社会责任向企业竞争优势转化的波及效应》,《改革》2009 年第 11 期。

数据为依据,通过实证分析研究了企业社会责任与企业竞争力之间的关系。研究发现:从当期来看,承担社会责任越多的企业,企业竞争力越高;从前期来看,企业社会责任表现会增强当期企业竞争力,尤其是近三年的社会责任表现会显著影响企业竞争力[①]。王翔(2010)认为企业的竞争力,可以通过对企业社会责任认知与履行来体现。同时,只有将企业战略管理思想融入到企业社会责任中,这样的企业社会责任才是最具有竞争力的。企业战略性社会责任竞争力是企业体现在社会责任方面的综合性能力,这种竞争能力首先由企业积极履行战略性社会责任引发,通过一种动态的、交互性的培育模式,逐步以企业的资源、能力和形象、声誉为载体,予以体现,最终得成企业的竞争力,通过不断的循环,往复回馈,最终得到提升,形成企业独具特色的竞争优势,既为社会带来价值,又给企业带来竞争优势,应该是企业社会责任管理的战略实施所追求的双赢结果(周绍朋,2010)。

五、可持续发展理论与企业社会责任

1961 年《寂静的春天》中最早提出可持续发展的概念,后经《增长的极限》、《气候变化框架公约》等一系列报告和文件,正式出现了在全球范围内可持续发展的浪潮,深刻影响了各国政府和企业的观念和行为。随着可持续发展理念的推广,人们又把可持续发展引入到企业社会责任研究领域中,提出了企业可持续发展问题,并得到了中国理论界的高度重视。黎友焕等(2010)认为所谓企业可持续发展是指企业在追求生存和发展的过程中,既要考虑企业经营目标的实现和提高企业市场地位,又要保持企业在已领先的竞争领域和未来的扩展经营环境中始终保持持续的赢利增长和能力的提高,保证企业在相当长的时间中整体实力不断增强[②]。大量的事实和研究表明,企业社会责任是通往可持续发展的重要途径,从总体或长远来看,企业承担社会责任将有助于企业自身乃至整个社会经济的可持续发展。赵丰年(2008)认为"企业社会责任在中国引起关注和重视的主要原因是可持续发展面临严峻的形势。企

---

① 张旭、宋超、孙亚玲:《企业社会责任与竞争力关系的实证分析》,《科研管理》2010 年第 5 期。

② 黎友焕等:《企业社会责任理论》,华南理工大学出版社 2010 年版。

业社会责任的根本经济动因是可持续发展的要求,推动力量是利益相关者,因此其促进策略就要从企业与利益相关者双方的博弈来进行分析,进而提出促进策略"。① 黎友焕、龚成威(2008)从企业履行环境责任的必要性出发,认为企业社会责任是一种竞争优势,"企业社会责任的履行已经不是被迫的无奈行为,也不仅仅是为满足制度与监管的要求,它将成为企业培养差异化竞争优势的平台,会帮助企业顺利进入新兴市场并最终支持企业实现长期、可持续的增长"②。文革、史本山、张权林(2009)通过对家族企业目标动力机制及可持续发展动力机制两个方面的分析,认为在整个家族企业的发展系统中,承担企业社会责任与家族企业可持续发展两者之间是一致的,并且相互促进③。王文、张文隆(2009)认为企业可持续发展主要侧重于价值创造、环境管理,对环境有益的生产系统、人力资本管理等,包括企业要正确地确定自身的使命和长期发展战略目标,担负起企业促进社会发展的责任,同时也要保证自身的长期生存和发展;企业要保持长期的竞争优势,获得更多的利润,降低自身的经营风险,必须要考虑社会、经济的发展环境,要能适应这些环境条件的变化,要在技术创新、产品开发、污染治理等方面,为企业自身和社会可持续发展作出贡献④。邓小峰(2010)认为企业作为推动社会经济发展的主要力量,积极主动地承担其经济、法律、伦理、慈善等社会责任,是从根本上解决劳资纠纷、安全事故、环境污染等问题,推进社会经济持续、有序、协调发展的需要。企业勇于承担社会责任,不仅推动了企业的可持续发展,更推动了社会经济的可持续发展,推动了人类社会文明进程,是一个利人、利己、为全人类谋福祉的"最道德"的行为⑤。可持续发展不仅是政府的责任,作为微观经济主体的企业也负有不可推卸的责任。企业的责任不仅仅在于追求利润,企业的发展离不开社

---

①　赵丰年:《企业社会责任的宏观经济动因与促进策略研究》,北京邮电大学2008年博士学位论文。

②　黎友焕、龚成威:《环境规制下的国外企业社会责任运动及启示》,《世界环境》2008年第3期。

③　文革等:《中国家族企业社会责任与可持续发展的系统基模分析》,《软科学》2009年第7期。

④　王文、张文隆:《企业可持续发展研究》,《科学与科学技术管理》2009年第9期。

⑤　邓小峰:《可持续发展战略目标下企业承担社会责任需求分析》,《江苏商论》2010年第2期。

会的支持,企业要走可持续发展之路,就必须合理承担合理的社会责任。从企业长期发展的战略角度看,企业承担社会责任是提高企业竞争力和实现企业可持续发展的重要内容。

第四节　企业社会责任标准和评价研究

一、企业社会责任标准

科学合理的企业社会责任标准和评价指标体系是引导、评价企业社会责任实践的重要工具。卢岚、刘开明(2007)所著《中国企业社会责任标准实施指南》一书介绍了国内外社会责任标准,并对我国中小型企业社会责任的建设和管理、供应链相关企业的社会责任管理等问题进行了研究①。王果(2007)认为包括 SA 8000 在内的企业社会责任标准大都是西方国家相关机构根据跨国公司的标准而制定的,目前实际上遵循该标准的跨国企业也并不多。对我国而言,从理论上讲短期内推行该标准会增加企业的经营成本,削弱低劳动力成本的优势,进而影响产品的竞争力,但从长期动态地来看,SA 8000 标准的实施与推广是有利于企业改善劳资关系,走上可持续发展道路的。所以当前我国企业既要接受该标准的合理内容,又要抵制其中过高要求的部分②。经过了近 10 年的努力,2010 年 11 月社会责任国际标准——ISO 26000 正式出版。ISO 26000 将企业社会责任推广到任何形式组织的社会责任,在全球统一了社会责任的定义,明确了社会责任的原则,确定了践行社会责任的核心主题,并且描述了以可持续发展为目标,将社会责任融入组织战略和日常活动的方法。它是国际各利益相关方代表对社会责任达成基本共识并取得颇具发展潜力的成果,可以说 ISO 26000 是社会责任发展的里程碑和新起点。

二、企业社会责任评价

中国学者从 20 世纪 90 年代中期开始关注企业社会责任的评价问题,涌现了一批有价值的研究成果。企业社会责任评价主要从企业内外部利益相关

---

① 卢岚、刘开明:《中国企业社会责任标准实施指南》,化学工业出版社 2007 年版。
② 王果:《企业社会责任理论研究综述及发展建议》,《湖北经济学院学报》2007 年第 3 期。

者的利益保障出发考察企业在社会层面上所承担的责任。朱永明(2008)认为企业社会责任评价体系的建立应遵循科学性原则、系统性原则、可操作性原则、时效性原则、突出性原则、可比性原则、定性与定量相结合的原则。在具体确定指标时,着重于消费者关注和重视的方面,并体现程度差异;同时,评价指标应逐层向下分解,对中间各层赋予权重,对最终的项目层的评价,采用专家打分法;分析评价结果时,从打分开始,逐层向上归纳①。

关于企业社会责任评价指标体系的研究,学者们也进行了积极探讨。赵丰年(2008)基于综合评价的理论,以企业职工、客户、股东、供应商、社区和同行业者 6 个主要的利益相关者为评价者,从企业坚持依法经营诚实守信、不断提高持续赢利能力、切实提高产品质量和服务水平、加强资源节约和环境保护、推进自主创新和技术进步、保障生产安全、维护职工合法权益、参与社会公益事业 8 个方面,建立企业社会责任评价指数模型,对企业进行立体综合评价。辛杰(2008)采用利益相关者理论来界定企业承担社会责任的范围,开展企业对社会责任履行的自我评价,通过定性研究建立基于企业 10 个利益相关者的企业社会责任指标体系,根据企业对社会责任指标的重要性和自我表现性评价得到企业在社会责任重要性和表现性方面的二维图景,社会责任指标可被分在保持优势区、急需改进区、锦上添花区、持续改进区、无优势区 4 个区域。林巧燕、吴静静(2009)利用获得的 115 份有效问卷分析了国内企业承担道德以及慈善责任的力度及其与企业员工行为变量之间的关系。企业社会责任的道德维度对员工向心度、员工忠诚度以及员工满意度均具有显著的正向影响,而企业社会责任的慈善维度仅对员工向心度的影响达到了统计显著性,对员工忠诚度以及满意度的影响并不显著②。李伟阳、肖红军(2009)提出可以从利益相关方、责任内容、功能、组织层级、作用属性五大维度中选择维度构建指标体系框架模型,企业构建社会责任指标体系需要先确定一级指标的逻辑框架,再逐层确定中间层级和末级指标的逻辑框架③。徐颖(2010)提出构

---

① 朱永明:《企业社会责任评价体系研究》,《经济经纬》2008 年第 5 期。

② 林巧燕、吴静静:《企业社会责任承担对员工行为的影响》,《统计与决策》2009 年第 14 期。

③ 李伟阳、肖红军:《企业社会责任指标体系构建的五维模型》,《WTO 经济导刊》2009 年第 3 期。

建企业社会责任评价指标体系的设想,从股东、债权人、员工、消费者、政府、社区及环境资源7个利益相关者维度建立企业社会责任评价指标,利用因子分析法确定指标权重,构建我国企业社会责任评价指标体系,最后运用本文构建的评价指标体系考察安徽省上市公司履行社会责任的情况①。田晓琳(2010)在企业社会责任指标体系的国内外企业对比分析的基础上,从员工、消费者、供应商、债权人、政府、社区、环境和股东等8个方面构建我国社会责任指标体系并得出我国企业履行社会责任,要均衡发展这8个方面的结论②。黎友焕等(2010)通过因子分析提取企业社会表现中的7个维度,包括员工、消费者、股东、环境、社区和特殊群体,根据其数据分析结果,得出:企业在经营过程中不仅对股东承担责任,对其他利益相关者也承担了一定的社会责任;对利益相关者承担责任与企业绩效存在显著正相关关系;不同组织特征即不同行业、性质、规模、生命周期和地区的企业在承担社会责任的程度上存在一定的差异③。

由此看出,随着时间的发展,在企业社会责任的评价角度上,有更多的研究者倾向于从特定的利益相关者的角度来评价企业社会责任,且现有指标体系缺乏系统性,如果不能设计出一套切合中国国情的一般性的方法和模型,构建出具有通用性的企业社会责任指标体系,就难以对不同企业履行社会责任的程度与水平作出评价。

第五节　企业社会责任实践导向及应用研究

企业社会责任量化研究是一个薄弱环节,其中量化指标测量的只是管理者关于CSR的态度和价值观,并不能有效测量企业的社会责任行为,而CSR行为的诱发与促进,即实践应用研究才是学术研究的最终目标。

---

① 徐颖:《基于利益相关者的企业社会责任评价指标体系研究》,安徽大学2010年硕士学位论文。

② 田晓琳:《基于利益相关者理论的企业社会责任指标体系研究》,北京交通大学2010年硕士学位论文。

③ 黎友焕等:《企业社会责任实证研究》,华南理工大学出版社2010年版。

一、企业社会责任的实现机制

只有建立完善的企业社会责任实现机制,才能为中国企业社会责任的实现提供必要的条件,因此对于如何诱发和促成企业社会责任,很多学者从不同的角度就其实现机制进行了研究。蔡宁、李建升、李巍(2008)基于企业承担社会责任受经济、道德、法律等多种因素的影响,以及企业、政府和社会之间存在系统关系的研究结论,从系统论的角度构建了一个包括经济、制度、监督与执行4个子系统的企业社会责任实现机制。经济子系统是企业承担社会责任的压力和动力来源;由各种法律组成的制度子系统是企业利益相关者参与社会责任运动的支持和保障;包括道德在内的监督子系统为企业社会责任实现提供必要的监督和信息传递;执行子系统则是企业社会责任的具体承担者。企业社会责任实现机制的功能表现为:在国际和国内经济环境、社会文化等外部因素的影响与作用下,通过内部各个子系统的相互作用,最终满足外部环境的要求,促进企业社会责任的实现①(见图1-4)。

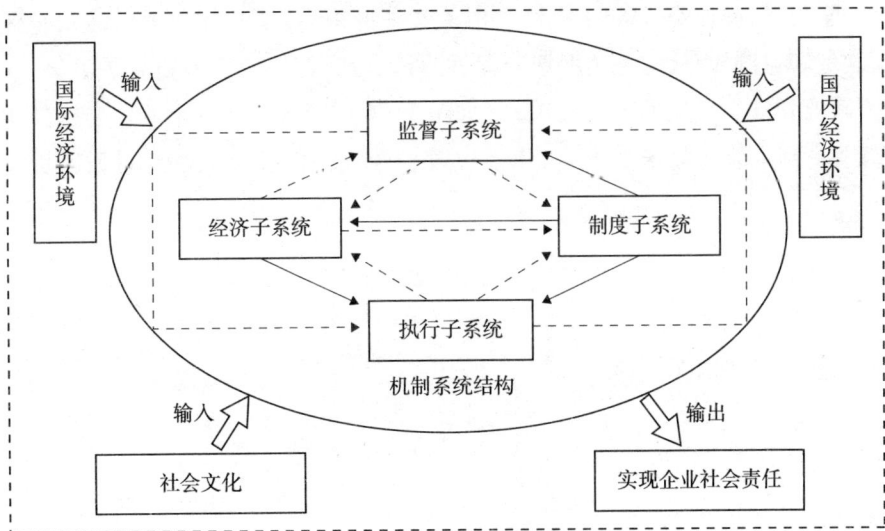

图1-4　企业社会责任机制功能实现图

---

①　蔡宁等:《实现企业社会责任:机制构建及其作用分析》,《浙江大学学报》2008年第4期。

　　耿合江、韩振燕、崔伟（2008）认为企业社会责任的构建需要政府、企业、社会的联动机制加以推进，政府具有激励引导的作用，企业具备内生力的作用，而社会起着监督评价的作用（见图 1－5）①。

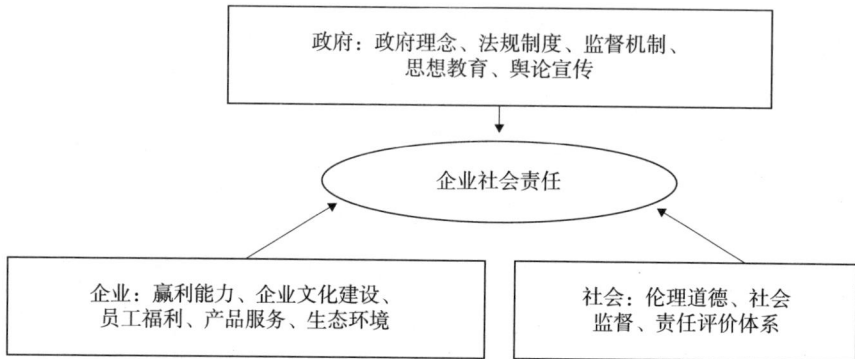

图 1－5　企业社会责任的推进机制图

　　李晏墅、周祎卿（2009）从利益相关者理论来看，企业社会责任涉及企业及其他利益群体，从生态角度划分，我们可以分为以下三个利益相关群体：企业、政府和社会。三者的相互关系（如图 1－6）：区域 I 代表企业社会责任生态圈，区域 II 代表整个宏观生态圈（包含企业、政府、社会三个元素及区域 I

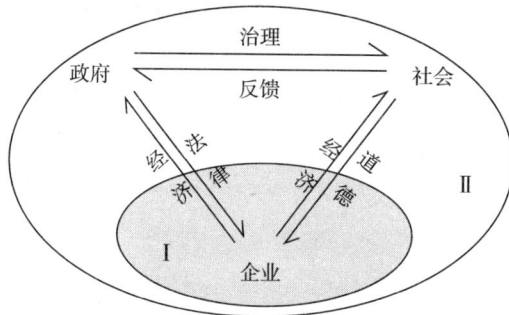

图 1－6　企业社会责任生态模型图

　　①　耿合江、韩振燕、崔伟：《企业社会责任的影响因素及推进机制》，《中国人力资源开发》2008 年第 7 期。

所指企业社会责任生态圈)。企业社会责任生态圈则是以企业为主体,同时与政府、社会这其他利益相关群体相关联;区域Ⅰ所指的企业社会责任生态圈则应当具体包括:企业内部责任(包括股东利益、劳动者保护、产品安全等内容)与企业外部责任,即企业对企业外的政府及社会所需要承担的责任(如经济责任、法律责任、道德责任)两个部分。为了维持整个宏观生态模型的利益守恒,就需要由企业社会责任来进行调节,通过企业社会责任的实施,来改变三者的利益关系,以求不断达到相对平衡点,稳定宏观生态模型①。

黄溶冰、王跃堂(2009)按照复杂适应系统理论,企业社会责任响应是由公司主体与其利益相关者(投资者、职工、消费者、供应商和债权人)构成的一个复杂适应系统,同样存在标识机制、内部模型机制和积木机制,如图1-7所示。在企业社会责任响应的复杂适应系统中,要生成企业主动履行社会责任的学习行为,并递延遗传,需要两个方面的交互作用。首先,政府公共管理部门通过宏观和中观调控的激励约束机制发布如下信息:企业的社会绩效与财务绩效存在着积极的关系,企业追求利润和承担社会责任并不矛盾;这一刺激因素被企业主体的探测器采集,主体根据If-Then适用规则选择行动,反过来通过效应器作用于系统,并获得"胡萝卜"性质的正反馈强化或"大棒"性质的负反馈弱化,目的是使越来越多的企业意识到:企业的长期生存有赖于社会的信任和支持,承担社会责任增加的并不仅仅是成本,而是未来的收益。其次,企业在学习基础上产生适应性行为,利用治理结构、公司战略、组织结构、规章制度、企业文化、内部审计等积木,组合形成社会责任回应的新规则;新规则被作为一种主体标识固定下来,通过"染色体"复制和非线性作用,成为代表了整个系统的共同基因,在"涌现"现象作用下,产生企业与社会和谐的新质②。

李纪明(2009)认为企业社会责任的实施方式主要有:实施内部生产守则、外部生产守则、跨国公司"查厂"、第三方认证。如今"查厂"已经成为我国外贸加工行业耳熟能详的新名词,这是最主要的企业社会责任实施方式。在

①　李晏墅、周祎卿:《企业社会责任的生态模型——基于演化轨迹及机理分析》,《福建论坛》2009年第8期。
②　黄溶冰、王跃堂:《基于复杂适应系统的企业社会责任治理机制》,《软科学》2009年第9期。

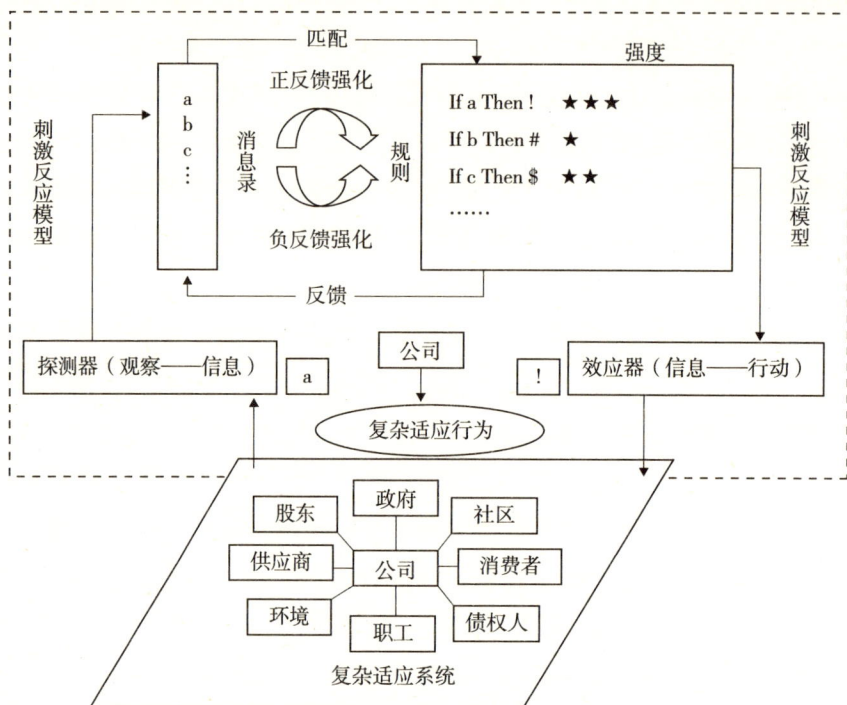

图1-7　企业与利益相关者的复杂适应系统

我国,开展的第三方认证主要包括两种:一是 SA 8000 认证,未来可能是 ISO 26000 或者是其他更适合中国企业社会责任履行的认证;二是行业性社会责任标准认证①。

二、企业社会责任与消费者

基于利益相关者的视角研究企业社会责任是研究 CSR 的一个重要方向,其中 CSR 与消费者关系的研究特别受到研究者的关注。周延风等(2007)在评价西方学者在企业社会责任与消费者响应关系的基础上,指出研究国内消费者对企业社会责任的认知及响应,将有助于企业有针对性地制定营销策略,

---

① 李纪明:《资源观视角下企业社会责任与企业绩效研究》,浙江工商大学 2009 年博士学位论文。

进一步维护消费者权益。随着消费者对企业承担社会责任期望的增加,消费者也倾向于信任与购买那些积极承担社会责任的企业的产品。企业社会责任行为与消费者的响应之间的关系,并非只是简单的相关关系。不同类型的消费者,对企业社会责任行为的响应并不完全相同。对于高支持的消费者,当企业积极承担社会责任时,购买意向与产品质量感知都显著高于低支持的消费者。通过引导中国消费者提高社会责任消费行为的意识,可以使消费者的选择对企业社会责任行为的"软约束"发挥更大的效力[1]。周祖城、张漪杰(2007)对行业内的相对企业社会责任水平与消费者购买意向关系的实证研究表明:行业内的相对 CSR 水平高(或低),消费者购买意向也相应地高(或低);消费者能够接受的 CSR 处于行业领先水平企业的产品提价的幅度显著小于要求 CSR 处于行业落后水平企业的产品降价的幅度;在参照对象分别为 CSR 处于行业落后水平企业的产品和参照对象为 CSR 处于行业中等水平企业的产品时,消费者对 CSR 处于行业领先水平企业的产品的购买意向存在显著差异,但愿意接受的提价幅度没有显著差异[2]。

　　消费者的权益要求是企业实施社会责任的直接动力之一。赵丰年(2008)认为消费者的积极参与是包括企业在内的全社会责任意识提升的最重要的标志,而且他们的广泛监督也是企业履行社会责任的最有利的保证。消费者是一个特殊群体,他们的消费决定直接影响到企业的财务绩效,因而他们的行为对企业有十分重要的导向作用,毕竟没有一家企业愿意生产一种没有人买的产品。企业社会责任不但是对企业的挑战,也是对消费者的考验。消费者的抉择将直接影响着企业的战略,只有责任消费才能推动企业社会责任的发展[3]。王晓东、谢莉娟(2009)指出企业与消费者之间的良性互动关系是企业社会责任成功推进的关键,并决定着消费模式的良性变迁。他通过理论回顾阐释了责任消费与 CSR 之间的良性互动关系,在"社会守则"导向和

---

　　①　周延风、罗文恩、肖文建:《企业社会责任行为与消费者响应》,《中国工业经济》2007 年第 3 期。

　　②　周祖城等:《企业社会责任相对水平与消费者购买意向关系的实证研究》,《中国工业经济》2007 年第 9 期。

　　③　赵丰年:《企业社会责任的宏观经济动因与促进策略研究》,北京邮电大学 2008 年博士学位论文。

"社会意识"导向两种理论逻辑的基础上,探讨了在中国建立责任消费与 CSR 互动影响机制的路径选择:首先通过消费者调查和责任消费行为的测评,开发以消费者的责任消费动机为导向的企业 CSR 优先标准,并根据消费者需求和国际标准提供 CSR 优先标准的量化测评机制;在此基础上,企业 CSR 行为的标签化将构成企业与消费者之间信息互传的有效联结机制,责任消费与 CSR 之间的良性互动影响将得到持续的演进①。谢佩洪、周祖城(2009)提出包含企业社会责任行为、良好公司声誉、消费者企业认同和消费者购买意向在内的概念模型,如图 1 - 8 所示。通过研究得出:企业社会责任行为能够对消费者企业认同和公司声誉产生直接正向影响,企业社会责任行为和公司声誉是引发消费者对公司认同的重要前置变量;企业社会责任行为不仅对消费者购买意向产生直接的正向影响,还通过良好的公司声誉和消费者对公司的认同感对消费者购买意向产生间接的正向影响,而且间接作用的强度要远远大于直接作用;公司声誉和消费者企业认同是企业社会责任行为②。

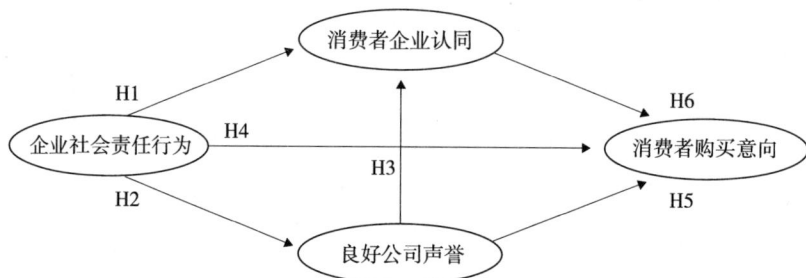

图 1 - 8 企业社会责任行为与消费者购买意向概念模型

三、企业社会责任与信息披露

关注企业社会责任信息的披露与重视和加强企业社会责任一样已经越来越具有现实意义。随着对企业社会责任问题的日益关注与重视,企业社会责

① 王晓东、谢莉娟:《责任消费与企业社会责任的互动影响机制》,《商业经济与管理》2009 年第 10 期。

② 谢佩洪、周祖城:《中国背景下 CSR 与消费者购买意向关系的实证研究》,《南开管理评论》2009 年第 1 期。

任信息披露的重要性也将日益凸显。彭欲云(2009)指出要加强企业社会责任,必须建立信息披露机制,树立企业形象,通过社会舆论和道德压力促使公司履行社会责任。目前对于我国大多数企业来说,信息披露的主要内容是企业的财务状况。但是,随着人们对可持续发展观的重视,财务指标已经不是衡量企业状况和未来的唯一指标。为了加强企业履行社会责任的自觉性与主动性,应该将社会信息公开机制引入企业社会责任制度中。企业履行社会责任的状况通过信息披露机制,向社会传达相关信息:如公司的债务情况、企业内员工权益的保护状况、商品质量及消费者投诉状况、环境污染状况、社区关系状况等等①。吕玉芹(2009)认为披露社会责任信息有助于提升企业的价值和财务绩效,两者之间存在积极互动关系,而当前我国没有制定相关法规要求企业披露社会责任信息,企业自愿披露社会责任的主动性较差,她建议加强法律法规建设,规范企业社会责任信息披露方式;制定强制与自愿相结合的企业社会责任信息披露制度,调动社会各种力量来强化企业履行社会责任的责任感②。刘文刚、唐立军(2009)企业社会责任信息披露机制不健全不仅不利于利益相关者作出正确选择,而且不利于我国企业社会责任活动的顺利开展,因此,建立健全企业社会责任信息披露机制成为急需解决的问题。披露形式是指企业披露社会责任信息所采用的表述方式和媒介,主要采用年度报告内分散和独立、年度报告以外的单独报告和大众传媒三种形式③。李新娥、彭华岗(2010)从企业社会责任信息披露和企业声誉关系的角度,以2008年中国100强企业为样本,对二者关系进行的实证研究显示,企业社会责任信息披露得分越高的企业,企业声誉得分也越高,企业社会责任信息披露对企业声誉有显著影响,社会责任信息披露能够增加企业的责任竞争力④。

　　总之,企业社会责任信息进行披露是社会经济发展的必然趋势,我国企业只有顺应潮流,敢于承担并积极披露才能在激烈的竞争中实现其可持续发展

---

①　彭欲云:《企业社会责任履行现状及其改进研究》,《湖南社会科学》2009年第6期。
②　吕玉芹:《企业社会责任信息披露:经验与启迪》,《生产力研究》2009年第14期。
③　刘文刚、唐立军:《我国企业社会责任信息披露机制的构建》,《经济与管理研究》2009年第7期。
④　李新娥、彭华岗:《企业社会责任信息披露与企业声誉关系的实证研究》,《经济体制改革》2010年第3期。

目标。企业对承担社会责任的信息予以计量、核算与披露,除了有利于向企业相关利益者提供相关的信息,还可以帮助社会责任信息使用者评价企业经营活动可能产生的社会影响和企业社会责任的履行情况,促使企业目标与社会目标协调一致,改善企业与社会的关系,维护企业的社会形象。一方面,企业社会责任信息披露是企业与各利益相关者相互沟通的纽带,通过社会责任信息披露,利益相关方能够更多地了解企业的政策、态度和做法,影响利益相关者对企业的看法,因此披露社会责任信息成为企业树立形象的重要手段;另一方面,企业社会责任信息披露可以促使企业改变落后的管理理念和管理方法,以全新的国际化的视角,重新审视企业行为和管理体制,促进内部管理的提升,从而提升企业形象,提高企业整体价值(李新娥,2010)。

四、企业社会责任管理

彼得·德鲁克(Peter F. Drucker)指出:"企业应该就社会影响和社会责任这些领域进行深入的思考,剖析自己在其中的作用,树立相应的目标并努力取得成效。换句话说,必须对社会影响和社会责任进行管理。"从企业实践角度来讲,很多企业也认识到要想获得持续成长,所关注的问题就不应单单限于自身组织管理能力的提升,还需不断树立社会角色,紧密关注和解决社会问题,从而使内部外部各种利益相关者与企业发展联系起来,也就是说,承担社会责任已经成为企业的巨大压力和发展动力。讨论企业如何履行社会责任承诺、如何实施社会责任、如何将社会责任要求与组织实践结合起来的问题。在越来越多的企业开始认同社会责任的趋势下,对于微观层面的企业社会责任问题,如企业究竟需要承担多少社会责任才是足够的,如何去管理社会责任,如何把握企业社会责任的限度等问题,以往停留在道德角度考虑的企业社会责任讨论很难给予企业以实践的指导。所以,如何构建企业社会责任的管理框架和相关实践,既是目前研究关注的焦点,又是现实实践的要求①。

第一,企业管理者对企业社会责任履行的影响。王晶晶(2010)认为"个体对社会责任的认识,在理论上称为 CSR 导向,即个体对企业的经济、伦理和慈善行为的态度导向。孙德升从高阶理论的视角提出了一个高管团队特征与

---

① 黎友焕、刘延平主编:《中国企业社会责任建设蓝皮书(2010)》,人民出版社 2010 年版。

法律 CSR 关系的分析框架,认为高层管理者的年龄、教育、职能经验、任期、财务状况等背景特征能在一定程度上预测企业的社会责任行为。学者们通过实证研究的方法,探讨中国管理者的 CSR 导向,研究表明,企业 CSR 的履行程度,与企业管理者尤其是企业高层管理者的企业社会责任导向有很大的关系。其中,中国企业家调查系统通过对企业法人代表的调查,反映了现阶段企业家对 CSR 的认识与评价;晁罡等实证研究认为企业领导者的法律、伦理、慈善 3 个责任取向正向影响、经济责任取向负向影响企业社会表现和组织绩效;杨帆等实证研究表明,中国管理者个体的 CSR 导向具有经济责任和伦理责任的性别显著差异,以及法律责任的区域差异。"①

第二,如何将社会责任嵌入于组织层面,完善管理实践已成为当代企业社会责任研究的焦点。易开刚(2007)认为社会环境变化和企业的自身发展要求现代企业转变经营理念,构建企业社会责任管理模式,将企业社会责任行为转化为企业社会资本,通过内外兼修,可以促进企业的持续健康和谐发展②。唐飞、韵江(2008)构建了企业的社会责任体系与其战略适应模式的共同演化模型,研究表明,企业社会责任体系的演化和企业的战略适应模式的演化是协同发展的,是相互制约相互促进的。将企业社会责任融入战略管理使之促进企业的发展是一个复杂的过程,它需要从战略价值创造、战略类型选择、战略导向转变以及战略过程等多个方面进行大量细致的基础性管理实践,才能实现对社会责任的消极适应向主动适应转变③。侯仕军(2009)界定了企业社会责任概念,探讨了企业社会责任管理的动因、模式与绩效,提出了一个企业社会责任管理整合框架。他认为企业社会责任动因反映了来自社会控制的压力以及企业自身的认识和推动;企业社会责任模式包括配置环境扫描系统、开展社会责任沟通、采取战略行动、内部协调与外部合作以及应对管理挑战 5 个基本方面;企业绩效则反映了企业社会责任管理的结果(见图 1-9)④。王翔(2010)认为从整体上把握企业社会责任战略的关键维度,把握其影响因素和

---

① 王晶晶等:《企业社会责任的研究现状及未来研究展望》,《管理评论》2010 年第 8 期。
② 易开刚:《企业社会责任管理新理念:从社会责任到社会资本》,《经济理论与经济管理》2007 年第 11 期。
③ 唐飞、韵江:《企业社会责任管理体系:认同与行为》,《财经问题研究》2008 年第 5 期。
④ 侯仕军:《企业社会责任管理的一个整合性框架》,《经济管理》2009 年第 3 期。

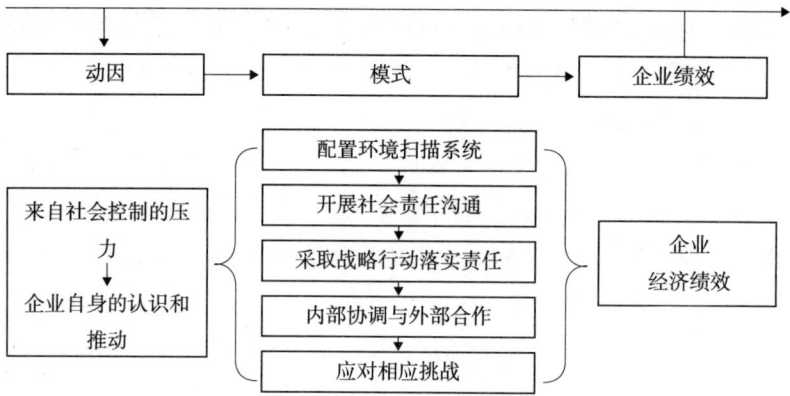

图1-9　企业社会责任管理整合框架

行为路径,这样就能将社会责任真正融入企业战略的定位、规划、实施、控制中,形成企业社会责任与企业战略的系统性耦合,从而实现社会责任带来的竞争优势,形成其核心竞争力的重要一环。企业战略性社会责任的执行(见图1-10)包括企业战略性社会责任的内容、执行体系及执行的约束体系三方面内容①。

第三,对企业社会责任的管理,关键是如何将社会责任视为一个综合体系动态地纳入企业实践中,如何使企业社会责任的承担从成本转化为资源,如何提高自身外部危机的处理能力,概括地说就是如何建立社会责任体系基础上的管理体系。随着这种研究的深入,现代企业社会责任实践的管理研究更强调企业社会责任与竞争优势的联系。企业的本质是价值创造,即通过组织分工生产和知识的积累,进行各种各样的价值活动以创造财富。企业的价值不仅包括自有的经济价值,而且体现在与外界广泛联系的社会价值上。承担社会责任的企业正是通过建立"双赢"的环境关系发展了企业的社会价值,保护了企业的经济价值,由此成为企业价值活动机制的重要组成部分②。周绍朋、任俊正(2010)认为"从企业社会责任管理角度来说,根据迈克尔·波特的企业社会责任战略模型,企业的社会责任可分为敏感性社会责任和战略性社会

---

① 王翔:《企业战略性社会责任及其竞争力培育研究》,武汉理工大学2010年硕士学位论文。
② 唐飞、韵江:《企业社会责任管理体系:认同与行为》,《财经问题研究》2008年第5期。

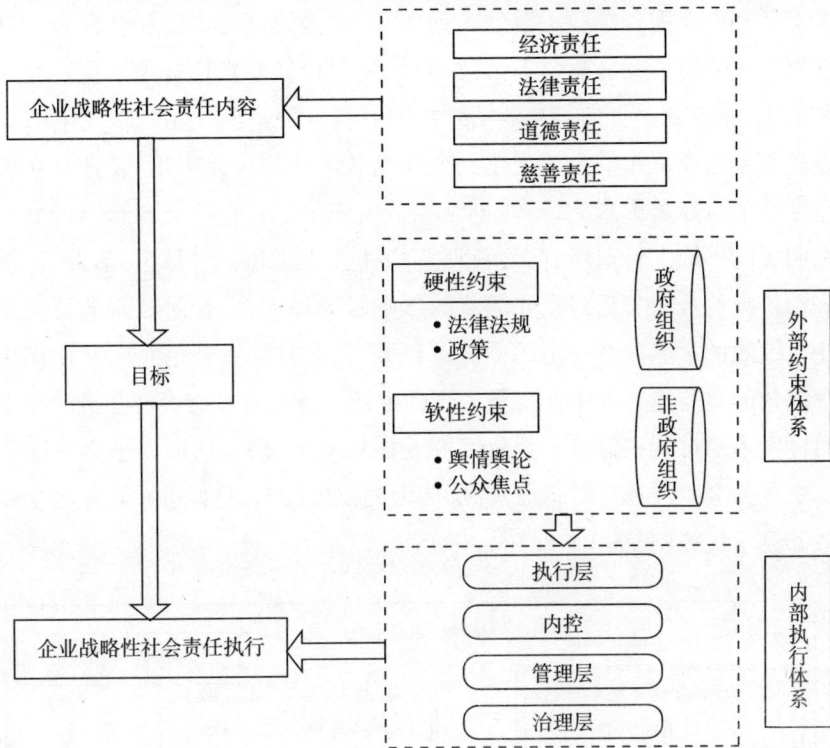

图 1-10　企业战略性社会责任的执行示意图

责任,只有承担了战略性社会责任,企业才能既对社会施以重大影响,又产生丰厚的商业收益,企业社会责任危机管理体系将逐步被重视;社会责任管理信息披露将进一步规范化;企业社会责任标准化工作继续推进,但标准差异化特点将越来越明显;创新将成为企业社会责任管理的鲜明特色;基于战略导向的全面社会责任管理将成为企业社会责任管理的重要方向"①。

五、企业社会责任与企业绩效

企业社会责任与企业财务绩效的关系显示出社会责任行为对企业的影响,因而备受研究者和企业管理者的关注。近两年,中国涌现出大量关于企业

---

① 周绍朋、任俊正:《企业社会责任管理理论及在中国的实践》,《国家行政学院学报》2010年第 3 期。

社会责任和企业财务绩效关系的实证研究,大多数研究者已经认同企业社会责任履行短期可能会影响财务绩效,但长期履行社会责任有助于提高企业的赢利能力,企业社会责任与企业绩效之间有相互促进的作用。李建生(2008)通过整理吴志霞提出的企业文化到企业绩效的作用机制得出:企业社会责任对企业绩效有显著的影响,不同企业社会责任维度对企业绩效影响的显著性存在明显的不同。针对所有者、管理者的社会责任和针对员工、消费者、供应商和销售商的社会责任对企业绩效的影响较为稳定,而针对公众的社会责任对企业绩效的影响只在一定的条件下显著;企业社会责任是企业文化作用于企业绩效的重要途径和中介变量。李建生还认为企业社会责任在推动企业经营目标实现的过程中促进了企业资源获得和能力提升,进而促进企业绩效提升。企业社会责任通过对企业资源、能力的积极影响,将促进并转化为企业的绩效和竞争优势(见图1－11)①。

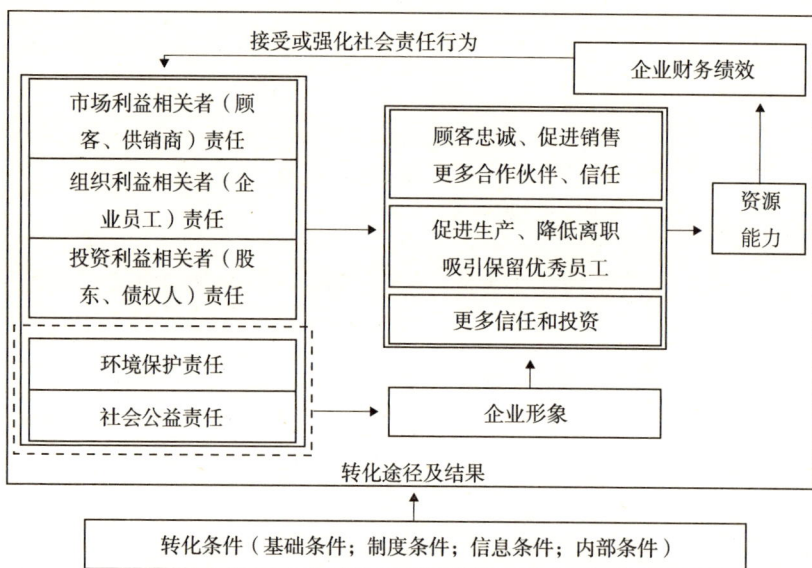

图1－11　企业社会责任到企业绩效的转化机理

---

① 李建生:《企业文化与企业绩效关联机制研究:企业社会责任视角》,浙江大学2008年博士学位论文。

　　张锋(2010)从利益相关者理论对企业应该承担的社会责任进行分解,从股东、债权人、供应商、消费者、员工、政府、社区、生态环境8个方面来研究企业社会责任与公司财务绩效间的关系,还把公司财务绩效分成会计指标和市场指标来分别加以研究并建立概念模型(如图1–12),使企业社会责任与财务绩效间的关系更加明确。同时其实证研究表明,当期企业社会责任与当期及后期公司财务绩效成正向关系;且企业社会责任存在一定的滞后效应,随时间延续正向关系逐渐增强①。

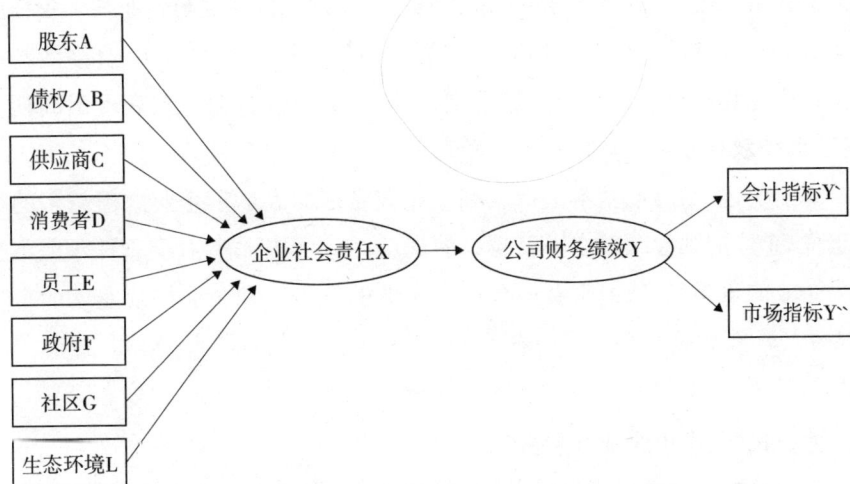

图1–12　企业社会责任与公司财务绩效概念模型

　　孙平(2010)选取深圳上市公司为研究样本,对企业社会责任与财务绩效的互动关系进行了实证检验,认为企业社会责任与财务绩效之间存在显著的正相关关系,企业积极承担对利益相关者的社会责任对企业财务绩效的提升有明显的推动作用,即企业社会责任履行得越好,企业的财务绩效越好。同时他还综合净资产收益率和营业收入增长率两个财务绩效指标的回归结果,认为当企业财务绩效越好,企业能为今后更好地履行社会责任提供资源,企业对利益相关者的社会责任履行情况就越好。企业财务绩效对企业社会责任义务

①　张锋:《企业社会责任与公司财务绩效关系的实证研究》,西安理工大学2010年硕士学位论文。

的履行有着积极的促进作用。也就是说当企业财务绩效较好的时候,企业才会积极地去履行社会责任。企业社会责任与财务绩效之间互为因果、互相影响、互相促进。企业积极履行社会责任有利于企业财务绩效的提升,同时企业财务绩效越好越能促进企业积极履行社会责任[1]。黎友焕等(2010)还以中国制造业企业为研究样本,分析了企业综合绩效(而不是企业的财务绩效)与企业社会责任二者关系发现,企业社会责任与企业绩效之间的关系比一般性的研究结论要复杂得多,它随企业所在区域、规模及所处行业特征的变化而变化。具体可归纳为:就地区来看,东部地区企业的综合绩效与企业社会责任的各个方面一般都高于中西部地区;就规模来看,规模越大,企业综合绩效与社会责任得分越高;就行业来看,除个别行业外,高绩效行业一般表现出高社会责任,低绩效行业社会责任水平也较低[2]。

综上所述,学者们基本上都从利益相关者层面表达了企业承担越多的社会责任,企业的社会绩效水平就越高的观点,企业积极履行社会责任不但不会成为企业的负担,从长期来看还会形成企业的竞争力和企业持续发展的宝贵动力[3]。

六、民营、中小企业社会责任

企业按所有制性质可以简单地分为国有企业和民营企业,按规模大小可以简单地分为大中型企业和中小型企业。一般来说国有企业都是些大中型企业,而民营企业则相对来说就是中小型企业。不同所有制企业、不同规模企业对待社会责任的态度也是明显不同的。国有企业是由国家出资兴建的,所以国有企业要履行政府的部分职能,承担一些政府该做的事情且大中型企业实力较强,有提升自身社会影响的意愿也有能力履行社会责任。与国有大中型企业相比,中国民营中小企业的产权相对比较清晰,利益主体比较明确,企业的内在利益驱动力强烈,追求利润最大化是其主要目的且民营企业一般规模

---

①　孙平:《企业社会责任与财务绩效互动关系研究》,山东大学 2010 年硕士学位论文。

②　黎友焕等:《企业社会责任实证研究》,华南理工大学出版社 2010 年版。

③　黎友焕、龚成威:《基于外部性的企业社会责任福利分析》,《西安电子科技大学学报》2008 年第 6 期。

较小,资金、实力有限,既没有承担社会责任的主动性和积极性,也没有足够的承担社会责任的能力①。

　　民营企业作为中国改革开放以来一支飞速发展的力量,为中国经济的发展和人民生活水平的提高作出了巨大贡献。但由于民营企业长期游离于计划体制之外,摆脱了像国有企业那样的计划和行政约束,追求自我利益的机制得以强化,因而在发展过程中出现了忽视乃至损害社会和他人的利益,诸如逃避纳税责任,生产"假冒伪劣"产品,污染环境,克扣员工工资和福利等社会责任缺失现象,这不仅制约了民营企业自身的健康发展,而且给社会带来了一定的负面影响。不少民营企业在发展的过程中出现了忽视乃至损害社会和他人利益的现象,特别是中小型民营企业。刘红燃(2009)认为在经济全球化进程中,民营企业在实现企业利润最大化的同时,要兼顾利益相关人的利益,切实处好企业与社会、企业与自然环境的关系。只有这样,民营企业才能真正实现可持续发展②。邵兴东(2009)认为承担社会责任是我国中小企业参与国际竞争、顺应社会责任国际化发展趋势的必然要求,他从供应链管理的角度探讨了我国中小企业进行战略型社会责任管理的方法与途径,他提出通过构建基于社会责任的封闭式供应链管理体系以及绿色环保供应链管理体系,使中小企业通过供应链社会责任管理实现企业的竞争优势,他还提出中小企业构建超越审核的供应链社会责任管理模式的设想,使中小企业在跨国公司主导的供应链社会责任管理中提升话语权与管控力,以责任竞争力促进企业的可持续发展③。禹海慧(2010)通过分析中小企业社会责任的外部压力与内部动力,构建了一个企业成长的 CSR 压力与动力的短期动态平衡模型,解释了短期内企业履行社会责任的影响因素及范围,并进一步提出了民营中小企业 CSR 与成长空间的长期蛛网模型,解释了 CSR 与企业成长的关系,他认为民营中小企业只有在充分理解 CSR 对企业带来的各种有利与不利影响的基础上,结合企业的实际情况,正确履行社会责任,才能找到企业持续发展的正确路径,扩

---

　　① 李双龙:《试析企业社会责任的影响因素》,《经济体制改革》2005 年第 4 期。
　　② 刘红燃:《民营企业可持续发展对策研究》,《特区经济》2009 年第 11 期。
　　③ 邵兴东:《我国中小企业战略型社会责任管理研究》,《经济与管理研究》2009 年第 12 期。

展企业的成长空间①。张旭、宋超、孙亚玲(2010)以 59 家医药上市公司2003—2007 年的数据为依据,通过对控制变量的研究发现,公司规模越大社会责任表现越好,国有企业社会责任表现显著优于非国有企业,而企业经营年限对企业社会责任表现的影响则不显著。对政府而言,政府可以对中小企业给予适当优惠政策和宽松的发展空间,保证其在规模和效益上都能有长足的进步,进而形成良好的行业态势,增大它们履行社会责任的可能性进而增强其国际竞争力②。

在经济全球化的新形势下,我国民营、中小企业作为全球企业供应链的重要环节,已经不能将环境污染、产品品质、劳动权益等问题置之不理,承担社会责任已经成为我国民营企业可持续发展,融入全球经济的主要趋势和方法。因此,探讨我国民营、中小企业社会责任问题,推动其更好地履行社会责任,对实现民营、中小企业及社会的可持续发展无疑具有重要的现实意义。

七、企业社会责任与和谐社会

构建社会主义和谐社会,是党中央面对新形势提出的一个新的重大命题。对中国来说,在落实科学发展观,构建社会主义和谐社会的历史进程中,必须充分重视和发挥企业的重要作用。企业承担社会责任有助于企业与社会、环境全面协调、可持续发展,是企业落实科学发展观的必要条件。黎友焕(2007)指出"和谐社会,企业有责,任何一个企业,对于推进社会的有序发展都有不可推卸的责任。遗憾的是,我们在这方面远远落后,直到现在,广大国内消费者还在为实践童叟无欺的市场目标而苦苦奋斗。至于说企业要有勇气承担社会责任的意识,要把推进社会和谐发展作为创业的宗旨,更是做得远远不够"。张晓春(2009)认为利益相关者与社会的关系是部分与整体的关系,企业与利益相关者的关系是企业与社会的关系;而企业的生存与发展以社会和谐为前提,社会的和谐需要企业承担社会责任,企业与和谐社会之间存在着共生关系③。邓泽宏、何应龙(2009)通过比较 2006 年和 2008 年度样本县域

---

① 禹海慧:《企业社会责任与民营中小企业成长空间》,《特区经济》2010 年第 2 期。

② 张旭、宋超、孙亚玲:《企业社会责任与竞争力关系的实证分析》,《科研管理》2010 年第5 期。

③ 张晓春:《试论企业社会责任与和谐社会的共生关系》,《商业时代》2009 年第 36 期。

企业 CSR 回归模型和 CSR 相关性因素分析结果,得出:企业社会责任能够协调利益相关体的关系,为县域社会带来企业所有者、员工、政府(管理者)、债权人和供应商的关系和谐;企业社会责任能够协调企业与社会的关系,为县域带来经济发展、广泛就业、财富均衡和慈善公益等促进社会和谐的正效应;企业社会责任能够协调企业与自然环境的关系,为县域带来一个环境友好型、资源节约型的可持续发展的模式①。杨敏、程启军、周尚万(2009)认为:"企业作为现代经济社会中最重要的组织,它是人们从事经济活动,进行社会互动的场所,是人类生存和发展的一个基本维度和基本的方式,企业的社会责任状况如何直接关系到企业自身的发展与和谐社会的构建。我国近年来不断出现的企业社会责任问题,已严重地影响到和谐社会的构建。因此,强化企业社会责任,对于促进企业自身的发展与和谐社会的构建,具有深远而又现实的意义。②"周绍朋、任俊正(2010)认为履行社会责任是落实科学发展观、构建和谐社会的必然要求,也是广大企业在实践中达成的共识,将成为更多企业的自觉行为③。企业是和谐社会的经济细胞和构建和谐社会的重要载体,在构建社会主义和谐社会和落实科学发展观的过程中,企业有不可推卸的责任,企业在处理自身与社会的关系时,必须主动承担起自身应履行的社会责任,为构建和谐社会作出自己的贡献,表现在:履行经济责任,创造构建和谐社会的物质基础;履行环境责任,促进人与自然和谐共处;履行法律责任,促进民主法治和安定有序局面的形成;履行慈善责任,促进社会公平正义的实现;履行道德责任,促进诚信友爱的社会氛围的形成(刘德佳、赵连章,2010)④。

---

① 邓泽宏、何应龙:《企业社会责任与县域和谐的关系研究》,《改革与战略》2009 年第12 期。

② 杨敏、程启军、周尚万:《论和谐社会构建中的企业社会责任》,《企业经济》2009 年第12 期。

③ 周绍朋、任俊正:《企业社会责任管理理论及在中国的实践》,《国家行政学院学报》2010 年第3 期。

④ 刘德佳、赵连章:《论构建和谐社会进程中的企业社会责任》,《科学社会主义》2010 年第2 期。

小结与展望

随着市场经济的飞速发展,企业社会责任显得尤为重要,CSR 的研究成果将有利于提高企业的适应性,协调企业和利益相关者之间的关系以及构建和谐社会。通过对国内学者最新研究成果梳理发现:目前学者们几乎一致认为企业应该履行社会责任,企业履行社会责任不是企业的成本、负担,企业积极、科学履行社会责任可以为企业和社会都创造收益,反之,会为企业和社会带来危害;企业社会责任的研究已经涉及经济学、管理学、社会学、政治学、伦理学等多个学科,目前国内也没有一个统一的企业社会责任标准,而且不同学科背景下的学者往往有不同的见解,至今有关企业社会责任内涵尚没有形成统一的看法;对于 CSR 的影响因素,国内学者进行了一些有益的研究,主要是从企业内外部影响因素两个方面展开;利益相关者理论是支持企业社会责任理论研究的重要工具,从利益相关者的角度界定企业社会责任已得到了我国学者的广泛认可;在企业社会责任标准和评价方面,更多的研究者和机构倾向于从特定的利益相关者的角度来设计标准评价企业社会责任,现有指标体系缺乏系统性和通用性;由于国内经济社会发展急切需要了解企业社会责任的实践及其效果或者说 CSR 行为的诱发与促进,即实践应用研究才是学术研究的最终目标。因此国内学者有更多人关注了企业社会责任实践应用研究,其研究的焦点主要集中在企业社会责任的实现机制、企业社会责任与消费者、企业社会责任与信息披露、企业社会责任管理、企业社会责任与企业绩效的关系等。

尽管我国研究者在企业社会责任方面已经取得一定成果,但仍有许多问题还未得到充分的研究,本章对未来研究发展方向提出如下建议:

(一)继续深入开展本土化的 CSR 研究。开展本土化的 CSR 概念研究、实证研究、案例研究,探讨适合中国特色的 CSR 测评指标、认证体系和作用机制,为逐步完善我国的 CSR 评价体系和监督机制提供理论基础仍是今后研究的重点[①]。

---

① 王晶晶等:《企业社会责任的研究现状及未来研究展望》,《管理评论》2010 年第 8 期。

（二）强化企业社会责任管理研究。一是对企业家社会责任的探讨。研究企业家社会责任的概念模型及其测度,研究企业家在制定 CSR 战略、承担社会责任行为方面的作用机理将能对企业有效履行企业社会责任提供指导。二是政府对企业社会责任履行政策引导研究。现阶段国家和地方政府对企业社会责任的政策管理还处在摸索阶段,因此从国家行政管理角度研究企业社会责任政策的科学引导是有待深入的。三是企业社会责任管理作为管理体系的一个组成部分,与企业战略、企业文化、企业的政府公关等内容必须很好地协调起来,这一实践性极强的研究领域也非常值得在将来的研究中给予深化①。

总之,通过以上文献资料梳理不难发现,国内对企业社会责任的研究已经取得了一定的成绩,研究的人数越来越多,发表的成果数量日渐增多,形成的观点也逐渐成熟,但由于国内关于企业社会责任的研究起步较晚,尚没有形成一个完整的体系,而且很多企业对于企业社会责任的认知还很肤浅。所以,在构建和谐社会和全球化背景下企业如何承担社会责任仍是我国学者学术界和企业界、政府等需要关注的问题。

参考文献

蔡宁等:《实现企业社会责任:机制构建及其作用分析》,《浙江大学学报》2008 年第 4 期。

邓小峰:《可持续发展战略目标下企业承担社会责任需求分析》,《江苏商论》2010 年第 2 期。

邓小峰:《企业社会责任对社会经济可持续发展推动力分析》,《企业经济》2010 年第 1 期。

邓泽宏、何应龙:《企业社会责任与县域和谐的关系研究》,《改革与战略》2009 年第 12 期。

耿合江、韩振燕、崔伟:《企业社会责任的影响因素及推进机制》,《中国人力资源开发》2008 年第 7 期。

侯仕军:《企业社会责任管理的一个整合性框架》,《经济管理》2009 年第

---

① 王曼:《中国企业社会责任理论与系统研究》,天津大学 2008 年博士学位论文。

3 期。

黄邦汉:《企业社会责任概论》,高等教育出版社 2010 年版。

黄溶冰、王跃堂:《基于复杂适应系统的企业社会责任治理机制》,《软科学》2009 年第 9 期。

黎友焕、龚成威:《国内企业社会责任理论研究新进展》,《西安电子科技大学学报》2009 年第 2 期。

黎友焕、龚成威:《环境规制下的国外企业社会责任运动及启示》,《世界环境》2008 年第 3 期。

黎友焕、龚成威:《基于外部性的企业社会责任福利分析》,《西安电子科技大学学报》2008 年第 6 期。

黎友焕、龚成威:《企业社会责任理论研究新进展》,《西安电子科技大学学报》2009 年第 1 期。

黎友焕、刘延平:《中国企业社会责任建设蓝皮书(2010)》,人民出版社 2010 年版。

黎友焕:《企业社会责任》,华南理工大学出版社 2010 年版。

黎友焕:《企业社会责任研究》,西北大学 2007 年博士学位论文。

黎友焕:《企业社会责任在中国——广东企业社会责任建设前沿报告》,华南理工大学出版社 2007 年版。

黎友焕等:《企业社会责任理论》,华南理工大学出版社 2010 年版。

黎友焕等:《企业社会责任实证研究》,华南理工大学出版社 2010 年版。

李灿:《企业社会责任与竞争力研究综述》,《统计与决策》2009 年第 19 期。

李纪明:《资源观视角下企业社会责任与企业绩效研究》,浙江工商大学 2009 年博士学位论文。

李建升、李巍:《企业社会责任向企业竞争优势转化的波及效应》,《改革》2009 年第 11 期。

李建生:《企业文化与企业绩效关联机制研究:企业社会责任视角》,浙江大学 2008 年博士学位论文。

李淑英:《利益相关者理论视野中的企业社会责任》,《教学与研究》2010 年第 6 期。

李双龙:《试析企业社会责任的影响因素》,《经济体制改革》2005年第4期。

李伟阳、肖红军:《企业社会责任概念探究》,《管理学动态》2008年第21—22期。

李新娥、彭华岗:《企业社会责任信息披露与企业声誉关系的实证研究》,《经济体制改革》2010年第3期。

李晏墅、周祎卿:《企业社会责任的生态模型——基于演化轨迹及机理分析》,《福建论坛》2009年第8期。

林巧燕、吴静静:《企业社会责任承担对员工行为的影响》,《统计与决策》2009年第14期。

刘德佳、赵连章:《论构建和谐社会进程中的企业社会责任》,《科学社会主义》2010年第2期。

刘德佳:《构建和谐社会进程中我国企业社会责任建设研究》,东北师范大学2010年博士学位论文。

刘红燃:《民营企业可持续发展对策研究》,《特区经济》2009年第11期。

刘录敬、陈晓明:《基于社会责任的企业财务战略研究》,《改革与战略》2010年第7期。

刘文刚、唐立军:《我国企业社会责任信息披露机制的构建》,《经济与管理研究》2009年第7期。

卢孝军:《企业社会责任与员工组织承诺的关系研究》,浙江工商大学2010年硕士学位论文。

吕玉芹:《企业社会责任信息披露:经验与启迪》,《生产力研究》2009年第14期。

潘时常、张卫:《论企业家应履行的社会责任及影响因素》,《现代经济探讨》2009年第11期。

彭欲云:《企业社会责任履行现状及其改进研究》,《湖南社会科学》2009年第6期。

邵兴东:《我国中小企业战略型社会责任管理研究》,《经济与管理研究》2009年第12期。

宋建波、李爱华:《企业社会责任的公司治理因素研究》,《财经问题研究》

2010 年第 5 期。

孙平:《企业社会责任与财务绩效互动关系研究》,山东大学 2010 年硕士学位论文。

唐飞、韵江:《企业社会责任管理体系:认同与行为》,《财经问题研究》2008 年第 5 期。

田晓琳:《基于利益相关者理论的企业社会责任指标体系研究》,北京交通大学 2010 年硕士学位论文。

王长义:《公司治理与企业社会责任:基于历史视角的研究》,《现代管理科学》2007 年第 11 期。

王果:《企业社会责任理论研究综述及发展建议》,《湖北经济学院学报》2007 年第 3 期。

王晶晶等:《企业社会责任的研究现状及未来研究展望》,《管理评论》2010 年第 8 期。

王曼:《中国企业社会责任理论与系统研究》,天津大学 2008 年博士学位论文。

王世权、李凯:《企业社会责任解构:逻辑起点、概念模型与履约要义》,《外国经济与管理》2009 年第 6 期。

王文、张文隆:《企业可持续发展研究》,《科学与科学技术管理》2009 年第 9 期。

王翔:《企业战略性社会责任及其竞争力培育研究》,武汉理工大学 2010 年硕士学位论文。

王晓东、谢莉娟:《责任消费与企业社会责任的互动影响机制》,《商业经济与管理》2009 年第 10 期。

王晓珍等:《企业社会责任理论研究综述》,《企业管理》2009 年第 10 期。

文革等:《中国家族企业社会责任与可持续发展的系统基模分析》,《软科学》2009 年第 7 期。

吴秀云:《企业履行社会责任的影响因素及制度安排》,《商业时代》2009 年第 34 期。

谢佩洪、周祖城:《中国背景下 CSR 与消费者购买意向关系的实证研究》,《南开管理评论》2009 年第 1 期。

辛杰:《企业社会责任驱动因素研究》,《预测》2008 年第 6 期。

徐尚昆、杨汝岱:《企业社会责任概念范畴的归纳性分析》,《中国工业经济》2007 年第 5 期。

徐颖:《基于利益相关者的企业社会责任评价指标体系研究》,安徽大学 2010 年硕士学位论文。

杨建锋:《企业社会责任研究进展述评》,《技术经济》2009 年第 8 期。

杨敏、程启军、周尚万:《论和谐社会构建中的企业社会责任》,《企业经济》2009 年第 12 期。

叶敏华:《企业社会责任与可持续发展研究》,《上海经济研究》2007 年第 11 期。

易开刚:《企业社会责任管理新理念:从社会责任到社会资本》,《经济理论与经济管理》2007 年第 11 期。

禹海慧:《企业社会责任与民营中小企业成长空间》,《特区经济》2010 年第 2 期。

张锋:《企业社会责任与公司财务绩效关系的实证研究》,西安理工大学 2010 年硕士学位论文。

张锋:《企业社会责任与公司财务绩效关系的实证研究》,西安理工大学 2010 年硕士学位论文。

张继青:《企业社会责任概念的正本清源》,《法制与社会》2010 年第 2 期。

张衔、肖斌:《企业社会责任的依据与维度》,《四川大学学报》2010 年第 2 期。

张晓春:《试论企业社会责任与和谐社会的共生关系》,《商业时代》2009 年第 36 期。

张旭、宋超、孙亚玲:《企业社会责任与竞争力关系的实证分析》,《科研管理》2010 年第 5 期。

赵丰年:《企业社会责任的宏观经济动因与促进策略研究》,北京邮电大学 2008 年博士学位论文。

赵丰年:《企业社会责任的宏观经济动因与促进策略研究》,北京邮电大学 2008 年博士学位论文。

周绍朋、任俊正:《企业社会责任管理理论及在中国的实践》,《国家行政学院学报》2010 年第 3 期。

周延风、罗文恩、肖文建:《企业社会责任行为与消费者响应》,《中国工业经济》2007 年第 3 期。

周祖城等:《企业社会责任相对水平与消费者购买意向关系的实证研究》,《中国工业经济》2007 年第 9 期。

朱永明:《企业社会责任评价体系研究》,《经济经纬》2008 年第 5 期。

规　制　篇

第二章 企业社会责任报告编制规则研究

摘要：本章内容首先综述了全球性、地区性和行业性的 CSR 报告的编制规则，其次，分析了我国 CSR 报告编制规则存在的巨大空白，再次，较为详细地分解了制定 CSR 报告编制规则的几个难点和应该注意的情况，接着结合目前国际、国内企业社会责任理论以及相关实践资料，提出针对中国 CSR 报告编制规则的可行性探讨，最后对 CSR 报告编制规则的发展前景进行展望以及提出本章内容的不足之处。

关键词：CSR 编制规则、难题、企业社会责任战略

Abstract：Firstly, this chapter reviews the global, regional and industry CSR reports specific rules. Secondly, it analyses the enormous gaps existed in the rules of CSR reports. In addition, it splits several difficulties and situations which should be paid much attention about the formulate rules of CSR reports. And then it puts forward several feasibility research about CSR report formulate rules combining with present international, domestic theory and related pratice information on corporate social responsiblity in China. Finally, it prospects the development trend of CSR reports and bring up the shortcomings of this chapter.

Key Words：CSR rule-formulation, difficulties, CSR strategy

企业社会责任运动在中国蓬勃兴起。发布企业社会责任报告已超越报告本身，成为企业重视社会责任、履行社会责任实践的重要表现，成为企业展示社会责任成果最直接的沟通平台。社会责任报告作为一种特殊的、能传达企业非财务信息的综合载体，既能有效总结和梳理企业社会责任管理的现状，从而指导和前瞻企业社会责任在未来的发展，又能促进利益相关方与企业的沟

通,了解企业的运营,捕捉企业财务报表中内在隐蔽的信息,达到提升组织绩效、改善形象、增加企业价值、促进企业可持续发展的关键作用。

近年来,中国企业发布社会责任报告(CSR Report)的数量一直呈几何级增长。根据《WTO 经济导刊》发布的《中国企业社会责任报告研究(2009)》数据显示:从 2006 年到 2009 年,发布社会责任报告的中国企业从 32 家猛增到582 家,3 年时间增长了 17 倍。特别是在 2009 年,发布的各类社会责任报告达 582 份,是 2008 年 169 份的 3.44 倍,呈现"井喷"式增长态势;占全球报告总数比重由 2008 年的 5% 左右,预计增长到 2009 年的约 15% 。① CSR 报告发布数量猛增,使得如何编制出简洁、有效、具体的社会责任报告就变得十分关键。

第一节　企业社会责任报告编制规则综述

企业社会责任报告(Corporate Social Responsibility Report,简称 CSR 报告),是企业将其履行社会责任的理念、内容、战略、方式、方法,以非财务成果的形式进行计量与反映,通过系统的文字梳理和总结,并向利益相关方和社会各界公开披露的方式,包括在承担社会责任义务、进行社会责任实践操作中对经济、环境、社会等领域造成的影响、取得的成就及不足等信息。企业社会责任报告既是企业非财务信息披露的重要载体,又是企业与利益相关方沟通的重要桥梁。正如企业财务报告一样,企业社会责任报告也必须拥有被广为信服、广泛接受的编写规则。企业社会责任报告编制规则作为规范和约束企业社会责任报告的指南,目前来看,主要呈现出三类不同层次的企业社会责任报告编制规则:全球性的企业社会责任报告编制规则、地区性的企业社会责任报告编制规则以及行业性的企业社会责任报告编制规则。

一、全球性的企业社会责任报告编制规则

一般而言,对于企业社会责任报告的编制规则,并没有全球性的硬性指标或规范。目前,国际上常用的企业社会责任报告的编制规则主要有以下几个:

---

① 陈佳贵、黄群慧、彭华岗等:《中国企业社会责任研究报告(2009)》,社会科学文献出版社2009 年版。

经济合作与发展组织①（Organisation for Economic Co-operation and Development，简称 OECD）发布的"跨国公司行为准则（Guidelines for Multinational Enterprises）"。34 个国家政府签署了这一行为准则使其逐渐在全球推广，该准则对于上世纪 70 年代全球范围开展的企业准则运动作出了重要贡献。2000 年，经济合作与发展组织对这一准则进行了修订，将其重点放在了可持续发展上，并包含了国际劳工组织所有的核心劳工协议，这表明新修订的准则更突出对企业在履行社会责任方面的指导。

国际标准化组织②（International Organization for Standardization，简称 ISO）于 1996 年起发布的关于产品质量管理体系的 ISO9000 和关于环境保护体系的 ISO14000，ISO9000 质量标准和 ISO14000 环境管理系列标准自问世以来，已被全世界数百个国家和地区采用为国家级标准，它已经成为许多国家的市场准入条件。

国际劳工组织③（International Labor Organization，简称 ILO）通过的一系列国际劳工标准公约和建议书，截至 2007 年 6 月，国际劳工组织通过了 188 项公约和 99 项建议书。④ 该组织宗旨是：促进充分就业和提高生活水平；促进劳资双方合作；扩大社会保障措施；保护工人生活与健康；主张通过劳工立法来改善劳工状况，进而获得世界持久和平建立社会正义。

联合国倡议的全球契约⑤（Global Compact），目前该标准是全球最人的、

---

① 经济合作与发展组织，简称经合组织，是由 30 多个市场经济国家组成的政府间国际经济组织，旨在共同应对全球化带来的经济、社会和政府治理等方面的挑战，并把握全球化带来的机遇。成立于 1961 年，目前成员国总数 34 个，总部设在巴黎。

② 国际标准化组织（ISO），是世界上最大的非政府性标准化专门机构，是国际标准化领域中一个十分重要的组织。ISO 于 1947 年 2 月 23 日正式成立，总部设在瑞士的日内瓦。ISO 的任务是促进全球范围内的标准化及其有关活动，以利于国际间产品与服务的交流，以及在知识、科学、技术和经济活动中发展国际间的相互合作。

③ 1919 年，国际劳工组织（ILO）根据《凡尔赛和约》，作为国际联盟的附属机构成立。1946 年 12 月 14 日，成为联合国的一个专门机构。总部设在瑞士日内瓦，截至 2009 年 7 月有 183 个成员。

④ 数据来源：国际劳工组织召开国际劳工标准研讨会：《雇主工作简报》，中外联合网：http://www.cec-ceda.org.cn/ldgx/info/content.php? id=1320。

⑤ 1995 年召开的世界社会发展首脑会议上，联合国秘书长科菲·安南曾提出"社会规则"、"全球契约"（Global Compact）的设想。1999 年 1 月在达沃斯世界经济论坛年会上，联合国秘书长科菲·安南提出"全球契约"计划，并于 2000 年 7 月在联合国总部正式启动。

最重要的企业社会责任自愿性协议。包括耐克、联合利华、爱立信、德意志银行等大型国有公司在内的 5800 多家企业和相关组织加入其中。"全球契约"要求各企业在各自的影响范围内遵守、支持以及实施一套在人权、劳工标准、环境及反贪污方面的十项基本原则。

全球报告倡议组织①(Global Reporting Initiative,简称 GRI)出版的《可持续发展报告指南》,从 2000 年诞生至今,已经发展至第三版,简称 G3 标准。据联合国环境规划署、SustainAbility 公司和标准普尔(Standard & Poor's)于 2004 年联合进行的调查和评分,全球非财务报告得分前 100 名的 CSR 报告中有 92 份采用了 GRI 标准。GRI 官方网站所公布的 2006 年的调查数据显示,有 850 多家组织在 GRI 标准的框架基础上编制 CSR 报告。②

以上诸多规则、组织条约、全球契约及报告指南等都为权威性的社会责任报告编制规则奠定了一定的基础。总体而言,这些编制规则都具有一定的权威性,但就全球影响力而言,受限于发达国家和发展中国家在政治、经济、文化等方面的发展水平不同,再加上宗教、信仰、价值观等多方因素制约,上述诸多编制规则仍存在诸多不足,如缺乏普适性,不能适用于任何组织等。正因为如此,这些报告编制规则正在积极寻求协调和综合,通过互相附加、互相支持、共同发展,以期实现真正意义上的全球影响力。

二、地区性的企业社会责任报告编制规则

尽管北美地区和欧洲都出台了诸多措施来规范企业的经营,促进其履行社会责任,进而鼓励企业定期发布社会责任报告。但相比之下,欧洲关于企业社会责任的法律要明显多于美国,内容也更加丰富和具体,此段仅以欧洲地区为例来阐述地区性的企业社会责任报告编制规则。

在某种程度上,欧盟在此领域确实处于领先地位,但并不能说大部分的欧

---

① 全球报告倡议组织(GRI)成立于 1997 年,是由美国的一个非政府组织"对环境负责的经济体联盟"(Coalition for Environmentally Responsible Economies,简称 CERES)和联合国环境规划署(United Nations Environment Programme,简称 UNEP)共同发起的,秘书处设在荷兰的阿姆斯特丹。1997 年到 1998 年间,CERES 逐步形成为可持续发展信息的披露提供一个框架的想法,于是最先发起了"全球报告倡议"项目。

② 数据来源:GRI 官方网站:http://www.globalreporting.org/AboutGRI/。

洲企业都已经接受了企业社会责任的理念、形成了较为完备的企业社会责任报告编制规则。而且在欧盟成员国之间也存在着较大的差异，一些国家致力于在广泛的范围内推进企业社会责任，例如制定国家级标准（奥地利）；一些国家推荐公司发布社会责任报告（法国）；一些国家致力于开展国家内的对话（西班牙、德国）等。欧洲各国也都对 CSR 报告推出了相关法律约束：1999年，挪威和瑞典在其《会计法》中规定所有企业都必须在年报中附上环境报告；2000 年，英国在《开放式基金条例》中要求基金公司应报告自己是如何将企业社会责任融入到募集资金当中的；2001 年 5 月，法国强制在法国证券交易所上市的企业每年必须提交其在社会和环境方面的表现报告；2001 年 6月，德国在《基金法》中规定公司必须执行政府关于社会和环境方面的政策，并把执行结果上报。就法国而言，到 2005 年中期，加入"全球契约"的法国企业超过 200 家。法国要求上市公司必须提供"社会责任年度报告"，报告包括企业在活动中对社会和环境的影响。目前，欧洲议会正在就规范欧洲跨国公司在发展中国家业务活动的社会标准、实行企业环保和社会行为报告制度的可行性进行磋商。[①]

至今为止，欧盟总共制定了 300 多个法律文件，督促企业积极主动地承担社会责任，发布社会责任报告，以实施其环境保护与可持续发展战略。20 世纪 80 年代以来，主要有 1987 年的《单一欧洲法》，1992 年的《马斯特里赫特条约》，1997 年的《阿姆斯特丹条约》等。2001 年 3 月，欧盟颁布了《环境 2010：我们的未来、我们的选择》指令，指明了未来 5—10 年内欧盟环境政策的目标。该指令明确提出在 4 个领域内（气候变化、自然和物种的多样化、环境与健康、自然资源和废弃物）优先执行环境与发展综合决策，并制定了执行决策的具体措施。其他重要法律法规还包括：《综合污染防治管理指令》（IPPC）、《环境影响评价指令》（EIA）、《战略环境影响评价指令》（SEA）、《关于某些工业活动的重大事故危害指令》，以及环境管理审计规则（EMAS 规则）等。[②]

---

① 罗殿军、李季：《发达国家对企业履行社会责任的影响因素分析——以美国和欧洲为例》，《上海经济研究》2007 年第 8 期。

② 刘艺工：《欧盟环境与可持续发展政策及法律对我国西部大开发的启示》，《环境法治与建设和谐社会——2007 年全国环境资源法学研讨会（年会）论文集》第 3 册，（2007 年 8 月），第 368 页。

毫无疑问,这一系列重大的规则、政策、文件及法律法规等都以可持续发展为主线,高度重视可持续发展中的环境保护问题,为欧盟内部的企业编制企业社会责任报告打下了坚实的基础。不可忽视的重要事实就是:门目繁多的规章既为报告编制规则的规范化、权威化提供了多样的选择,又提出了整合难度,以上诸多条款均是作为各自规则、政策、文件及法律法规的形式而存在,并不是严格意义上的企业社会责任报告编制规则,如何制定出一套能被欧盟成员国内部广泛认可和普遍接受的社会责任报告编制规则,其困难程度不言而喻。

三、行业性的企业社会责任报告编制规则

行业性的企业社会责任报告编制规则中最为著名的就是《石油天然气行业可持续发展报告指南》(Oil and Gas Industry Guidance on Voluntary Sustainability Reporting,简称 OGIGVSR(以下简称《指南》),该《指南》是由国际石油工业环境保护协会①(IPIECA)和美国石油学会②(API)在2005年4月颁布的,这是为支持有意报告环保健康安全以及社会经济业绩的油气公司而设计的、自愿性的参考指南。

《指南》具备如下三个特点:

(一)专业性

①专门帮助油气公司确立在可持续发展业绩报告中指标的衡量、定义和选择方法。通过提供一套完整统一的指标,促进更多油气公司相关报告的发布,使公司与股东和公众等之间开展更加广泛的对话交流。

②《指南》是 IPIECA/API"联合企业报告特别组工作"的最直接工作成

---

① 国际石油工业环境保护协会（IPIECA）创建于1974年，由世界各地的石油与天然气公司和协会组成。IPIECA 是在全球主要环境与社会问题（如漏油时间准备及应变、全球气候变化；健康、燃料质量、生物多样性和社会责任）方面代表上游和下游石油与天然气工业的唯一全球性协会。它同时也是油气行业与联合国沟通的主要渠道之一。资料来源：http://www. ipieca. org/。

② 美国石油学会(API)是美国石油与天然气行业的主要行业协会,也是世界上著名的石油行业研究学会,在国际石油科技界享有很高的声誉和权威,总部位于华盛顿。API 为油气行业上中下游领域提供一个论坛,鼓励通过科学、技术和经济研究来追求公共政策目标,促进行业利益的提升和实现。资料来源:http://www. api. org/。

果,也就是说《指南》的编制直接受益于"联合企业报告特别组工作"的集体智慧。仔细分析这个特别工作组的成员组成,就能说明该《指南》特殊的油气行业专业色彩和管理技术水平的先进性。特别工作组下属5个分组及其领导人分别是:

企业报告指导小组:Bill Boyle(英国石油公司);

环保业绩小组:Steve Merritt(雪佛龙德士古公司)

Alena Jonas(美国康菲石油公司);

健康安全业绩小组:Myron Harrison(埃克森美孚石油公司);

社会责任小组:Valerie Crissey Lee(雪佛龙德士古公司);

经济业绩小组:Dominique Chauvin(法国道达尔石油公司)。

来自世界最领先跨国石油公司的各路专家领导着这本全球性《石油与天然气行业可持续发展报告指南》的编制,一方面使得《指南》中原则、指标的选择对油气公司更具针对性;另一方面,也使贡献出专家和经验的这些跨国石油巨头在企业社会责任实践、业绩管理及报告编写中可以"先入为主",占据优势。

③相比GRI《可持续发展报告指南》中的指标而言,《石油与天然气行业可持续发展报告指南》在指标选择上更能突出体现油气公司社会责任业绩特点的指标。比如针对采掘业企业的特点,《指南》更侧重坏境、健康、安全指标的核定。

④《指南》的专业性还体现在对油气行业社会责任指标中所涉及的68个专业术语给出了详尽准确的界定,具体内容详见《指南》的第八部分——术语解释,这极大提高了该《指南》的可操作、可参照性和可读性。

（二）完整性

《指南》着眼于通过油气行业的可持续发展以推动经济发展和社会进步,在经济全球化背景下全面审视和定位油气公司扮演的角色,倡导油气公司全面履行在促进经济增长、环境监管和社会进步三方面的责任,并在三者平衡中获得公司自身的可持续发展。因此,《指南》的内容框架及指标设定中均兼顾了经济、环境和社会三方面的责任"底线",并创造性地将三者之间相互平衡关系用可以量化的指标加以核定,如下图2-1:

收入、收益
净现金流、股东回报

创造就业
技能提高
本地经济影响
社会投资
商业道德

资源有效性
产业监管
生命周期分析

经济增长

社会
经济

生态
效益

可持续性

多样性
员工满意度
人权
社区对话
劳工标准

社会进步

社会
环境

环境保护

浪费最小化
减少排放
遵守法规
生物多样性

安全与健康
本地环境影响
全球气候变化
资源管理

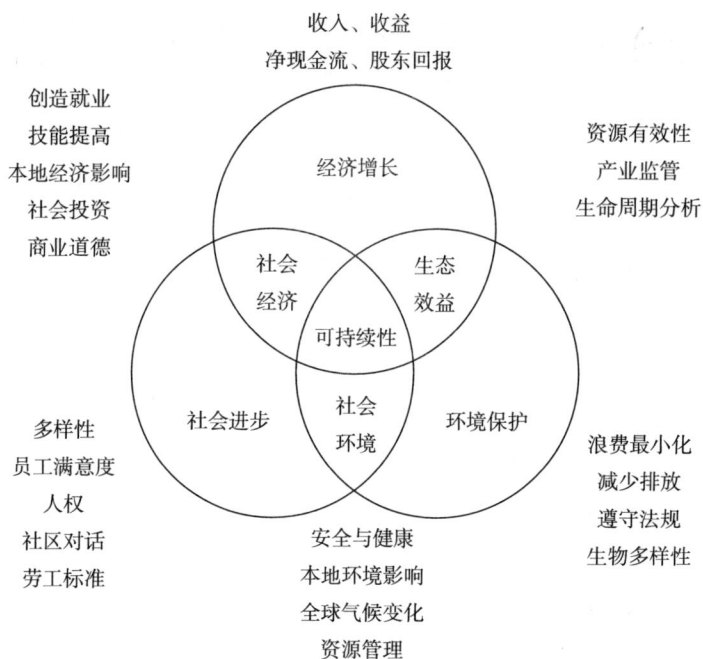

图 2 - 1　油气行业可持续发展的"三重底线"①

(三)包容性

该《指南》以其较好的包容性赢得了广大油气公司的认可与采用。《指南》的包容性体现在以下四个方面:

①与参照 GRI《可持续发展报告指南》一样,参照该《指南》也是自愿而非强制性的;

②企业不分国家或地区、不论规模大小及产权性质均可适用;

③虽然该《指南》名为《可持续发展报告指南》,但它明确表示在"可持续"和"非财务业绩指标"的定义下,将可以适用的公司名称界定在一个较为宽泛的范围内,可以是企业责任、企业公民、企业社会责任或可持续发展报告,只要这些报告的本质内容反映与油气公司生产经营和产品相关的环保健康安全、社会经济问题与影响即可。这已在各大石油公司不同名称的相关报告均

---

① 图表来源:中国石油天然气集团公司网站,http://www.cnpc.com.cn/cnpccsr/zsk/qqfz/bgzn/。

引用或采纳该《指南》的现实情况中得到印证；

④《指南》可以部分或全部适用在企业编制的报告过程中，这将有利于促进各类企业发布报告，对成熟企业而言可以通过指标体系完善、深化指标内涵，提升责任管理实践的水平，在报告中可以兼顾披露核心指标和补充指标；对初始发布报告的企业而言，可以根据企业实际情况逐步完善量化指标，在报告中有选择地披露核心指标。

行业性的社会责任报告编制规则的优缺点分外明显。优点是能充分突出行业特色，为某个行业内的企业概括出一个 CSR 报告编制规则，一旦该行业内的企业都遵循这一编制规则，便于利益相关者阅读企业的社会责任报告，比较不同企业之间的差异性和企业经营行为，提取出充分、真实、清晰、有价值的信息，用以支撑其作出相应的战略决策。缺点是行业内缺乏具体衡量指标，不同国家和地区之间的行业特征存在差别，易被某些国家用作贸易壁垒等等，这都需要在实践中不断对其完善，建立起具有更大可操作性的行业性编制规则。

第二节　我国企业社会责任报告编制规则综述

目前国内理论界大多数学者都在探索关于中国企业社会责任指标评价体系建设，各家学者纷纷提出自己的看法和主张，迄今尚无专门研究 CSR 报告编制规则的专著。局限于我国经济发展不够发达的客观现实，国内理论界对企业社会责任报告编制规则的研究往往侧重理论分析，缺乏实证支持，缺乏形成一套具有一定权威性且符合中国国情的企业社会责任报告编制规则的现实基础。

目前，国内初步形成了一批具有一定代表性和权威性的企业社会责任报告编制规则的参考指南，其中以下几个编制参考指南的影响力较大：(1)中国社会科学院经济学部企业社会责任研究中心发布的《中国企业社会责任报告编写指南(CASS-CSR 1.0)》；(2)《WTO 经济导刊》出版的《如何编制企业社会责任报告》；(3)广东省社会科学院综合开发研究中心、广东省企业社会责任研究会、《企业社会责任》杂志社和中国 ISO 26000 评估与研究所①联合发

---

① 中国 ISO 26000 评估与研究所是广东省社会科学综合开发研究中心于 2010 年 4 月设立的中国首个事业单位性质的 ISO 26000 专业研究机构。其官方网址为：http://www.ISO 26000china.com/。

布的基于中国企业社会责任评价指标体系的企业社会责任报告编制指南等可供参考。除此之外,中国纺织工业协会从 2003 年酝酿,在 2005 年正式推出了"CSC9000T 中国纺织企业社会责任管理体系①(China Social Compliance 9000 for Textile & Apparel Industry)";中国生产力学会推出了《中国企业社会责任管理体系(CCSC)总则和细则》②;2006 年 2 月,商务部研究院跨国公司研究中心等单位参照 GRI 指南和 30 家世界著名跨国公司的公司责任报告发布了《中国公司责任报告编制大纲》(征求意见稿)③等。

　　但是,截止到目前,仍然没有一个专门的政府权威机构负责出台我国统一的企业社会责任报告指南、编制规则和相应的行业责任指标体系,企业在编制社会责任报告时显得无所适从,大多企业只能借鉴参照国际相关原则指南和指标体系进行编制,部分企业根据企业社会责任报告的相应内容体系编制。因此,企业社会责任报告编写的依据、原则、内容、报告的质量如何验证等问题都需要我们有一个清醒的认识。尽管我国企业在编制和发布社会责任报告上尚处于起步阶段,但每个公司的报告都自成一体,基本反映了该公司对社会责任的理解和认识,对自己履行社会责任的主要方面表述详略不一,这反映出我国企业的社会责任意识已有明显提升。报告体系有待统一规范,特别是企业社会责任报告编制规则作为企业成功发布社会责任报告的先导因素,亟待完善。

　　对于中国企业来说,企业发布社会责任报告的事实正在为大多数企业所接受,但是如何编制企业社会责任报告、如何创新企业社会责任报告编制规则

---

　　① CSC9000T 是在中国纺织工业协会的领导与各专业协会、企业代表的大力支持和参与下,由中国纺织信息中心牵头制定,基于中国相关法律法规和有关国际公约及国际惯例上的、符合中国国情的社会责任管理体系。这一体系经过 5 年的培训、试点与推广,成为中国首个以产业内在要求、主动自觉的行动。详细可参考中国纺织信息中心网站:http://www.ctic.org.cn/intro.asp? ID=12664。

　　② CCSC 侧重对企业在劳动保护、信用管理、环境保护、社会慈善、产品质量与安全等五个方面的表现作了详细的规范。详细可参考中国社会工作协会网:http://www.cncasw.org/xhgz/shgy/200711/t20071105_4041.htm。

　　③ 《编制大纲》指出,不同行业、不同发展阶段企业的公司责任的重点和要求有所不同,每个企业应当根据自己的具体条件编制公司责任报告。详细可参考:http://mnc.people.com.cn/GB/54849/58010/58234/4095943.html。

仍然是一项具有挑战性的工作。特别是由于编制规则的不规范化使得报告在编写方式、内容体系、报告审计等方面还存在较多的问题。鉴于中国的工业、行业种类繁多,企业规模不一,性质不同,东西部地区间社会经济发展阶段不同导致许多行业之间的地域性差异明显。因此,我国在制定企业社会责任报告编制规则时,要充分考虑企业社会责任的适度性和阶段性,不能过分强调企业的社会责任,要客观地权衡这个企业的现实情况,能不能承担企业社会责任,也就是企业应在承担社会责任与企业生存之间保持平衡;更不能忽视我国与发达国家在社会经济发展阶段的差异性,要遵照"共同但有差别"的原则,承担社会责任。因此,在制定企业社会责任报告编制规则的过程中,我国相关制定机构,既应该结合中国的特殊国情,制定符合中国企业自身发展实际的社会责任报告编制规则。又要顺应国际社会责任发展潮流,充分吸收和借鉴国外组织推出的行业性或地区性的社会责任报告编制规则,做到去粗取精,去伪存真,力争探索出一套具有一定权威性且符合中国国情的企业社会责任报告编制规则。

第三节　CSR 报告编制规则需要解决的几个难题

根据市场信号理论,CSR 报告作为一种有效的市场信号,能向市场有效传达企业的非财务信息,减弱信息不对称的影响,帮助外部信息使用者作出最优决策。完善 CSR 报告编制规则就是通过编制规则来约束、规范 CSR 报告的发布以帮助解决企业决策信息不对称的难题,力图通过良好的制度设计,降低外部信息使用者获取企业社会责任信息的成本,从而鼓励外部信息使用者投资企业,增加收入,从而增加企业的收益,实现企业长期的良性发展。

但是目前,国内很多企业发布的 CSR 报告都非常相似,框架大同小异,似乎源于相同的模板;还有一些企业的 CSR 报告强求面面俱到,不突出重点内容;一些 CSR 报告内容笼统,流于形式;甚至一些企业的 CSR 报告没有注意区分企业社会责任的层次性,堆砌痕迹明显;更有一些企业发布虚假的 CSR 报告信息,粉饰 CSR 报告的现象严重等等。诸如上述的 CSR 报告既不能充分地向外界传递企业的社会责任信息,又不能作为一种促进企业内外部利益相关者之间沟通的平台。因此,这类报告往往不能给读者留下深刻印象,CSR 报告的功能也会大打折扣。CSR 报告编制规则迫切需要解决以下几个难题：

一、如何界定 CSR 报告的报告范围

关于 CSR 报告内容的范围问题。要求企业都披露所有的社会责任信息不符合成本效益原则。我们应该通过建立一套标准的 CSR 报告编制规则，规范和约束企业披露社会责任信息的内容。这些社会责任信息可以是单方面的信息，如员工福利、小时工资率、安全事故伤亡率等；也可以是综合性的信息，如环保支出、社会捐赠额、就业贡献率等。界定 CSR 报告的报告范围时，CSR 报告必须要体现出鲜明的行业特征，为此，可以分三步走："第一，由行业协会在深入研究本行业生产特点、业务流程、资源能力的基础上，找出最能代表行业特点的社会责任领域，纳入到行业社会责任标准中。第二，根据能够反映行业特征的社会责任标准，重点塑造龙头企业的社会责任行为，产生示范性效应，使龙头企业成为行业惯例的代表。第三，在行业内部进行企业社会责任表现的评价。"[1]

二、如何评价 CSR 报告发布信息的质量

CSR 报告发布的是传统的企业财务报告中没有涉及的非财务信息，如对环境的保护情况、对员工利益的保护情况等，旨在全面、广泛地了解和掌握企业社会责任的履行情况，保护各企业利益相关者的利益。袁华、皮菊云(2007)认为企业社会责任信息主要来源有以下两个方面：一是公司内部各种文件、记录、各种数据和新闻报纸、商业期刊、公司报告等公共记录；二是对员工、经理、供应商、经销商、顾客、投资商、专家、新闻记者等的访谈和问卷调查。但是，由于社会责任涉及的问题相当复杂，因而给有关的确认与计量带来极大的困难。企业生产经营所产生的社会影响难以用货币计量，加上企业社会责任信息的评价标准体系尚不完善，造成 CSR 报告发布的社会责任信息必然带有强烈的主观色彩，缺乏一定程度的客观性。鉴于以上困难，CSR 报告编制规则如何评价 CSR 报告发布信息的质量就变得十分关键。

---

[1] 郑海东：《CSR 报告应体现专业和行业特色》，《WTO 经济导刊》2009 年第 10 期。

透明、公开的企业社会责任信息可以充分使市场力量和公众对该公司的社会表现进行"货币投票"和谴责,使公司被迫对其行为承担责任并进行改善,必须要求企业对 CSR 信息进行披露。目前我国的公司法与证券法虽已建立了较为完善的上市公司信息披露制度,但是大部分披露内容仅仅局限于经营信息的披露,必须要求公司披露一定的社会责任信息,包括雇员工资、工作条件和环境等。目前我们应该跳出上述这些束缚,打破坛坛罐罐,对 CSR 报告应该披露的信息进行科学分类,如:按信息的使用者或相对重要性等标准进行分类,社会责任信息可按不同的利益相关方报告,甚至可以细分,而不必将不同利益者关心的不同信息混合在一起报告。为此,需要通过规范统一的 CSR 报告编制规则,明确不同信息揭示的先后顺序,每条信息揭示的详细程度,是用数字描述、文字说明,还是图像介绍,还是数字描述为主辅以文字说明等。

三、如何规范 CSR 报告的披露方式

CSR 报告编制规则作为 CSR 报告发布的先导性工作,必须完善 CSR 报告编制规则,创新 CSR 报告编制技术和方法,努力促使社会责任报告公开、公正、透明,使得 CSR 报告成为实现企业可持续发展的一种最佳实践活动。舒强兴、王红英(2006)认为,中国企业社会责任信息披露还处于初级阶段,有关的社会责任信息零星地分布在年度财务报告中,且信息量极少。原因主要是:"(1)政府目前尚未出台有关社会责任信息披露方面的准则、规则或规定;(2)在会计处理过程中,与企业社会责任有关的问题通常只作为常规的财务会计问题处理,而没有单独归纳到与企业社会责任相关的信息中;(3)目前企业缺乏对社会责任信息进行独立报告的意识。"[①]目前我国的实际情况是 CSR 报告编制规则仍处于探索阶段,CSR 报告编制规则对报告社会责任内容、揭示方法等还有待进一步探索、完善。虽然近年上交所、深交所等分别发布了《上市公司社会责任指引》,但是对于企业社会责任报告的形式并未作出规范,造成相关利益者评估报告时由于缺乏可比性,评估困难。因此,必须进

---

①　舒强兴、王红英:《企业社会责任信息披露问题的探讨》,《财经理论与实践》2006 年第 6 期。

一步探索创新 CSR 报告形式。目前来看,主要存在以下三种 CSR 报告的披露方式:

(1)在现有财务报表中添加新项目或以附注形式反映。例如,在"营业外支出"条目下,可列出用于慈善捐赠的支出款项。这种方式虽有货币计量,但是可反映的内容非常有限,远远不能反映企业在社会责任方面的履行状况。由于这方面信息直接关系到企业的资产负债以及收支情况,属于强制性信息披露,所以绝大多数企业应该可以做到。

(2)在企业年度报表中单独设立一个章节披露社会责任方面信息。例如,中国农业银行在 2009 年年报的《公司治理》章节披露公司经营决策及管理体系,绩效考评及激励约束机制,信息披露及透明度及中国农业银行监事会等内容;中国海洋石油总公司在 2009 年年报的《健康、安全、环保》章节披露企业在保护员工的健康、安全以及维持和谐环境方面的活动;中国中化集团在 2009 年年报《社会责任与公益事业》章节介绍公司参与的各项公益活动。①这种方式能够简单、灵活地说明企业的社会责任履行状况,使报告使用者清楚了解企业在履行社会责任方面所作出的努力。由于中国内地的会计制度并没有这方面的强制要求,所以属于自愿性信息披露。

(3)编制独立 CSR 报告来反映企业社会责任的履行状况。独立 CSR 报告具有社会责任信息量大、功能性强、涉及面广等优点,能够为企业外部利益相关者提供详尽的企业非财务信息,利于决策参考。同时,独立 CSR 报告的发布在一定程度上也表明企业真正将社会责任置于企业战略层面。

所以,CSR 报告编制规则应鼓励企业自愿披露公司社会责任信息,尽快提供企业披露社会责任信息的规则,鼓励上市公司用多种形式和手段披露社会责任信息,对社会责任信息披露的范围、具体内容和披露方式提供可操作性的指导,对其披露行为进行监管。

四、其他因素

除了上述三个方面的难题外,CSR 报告编制规则还需要重点关注以下

---

① 王旭、周祖城:《企业社会责任信息披露的原则、内容与方式》,《安徽农业科学》2007 年第 5 期。

内容：

◆环境因素,强调环境对企业发展的制约,要求重点披露环境相关内容;

◆消费者权益保护,关注员工健康、安全和培训等多方面内容,这往往于欧美各国普遍重视人权有关;

◆国家内部的区域差异,发展中国家和发达国家之间的国别差异,这种差异涵盖经济、文化、法律、政治、宗教、信仰、价值观等各方面;

◆企业制度和文化建设,在更广义范围内完善社会规范和政府规制;

◆既注重发挥契约基础上的市场机制作用,又将企业自选范围内的 CSR 报告以法律的形式固定下来变成企业所必须履行的法律责任;

◆将社会责任因素纳入企业财务绩效的考核;

◆道德、伦理的重要性远低于法律、经济动因;

◆价值判断及政治因素;

◆独立的第三方验证等。

企业编制社会责任报告主要是为了满足利益相关者的诉求,因此,企业社会责任报告编制规则就必须纳入利益相关者的利益诉求,既要满足各种行业自我规制的现实需要,又要配合和补充政府现有的企业社会责任报告发布制度,以及隐含的非正式企业社会责任报告规则。科学、规范的企业社会责任报告编制规则能够增强投资市场对企业社会责任报告的信心,企业社会责任报告不能仅仅涉及相关利益者权益维护的阐述,还应该有解决方案及成效的解释说明。企业社会责任编制规则的一项重要内容就是"剔除企业财务报告已披露的信息"[1],规范 CSR 报告内容,明确企业应予披露的范围,向重大的、与相关利益者权益相关的信息倾向,充分、真实的披露与利益相关者权益维护相关的信息,为相关利益者利用 CSR 报告进行决策提供有价值的信息。

---

[1] 张杨、付海龙:《企业社会责任报告浅析——基于中法企业的对比》,《西部财会》2008 年第 9 期。

第四节　ISO 26000 与企业社会责任战略①

2010 年 11 月 1 日,国际标准化组织(ISO)在瑞士日内瓦国际会议中心举办了主题为"共担责任,实现可持续发展"的 ISO 26000《社会责任指南》"Guidance on social responsibility"的发布仪式。根据笔者对从国际标准化组织官方网站获得的 ISO 26000 的正式版本进行分析,发现该标准文本共计 118 页,其中,面页 2 页,目录 2 页,前言 1 页,引言及系统图 5 页,正文 84 页,其余为附录和文献目录。与 2009 年的草案版相比,总的页次数增加了 9 页,文献目录所列的文献数也由 133 篇增加到 175 篇。ISO 26000 的基本框架和相关标题内容如下:

1. 范围(Scope)

2. 术语,定义(Terms and definitions)

3. 了解社会责任(Understanding social responsibility)

包括组织的社会责任:历史背景、社会责任的最新动向、社会责任的特点、国家和社会责任四个条款。

4. 社会责任的原则(Principles of social responsibility)

由总则、承担义务、透明度、道德行为、尊重利益相关方、尊重法律的规范、尊重国际行为规范、尊重人权八个条款组成。

5. 识别社会责任和约束利益相关方(Recognizing social responsibility and engaging stakeholders)

由总则、辨识社会责任、利益相关方识别和约束三个条款组成。

6. 关于社会责任核心主题指南(Guidance on social responsibility core subjects)

由总则、组织治理、人权、劳工惯例、环境、公平运营实务、消费问题、社区参与和发展八项条款构成。

7. 关于整合整个组织(企业)社会责任的指南(Guidance on integrating

---

① 本文成文于笔者在 2010 年 12 月 19 日中国首届"ISO 26000 国际论坛暨高级研修班"上的发言。

social responsibility throughout an organization）

由总则、组织的特点同社会责任的关系、了解一个组织的社会责任、整合整个组织社会责任的实践、信息社会责任、提高社会责任可信性、评审和提高组织有关社会责任的措施和实践、社会责任的自愿积极性八项条款组成。

附录 A（提示性附录）社会责任自愿性倡议和工具案例（Annex A（informative）Examples of voluntary initiatives and tools for social responsibility）"

附录 B（提示性附录）术语缩写（Abbreviated terms）

笔者认为 ISO 26000 正式发布以后，至少具有以下两个方面的意义。第一，ISO 26000 整合了全球现有的社会责任倡议、标准、指南和国际条约等工具，实现和谐统一，建立全球社会责任共识，确保 ISO 26000 具有全球性、普适性、一致性，从而在全球范围内能够获得广泛的关注和认可。因此，也被有关学者称之为是"ISO 26000 是社会责任发展的里程碑和新起点"。[①] 第二，从 ISO 26000 的具体内容来看，七大核心主题（core subjects）使得每个组织必须用整体的眼光来看待每一核心主题，并且考虑它们互相之间的关系。评价一个组织是否尽到了社会责任，也不再是仅仅局限于组织本身的活动，而是其影响力所能达到的整个范围，这个范围涵盖的部分包括合作伙伴及对手，乃至整个价值链（value chain）。

其实，远在 ISO 26000 正式发布之前，愈来愈多的公司开始认识到企业社会责任的重要性，并将社会责任战略化、制度化，贯穿于企业的日常管理中。但是那时候发布 CSR 报告的企业参照的编制指南大多不外乎以下几类：即国际劳工组织推出的"国际劳工标准"、经济合作发展组织（OECD）推出的"跨国公司行为准则"、联合国推出的"全球契约（Global Compact）"、社会责任国际推出的"SA 8000"、全球报告倡议组织推出的"可持续发展报告指南（简称 G3）"等等。

那么，ISO 26000 正式出台后，国内理论界、实务界的专家、学者、企业家等都纷纷对其进行探讨，那就是 ISO 26000 是否会对企业社会责任战略产生影响？如何产生影响？本文通过解读 ISO 26000 相关内容，认为 ISO 26000 会对

---

① 孙继荣：《ISO 26000——社会责任发展的里程碑和新起点》，《WTO 经济导刊》2010 年第11 期。

企业社会责任战略产生影响。

一、解读 ISO 26000 的"障眼法"①

(一)范围部分

ISO 26000 的范围(scope)开篇有这一句话:"This International Standard provides guidance to all types of organizations, regardless of their size or location。"②翻译成中文的大致意思:ISO 宣称 ISO 26000 普遍适用于任何形式的组织,任何性质的组织(如企业,经济,公共事业,支持性、服务性行业等),无论其规模大小,无论其活动领域如何,任何地区,任何国家(发达国家,发展中国家),均可采用。

在范围部分还包括如下三句话:

1. "This International Standard is not a management system standard. It is not intended or appropriate for certification purposes or regulatory or contractual use。"③

翻译成中文的大致意思:ISO 26000 声明,它不是管理体系标准,无意或不适用于认证、规制、合同目的。

2. "Any offers to certify, or claims to be certified, to ISO 26000 would be a misrepresentation of the intent and purpose and a misuse of this International Standard。"④

翻译成中文的大致意思:任何声称可以对 ISO 26000 进行认证或者声称已接受了基于 ISO 26000 标准认证的声明,都是对 ISO 26000"意图和目的的错误表述"。

3. "This International Standard is not intended to prevent the development of national standards that are more specific, more demanding, or of a different

---

① 因为目前中国大陆尚无 ISO 26000 的官方正式版,笔者对其中个别句子的翻译或有不当之处,为忠实原文,特标出英文原文,希望与相关人士共同探讨。

② 该句出自 ISO 26000《社会责任指南》"Guidance on social responsibility",第 11 页。

③ 该句出自 ISO 26000《社会责任指南》"Guidance on social responsibility",第 11 页。

④ 该句出自 ISO 26000《社会责任指南》"Guidance on social responsibility",第 11 页。

type. "①

翻译成中文的大致意思:该国际标准不是为了防止更具体的、符合更高要求的国家标准或不同类型的国际标准的发展。

通过仔细地研读上述几句话,我们可以归纳出如下的意义:第一,社会责任的应用范围扩展。即 ISO 26000 将 ISO 的工作范围由工程技术领域扩大到国际社会政治经济和伦理道德领域;第二,社会责任的内涵外延扩大。即企业社会责任(CSR)推广到任何形式组织的社会责任(SR),开始要求将社会责任理念融入各种类型组织的战略和日常活动中;第三,ISO 26000 是一个指导性文件,不是认证标准,不用于第三方认证,更不会阻碍其他国家标准或不同类型国际标准的发展。

然而,事实或许并非如此,下面进一步来仔细研读 ISO 26000 的主要内容,透过现象看本质。

(二)具体内容

第一,在 ISO 26000 在第 7.6 节提升社会责任的可信度"Enhancing credibility regarding social responsibility"中有如下两句话:

1. "publishing a statement attesting to the verification as part of the report. "②

翻译成中文的大致意思:要求组织发出一份声明,证明核查作为 CSR 报告一个组成部分。

2. "making use of stakeholder groups to provide a determination that the report reflects the relevant and significant issues for the organization. "③

翻译成中文的大致意思:要求利益相关者群体提供证明,以证明该 CSR 报告反映了该组织相关的、重要的议题。

通过对 7.6 节进行上述分析,我们可以推测出 ISO 26000 阐述了审核是 CSR 报告组成的一部分,并且强调了相关方证言的重要性。对此我们不禁心生疑问,审核依据的标准是什么? 相关方进行判断的依据是什么?

---

① 该句出自 ISO 26000《社会责任指南》"Guidance on social responsibility",第 11 页。
② 该句出自 ISO 26000《社会责任指南》"Guidance on social responsibility",第 89 页。
③ 该句出自 ISO 26000《社会责任指南》"Guidance on social responsibility",第 89 页。

第二,在第7.8节自愿性社会责任倡议"Voluntary initiatives for social responsibility"中有如下三句话:

1. "An organization may find it useful to participate in, or use tools of, one or more initiatives for social responsibility."①

翻译成中文的大致意思:一个组织可能会发现参与、或使用一个或更多的社会责任倡议非常有用。

2. "Organizations may use initiatives for social responsibility to seek some form of recognition."②

翻译成中文的大致意思:ISO 26000要求组织可能使用社会责任倡议寻求获得某种形式的认可。

3. "Practical guidance provided by these initiatives for social responsibility can vary from self-assessment tools to third-party verification."③

翻译成中文的大致意思:这些倡议提供的社会责任实践指南包括自我评估工具和第三方核查。

通过对7.6节进行上述分析,我们可以推测出ISO 26000实质上是建议组织参与自愿性社会责任倡议,并且提出了组织决定是否参加或使用社会责任倡议应当考虑因素。这是不是等价于说,组织若想增加社会责任可信度,就应该考虑认证、并且进行认证。那么,进行CSR报告认证的标准是什么? 在哪里?

第三,在附录A(提示性)社会责任自愿性倡议和工具案例"Examples of voluntary initiatives and tools for social responsibility"中有如下三句话:

1. "Contain a non-exhaustive list of voluntary initiatives and tools for social responsibility."④

翻译成中文的大致意思:附录A包含了一份非详尽的自愿性社会责任倡议和工具清单。

---

① 该句出自ISO 26000《社会责任指南》"Guidance on social responsibility",第93页。
② 该句出自ISO 26000《社会责任指南》"Guidance on social responsibility",第93页。
③ 该句出自ISO 26000《社会责任指南》"Guidance on social responsibility",第93页。
④ 该句出自ISO 26000《社会责任指南》"Guidance on social responsibility",第94页。

2. "These initiatives and tools have been identified by the ISO 26000 working group experts during the development of this International Standard, using a specific set of criteria that are described in Annex A. "①

翻译成中文的大致意思:在该国际标准的制定过程中,这些自愿性倡议和工具已经由 ISO 26000 工作组的专家进行了识别和确定,附录 A 中对其所使用的一套特定的标准进行了描述。

3. "The fact that an initiative or tool for social responsibility is mentioned in Annex A does not imply any form of endorsement by ISO of that initiative or tool. "②

翻译成中文的大致意思:附录 A 中涉及的这些自愿性倡议和工具的事实并不意味着 ISO 组织对这些倡议和工具的任何形式的认可。

通过对提示性附录 A 进行上述分析,我们知道附录 A 非详尽地列举目前国际上较活跃的机构和一些流行的社会责任认证标准,其中包括如经合组织、联合国环境规划署、联合国全球企业、大赦国际、AA1000、可持续发展报告组织、社会责任国际、社会思潮研究所、社会责任苏利文原则以及一些部门的倡议和标准,如咖啡协会共同准则、赤道原则、森林认证认可规划等等。这个目录类似于一个大杂烩,以一个套用并不一定合适的选拔标准,对目前世界上参与社会责任活动的机构和标准进行了筛选。

虽然 ISO 26000 在多处声明不支持这些标准,但收录这些标准和机构的事实,本身就表明:ISO 26000 不仅比别的机构和标准具有更多的优势,而且更适合于对社会责任进行认证活动,这不啻又是一种对社会责任认证活动的刺激!

通过上述对7.6 节、7.8 节以及附录 A 的仔细研读,我们可以看出,ISO 26000 的确对所有组织履行社会责任提出了明确的规范要求,而且就如何将履行社会责任要求融入组织提供了指引;ISO 关于 ISO 26000 的决议明确规定,ISO 26000 是指南,不是认证标准,不用于第三方认证,这就从标准的性质上确定了 ISO 26000 具有非认证性;ISO 26000 不是按照认证标准方式编写

---

① 该句出自 ISO 26000《社会责任指南》"Guidance on social responsibility",第 94 页。
② 该句出自 ISO 26000《社会责任指南》"Guidance on social responsibility",第 94 页。

的,没有设定具体的量化指标,因此没有进行认证的理论基础。

这就造成形式上的"非认证性"与正在兴起的"认证浪潮"构成了一种看似不可调和的矛盾,实际上恰恰是 ISO 26000 未来发展的必然趋势。也就是说,从表层现象来看,ISO 26000 本身不论从规定还是从标准内容看都不能用于社会责任认证;但笔者认为,其中隐藏的深层含义就是,目前 ISO 26000 成为认证标准只缺乏现实基础。

(三)ISO 26000 成为认证标准的现实可能性分析

我们考虑到如下因素:

第一,国际标准化组织(ISO)的强大号召力、影响力。考虑到 ISO9000 产品质量标准和 ISO14000 环境质量标准自问世以来,已经被全世界数百个国家和地区采用为国家级标准,它们已经成为许多国家的市场准入条件,ISO 26000 成为下一个国际性的标准,是其不可避免的历史命运。而且 ISO 组织的相关负责人也多次表态,就算国际上某些组织把 ISO 26000 用作认证标准,ISO 也没办法进行约束。正如 Ziva Patir 女士(ISO 26000 负责技术管理的副主席)所说的:"社会责任是我们后代人的未来需要,它符合 ISO 制定国际标准的战略,即与市场有关,与全球相关,有助于创造一个可持续发展的世界。"ISO 26000 能否成为认证标准最终要看市场的实际需求和操作的可行性。

第二,欧美国家和跨国公司的推动。虽然制定历程中,发展中国家参与人数超过发达国家,也有来自巴西的 J. Cajazeira 担任 ISO 26000 社会责任工作组的主席。但是由于发达国家与发展中国家的社会经济发展阶段不同,欧美国家社会责任理念和社会责任实践相对比较成熟,再加上天然的语言优势和优良的技术优势,发达国家在 ISO 26000 制定过程中始终占据了主导权,而发展中国家在这场利益博弈中基本处于被动接受的劣势地位。ISO 26000 体现了欧美跨国公司的跨国经营理念,其必然会在跨国经济活动中大力实践,那么跨国公司必然会成为推动 ISO 26000 成为认证标准的一股重要力量。

第三,部分 NGO 组织及利益集团坚持该标准应按照管理体系的标准来编制。在 ISO 26000 的制定历程中,包括联合国可持续发展中心(UNSD)、联合国全球契约协议、世界卫生组织(WTO)、国际劳工组织(ILO)、欧盟委员会(EC)、消费者国际(CI)、全球报告行动组织(GRI)、大赦国际、社会责任国际(SAI)等来自全球 90 多个国家和 40 多个各类组织机构先后参与其中,这些机构制定出来的现行社会责任标准、倡议或工具大多都是按照管理标准制定，都是为了认证目的。ISO 26000 制定过程中充分借鉴了现有的这些标准、倡议或工具，这些机构也都想方设法将自身的社会责任标准纳入到 ISO 26000，不可避免地会导致 ISO 26000 体现出管理体系的特征。

第四，消费者手中的"货币选票"。以广东地区为例，2010 年 3 月 6 日，广东省对外贸易经济合作厅厅长梁耀文在接受《中国经济导报》专访时称，"广东的传统贸易伙伴美国、欧盟、日本等国家经济总量占世界经济总量比重超过60%，市场容量巨大，其他发展中国家和地区短时期内难以替代。"美国、欧盟、日本都是社会责任理念、实践相当成熟的国家和地区，这些地区的消费者的消费观念日渐趋于环保化，当越来越多的欧美消费者开始信任并选择符合ISO 26000 标准的产品时，消费者的选择行为会给企业的运营战略、社会责任战略带来根本性的影响，此时，消费者成为促使企业实施 ISO 26000 的另一个重要因素。

再加上刚刚讨论过的 ISO 26000 第七章节和附录 A 的内容分析，我们有理由相信 ISO 26000 成为国际性认证标准只是时间问题，必然会给企业社会责任战略带来巨大冲击！

二、认证挑战

一旦 ISO 26000 成为认证标准，我们面临的挑战是什么？企业社会责任战略又会受到什么样的冲击？笔者认为可能会包括以下三个方面：

（一）成本压力

企业的成本必然增加，使得我国企业面临更加严峻的成本压力。一旦展开 ISO 26000 的专业认证工作，一个最基本的问题不可避免——成本增加。新增加的成本主要包括两部分：显性成本和隐性成本（如图 2 - 2 所示）。显性成本主要有以下三部分组成：1. 认证成本，即组织为取得 ISO 26000 资格而付出的认证费用，包括咨询费用、专家评估费用、检查费用、审核费用、监督费用、工本费等；2. 改造成本，即企业为达到 ISO 26000 的各项要求而付出的改造成本，如改善员工的工作条件、社会保障、安全卫生以及人力资源培训，环境保护等活动而支出的成本；3. 附加成本，即组织在认证后期的宣传成本等。隐性成本包含企业没有获得 ISO 26000 认证的机会成本，认证过后增加的劳动力成本、环保成本等。短期内成本的大幅上升必然会给企业的持续经营带来不小的压力,特别是针对我国数目庞大的参与国际贸易的中小企业而言,这将成为摆在眼前的现实压力,后次贷危机时代,目前我国企业还能承受多大程度的成本压力还有待于进一步实证研究。

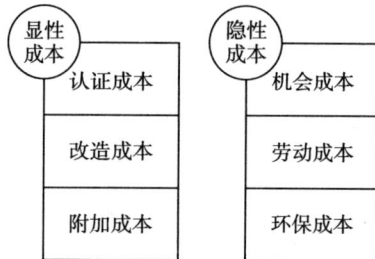

图2-2　新增加的成本构成

(二)贸易壁垒

虽然 ISO 26000 发布仪式上,国际标准化组织明确表示制定 ISO 26000 的目的是促进世界可持续发展和公平贸易,反对将 ISO 26000 用作贸易技术壁垒的工具。但是,随着传统贸易壁垒逐步走向分化,关税、配额和许可证等壁垒的作用逐渐弱化,反倾销等传统贸易壁垒虽然在相当长时间内仍继续存在,但以绿色贸易壁垒为核心的新贸易壁垒形式不断发展(如图2-3所示)。ISO 26000 成为一种"贸易壁垒"的可能性大大增加,我国外向型企业的环境有进一步恶化的趋势。本文将 ISO 26000 视为潜在的、未来具有重大影响力的"贸易壁垒",是基于 ISO 26000 具备了隐蔽性、欺骗性、普适性的特点,既满足社会公众对企业遵循道德伦理的要求,又符合可持续发展的理念,加之 ISO 赋予其的权威性、公正性外衣。特别是后美国次贷危机时代,北美等许多地区贸易保护主义抬头,ISO 26000 又在这一时刻出台,不仅让人联想,ISO 26000 有可能成为发达国家和地区实行贸易保护主义的主要手段和高级形式。一旦 ISO 26000 在全球范围内普遍用于认证成为现实,西方国家可能会利用 ISO 26000 标准抬高进口门槛甚至排斥我国产品出口,无疑会加重我国对外贸易的压力。

(三)话语权

争得社会责任领域的国际话语权既是国家层面的挑战,也是企业层面的

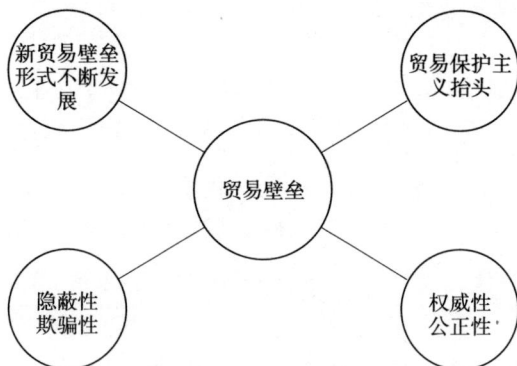

图 2 - 3 贸易壁垒相关知识

竞争。ISO 26000 标准主要是由西方国家制定，是西方标准，这个标准的制定权和话语权都被西方国家所掌握，是欧美国家、社会责任组织以及跨国公司在起主导作用。刘青（2010）指出目前中国约有 6000 家境外企业，仅占全球跨国公司总数的 0.4%，投资额仅占世界的 0.55%。中国对外直接投资存量不到荷兰的 1/5，不到英国的 1/10，不到美国的 1/20。中国企业境外直接投资仍以中小型项目为主，平均投资额约 100 万美元，大大低于发达国家的 600 万美元。地区分布也不均衡，港澳地区仍是内地企业国际化的主要据点。此外，国际化经营的总体成绩还不理想，能够赢利的只占 55%，中国企业国际化的现状堪忧。

ISO 26000 成了中国企业进军国际化必须遵循的又一个新游戏规则。一种新的企业社会责任战略如何在企业的整体运营战略、企业的跨国战略中完美地展现出来，这对于外向型企业，特别是立志实施"走出去"战略的大型跨国公司而言是一个不小的挑战，也是我国改革开放新时期面临的一个严峻考验。

正是基于上述种种分析，我们深信，ISO 26000 必将同 ISO 9000 和 ISO 14000 一样，给企业的社会责任战略带来深远而重大的影响，针对即将发布 CSR 报告的企业而言，参照 ISO 26000 的相关要求制定并发布新的 CSR 报告，已不可避免！

三、小　结

但是,以上诸多冲击并不能成为中国减缓社会责任建设步伐的理由。实际上近年来,中国许多企业一直尝试在接纳各种社会责任标准。但面对 ISO 26000,基于现实国情和经济发展情况考虑,中国只能分阶段地、逐步式地接受,必须要考虑和重视 ISO 26000 标准对我国可能产生的影响,一方面要积极参与 ISO 26000 社会责任国际标准领域的工作,提高话语权、主动权和影响力;另一方面也要认真做好 ISO 26000 的研究制定工作,变挑战为机遇。

第五节　中国 CSR 报告编制规则的可行性探讨

本节内容主要是基于对中国大陆境内发布的企业社会责任报告进行比较分析,并结合目前国际、国内企业社会责任理论以及对珠三角地区企业社会责任建设的实践进行调研及相关资料的收集整理的基础之上,提出的针对中国 CSR 报告编制规则的可行性探讨,主要由高管致辞、关于本报告、企业概况、企业社会责任战略与管理、利益相关者、展望、附录等 7 大组成部分,不可否认的是,该编制规则仍存在很大的不足之处,期待进一步的完善。

一、高管致辞

一般而言,由企业的总裁或 CEO 就企业社会责任是否与可持续全球商业原则实现完美结合进行致辞。内容包括本企业对社会责任的定义,企业是否重视社会责任建设,并将一如既往地深入推进可持续发展战略的决心与信心,对企业文化价值观的阐述以及未来发展愿景的勉励等。

以及"本公司董事会及全体董事保证本报告内容不存在任何虚假记载、误导性陈述或重大遗漏,并对 CSR 报告内容的真实性、准确性和完整性承担个别及连带责任"的声明。

二、关于本报告

(一)报告简介

本报告是××集团(公司)的第 X 份企业社会责任(Corporate Social Responsibility, CSR)报告,时间跨度是 20××年 1 月 1 日至 20××年 12 月 31 日。

报告同时发布中、英文版本。

企业的 CSR 报告应该充分考虑《上海证券交易所上市公司环境信息披露指引》、《深圳证券交易所上市公司社会责任指引》、《关于中央企业履行社会责任的指导意见》（国资发研究［2008］1 号）等有关法律法规的要求。

（二）编制依据

企业的 CSR 报告编写应该遵循联合国全球契约（United Nations Global Compact，UNGC）十项原则、参照全球报告倡议组织（Global Reporting Initiative，GRI）的《可持续发展报告编写指南（G3）》、（International Organization for Standardization，ISO）颁发的社会责任国际指南（ISO 26000）和行业相关补充标准等，同时考虑突出企业特点和行业特色，报告是否还参考《中国企业社会责任报告编写指南（CASS-CSR1.0）》①、《中国企业社会责任综合评价指标体系》②等。

（三）报告范围

如无特别说明，企业的 CSR 报告的所有案例与数据均来源于该企业的经营行业及地区，内容包括对国家和社会的全面发展、自然环境和资源，以及投资者和股东、员工、管理者、行业伙伴、消费者、政府、社区、环境保护、社会公益等利益相关方所应承担的责任。

注意：须保持本报告相关数据的延续性，如无特别说明，CSR 报告所示金额均应以人民币列示。

（四）时间范围

CSR 报告中与公司运营相关的数据披露起止时间为 20××年 1 月 1 日——20××年 12 月 31 日，并将在报告正文中进行标注，部分表述及数据适当追溯以前年份。

（五）数据收集

20××年企业 CSR 报告的社会责任信息主要来源于以下两个主要途径：

---

① 《中国企业社会责任报告编写指南（CASS-CSR 1.0）》是由中国社会科学院经济学部企业社会责任研究中心研发编制，WTO 经济导刊、企业公民工作委员会支持编写，2009 年 12 月 1 日正式由经济管理出版社出版，旨在为中国企业披露社会责任信息、编制社会责任报告提供一个完整的框架和指导。

② 黎友焕、刘延平主编：《中国企业社会责任建设蓝皮书（2010）》，人民出版社 2010 年版，第 98—141 页。

内部途径：◆集团(公司)内部各种文件、记录、数据及相关统计报表；

　　　　　　◆集团(公司)自身的企业社会责任理念、方式方法、量化管理指标体系等,需要逐月进行相关数据和案例的汇总、整理、收集；

外部途径：◆集团(公司)外部的新闻报纸、商业期刊等公共记录；

　　　　　　◆集团(公司)外部的优秀企业社会责任评级、企业社会责任实践评奖等权威机构的认可；

　　　　　　◆对员工、社区、管理层、供应商、经销商、消费者、投资者、外部专家、社会监督机构等的访谈和调查问卷。

(六)报告获取

CSR 报告为中文/英文版本,既可以通过上交所/深交所指定信息披露网站巨潮资讯网、本公司(集团)官方网站均可下载本报告的电子版(pdf 格式),还可以通过订阅方式接收本公司(集团)的 CSR 报告。

网址为:www.cninfo.com.cn　　　　www.XXcompany.com

三、企业概况

企业概况主要包括公司概况、公司治理等几个方面内容。

(一)公司概况

◆简要介绍企业最近几年的经营状况、主要经营业务范围及过去一年的经营业绩,主要是数据介绍,包括注册资本、资产规模、主营业务收入、纳税额、经营范围及业绩等。

◆重点阐述企业的核心文化价值观,特别是企业社会责任观的基本原则,企业是否将"承担社会责任"作为企业持久而根本的战略,在不断为社会创造价值的同时,努力实现企业发展与社会责任的高度统一,推动经济、社会和环境的可持续发展。

◆过去一年的时间内,企业所获得的社会责任方面的荣誉是否参与联合国"全球契约"运动,以实践行动切实遵守全球契约十项原则,是否在推动社会可持续发展中发挥了积极作用。

(二)公司治理

◆企业内部组织机构与管理分工的结构图,简单描述包括股东大会、董事会、监事会、审计委员会、高级管理层等在内的基本信息；

◆企业内部控制风险管理框架及企业社会责任风险管理体系，如英特尔（中国）设有专门的公司治理与道德规范网站，并在《2008—2009 英特尔（中国）企业社会责任报告》中给出链接地址①；

◆针对国有企业而言，防治腐败是一项不可忽视的重要内容；如《中国平安保险（集团）股份有限公司 2009 企业社会责任报告》中披露中国平安 2003 年就制定了《"红、黄、蓝"牌处罚制度》，对行贿、受贿、索贿等各种形式的商业贿赂行为亮红牌；还制定了《违法违纪案件管理办法（试行）》确保对涉及商业贿赂等违法违纪行为做到有案必查、有案必究、有案必结；2009 年采取包括定期在视频晨会中设立廉政思想教育专栏，通过宣讲廉政格言、播报防腐案件、诠释哲理故事等方式进行宣传教育，将廉政教育与员工日常工作、生活紧密结合起来。同时，中国平安集团稽核监察部组织开发了《廉政教育通用课程》（网络课程版），确立了廉政教育的方向及目标，规范集团公司及各子公司廉政教育工作。

◆企业社会责任管理，即企业是否建立 CSR 内部管理体系以及相应的 CSR 管理架构，并不断创新管理手段。

如《2009 年现代汽车社会贡献活动白皮书》中披露现代汽车为培养作为全球性企业的企业公民精神以及满足对社会成员被要求履行的社会责任的各种利益相关者的要求，成立了现代汽车社会责任委员会（CSR Committee），通过信赖经营、环境经营、社会贡献的实践，更系统地开展全公司社会责任经营，并追求持续、均衡的发展；《联想（中国）集团有限公司 2009 可持续发展报告》中披露联想（中国）设立了企业社会责任指导委员会，并成立了企业社会责任推进部。推进部具体负责联想（中国）企业社会责任工作的落实，包括责任体系建设与管理、机构建设与管理、提案受理、业务规划以及绩效管理等。联想（中国）的合规体系包括内部合规制度、内部合规通报体系、内部监督制度和惩戒制度，重点关注环境、商业伦理、产品质量和供应链领域。以此来保证公司和员工的经营活动做当地的优秀企业公民。如下图 2－4 所示。

---

① 英特尔治理与道德规范网站，详细可见：http：//www. intel. com/intel/corpresponsibility/governance. htm？iid＝intel_corp＋body_governance。

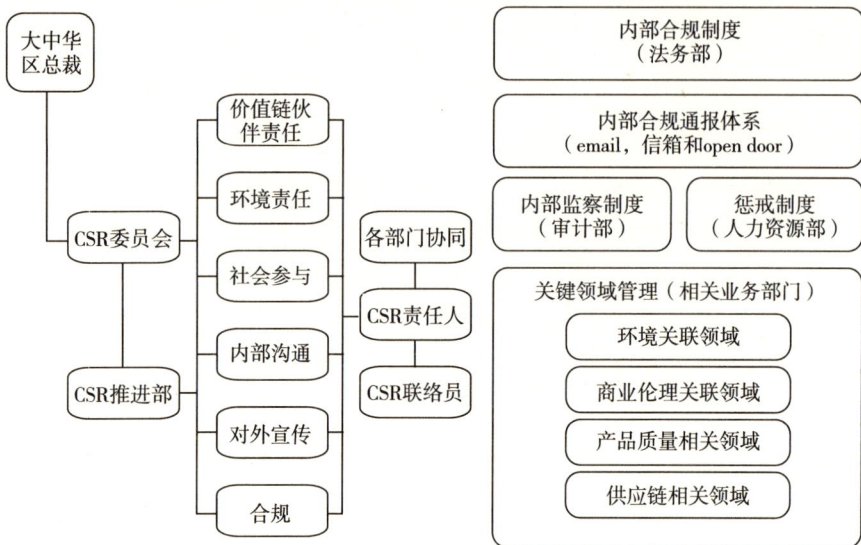

图 2-4　联想(中国)集团有限公司 CSR 管理体系与合规体系①

四、企业社会责任战略与管理

(一)企业社会责任观

主要指企业的核心价值观念,特别是企业的社会责任核心价值观。如《苏宁电器 2009 年企业社会责任报告》中披露的苏宁价值观是:"做百年苏宁,国家企业员工,利益共享;树家庭氛围,沟通指导协助,责任共当";《华为技术有限公司 2009 年度企业社会责任报告》中披露的企业社会责任核心价值观(如下图 2-5 所示)是:"成就客户、艰苦奋斗、自我批判、开放进取、至诚守信、团队合作。"

(二)企业社会责任战略

主要指企业紧扣国家和社会发展主题,聚焦企业社会责任关键议题,充分利用自身能力和资源优势,采取了切实可行并取得一定成效的社会责任行动,为满足利益相关方的需求、提升整个社会的社会责任建设水平、促进经济、社

---

① 该图来自《联想(中国)集团有限公司 2009 可持续发展报告》,详细可见:http://csr. lenovo. com. cn/business_view/index_04. html。

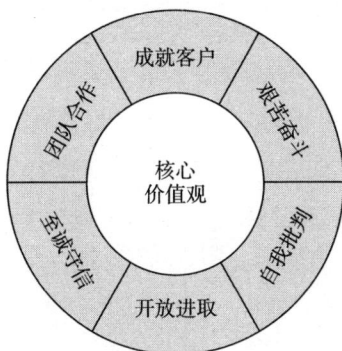

图 2 - 5　华为技术有限公司企业社会责任核心价值观

会和环境的可持续发展作出了一定程度的积极贡献。

企业 CSR 报告年度内,企业是否聚焦利益相关方最为关注的 CSR 议题、是否关注与社会利益最相关的 CSR 议题。本业务年度内,企业履行责任的指导理念、具体行动方式,是否坚持以可持续发展为目标,是否采取切实可行的社会责任实践来促进 CSR 战略与公司发展战略的进一步融合,是否为国家和社会发展的重要 CSR 议题提供创新性的解决方案。

还应该简单介绍企业在未来一年内将重点开展的社会责任行动。

(三)企业社会责任管理

企业是否参照社会责任国际标准和最佳实践,积极探索实施科学、规范、系统的 CSR 管理体系;企业已有的 CSR 战略管理体系是否充分反映了行业特色和自身企业特点。应简要介绍本企业的社会责任建设历程及标志性事件,重点介绍上一年度内,企业为推进 CSR 建设而制定的动态管理体系及评价指标。如图 2 - 6 所示《中国中煤能源集团有限公司 2009 社会责任报告》中披露中煤集团建立了社会责任工作机构,成立了社会责任工作领导小组,总经理王安任组长,领导小组下设社会责任工作办公室,设在公司办公厅,负责社会责任的具体工作。各二级企业同时建立相应工作机构。

(四)利益相关方沟通

利益相关方沟通是企业与利益相关方之间以增进相互理解和解决问题为目标而进行的双向互动。有效的利益相关方沟通能够使企业:

◆对自身活动产生的影响有更深入的了解;

中煤集团企业社会责任工作领导小组

办公厅 | 董事会办公室 | 党群工作部 | 企业发展部 | 人力资源部 | 企业管理部 | 财务管理部 | 基本建设管理部 | 生产技术管理部 | 科技发展部 | 信息管理部 | 安全监察局 | 总调度室 | 法律事务部 | 监察事务部 | 企业文化部 | 离退休人员管理中心 | 服务中心 | 采购中心

办公室主要职责
- 负责公司履行企业社会责任的实践工作
- 协调各部门参与和推进企业社会责任工作
- 负责社会责任工作报告的编制及发布工作
- 负责企业社会责任工作日常管理
- 负责公司社会责任工作的沟通交流等

领导小组主要职责
- 贯彻落实上级部门及集团公司关于旅行企业社会责任的指导意见和工作要求
- 研究旅行企业社会责任的指导意见和工作要求
- 提出中煤集团社会责任工作规划和指导意见

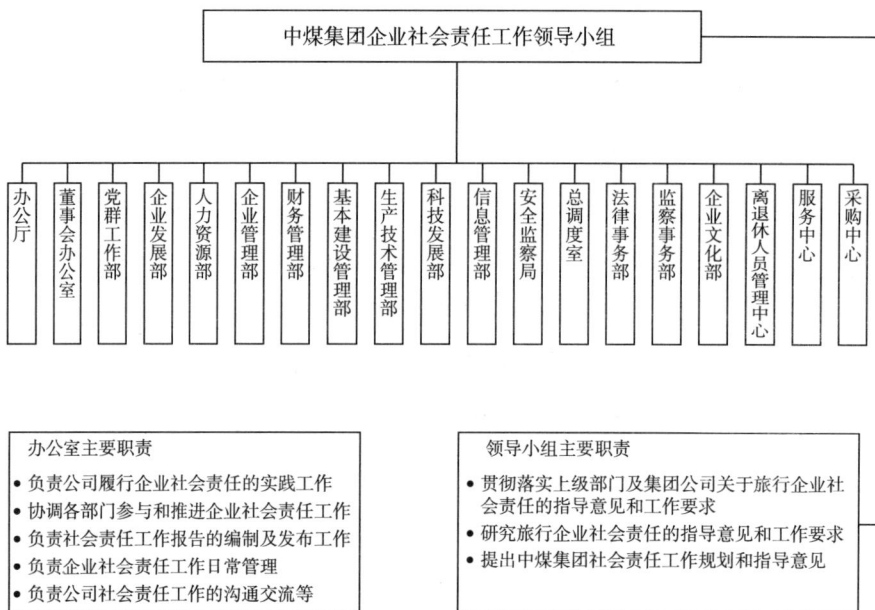

图 2-6 中煤集团企业社会责任管理工作领导小组架构图

◆及时对利益相关方作出回应;

◆采取行动时考虑利益相关方的建议;

◆更好地满足利益相关方的诉求;

◆针对性提升 CSR 绩效表现。

表 2-1 中国移动通信集团公司 2009 年企业社会责任利益相关方沟通图

相关方	沟通机制与形式	沟通内容	信息披露页码
政府	◎日常沟通 ◎工作会议与汇报 ◎项目合作	◎落实政府管理要求 ◎中央企业 CSR 工作重点 ◎公益慈善项目合作等	5,7,10,12—13,30, 37,52—56
客户	◎客户满意度调查 ◎客户关系管理 ◎"走进中国移动"	◎改善服务,提升客户满意度 ◎客户信息保护 ◎反对垃圾信息与不健康内容	23—29, 30—35, 43—44
……	……	……	……

如《中国移动通信集团公司 2009 年企业社会责任报告》中披露的中国移

动的利益相关方由七类群体构成,分别是政府、客户、员工、投资者、价值链伙伴、同业者和公众。针对不同的相关方群体,公司形成了常态化的沟通机制。中国移动制定下发了《利益相关方沟通指导手册》,从沟通信息、沟通对象、沟通渠道等方面明确相关方沟通重点与参与方式,为全集团统一、针对性地实施相关方沟通提供了指引。为与一般性的企业沟通活动区分,中国移动明确了利益相关方沟通模型,明确了学习、分享、合作三种沟通参与方式。

表2-2　中国移动三种沟通参与方式

	目标	信息流向	侧重
学习	跟踪趋势,自我完善	由外向内	相关议题的主要动态和最新趋势;最佳实践与启示;针对性的自我改善
分享	增进了解,主动回应	由内向外	企业针对特定议题的立场、行动、结果及计划;全面、准确的信息传达;对相关方诉求的针对性回应
合作	寻求机会,共同提升	内外结合	分享经验、做法;探索合作机会;搭建共同平台;资源优势互补、成效最大化

在此基础上,制定了中国移动相关方沟通"三步走"工作规划,用以指导公司上下系统性开展相关方沟通。

表2-3　中国移动相关方沟通"三步走"工作规划

1 建立对话机制	2 促进深度沟通	3 全面合作提升
Learn学习　Share分享　Collaborate合作	Learn学习　Share分享　Collaborate合作	Learn学习　Share分享　Collaborate合作
◎识别相关方群体,建立联系机制 ◎识别关键议题,了解最新趋势 ◎参与对话交流,聆听各方声音	◎针对部分议题对关键员工进行培训 ◎针对关键议题与相关方主动对话 ◎建立反馈机制,整合提升管理	◎针对不同议题寻求相对紧密的合作伙伴 ◎通过合作,激发新思路,发现新机会 ◎实现优势互补,提升CSR绩效与影响力
2009	2010	2011

五、利益相关者

(一)投资者

投资者包括上市公司股东与外部债权人。企业是否积极与外部投资者沟通,是否及时、准确地披露与经营有关的重大财务信息与非财务信息,能否提供给投资者合理的投资回报,以企业健康发展回报投资者的长远利益。具体衡量指标主要体现在以下两个方面:

◆基本权利

股东基本权利包括表决权、查阅权、提问权、解任董事请求权、股息红利分配权、新股认购权、剩余财产分配权以及是否按时召开股东大会等。

◆投资回报

主要表现为利润回报率、权益回报率、资产保值增值率、每股股利、股利支付率、可持续增长率等。

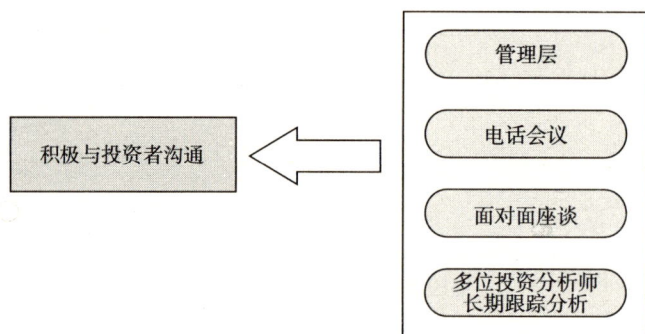

图 2-7 积极与投资者沟通的方式

(二)员工

◆员工基本权益

企业的 CSR 报告应该披露企业是否建立规范的员工守则,将社会责任理念全面贯穿到生产的全过程;是否遵循《劳动法》、《劳动合同法》和《就业促进法》的有关规定;是否反对使用童工;是否坚持"同工同酬、男女平等、民族平等"的用工政策等,如《联想(中国)集团有限公司 2009 可持续发展报告》高度重视男女平等,联想高级副总裁弗兰·欧萨利文等作为执行发起人,在企业内部组织建立了名为"联想领导层中的女性"(WILL)活动计划。衡量员工基本权益具体指标还包括男女员工比例、管理层中女性比例、薪酬制度(工资支付率、工资增长率、小时工资率等）、各项法定的社会保险与福利、工作场所安全健康（职业病、安全事故伤亡率等）、应急管理预案等。

◆职业发展

企业的 CSR 报告应该披露企业对员工进行职业培训及效果反馈，衡量指标包括接受培训的人数（人次）、员工获得培训的比例（%）、人均培训费用（元）、人均培训时间（小时）、学员满意度等。如苏宁电器股份有限公司 2003年起启动的面向大学毕业生的专项人才引进培养计划——"1200 工程"。截至 2009 年末，"1200 工程"连续实施 8 期，引进培养了 1 万多名大学毕业生。

1200新员工成长路径：

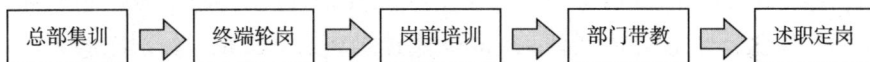

| 总部集训 | | 终端轮岗 | | 岗前培训 | | 部门带教 | | 述职定岗 |

图 2-8　苏宁电器股份有限公司 1200 工程新员工成长路径

◆沟通参与

企业的 CSR 报告应该披露企业是否保障员工的知情权、监督权和参与决策权；企业是否存在高管接待日、总经理信箱、座谈会、平等协商会议、专题访谈等有效的沟通、申诉和反馈渠道，听取员工的心声，维护员工合法权益；是否不断完善职工代表大会制度建设，以充分发挥员工在企业民主管理中的作用等。衡量指标包括结社自由和集体谈判权利、辞职自由、组织工会和罢工的自由以及员工参与公司治理的程度等。

◆工作环境

企业的 CSR 报告应该披露企业是否建立"心理咨询信箱"、"阳光热线"、"员工幸福指数测试"等帮助缓解工作压力对员工身心健康的危害，用以改善员工心理健康，保障员工权益与发展；企业是否广泛开展各种文娱、健身、联谊活动，丰富员工的业余生活，增强员工的归属感。具体衡量指标包括员工帮助计划①

---

① 员工帮助计划 EAP（Employee Assistance Program）又称员工心理援助项目、全员心理管理技术（以下简称 EAP），EAP 由美国人发明，最初用于解决员工酗酒、吸毒和不良药物影响带来的心理障碍。它是由企业为员工设置的一套系统的、长期的福利与支持项目，通过专业人员对组织的诊断、建议和对员工及其直系亲属提供专业指导、培训和咨询，旨在帮助解决员工及其家庭成员的各种心理和行为问题，提高员工在企业中的工作绩效。

(Employee Assistance Program, EAP),举办乒乓球赛、象棋赛、文艺演出的次数等。

(三)行业伙伴

企业的 CSR 报告应该披露企业是否于包括销售商与服务商等上、下游产业链伙伴在内的产业链伙伴建立多元化的、平等互利的商业关系;企业是否遵循公平公正原则,坚持公平公正地对待所有的销售商和服务商,不因自身优势地位提出不合理要求。通过与行业伙伴建立开放、有效和富有成果的合作关系,实现多方共赢。具体衡量指标包括超期结算比率、订货完成率、订货增长率、执行行业规范和行业标准程度、商业信用状况、是否不正当竞争等。如《上海贝尔股份有限公司 2009 年企业社会责任报告》中披露上海贝尔每季度对现有供应商进行绩效评估,并将企业社会责任(CSR)与环境健康安全(EHS)绩效作为评估的重要组成部分。截至 2009 年 11 月,上海贝尔供应商合作伙伴数量超过 300 家;2009 年 1 月至 11 月,上海贝尔对其中 32 家施行了包括 CSR 审核在内的责任绩效评估,尤其以 EHS 相关绩效为审核重点。考核工具包括:标准 CSR 问卷、现场 CSR 评估、深入的 CSR 现场审计。考核标准包括:阿尔卡特朗讯集团要求;SA 8000 标准的要求;ISO14001 标准的要求;当地法律法规的要求;与供应商签订的合同条款中包括 CSR 的要求;阿尔卡特朗讯针对供应商的 CSR 调查问卷,对供应商的 CSR,尤其是 EHS 情况进行了解和分析。对于审核结果中存在责任问题的供应商,上海贝尔均进行长期跟踪验证,督促其进行整改,直至关闭供应交易。

(四)消费者

企业的 CSR 报告应该披露企业是否为消费者提供全面周到售后服务和及时有效的沟通,以更好地了解消费者的消费需求,进一步提高产品、服务质量,使客户满意。具体衡量指标包括产品抽查合格率、消费者满意度、消费者投诉次数、违规产品罚款率以及企业对《食品卫生法》、《产品质量法》、《消费者权益保护法》的遵循程度等。如英特尔(中国)在 CSR 报告中披露采取"客户卓越计划"[①],针对客户提出的客观反馈意见,积极应对帮助企业找出有待

---

① 客户卓越计划是英特尔(中国)的一项结构化计划,旨在采用以网络为基础的调查(由第三方市场研究机构管理)来获得客户对于英特尔产品和服务质量的反馈,并排列这些反馈意

改进的工作环节,提升产品和服务质量;《索尼(中国)有限公司企业社会责任报告 2010》中披露索尼(中国)一直将客户声音(VOC)视为宝贵财富和推进内部改善的原动力,索尼通过形式多样的市场互动、产品课堂、IVR(Interactive Voice Response)语音调查、回访、第三方调查以及与消费者权益保护相关的政府部门/社会团体等的写作/沟通,多渠道关注用户感受、收集用户对服务和产品的评价,从中找出需要改善的课题,及时反馈给公司的设计等相关部门,持续改进和创新产品及服务。

有效利用客户的反馈信息

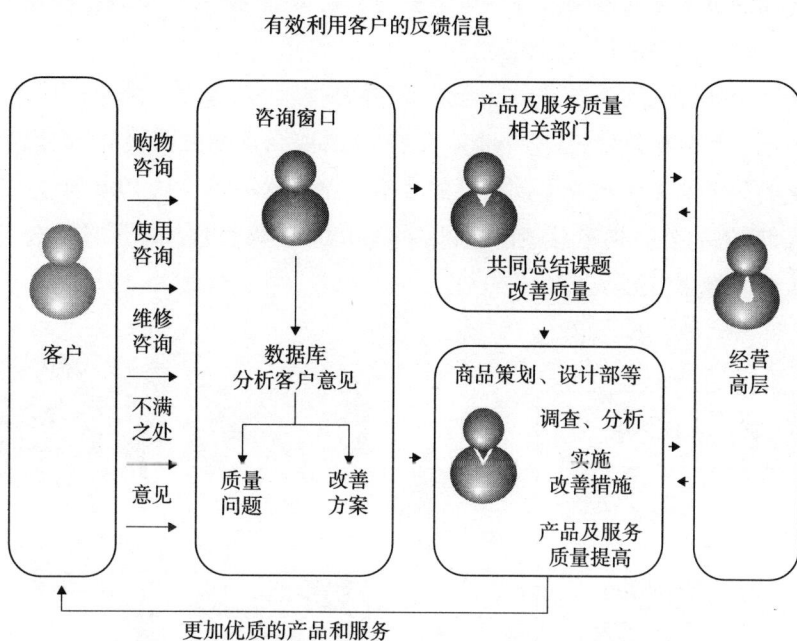

图 2 - 9　索尼(中国)有限公司客户反馈系统图

(五)政府

企业 CSR 报告应该披露企业是否诚信经营、守法经营,并依法纳税,配合国家宏观调控政策、公共政策等,响应政府可持续发展战略号召,协助政府实

见的优先顺序。英特尔员工每年可变薪酬的一部分与客户卓越计划的结果挂钩。2008 年,由于客户卓越计划反响良好,客户的满意度较高,英特尔(中国)员工额外领取了两天的日薪(作为奖励)。

现经济、环境、社会三大责任均衡发展。具体衡量指标主要涉及上缴税收、吸纳就业人数、社会发展贡献等。

(六)社区

社区作为企业重要的外部利益相关者,企业的 CSR 报告应该披露企业是否积极关注来自各地社区的发展需求,助力社区发展,如企业是否采取切实、有效的社会责任实践活动来促进社区经济繁荣,促进社区环境不断提升服务质量,支持、带动创建和谐社会并促进社区进步;企业的 CSR 报告应该披露企业是否鼓励员工深入社会公益项目来参与公益事业,是否对员工在所在社区进行社会创业活动进行资金扶持。

如联想通过三大手段参与社会发展,并将收入的 1% 拿出来进行捐赠,在世界各地发展合作伙伴,扶助小企业发展,在需要帮助的社区设立"联想小企业孵化器",还在中国创立了创新性的战略公益投资项目。从 1995 年至 2008 年年底,联想的公益捐赠总额已超过了 8000 万元,极大地推动了社会公益和慈善事业的健康发展。

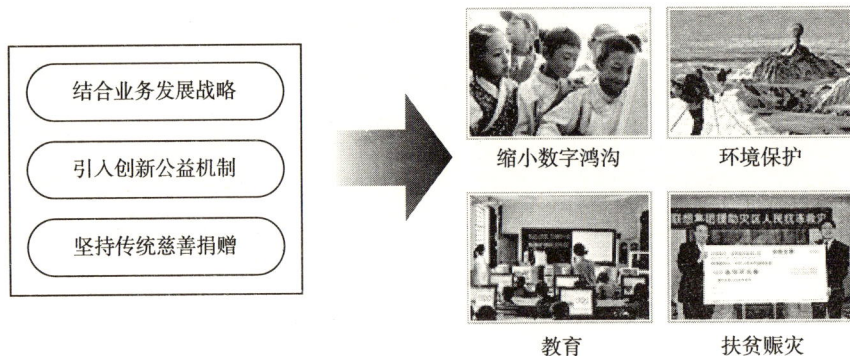

图 2-10　联想(中国)集团有限公司参与社会发展的三大手段

如英特尔(中国)设有专门的公司事务部(Corporate Affairs)负责英特尔的社区项目,包括与主要利益相关方合作,与当地政府官员会面、参加社区活动和会议、回答社区居民的提问,以及与其他企业进行交流。此外,英特尔行为准则(Intel Code of Conduct)还要求所有员工在作任何业务决定时,必须考虑到对环境和社区的短期和长期影响。

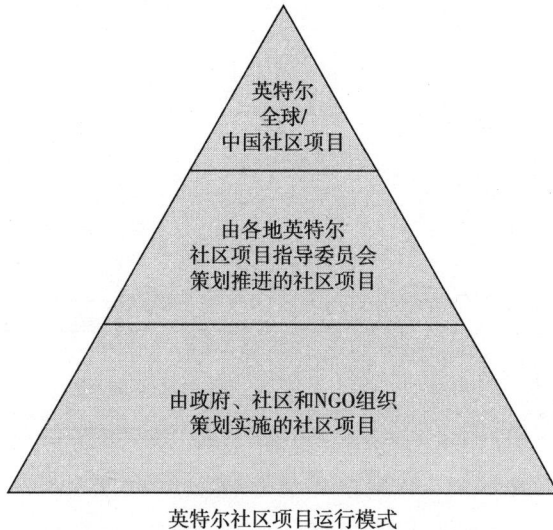

图2-11　英特尔(中国)社区项目运行模式

(七)环境保护

企业应在环保领域争当表率。企业的 CSR 报告应该披露企业是否实施长期的环保战略;是否制定前瞻性的环保计划;是否矢志不渝地以最高的环保标准开展产品生命周期的全程管理,致力于为客户提供最环保的产品,在全社会范围内推行环保理念,共同促进自然环境的可持续发展。另外,企业是否致力于带动整个行业为环保作贡献。不仅企业自身的各个生产环节提倡环保理念,同时还倡导行业伙伴善尽环保责任,如联想(中国)集团有限公司就要求供应商严格遵循《关于用于联想产品的材料、部件和产品的基本环保要求》。

1. 环境管理

企业的 CSR 报告还应该披露企业战略、政策和方针等对环保的规定,在过去一个完整的会计年度内实现的环保目标以及在下一个会计年度内预期实现的环保目标,以及企业建立或正在准备建立的内部环境保护管理体系。

最为重要的一个报告内容是企业应该向外部信息使用者报告环境、健康或安全隐患,以及企业采取的风险预警措施。具体衡量指标包括单位产品综合能耗、单位产品水耗、单位工业产值主要污染物排放量、企业废物综合利用率、环保设施安装率、环保设施运转率、固体废弃物处置率等。如《美铝(中

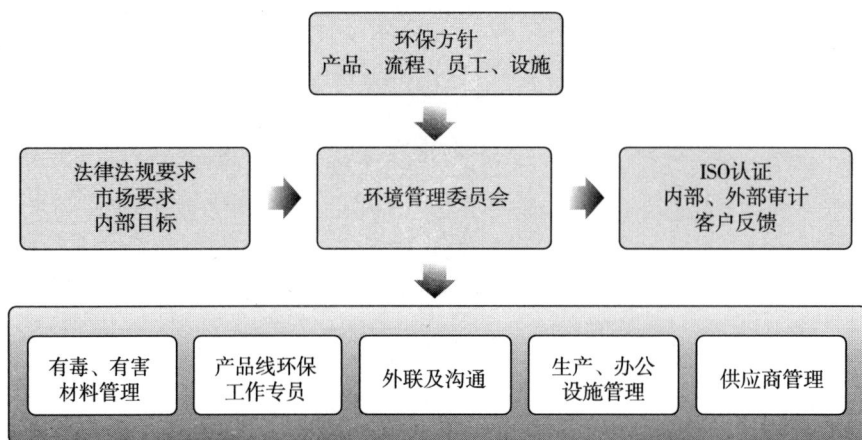

图2-12　联想(中国)集团有限公司环境管理体系

国)投资有限公司ALCOL可持续发展报告2009》中披露美铝(中国)"严格遵循并持续完善环境、健康和安全(EHS)体系及流程,打造零事故工作场所。"①
在报告中,还披露了美铝(中国)环境事故管理体系中2006年—2009年的环境事故率(如图2-13)。

环境事故率

	不包括新企业	包括新企业
2006	不适用	4
2007	2	0.67
2008	4.33	未增加新企业
2009	3.33	未增加新企业

环境事故率的计算方法是将上报事故总数除以上报工厂总数。事故率包括上报到"美铝环境事故管理系统"中所有类别的事故。

图2-13　美铝(中国)投资有限公司ALCOL环境事故率

---

① 《美铝(中国)投资有限公司ALCOL可持续发展报告2009》,第19页。

2. 节能理念

树立低碳消费理念,倡导绿色文化及节能环保理念,培养员工绿色的工作和生活习惯,促进办公信息化,以信息化解决方案替代和改进传统的、实物化的产品和活动方式,减少实体办公资源消耗,倡导企业绿色管理、绿色替代、绿色包装、绿色办公、循环回收等。具体衡量指标包括环境节能设备、新能源利用率(风能、光能、水能、地热能等)、绿色建筑。衡量指标包括耗电总量(亿度)、二氧化碳总排放量(百万吨)、天然气用量(百万立方米)、煤炭用量(万吨)。如《华为技术有限公司2009年度企业社会责任报告》中披露华为在绿色包装和物流上推行"6R"策略(如下图2-14所示),即:合理设计(Right),减少耗材(Reduce),可回收(Returnable),可重用(Reuse),可复原(Recovery),可再生(Recycle)。绿色包装为华为节能减排和推动资源节约型产业链作出了巨大贡献,并于2009年荣获中国"包装之星"银奖。

华为绿色包装物流"6R"策略
- Right–合理设计
- Reduce–减少耗材
- Returable–可回收
- Reuse–可重复
- Recovery–可复原
- Recycle–可再生

Right & Reduce

通过轻量化、小型化降低包装材料消耗、持续追求合理/适度包装设计、降低包装运输综合成本

措施:
- LCA、CAE/CAO、物流场景分析等方法/流程的应用研究
- 以纸代木、透明包装、集合化包装

Recovery & Recycle

通过推行环保/再生装材料大应用,实现资源/能源的循环利用

措施:
- 材料回收再利用:木/纸→纸浆→瓦楞纸板;塑料→造粒→成型塑料
- 能量级回收再利用:热、生物材料

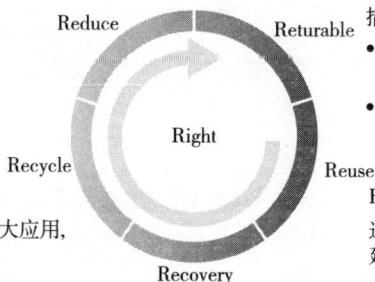

Returnable & Reuse

通过建立和完善有效回收系统,延长包装制品的生命周期

措施:
- 周转包装及工具标准化、第三方物流模式
- RFID电子标签应用研究

图2-14　华为技术有限公司绿色包装的"6R"策略

3. 公众参与

促进公众参与环保作为环境责任的重要部分,企业应结合自身特点,提升整个社会对环境问题的关注程度。因此,企业应该积极倡导和支持各种公益

环保活动,实践环保理念,带动更广泛的人群参与环保。如《中国华录·松下电子信息有限公司2009企业可持续发展报告书》中披露中国华录·松下在注重企业内环境保护工作有效开展的同时,本着"与地球环境共存"的环境理念,以期实现"以产业人应尽的责任,致力于社会的生活改善和提高,推动世界文化的进步"的纲领精神,积极开展环境绿色创意活动。企业通过有效地组织参与各种社会环境公益活动,对引起社会公众对环境的关注,营造和谐的社会整体环境保护氛围起到了积极的推进作用。如公司连续两年组织住宿员工参与"地球一小时"活动、每年4—5月组织员工进行厂区及生活周边区白色垃圾清扫、每年都组织员工参加大连市"6·5世界环境日"活动等。

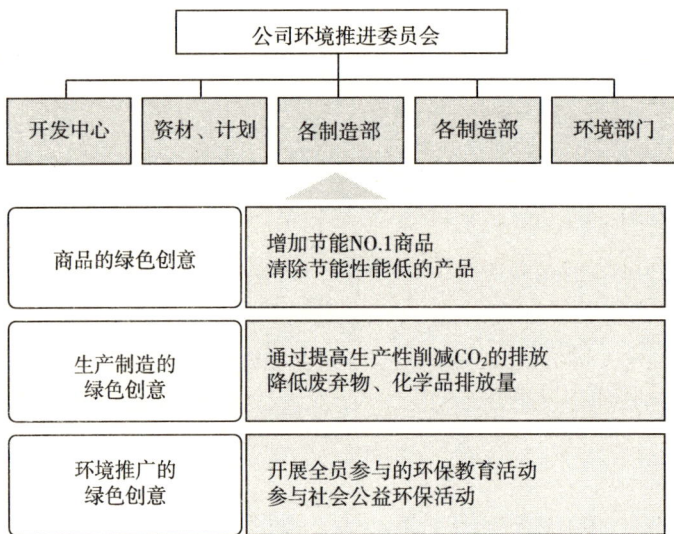

```
                    ┌──────────────────────┐
                    │    公司环境推进委员会    │
                    └──────────┬───────────┘
        ┌───────────┬──────────┼──────────┬───────────┐
    ┌───────┐  ┌──────────┐ ┌───────┐ ┌───────┐ ┌───────┐
    │ 开发中心 │  │ 资材、计划 │ │ 各制造部 │ │ 各制造部 │ │ 环境部门 │
    └───────┘  └──────────┘ └───────┘ └───────┘ └───────┘
```

商品的绿色创意	增加节能NO.1商品 清除节能性能低的产品
生产制造的 绿色创意	通过提高生产性削减CO_2的排放 降低废弃物、化学品排放量
环境推广的 绿色创意	开展全员参与的环保教育活动 参与社会公益环保活动

图 2-15　中国华录·松下电子信息有限公司环境推进委员会架构图

(八)社会公益

企业应不断完善内部公益慈善管理体系,通过更具针对性的公益活动,关注社会弱势群体帮扶、助学助教、环境保护等战略性公益慈善领域,及时开展重大突发性灾害的紧急捐助,不断提升企业对社会公益的贡献与影响,惠及更多需要帮助的群体。同时倡导和支持员工志愿活动,调动员工投身公益的积极性,在公司内部营造热心奉献的良好氛围。企业还结合自身业务优势,开通各类公益捐助平台,积极倡导社会公众投身公益,对公益事业的深度参与和长期投入。衡量指标包括现金和实物捐赠总价值(万元)等。

1. 扶持教育

通过设立慈善基金会,支持教育设施建设,促进师资力量培训,大力帮扶贫困学生,关爱弱势群体关爱儿童成长帮扶困境群体。如《2009 年东亚中国企业社会责任总结报告》中披露的"萤火虫计划"①,此计划旨在扶植乡村教育;《2008—2009 英特尔(中国)企业社会责任报告》中披露的英特尔(中国)"未来教育项目(Intel ® Teach Program)"和"求知计划(Intel ® Learn Program)",自 2003 年在中国启动以来,已累计培训中小学教师、师范生 133 万名和青少年逾 30 万名,覆盖全国 29 省、自治区、直辖市。②

2. 促进就业

因金融危机,企业应该利用自身优势,建设就业平台,帮助政府解决高校毕业生、农民工就业与再就业难现象。如 2005 年 9 月,苏宁开展的"千名蓝领工程"③,截至 2009 年,已经解决了数千名农民工就业难问题。

3. 志愿服务

企业是否积极弘扬志愿者精神,在企业内部是否持续支持员工志愿者活动;在企业外部是否充分利用自身信息平台,发动更多社会力量投身志愿服务。衡量指标员工志愿服务人次、员工志愿服务比率、员工志愿服务实际小时等。如联想通过搭建公益创投④(Venture Philanthropy)这一平台,加强与公益

---

① "萤火虫计划"包括各方面工作,如为乡村学校捐建含书库、电脑、网络等先进设备的"萤火虫乐园"、向贫困学生捐赠含学习用品和书籍的"萤火虫 60 包裹"、组织志愿者支教及乡村教师培训等多项爱心行动。2010 年,东亚银行(中国)有限公司共计划建造 10 所"萤火虫乐园",首家乐园将于 2010 年 3 月底在安徽亳州利辛县硿场希望学校落成。详细可见:《2009 年东亚中国企业社会责任总结报告》,第 4 页。

② 数据来源:《2008—2009 英特尔(中国)企业社会责任报告》,第 35 页。

③ 蓝领工程是指将具有培养潜力的安装维修技术人员培养成掌握多项安装维修技术或技术水平达到一定高度的人才培养工程。2008 至 2009 年苏宁全国近 5000 名安装服务人员参与本次考核认证,其中 20% 安装人员获得高级安装工程师资质,30% 获中级安装资质,50% 获标准安装资质。详细可见:《苏宁电器 2009 年企业社会责任报告》第 68 页。

④ 联想公益创投计划是由联想集团出资创办的,为在中国境内的公益组织提供创业和发展的公益计划。该计划引进公益创投方式(Venture Philanthropy),即为初创和中小型的公益组织提供创业及发展资助,包括综合性能力建设及员工志愿者在内的全方位协助。详细可参考:http://csr.lenovo.com.cn/commonweal/index.html。

组织的沟通,并促进企业界、学术界及公益组织的合作,共同推动公益事业发展。

4. 危机考验

在重大社会危机中企业的社会责任表现,以及国家性的大型活动中的企业社会责任表现。如《中国平安保险(集团)股份有限公司 2009 企业社会责任报告》中披露,2009 年,中国平安相继开发了甲型 H1N1 流感综合保险①、个人责任保险和绑架勒索保险等多个属于国内首创的产品。其中 2009 年,甲型 H1N1 流感综合保险承保 18926 件,累计承保保费 1485 万元;个人责任保险承保 383846 件,累计承保保费 498.6 万元;《华为技术有限公司 2009 年度企业社会责任报告》中披露,2008 年 5 月,华为公司及员工捐赠现金 2630 万元和价值 5800 万元的应急通信设备,帮助四川地震灾区人民重建家园;《上海城投控股股份有限公司 2009 年度企业社会责任报告》中披露 2009 年是上海迎世博冲刺年,城投控股积极投身迎世博活动,采取全面开展迎世博宣传和培训、积极配合大型市政项目建设、制定 2010 年世博供水保障方案等多种方式,充分发挥企业自身特色参与到上海世博建设中。

六、展望

根据利益相关方的反馈,企业应对 CSR 报告目前绩效进行评价和对未来目标的展望。如《2008—2009 英特尔(中国)企业社会责任报告》中披露的英特尔(中国)对 2009 年以后目标的展望。(如下表 2 - 4 所示)

表 2 - 4　英特尔(中国)2008—2009 以后年社会责任目标绩效及其展望

目　标		
报告部分	2008 目标绩效	2009 年及以后的目标
环境	针对碳排放、水资源利用、减少废料、回收再利用和产品低能耗,我们设立了新的五年目标。尽管在水资源保护和减少化学废料等方面面临着挑战,我们仍在采取各种措施确保到 2012 年实现这些目标。	我们将继续向 2012 年环境目标迈进,并将重点放在减少单位芯片的用水量和实施减少化学废料产生的新方法上。

---

① 该产品是中国平安推出的、国内保险市场上首款专门针对流感疫情设计开发的保险产品,保额最高达 15 万元。值得注意的是,通过加保该产品附加险可将客户境外疫区感染 H1N1 流感的情况纳入保障范围,同时该保险等待期从常规产品的 30 天缩短为 15 天。详细可见《中国平安保险(集团)股份有限公司 2009 企业社会责任报告》,第 26 页。

续表

目　标		
报告部分	2008 目标绩效	2009 年及以后的目标
社区	中国地区志愿服务时间累计达 78449 小时，相当于 2007 年服务小时总量的 4 倍。员工参与比例达到 70%。	我们将保持至少 50% 的员工志愿者参与率，与此同时，大力加强技能型志愿服务模式和项目的执行。
	将英特尔志愿者爱心工程（Intel Involved Matching Grant Program）（原名英特尔志愿者爱心教育工程）的援助范围在学校的基础上，进一步扩展到了 11 个公益组织。	将英特尔志愿者爱心工程扩展至更多的公益组织和学校，与社会各方力量一起推动建设社会和谐。
教育	英特尔® 未来教育项目在中国培训了超过 26.8 万名中小学教师，全国共有超过 6 万名青少年接受了英特尔® 求知计划的培训，"英特尔多核技术大学计划"也扩展至国内 102 所高校。	英特尔将继续加深与政府和教育界的合作，进一步推进英特尔® 教育计划在中国的开展。

《2009 年现代汽车社会贡献活动白皮书》中"社会贡献展望（Social Contribution Version）"部分详细列举了社会贡献部门五年计划（2008—2012）。（如下图 2-16 所示）

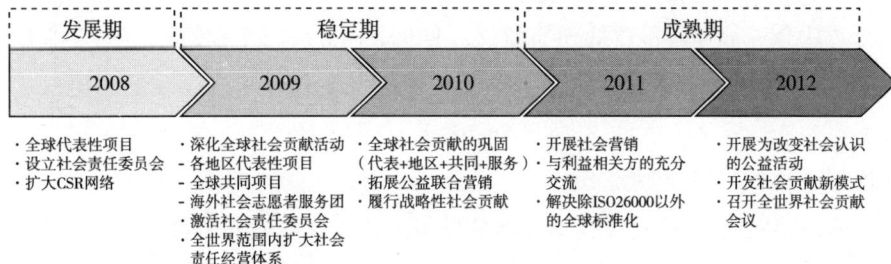

图 2-16　2009 年现代汽车社会贡献展望

七、附录

（1）来自政府、社会组织、媒体以及学术界等广泛认可的责任荣誉；

（2）第三方审验声明；

（3）相关方证言；

（4）信息反馈表；

(5)CSR 报告报告年度内关键社会责任指标概览。

第六节　未来的展望

中国作为新兴崛起的、负责任的战略性大国,必须致力于最终建立一个有利于保护发展中国家利益、促进企业履行社会责任的社会责任国际标准为目标。一方面,政府作为督促企业履行社会责任、发布 CSR 报告的最重要的角色,政府应通过出台政策法规,引导企业履行社会责任,鼓励和强制企业发布 CSR 报告;另一方面,企业发布 CSR 报告需要全社会的参与,需要企业和社会责任意识的觉醒,需要借鉴发达国家在管理企业履行社会责任、督促企业发布 CSR 报告方面的成功经验,重塑我国企业的价值观,从根本上转变企业盲目追求经济责任、忽视社会责任的观念,同时也要充分发挥 NGO 等非政府组织的主观能动性,对政府政策施加社会影响和对企业的 CSR 报告发挥社会监督。

加强中国 CSR 报告编制规则研究,对于推动国内企业社会责任运动健康发展,提升中国企业的国际竞争能力,解决中国当前存在的由于 CSR 报告不规范带来的各种问题,改善企业与内外部利益相关方之间的关系,构建社会主义和谐社会等都具有重要的现实意义。同时,对于我们主动应对全球企业社会责任运动,迎接 ISO 26000 带来的挑战,争得国际社会责任领域的话语权具有重要的战略意义。因此,探索建立和推广一套符合中国国情的 CSR 报告编制规则,是非常必要和紧迫的。

清晰而明确 CSR 报告编制规则是界定企业社会责任的内涵和边界、进而制定 CSR 报告外部评价标准的前提。CSR 报告编制规则也是一个动态的调整过程,毕竟 CSR 报告在不同的地区、在不同的时间,呈现出不同的表现形式。因此,在使用和定义 CSR 报告编制规则的时候,我们必须十分小心。也因此,到目前为止,仍然没有一个被普遍接受的 CSR 报告编制规则;同时,在全球经济一体化的今天,CSR 报告编制规则必须区别对待不同地区和国家对 CSR 的理解,否则,很容易犯方向性错误。

CSR 报告编制规则与一个国家的经济和社会发展、文化和历史背景等因素密切相关,企业制定的 CSR 报告编制规则必须基于自我的实际考量。我国

CSR 报告编制规则的确立前提,必定是清晰界定在当前经济、文化和社会发展条件下,我国企业社会责任的内涵和边界,明晰我国 CSR 报告反映的实质内容,并根据我国经济、文化和社会发展不断进行动态调整、完善。一套切合我国实际需求的 CSR 报告编制规则体系必须符合当前企业利益相关者的期望,还必须考虑到 CSR 报告编制规则必须匹配我国各方面发展的变化而保持一定的动态性。ISO 26000 颁布以后,制定出完善的、具有普适性和公信力的 CSR 报告编制规则也是我国企业争夺国际社会责任领域话语权、参与全球竞争的重要方面。

第七节　研究不足之处

第一,本章节所引用企业 CSR 报告的例子仅供参考,仅代表本文认同其社会责任理念,并且值得目前大多数企业借鉴,并非要求所有披露 CSR 报告的企业效仿。

第二,本章节所采用的衡量指标选自《中国企业社会责任综合评价指标体系》,具有普遍性。

第三,鉴于我国 CSR 报告编制规则的理论研究尚处薄弱领域,目前绝大多数披露 CSR 报告的企业的各项业务均达到国家法律法规要求和标准,未出现重大偏差。虽然大多数企业对于股东和债权人权益保护、职工权益保护、供应商、客户和消费者权益保护、环境保护与可持续发展、公共关系和社会公益事业等方面取得一定成绩,但与《上市公司社会责任指引》相关要求仍存在一定差距,主要表现为:自愿披露社会责任意识不强,履行社会责任的系统性不强,社会责任理念体现不充分,CSR 报告制度建设和组织建设还跟不上标准化事业快速发展的需要,专业化人才仍较匮乏,CSR 报告落实的广度有待推展。

第四,鉴于 CSR 报告编制规则的难点,本章节充分借鉴了国内各行业披露 CSR 报告较为规范的企业做法,提出了对中国 CSR 报告编制规则的可行性探讨,但尚缺乏实证研究证明,而且限于数据、资料等收集,对相关企业的国外经营部分的社会责任报告分析不够,即未涉及企业在国外的 CSR 报告,有待于今后进一步工作的改进、完善。

参考文献

Baumol, W. (1976). Smith vs. Marx on business morality and the social interest. *American Economist*, 20(2), 1–6.

Bendell, J., & Cohen, J. (2006). Who's leading Hu? *Journal of Corporate Citizenship*, 24, 3–7.

Carroll A. B. A three-dimensional conceptual model of corporate performance. *Academy of Management Review*, 1979, (5):497–505.

Carroll, Archie B. and Buchholtz, Ann K. Business and Society: Ethics and Stakeholder Managdment, 4th ed. Cincinnati, Ohio: South-Western Publishing Co. 2000.

CICA. Reporting on Environmental Performance[R]. Toronto, 1994.

Clarkson. A Stakeholder Framework for Analyzing and Evaluating Corporate Social Performance. *The Academy of Management Review*, 1999, (4):14–19.

Cochran, F. L., Wood, R. A.. Corporate social responsibility and financial performance. *Academy of Management Journal*, 1984, 27(1):42–56.

Holme, R., & Watts, P. (2002, January). Corporate social responsibility: The WBCSD's journey. World Business Council for Sustainable Development. Retrieved August 7, 2009, from : http://www. econsense. de/_ CSR _ INFO _ POOL/_INT_VEREINBARUNGEN/images/CSR_TheWBCSDJourney. pdf

Huang, Y. (2005). Some fundamental issues in Confucian ethics: A selective review of encyclopedia of Chinese philosophy. *Journal of Chinese Philosophy*, 32 (3), 509–528.

Hulpke, J., & Lau, C. (2008). Business ethics in China: A human resource management issue? *Chinese Economy*, 41(3), 58–67.

Schwartz, M., & Carroll, A. (2003). Corporate social responsibility: A three-domain approach. *Business Ethics Quarterly*, 13(4), 503–530.

WBCSD. Measuring Eco-Efficiency—A Guide to Reporting Company Performance[M]. *Geneva*, 2000.

Wilenius, M. Towards the age of corporate responsibility? Emerging challenges for the business world. *Futures*,2005,(37):133-150.

Zinkin,J. (2004). Maximising the 'licence to operate': CSR from an Asian perspective. *The Journal of Corporate Citizenship*,14,67-80.

《CSC9000T 中国纺织服装企业社会责任管理体系总则及细则(2008年)》,中国纺织工业协会。

《正在制定中的 ISO 26000 社会责任标准》,《世界标准化与质量管理》2006 年第 8 期。

陈宏辉、贾生华:《企业社会责任观的演进与发展:基于综合性社会契约的理解》,《中国工业经济》2003 年第 12 期。

陈留彬:《中国企业社会责任评价实证研究》,《山东社会科学》2007 年第 11 期。

陈宗兴、黎友焕、刘延平:《中国企业社会责任建设蓝皮书(2010)》,人民出版社 2010 年版。

戴瑞红:《初探我国企业社会责任:基于中美企业社会责任报告之比较》,《商场现代化》2007 年第 3 期。

黎友焕、陈淑妮、张雪娜:《国际劳工运动在中国——SA 8000 对广东外经贸的影响及对策研究》,香港社会科学出版社 2007 年版。

黎友焕:《SA 8000 基本知识解读》,《WTO 经济导刊》2004 年第 5 期。

黎友焕:《SA 8000 牵一发而动全身》,《WTO 经济导刊》2004 年第 5 期。

黎友焕:《SA 8000 新贸易壁垒的应对之策》,《WTO 经济导刊》2004 年第 5 期。

黎友焕:《从 SA 8000 看当前国外技术贸易壁垒的新趋势及我们的对策》,《现代企业教育》2004 年第 4 期。

黎友焕:《SA 8000 新贸易壁垒浮出水面》,《WTO 经济导刊》2004 年第 5 期。

黎友焕:《论 SA 8000 相对于国际标准体系的十大缺陷》,《亚太经济》2005 年第 2 期。

黎友焕:《企业社会责任研究》,西北大学 2007 年博士学位论文。

黎友焕:《企业社会责任运动指南》,企业管理出版社 2006 年版。

黎友焕:《企业应对社会责任标准体系(SA 8000)认证需要注意的几个问

题》,《财经理论与实践》2004 年第 5 期。

黎友焕:《推动 SA 8000 在我国实施的主体行为及影响分析》,《世界标准化与质量管理》2004 年第 10 期。

黎友焕:《责任竞争力——全球企业社会责任最佳实践》,企业管理出版社 2006 年版。

李正、向锐:《中国企业社会责任信息披露的内容界定,计量方法和现状研究》,《会计研究》2007 年第 7 期。

刘艺工:《欧盟环境与可持续发展政策及法律对我国西部大开发的启示》,《环境法治与建设和谐社会——2007 年全国环境资源法学研讨会(年会)论文集》第 3 册,2007 年 8 月。

卢代富:《国外企业社会责任界说述评》,《现代法学》2001 年第 3 期。

帅萍、周祖城:《欧美企业社会责任评价标准比较》,《统计与决策》2008 年第 23 期。

吴福顺、殷格非:《蓬勃发展的企业社会责任运动》,《WTO 经济导刊》2006 年第 6 期。

夏新平、李永强、张威:《企业业绩评价指标体系的演进》,《商业研究》2003 年第 24 期。

袁华、皮菊云:《美国企业社会责任实践研究》,《经济师》2007 年第 2 期。

郑海东:《CSR 报告应体现专业和行业特色》,《WTO 经济导刊》2009 年第 10 期。

附录1:信息反馈表

尊敬的读者:

您好!

非常感谢您在百忙之中阅读《××集团(公司)20××年企业社会责任(可持续发展)报告》。报告在编写过程中难免存在瑕疵和疏漏,您的意见和建议,是我们在持续改进工作和这份报告过程中最关心的内容,我们将非常欢迎您的意见和建议,请您不吝赐教!

谢谢!

××集团(公司)20××年 CSR 报告编写组

20××年×月

姓名				
联系方式	电话		E-mail	
联系地址				
报告评价*	可读性	客观性	逻辑性	完整性
展望				
报告总体评价				

您可以将上表发送邮件至 XXcompany@com.cn,也可以将上表传真至+86-12-34567890。我们将认真对待您的意见与建议,并承诺妥善保护您的上述信息不被第三方获取。

附录2:中国企业社会责任综合评价指标体系,详细可见《中国企业社会责任建设蓝皮书(2010)》(陈宗兴、黎友焕、刘延平主编)。

第三章　ISO 26000 制定历程与展望

摘要：ISO 26000 自开始制定到正式公布实施，全程备受国际社会的关注。本文从介绍 ISO 26000 的主要内容入手，总结了 ISO 26000 的制定背景、参与制定者、国际会议概况及制定特点，并从经济学的角度阐述了 ISO 26000 的公布实施给我国带来的影响，最后对 ISO 26000 应对措施给予展望，旨在使 ISO 26000 在我国的实施顺利进行。

关键词：ISO 26000、制定历程、影响、展望

Abstract：Since the start to promulgation, ISO 26000 has been widely concerned in the world. This paper describes the main contents of ISO 26000, then introduces the development background of ISO 26000 makers, overview of the International Conference and development features. And it also addresses the impact of ISO 26000 on China from the economic perspective, finally looks forward to the strategy about ISO 26000. Aimed to let ISO 26000 in China be better.

Key Words：ISO 26000, draft working progress, influence, prospect

近几年来，国际标准化组织（International Organization for Standardization，简称 ISO）一直致力于制定社会责任国际标准——ISO 26000《社会责任指南》（ISO 26000：2010，Guidance on social responsibility，简称 ISO 26000），该标准自准备阶段，就一直受到全世界的广泛关注。ISO 已经于 2010 年 11 月 1 日召开新闻发布会，对外宣布即日起正式发布 ISO 26000，有关于 ISO 26000 的讨论再次成为国际舆论聚焦的热点话题。作为国际社会责任标准，ISO 26000 的颁布必将对我国各个领域带来深远影响，只有积极展望应对思路，化机遇为挑战，才能够促使 ISO 26000 的顺利实施，促进我国经济的可持续发展。

第一节　ISO 26000 概述

ISO 26000 在其制定之初,社会责任工作组(The ISO Working Group on Social Responsibility,简称 ISO/TMB/WG SR)就明确表示该标准不是管理体系标准,将不用于第三方认证,只是一项为包含政府在内的所有组织提供行动指南的国际标准,在标准全篇文本中,语句表述方式将优先考虑采用"宜"(should),而非"应"(shall)。同时,ISO/TMB/WG SR 还多次强调,ISO 26000 的主要目标是帮助组织处理社会责任问题,指导社会责任实践,并注重实施效果和改进方向。同时,ISO 26000 还在确保与现有文件、标准、公约和条约相一致而不冲突的前提下,力图促进社会责任领域术语的统一,将企业社会责任(Corporate Social Responsibility,简称 CSR)推广到任何组织形式都应当承担的社会责任(Social Responsibility,简称 SR)。在 ISO 26000 中,社会责任(SR)被定义为:通过透明和道德行为,组织为其决策和活动给社会和环境带来的影响承担的责任。这些透明和道德行为有助于可持续发展,包括健康和社会福祉,考虑到利益相关方的期望,符合适用法律并与国际行为规范一致,融入到整个组织并践行于其各种关系之中。

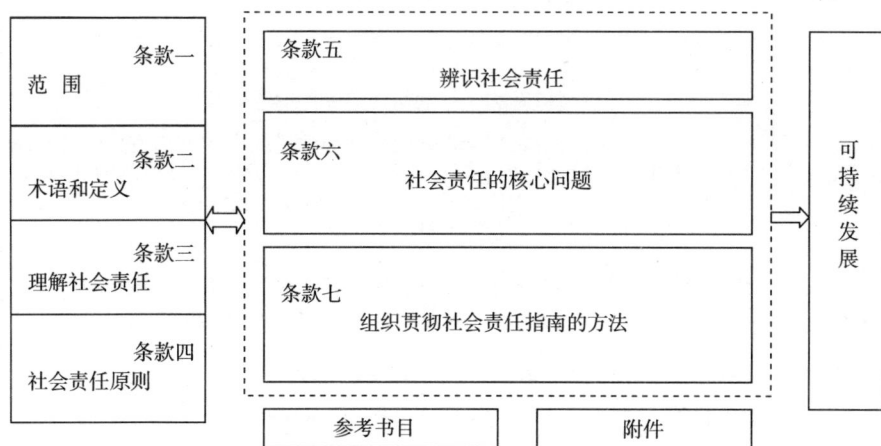

图 3-1　ISO 26000 的原理图①

----

① 来源于 ISO 网站,http://www.iso.org/。

　　ISO 26000 主要分为七章(见图 3 - 1),以简练、精准的语言阐述了与社会责任理论和实践相关的众多问题,主要包括:社会责任的概念和其相关影响因素,社会责任的原则及其核心主题,以及组织贯彻社会责任指南的方法等主要内容(见表 3 - 1),最终引导组织实现长远的可持续发展。黎友焕、路媛(2010)认为 ISO 26000 的"社会责任"理念和可持续发展二者之间有着密不可分的关系,"ISO 26000'社会责任'理念要求组织积极响应国际社会责任运动的要求,积极承担社会责任,自觉地与其他利益相关方构建和谐发展的关系,有助于社会稳定和经济繁荣,最终实现整个社会的可持续发展"①。

表 3 - 1　ISO 26000 的大纲②

条款编号	条款标题	条款内容的说明
条款一	范围	定义 ISO 26000 的范围,并确定某些限制性因素
条款二	术语和定义	定义和提供理解社会责任和使用 ISO 26000 的专业术语
条款三	理解社会责任	阐述影响社会责任发展并继续影响其性质和实践的因素、条件和重要问题。同时明确社会责任的相关概念——社会责任意味着什么,它如何应用于组织,以及对于大中型组织运用 ISO 26000 进行指导
条款四	社会责任的原则	介绍和解释社会责任的原则
条款五	辨识社会责任	阐述两种社会责任实践:组织对其社会责任的辨识和识别利益相关方并促其参与
条款六	社会责任核心主题	阐述与社会责任有关的核心主题和相关问题,针对每个核心主题,就其范围和与社会责任的关系、相关原则与思考以及相关行动与期望等提供了信息
条款七	组织贯彻社会责任指南的方法	提供将社会责任融入到组织实践中的方法,包括:理解组织的社会责任、贯彻社会责任实践、社会责任沟通、提升社会责任的可信度、审查和改进组织的社会责任实践以及评估自愿性社会责任等。
附录 A	自愿履行社会责任行为和途径的实例	一个或多个与社会责任相关的核心主题以及组织贯彻社会责任的自愿性行为和途径的非详尽清单
附录 B	缩略语	ISO 26000 中使用的缩写略语
	参考书目	权威性的国际文书和 ISO 相关标准

---

　①　黎友焕、路媛:《ISO 26000 与可持续发展》,《中国贸易报》2010 年 12 月 2 日。

　②　来源于 ISO 网站,http://www.iso.org/。

　　自企业社会责任运动兴起以来,社会各界对社会责任的内容一直都尚未达成共识。ISO 26000 将社会责任的内容概括为 7 个主要核心问题,即:组织管理、人权、劳工操作准则、环境、公平运作实践、消费者问题以及社区参与和发展(见图 3－2),每一个主要核心问题又被分为若干个相关的问题进行讨论和分析,这些内容是对组织履行社会责任内容的经典规范和总结(见表 3－2)。

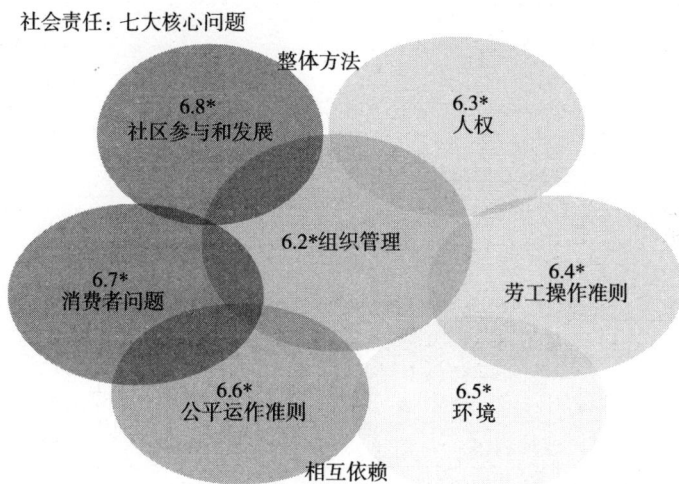

社会责任:七大核心问题

整体方法

6.8*
社区参与和发展

6.3*
人权

6.2*组织管理

6.7*
消费者问题

6.4*
劳工操作准则

6.6*
公平运作准则

6.5*
环境

相互依赖

* 内的数字表示在ISO 26000相应的条款编号。

图 3－2　ISO 26000 七大核心问题①

表 3－2　ISO 26000 中社会责任的核心主题和相关问题②

核心主体和相关问题	分条款
核心主题:组织管理	6. 2
核心主题:人权	6. 3
问题 1:尽职调查	6. 3. 3
问题 2:人权的风险情况	6. 3. 4
问题 3:避免共谋	6. 3. 5

---

① 来源于 ISO 网站:http://www.iso.org/。

② 来源于 ISO 网站:http://www.iso.org/。

核心主体和相关问题	分条款
问题4:解决民怨	6.3.6
问题5:弱势群体的权利	6.3.7
问题6:公民权利和政治权利	6.3.8
问题7:社会经济和文化权利	6.3.9
问题8:工作的基本原则和权利	6.3.10
核心主题:劳工操作准则	6.4
问题1:就业和劳动的关系	6.4.3
问题2:工作条件和社会保障	6.4.4
问题3:社会对话	6.4.5
问题4:健康和安全工作	6.4.6
问题5:人的发展和职业培训	6.4.7
核心主题:环境	6.5
问题1:污染预防	6.5.3
问题2:资源的可持续利用	6.5.4
问题3:气候变化减缓和预防	6.5.5
问题4:环境,生物多样性和自然栖息地的保护和恢复	6.5.6
核心主题:公平运作实践	6.6
问题1:反腐败	6.6.3
问题2:负责任的政治参与	6.6.4
问题3:公平竞争	6.6.5
问题4:促进供应链中的社会责任	6.6.6
问题5:尊重财产权	6.6.7
核心主题:消费者问题	6.7
问题1:公平营销,信息和合同实践	6.7.3
问题2:保障消费者的健康和安全	6.7.4
问题3:可持续消费	6.7.5
问题4:消费者服务,支持和争议处理	6.7.6
问题5:消费者的信息和隐私保护	6.7.7
问题6:接受基本产品和服务	6.7.8

续表

核心主体和相关问题	分条款
问题7:可持续消费教育和意识	6.7.9
核心主题:社区参与和发展	6.8
问题1:参与社区发展	6.8.3
问题2:教育和文化	6.8.4
问题3:创造就业和开发技能	6.8.5
问题4:技术开发和访问	6.8.6
问题5:创造财富和收入	6.8.7
问题6:健康	6.8.8
问题7:社会投资	6.8.9

　　ISO 26000 虽然仅是一个指南,不具有强制约束力,且不用于认证或被法规、合同引用,但是左伟、潘涌璋(2010)指出"在全球经济一体化日益深化和可持续发展呼声越来越高的形势下,随着 ISO 26000 这一社会责任国际新标准的颁布,社会责任日显重要"①,其在世界范围内的影响力将不可估量。作为一个推广社会责任理念的强大工具,ISO 26000 不仅对于促进经济社会的发展及其保护生态环境和劳工权益等方面具有指导性意义,同时也会对各国产生贸易壁垒、国家安全等风险问题。特别是对于发展中国家,如何正确解读 ISO 26000,争得国际社会责任领域的话语权,促进自身的可持续发展,将是一个长期的使命和挑战。

第二节　ISO 26000 的制定历程

　　ISO 26000 的制定工作备受世界各国和社会各界的高度关注,该标准的制定历时 6 年之久,先后经历 8 次会议,参与制定的人数、国家之多都是前所未有的,其全球化的制定背景、复杂的工作组织结构、代表利益相关各方的主题、

---

　　①　左伟、潘涌璋:《从 ISO 26000 角度看食品安全管理》,《广州:ISO 26000 国际论坛暨研修班论文集》(2010 年 11 月),第 2—6 页。

充满博弈的制定进程等均在全球范围内引起了广泛的关注。

一、ISO 26000 制定问题的提出

ISO 成立于 1947 年,目前拥有 163 个①国家标准化成员国,是全球最权威的国际性的标准化联合组织。在制定 ISO 26000 之前,ISO 国际标准已经制定了 18000 多项国际性通行的标准,这些标准均是自愿性标准,在质量、安全、经济、生态环境等多个方面发挥着至关重要的作用。随着社会责任成为整个国际社会的焦点,ISO 意识到社会责任的影响力已经不仅局限在经济和技术层面,更体现在政治、文化、价值观等层面的各种方面,为了加强国际社会对社会责任的统一认识,ISO 决定制定并发布社会责任国际标准。

早在 1996 年,瑞士一家非政府组织(Non-government Organization,简称NGO)曾建议 ISO 制定一套可以用于第三方认证的社会责任国际标准,当时,ISO 拒绝了这一提议。但是,制定社会责任国际标准的建议被国际社会责任组织(Social Accountability International,简称 SAI)所接受,并在 1997 年 10 月公布了可用于第三方认证的社会责任标准——SA 8000。SA 8000 出现后,社会责任的认证在世界范围内广泛开展,社会责任也随之成为整个国际社会所关注的焦点问题,"但直到 2003 年,SA 8000 才因为我国国内有关媒体的报道而引起舆论的广泛关注,而相关资讯和认证机构在介绍该标准之时,更是把其当做国际标准来进行宣传"②。

2000 年 6 月,由 ISO 消费者政策委员会(ISO Committee on Consumer Policy of the International Organization for Standardization,简称 ISO/COPOLCO)主办,在西班牙港召开了一次以"社会责任——概念和解决办法"为主题的讨论会。2001 年 5 月,ISO/COPOLCO 再次主持举办了有关于社会责任的专家论证会,并取得了实质性的进展。2002 年 9 月,ISO 正式成立了由多方利益相关者参与的社会责任顾问组,充分考虑各跨国公司、民间组织以及国际组织制

---

① 数据来源:ISO 网站:http://www.iso.org/iso/about/iso_members.htm,2010 年 11 月 24 日。

② 黎友焕、魏升民:《标准的飞跃:从 SA 8000 到 ISO 26000》,《广州:ISO 26000 国际论坛暨研修班论文集》(2010 年 11 月),第 106—116 页。

定的相关标准,对全球有关于倡议和呼吁制定社会责任国际标准的相关问题进行整理和研究,并决定由 ISO 的技术管理局(ISO Technical Management Board,简称 ISO/TMB)负责承担制定社会责任国际标准的可行性研究。2003年 2 月,顾问组向 ISO/TMB 提出制定社会责任国际标准的建议和意见,同时还向 ISO 组织提交了一份有关"社会责任"的报告,并决定成立战略顾问组(ISO Strategic Advisory Group,以下简称 ISO/SAG)。

2004 年 4 月,ISO/SAG 正式向 ISO/TMB 提交了一份《社会责任工作报告》。同年 6 月 21—22 日,ISO 就是否应开展制定国际社会责任标准举行了一次多方利益相关者参与的国际会议。此次会议在瑞典的斯德哥尔摩市召开,参加会议的代表来自 ISO 66 个成员国(其中包括 33 个发展中国家),总计355 名代表,会议最终达成了共同制定一个社会责任国际标准化指南的共识。此次会议之后,ISO 立即开始着手准备制定正式的社会责任国际标准,并成立了社会责任工作组(ISO/TMB/WG SR),主要任务是负责起草一项指导包括政府在内的所有社会组织的社会责任的国际标准,编号为 ISO 26000。

从 ISO 首次拒绝制定社会责任国际标准,到 ISO 26000 即将正式公布,前后总共经历了 14 年的时间。在这 14 年期间,从 ISO 对于社会责任国际标准理念的转变可以看出,社会责任已经逐步演变和进化为全球范围内不容忽视的重要问题之一。

二、ISO 26000 的制定者

ISO 26000 是由 ISO 社会责任工作组(ISO/TMB/WG SR)负责制定,由巴西技术标准协会(ABNT)和瑞典标准协会(SIS)共同担任 ISO/TMB/WG SR 的集体领导,下设六个工作组(Task Group,简称 TG)。其中,TG4、TG5 和 TG6 主要负责起草 ISO 26000,另外三个工作组负责辅助和配合 ISO 26000 的制定工作。TG1 主要负责筹集资金以帮助经费困难的发展中国家和非政府组织(NGO)的专家提供帮助;TG2 负责保证 ISO 26000 标准制定过程中的信息透明、公开和准确性;TG3 则是为保证工作组的正常运行和符合国际标准进行内部指导工作。此外,还设有一个编辑委员会(Editing Committee,简称 E C)负责汇总、审查和编辑,以及西班牙、法语、阿拉伯语、俄语和德语五种语言的翻译组。标准的制定人员来自发展中国家和发达国家,并且代表着 6 个利益相

关方:政府、企业、劳工、消费者、非政府组织(NGO)和服务、支持、科研及其他,以确保各方利益相关者均衡的可能性。

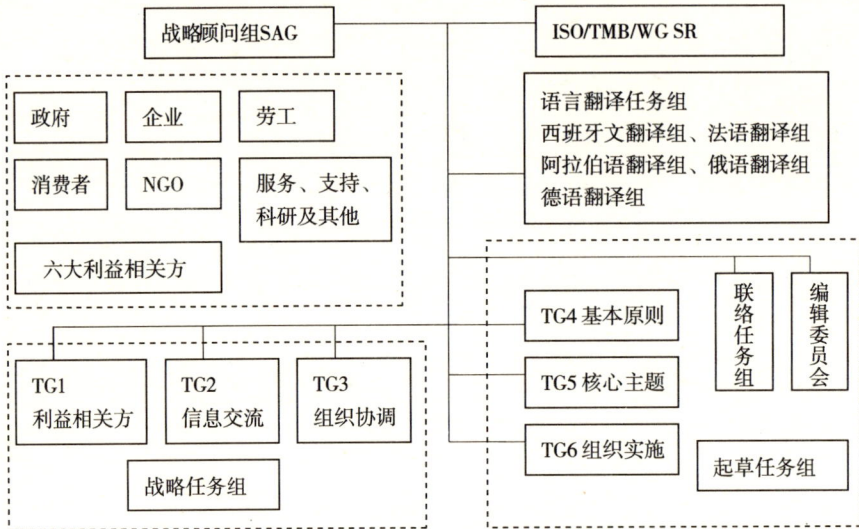

图3-3 ISO/TMB/WG SR 的组织结构①

截止到2010年7月,ISO/TMB/WG SR 包含了99个ISO成员国(其中,包含83个参与国和16个观察国)、42个联合组织和4个内部联络组织(ISO standards-developing technical committees,简称TCs)(见表3-3、表3-4、表3-5和表3-6),总计450名专家②。可见,ISO 26000的制定进程已经成为整个国际社会关注的焦点。

表3-3 83个参与国名单③

阿根廷 (IRAM)	克罗地亚 (HZN)	以色列 (SII)	荷兰 (NEN)	西班牙 (AENOR)
亚美尼亚 (SARM)	捷克共和国 (CNI)	意大利 (UNI)	尼日利亚 (SON)	斯里兰卡 (SLSI)

---

① 根据 ISO 网站整理:http://www.iso.org/。

② 来源于 ISO 网站:http://www.iso.org/。

③ 来源于 ISO 网站:http://www.iso.org/。

续表

澳大利亚 (SA)	哥斯达黎加 (INTECO)	牙买加 (JBS)	挪威 (SN)	瑞典 (SIS)
奥地利 (ON)	古巴 (NC)	日本 (JISC)	阿曼 (DGSM)	瑞士 (SNV)
巴林 (BSMD)	丹麦 (DS)	约旦 (JISM)	巴拿马 (COPANIT)	阿拉伯叙利亚 共和国(SASMO)
孟加拉国 (BSTI)	厄瓜多尔 (INEN)	哈萨克斯坦 (KAZMEMST)	秘鲁 (INDECOPI)	坦桑尼亚 (TBS)
巴巴多斯 (BNSI)	埃及 (EOS)	肯尼亚 (KEBS)	菲律宾 (BPS)	泰国 (TISI)
白俄罗斯 (BELST)	斐济 (FTSQCO)	韩国 (KATS)	波兰 (PKN)	特立尼达和多巴哥 (TTBS)
比利时 (NBN)	芬兰 (SFS)	科威特 (KOWSMD)	葡萄牙 (IPQ)	突尼斯 (INNORPI)
巴西 (ABNT)	法国 (AFNOR)	黎巴嫩 (LIBNOR)	卡塔尔 (QS)	土耳其 (TSE)
保加利亚 (BDS)	德国 (DIN)	阿拉伯利比亚民众 (LNCSM)	俄罗斯 (GOST R)	乌克兰 (DSSU)
加拿大 (SCC)	加纳 (GSB)	卢森堡 (ILNAS)	圣卢西亚 (SLBS)	阿拉伯联合酋长国 (ESMA)
喀麦隆 (CDNQ)	希腊 (ELOT)	马来西亚 (DSM)	沙特阿拉伯 (SASO)	英国 (BSI)
智利 (INN)	印度 (BIS)	毛里求斯 (MSB)	塞尔维亚 (ISS)	乌拉圭 (UNIT)
中国 (SAC)	印度尼西亚 (BSN)	墨西哥 (DGN)	新加坡 (SPRING SG)	美国 (ANSI)
哥伦比亚 (ICONTEC)	伊朗 (ISIRI)	蒙古国 (MASM)	南非 (SABS)	越南 (TCVN)
科特迪瓦 (CODINORM)	爱尔兰 (NSAI)	摩洛哥 (SNIMA)		

注:括号内是 ISO 成员的缩写。

表 3-4　16 个观察国名单①

阿塞拜疆 (AZSTAND)	新西兰 (SNZ)	爱沙尼 (EVS)	马拉维 (MBS)

---

① 来源于 ISO 网站:http://www.iso.org/。

续表

罗马尼 (ASRO)	塞内加尔 (ASN)	玻利维亚 (IBNORCA)	巴勒斯坦 (PSI)
塞浦路 (CYS)	斯洛伐克 (SUTN)	中国香港 (ITCHKSAR)	乌干达 (UNBS)
立陶宛 (LST)	危地马拉 (COGUANOR)	拉脱维亚 (LVS)	津巴布韦 (SAZ)

注:括号内是 ISO 成员的缩写。

表 3-5　42 个联合组织名单①

AccountAbility	Forum Empresa/Ethos Institute	拉美质量保证研究所(INLAC)	国际社会责任组织(SAI)
企业公民非洲研究所(AICC)	公平劳动协会(FLA)	Interamerican CSR Network	Transparency International
美国工业卫生协会(AIHA)	全球报告倡议组织(GRI)	国际雇主组织(IOE)	联合国环境规划(UNEP)
工商咨询委员会 BIAC	国际商业传播者协会(IABC)	国际石油工业环境保护协会(IPIECA)	联合国可持续发展司(UNSD)
消费者国际(CI)	国际商会组织(ICC)	国际社会与环境认证组织(ISEAL Alliance)	联合国可持续发展司(UNSD)
欧洲商业道德网(EBEN)	国际矿业和金属理事会(ICMM)	国际工会联合会(ITUC)	联合国全球契约联盟(UNGC)
欧盟委员会(EC)	能源与环境研究所(IEPF)	欧洲办事处(NOR-MAPME)	联合国工业发展组织(UNIDO)
ECOLOGIA	标准用户国际联合会(IFAN)	经济合作与发展组织(OECD)	世界可持续发展工商理事会(WBCSD)
EFQM	国际环境与发展研究所(IIED)	石油和天然气生产商协会(OGP)	世界卫生组织(WHO)
基础与道德投资研究服务有限公司(EIRIS)	国际可持续发展研究所(IISD)	Red Puentes	世界储蓄银行协会(WSBI)/欧洲储蓄银行集团(ESBG)
国际房地产联合会(FIABCI)	国际劳工组织(ILO)		

---

① 来源于 ISO 网站:http://www.iso.org/。

表 3-6　内部联络组织①

1	ISO/TC 159,工效
2	ISO/TC 173,残疾人士辅助产品
3	ISO/TC 176,质量管理和质量保证
4	ISO/TC 207,环境管理

参与制定 ISO 26000 的成员国和专家涵盖了全球五大洲,随着 ISO 26000 制定历程的不断向前推进,发展中国家对 ISO 26000 的重要性和影响力的认识也在不断加深。从 ISO 26000 参与制定者人数之多和范围之广,可以看出世界各国对于制定该项标准的重视程度以及 ISO 26000 对于世界各国的影响范围都是史无前例的。

三、ISO 26000 制定会议概况

自 2004 年 6 月,在瑞典国际会议上决定制定社会责任国际标准之后,ISO 正式成立了 ISO/TMB/WG SR 来负责起草 ISO 26000 国际标准,其制定进程明显加快。迄今为止,ISO/TMB/WG SR 已经先后召开八次专门性的工作会议,讨论 ISO 26000 标准的制定工作。在这期间,ISO 26000 先后经历了工作草案(Working Draft,简称 WD)阶段、委员会草案(Committee Draft,简称 CD)阶段、国际标准草案(Draft International Standard,简称 DIS)阶段,并形成了国际标准最终草案(Final Draft International Standard,简称 FDIS)。2010 年 11 月 1 日,ISO 正式对外公布 ISO 26000 国际标准的完整文本(International Standard,简称 IS)。

(一)ISO 26000 国际标准工作组第一次会议及草案

2005 年 3 月 7—11 日,ISO/TMB/WG SR 第一次会议在巴西的萨尔瓦多市召开。参加此次会议的代表来自 ISO 43 个成员国家(其中包含 21 个发展中国家)以及 24 个联络组织,与会人数超过 300 名②。根据国际标准化组织的工作程序,负责起草标准草案的专家组成员由来自工业、政府、消费者、工

---

① 来源于 ISO 网站:http://www.iso.org/。

② Frost,R..“Dynamic”launching of work on ISO 26000—future guideline on social responsibility[EB/OL].http://www.iso.org/iso/pressrelease.htm? refid=Ref953,2005-3-24.

会、非政府组织以及其他有关方面的代表组成。与此同时,参加制定该项标准的各国机构都要在各国建立"国家镜像委员会(National Mirror Committee)",积极交流意见和沟通信息,以充分体现各国利益和观点。

此次会议还提议应当通过研讨会和培训班等各种形式在亚洲、非洲和拉丁美洲地区开展认识、了解和推广 ISO 26000 的活动,切实听取发展中国家对于制定 ISO 26000 的意见和建议,以促进发展中国家的参与度。

(二)ISO 26000 国际标准工作组第二次会议及草案

2005 年 9 月 26 日至 30 日,ISO/TMB/WG SR 第二次会议在泰国的曼谷市召开。参加此次会议的代表来自 ISO 54 个成员国家和 20 个相关的国际组织,包括国际劳工组织(International Labor Office,简称 ILO),出席会议的总人数大约为 350 名[①]。与 2005 年 3 月在巴西举行的首次会议相比,来自发展中国家的代表明显增多。

在曼谷召开的第二次会议的主要成就之一是汇总并编辑了 ISO 26000 的第一份草案(The 1st Working Draft,简称 WD.1),制定了标准的结构轮廓,主要由序言、范围、规范参考、术语和定义、所有组织运作的社会责任背景、社会责任原则、社会责任核心问题指导、履行社会责任指导、指导附录和参考书目等几个部分组成。ISO/TMB/WG SR 工作组起草并确定了 1456 项条款,另外,还有 7 项条款由 3 个特殊的工作组来负责。依据这些草案,ISO 26000 必须是清晰、易于理解、客观的,适用于所有类型的组织,包括政府机构。此外,ISO/TMB/WG SR 还宣布在国际企业社会责任标准的网站(ISO SR Web site:www.iso.org/sr)成立 ISO 26000 的相关专栏。

(三)ISO 26000 国际标准工作组第三次会议及草案

2006 年 5 月 15 日至 19 日,ISO/TMB/WG SR 第三次会议在葡萄牙的里斯本市召开,参加此次会议的总人数大约为 320 名,来自于 55 个国家和地区、26 个国际组织[②]。在此次会议上,专家代表们确定了草案中的一些基本定义

---

① Frost,R.. ISO lays the foundations of ISO 26000 guidance standard on social responsibility [EB/OL]. http://www.iso.org/iso/pressrelease.htm? refid=Ref972,2005−10−5.

② Frost,R.. Drafting progresses of future ISO 26000 standard on social responsibility[EB/OL]. http://www.iso.org/iso/pressrelease.htm? refid=Ref1010,2006−5−24.

和总体框架,并且明确指出,ISO 26000 标准致力于适用于发达国家和发展中国家有关公共或者私人部门的所有类型的组织。此外,ISO/TMB/WG SR 还指出,ISO 26000 标准的性质是行动指南和指导方针,不具有强制性要求。它并不是一个管理体系标准,也不能像 ISO 9001:2000 和 ISO 14001:2004 一样用于认证。

此次会议的焦点和中心任务是讨论制定 ISO 26000 的框架。ISO/TMB/WG SR 对 ISO 26000 的第一份草稿(WD.1)的 2100 项内容进行审查,将 ISO 26000 标准框架分为两个部分:第一部分是对所有组织的通用指南,包含 7 章;第二部分是对特定类型组织的分类指南,包含 6 章,分别为关于企业(含商业和工业)、政府、劳工、非政府组织、消费者及其他六大主要利益相关者群体。最终,ISO/TMB/WG SR 提交了最新的标准框架,将原讨论稿的结构分为 10 章,形成 ISO 26000 的第二份草案(WD.2)。

(四)ISO 26000 国际标准工作组第四次会议及草案

2007 年 1 月 29 日—2 月 2 日,ISO/TMB/WG SR 的第四次会议在澳大利亚的悉尼市召开。参加会议的代表来自 ISO 54 个成员国,28 个国际组织,出席会议的总人数大约为 375 名[①]。他们分别代表了政府、企业、劳工、消费者、非政府组织,此次会议尤为引人瞩目的是来自于发展中国家的专家代表较前三次会议有所增加。

第四次会议的主要任务是对第二份草案(WD.2)进行讨论,确保 11 月在奥地利召开的第五次会议之前形成 ISO 26000 的第三份草案(WD.3)。这次会议将 ISO 26000 的核心问题分为四个方面:环境、人权和劳工操作准则、组织管理和公平运作准则、客户问题及社区和社会发展,每个方面均指定了专门的起草小组。

(五)ISO 26000 国际标准工作组第五次会议及草案

2007 年 11 月 5 日至 9 日,ISO/TMB/WG SR 第五次会议在奥地利的维也纳市召开。这次会议是由奥地利标准研究所(Austrian Standards Institute)主办,奥地利政府、奥地利发展局(Austrian Development Agency)、联合国全球契

---

① Frost,R.,Future ISO 26000 standard on social responsibility reaches positive turning point [EB/OL]. http://www.iso.org/iso/pressrelease.htm? refid=Ref1049. 2007-2-13.

约（the UN Global Compact）和联合国工业发展组织（the United Nations Industrial Development Organization，简称 UNIDO）协办的。参加这次会议的代表来自全球 64 个国家，出席会议的专家大约为 400 名①。与 ISO 26000 制定初期相比，发展中国家成员的数量翻了一番，并且超过了发达国家成员的数量。

此次会议收到来自 ISO/TMB/WG SR 关于第三份草案（WD. 3）的专家意见和建议总计 7225 条②。同时，为了实现发达和发展中国家以及利益相关者平衡的原则，ISO/TMB/WG SR 决定解散下设的任务组，成立"统一起草任务团（Integrated Drafting Task Force，简称 IDTF）"，负责审议、修订和统一草案，于下一次会议召开前形成第四份草案（WD. 4）。

（六）ISO 26000 国际标准工作组第六次会议及草案

2008 年 9 月 1 日至 9 月 5 日，ISO/TMB/WG SR 第六次会议在智利的圣地亚哥市举行。这次会议是 ISO 标准制定会议有史以来最大规模的一次，参加会议的代表来自 ISO 76 个成员国，33 个国际组织，出席会议的总人数为 386 名③。同时，从本次参会情况看，越来越多的发展中国家已经积极参与到 ISO 26000 标准的制定中来，标准的讨论和修改也在不断地听取反映发展中国家的意见。此外，这次会议也是 ISO 26000 标准制定过程中的历史性时刻，ISO/TMB/WG SR 的工作阶段正式由 ISO/WD 阶段进入 ISO/CD 阶段，标志着 ISO 26000 的制定工作迈上了一个新台阶。

会前，ISO/TMB/WG SR 受到了关于第四份草案（WD. 4）第二版的 5200 条意见和建议。在这些意见和建议的基础上，ISO/TMB/WG SR 重点讨论了五个核心议题，包括：国际行为准则、社会责任行为规范和认证标准、企业对政府的作用和影响、社会责任标准的影响范围以及挑选（包括有关问题的相关

① Frost，R. ，Record participation for 5th meeting of ISO Working Group on Social Responsibility ［EB/OL］. http://www. iso. org/iso/pressrelease. htm？ refid＝Ref1090，2007－11－20.

② Frost，R. ，Record participation for 5th meeting of ISO Working Group on Social Responsibility ［EB/OL］. http://www. iso. org/iso/pressrelease. htm？ refid＝Ref1090，2007－11－20.

③ Frost，R. . Stakeholder consensus enables ISO 26000 on social responsibility to move up in development status［EB/OL］. http://www. iso. org/iso/pressrelease. htm？ refid＝Ref1158，2008－9－18.

性、重要性和优先次序）。

（七）ISO 26000 国际标准工作组第七次会议及草案

2008 年 5 月 18 日至 22 日，ISO/TMB/WG SR 第七次会议在加拿大魁北克市举行。此次魁北克会议吸引了来自 60 个国家和大约 20 个联络成员组织的 300 多名专家参加[①]。会前，ISO/TMB/WG SR 收到了 3000 多条有关于 ISO 26000 草案的意见和建议，会议的主要任务是就解决这些意见和建议所涉及的关键性问题。预计 2009 年 10 月，ISO 26000 标准将会正式进入 ISO/DIS 阶段。

ISO 26000 将指导各组织机构将社会责任纳入其日常业务中，该标准正是由多个利益相关方的代表制定，其中包括了发展中国家的积极参与。发展中国家在 ISO/TMB/WG SR 中的数量还在不断增加，截止到此次会议，ISO/TMB/WG SR 中的 221 位专家分别来自于 63 个发展中国家，发达国家的专家人数占 136 个席位[②]。魁北克会议上利益相关方对话的结果，使得 ISO 26000 对一些诸如贸易壁垒、人权和方便用户使用等复杂问题，朝着最终解决又迈进了一大步。

（八）ISO 26000 国际标准工作组第八次会议及草案

2010 年 5 月 17 日至 22 日，ISO/TMB/WG SR 第八次会议在丹麦的哥本哈根召开。此次会议讨论修改了 ISO/DIS，将形成 ISO/FDIS，并进行批准阶段投票。这项工作是由多方利益相关者组成的工作组完成，其中包括自 99 个 ISO 成员国及 42 个公共和私营组织的专家和观察员。此次会议之前，已经收到 2482 条需要处理的相关意见和建议，哥本哈根会议将对这些意见进行处理[③]。我国专家经过充分的准备和研讨，提出了许多重要的意见和建议，特别是建议 ISO/TMB/WG SR 要考虑社会、环境、法律、文化、政治和组织的多样性以及经济条件的差异性理念，得到了 ISO/TMB/WG SR 的重视和采纳。

---

① Tranchard, S., Extensive debate improves consensus on future ISO 26000 standard on social responsibility[EB/OL]. http://www. iso. org/iso/pressrelease. htm? refid=Ref1229,2009-6-4.

② Tranchard, S., Extensive debate improves consensus on future ISO 26000 standard on social responsibility[EB/OL]. http://www. iso. org/iso/pressrelease. htm? refid=Ref1229,2009-6-4.

③ Frost, R.. ISO 26000 on social responsibility approved for release as Final Draft International Standard [EB/OL]. http://www. iso. org/iso/pressrelease. htm? refid=Ref1321,2010-5-26.

此次会议上,ISO/TMB/WG SR 再次强调:ISO 26000 是一项指导性标准,不是一份供第三方认证的规范性文件。同时,还重申了 ISO 26000 的市场预期,包括:(1)社会责任定义和原则的全球统一;(2)社会责任核心要素的全球统一;(3)对如何将社会责任融入整个组织提供指南。ISO/FDIS 26000 将于 8月和 9 月分发给 ISO 各成员国进行为期 2 个月的投票,并将于 2010 年底作为一项完全成熟的 ISO 标准出版(IS)。

四、ISO 26000 制定工作的特点

ISO 结合社会责任的特点并利用自身成熟的制定国际标准的经验,在 ISO 26000 的制定工作中全程采用规范的工作流程,开创了利益相关方参与制定国际标准的新方式,相比于其他国际标准,ISO 26000 的制定进程具有以下几个鲜明的特点。

(一)参与 ISO 26000 制定工作的成员众多

参与制定 ISO 26000 的国家、组织和专家人数众多,在 ISO 单项国际标准的制定中,可谓寥寥无几。自 2005 年 ISO/TMB/WG SR 第一次召开会议开始,参与国际会议的国家、联络组织和专家数量逐年呈大体递增趋势(见图 3-4)。

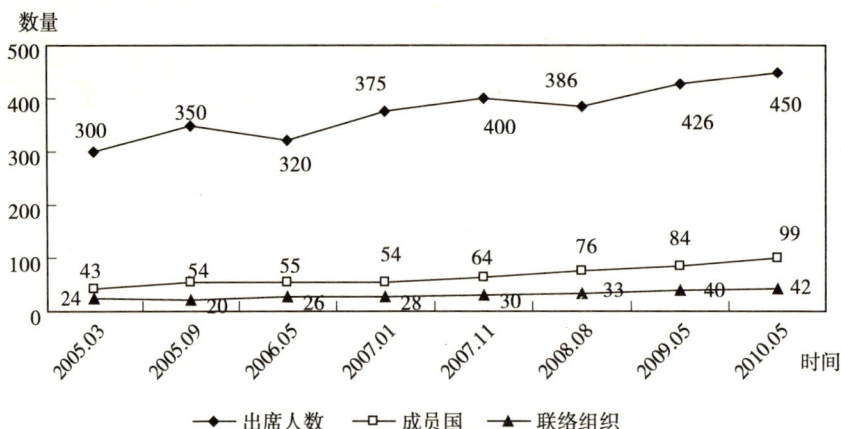

图 3-4　ISO 26000 国际会议参与统计图①

---

①　根据 ISO 网站整理:http://www.iso.org/。

尤其是与会专家方面,**ISO** 为了保持各国利益相关方类别之间的平衡和控制起草工作组的规模,特别规定 ISO 成员国仅能在各利益相关方分别推荐最多两名正式专家及最多两名观察员,非 ISO 成员,即每个国际联络组织可推荐 2 名工作组代表参加。但是,即便是如此严格控制,参加起草工作的专家数仍呈不断增长趋势。ISO 26000 的这种起草规模,是 ISO 有史以来最大的项目工作组,创造了 ISO 单项国际标准制定的历史之最。

(二)参与 ISO 26000 制定工作的成员分布广泛

参与 ISO 26000 制定的成员除了数量众多,还有一大特点,即成员分布广泛,来自于世界各大洲,甚至平时很少参与国际标准制定的国家都参与到其中。尤其是随着 ISO 26000 制定进程的开展,世界各国尤其是发展中国家对 ISO 26000 的重要性和影响力的认识不断加深,参加该项标准制定工作的发展中国家数量呈现出不断增长趋势(见图 3 – 5)。此外,来自于发展中国家的与会专家相对于其他国际标准的代表发展中国家的与会专家人数大幅度提高,总体保持上升势态(见图 3 – 6)。在机构设置方面,ISO/TMB/WG SR 亦设定了两位主席——由巴西技术标准协会(ABNT)和瑞典标准协会(SIS)共同担任,两者具有同等权力,以确保发达国家与发展中国家的同等权利。

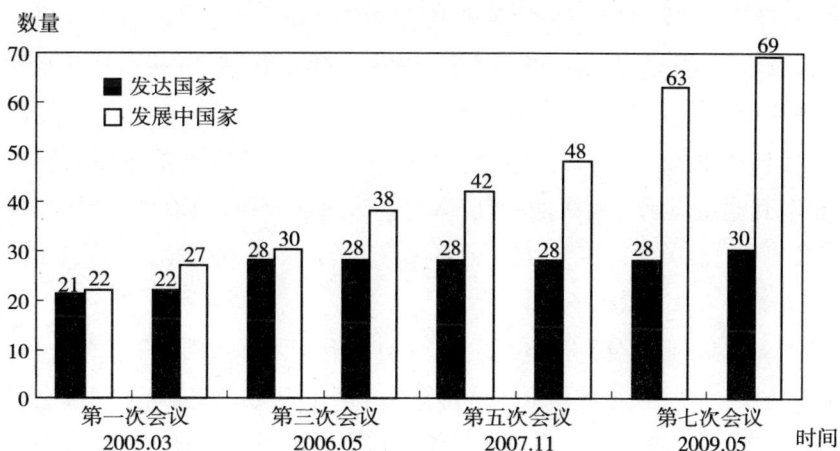

图 3 – 5 ISO/TMB/WG SR 的参与国家地区分布图①

---

① 根据 ISO 网站整理:http://www.iso.org/。

数量　　　　　　　　　ISO/TMB/WG SR的专家分布

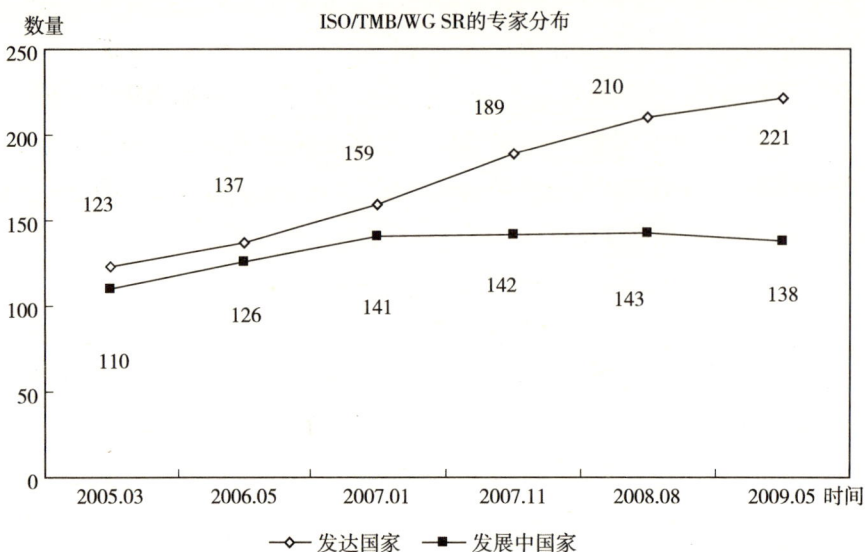

图3-6　ISO/TMB/WG SR的参与专家地区分布图①

(三)参与 ISO 26000 制定工作的利益相关方保持均衡

ISO/TMB/WG SR 的最大特点之一是其标准的制定人员来自于六大利益相关方:政府、企业、劳工、消费者、非政府组织(NGO)和服务、支持、科研及其他。这六个利益相关方各自形成了自己的统一利益阵线,并相互展开激烈的利益博弈,例如,企业与劳工、消费者类之间严重的利益冲突;政府部门则尽可能减少应承担的责任;非政府组织(NGO)则基于自身及其他方面的利益考虑,要求其他组织承担更多的责任,等等。为保证 ISO 26000 的公平性、权威性以及各利益相关方的权益,ISO 始终保持工作组中各利益相关方的平衡(见图3-7)。

ISO 26000 的制定历程不仅创造了 ISO 单项国际标准制定工作的之最,还首次涉及社会、政治、经济和伦理道德等多个不同领域,充分地体现出全球化的时代特点,更是处处充满了利益的矛盾和博弈。因此,ISO 26000 的正式公布和实施必将引起世界各国和社会各界的关注和重视。

①　根据 ISO 网站整理:http://www.iso.org/。

ISO/TMB/WG SR利益相关方参与比例（2009）

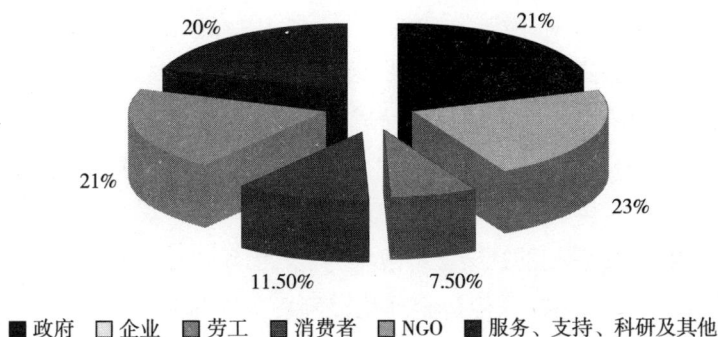

图 3-7 ISO/TMB/WG SR 利益相关方参与比例图①

第三节 ISO 26000 对我国的影响

作为全球社会责任的国际标准和基本行为准则,ISO 26000 势必会对各个国家及地区的组织带来深远而重大的影响,任何国家和组织如果无视其存在,都将可能造成无法挽回的巨大损失。而以外向型经济为特点的中国作为发展中国家的代表,ISO 26000 的正式实施将会从以下几个方面促进我国组织的进一步发展。

一、减少交易成本②,增加组织盈余

随着经济全球化的日益发展,生产国际化是组织发展的必然趋势。而一个组织要想进入国际市场,必然需要满足国际消费者的要求,得到国际市场的认可。因此,一个组织自觉履行 ISO 26000 国际社会责任标准,才能顺利地进

---

① 根据 ISO 网站整理:http://www.iso.org/。

② 交易成本(Transaction Costs)又称交易费用,是由诺贝尔经济学奖得主科斯(Coase,R. H.,1937)所提出,指达成一笔交易所要花费的成本,也指买卖过程中所花费的全部时间和货币成本。包括传播信息、广告、与市场有关的运输以及谈判、协商、签约、合约执行的监督等活动所费的成本。

入国际市场,在经济全球化的浪潮中占有一定的市场份额,实现自身的可持续发展。黎友焕(2010)指出在经济全球化的背景下,组织为扩大生产规模将付出更多的社会交易成本,同时,承担社会责任的内容和范围都会增加,因此也将付出更多的社会责任成本[①]。但是,组织为践行 ISO 26000 付出的社会责任成本是能够为组织增加福利减少交易成本,在一定条件下组织顺应全球化潮流,增加社会责任的投入成本还可以抵消组织的成本,甚至会带来多余的盈余。

假设某组织 A 最初的社会交易成本为 C_{t0},因承担社会责任而付出的成本为 C_{s0},并且有 $C_{t0}>C_{s0}$;加入经济全球化浪潮后进一步扩大规模,此时的交易成本为 C_{ts},为进入国际市场,该组织按照 ISO 26000 国际社会责任标准的要求履行社会责任,付出的成本为 C_{ss}。当企业积极遵守 ISO 26000 国际社会责任标准后,交易成本的下降量为:$C_{t0}-C_{ts}$,社会责任的成本增加量为:$C_{ss}-C_{s0}$,组织的利润 $\prod$ 则等于承担社会责任带来的成本的减少。则弹性系数[②] E 有:

$$E=[(C_{t0}-C_{ts})/C_{t0}]/[(C_{ss}-C_{s0})/C_{s0}]$$
$$=[(C_{t0}-C_{ts})/(C_{ss}-C_{s0})](C_{s0}/C_{t0})>1$$

E>1 表示当组织履行社会责任后,相对于组织社会责任的成本增加了 $C_{ss}-C_{s0}$,但是组织的交易成本下降的速度更快。又已知:$C_{s0}/C_{t0}<1$,所以,有:$(C_{t0}-C_{ts})/(C_{ss}-C_{s0})>1$,即:

$$C_{t0}+C_{s0}>C_{ss}+C_{ts}$$

所以,组织的利润 $\prod = (C_{t0}+C_{s0})-(C_{ss}+C_{ts})>0$

在经济全球化的背景下,组织顺应时代潮流,严格践行 ISO 26000 国际社会责任标准,积极承担社会责任,不仅不会增加组织的投入成本,还会给组织带来一定的利润盈余。特别是对于自愿履行 ISO 26000 国际社会责任标准的组织,积极承担社会责任将会获得利益相关方的支持和信心,有利于减少组织的交易成本,进而提升组织的利润盈余。

---

① 黎友焕:《企业社会责任理论研究》,华南理工大学出版社 2010 年版,第 179 页。
② 弹性系数是指一定时期内相互联系的两个经济指标增长速度的比率,它是衡量一个经济变量的增长幅度对另一个经济变量增长幅度的依存关系,即:弹性系数 E=y 变动的百分比/x 变动的百分比。当 E=1 表示 y 与 x 同步增长;当 E>1 时,表明 y 的增长快于 x 的增长;当 E<1 时,表明 y 的增长速度慢于 x 的经济增长速度。

二、提升组织社会形象,促进组织的发展

组织的竞争力不仅仅表现在技术和服务的优势上,更主要的是作为无形资产的社会形象优势。石健(2009)认为"实施社会责任标准,不仅可以为组织树立良好的社会形象、提高竞争资本,还可以因此赢得更多的贸易机会,实现促进组织发展的目的"[1],特别是国际跨国组织已经将一个组织是否承担社会责任作为重要的合作伙伴甄选依据。社会形象欠佳、责任感差的组织,即使合作成本不高,但由于发生道德危机造成经济损失的几率较大,往往会被跨国组织拒之门外。

假设国际市场上有一家跨国组织 W 准备在组织 A 和组织 B 中选择一家企业,为其提供中间产品,数量为 Q。其中组织 A 的产品报价较低为 P_A,但是该组织未遵照 ISO 26000 履行相应的社会责任。组织 B 的产品报价较高为 P_B ($P_A < P_B$),但是该组织按照 ISO 26000 较好地承担了社会责任。跨国组织 W 选择任何一家组织,都需要付出沟通成本 n_1 和 n_2。此外,企业 A 由于没有履行社会责任,所有很有可能导致跨国组织 W 陷入道德危机而产生经济损失,这种情况发生的概率为 p,经济损失大小为 X。由于组织 B 严格按照 ISO 26000 积极承担社会责任,发生这一道德危机而导致经济损失的概率趋近为 0。另外,如果跨国组织 W 选择组织 B,W 还要付出额外的监督成本 S。所以,如果跨国组织 W 选择组织 A 作为中间产品的供应商,就需要付出成本:$P_A Q + n_1 + pX + S$;反之,选择组织 B 时需要付出的成本为:$P_B Q + n_2$。

当 $P_A Q + n_1 + pX + S > P_B Q + n_2$

跨国组织 W 会选择组织 B 作为供应商,即跨国组织 W 更加偏好于积极承担社会责任的企业 B,即:

$pX + S + (n_1 - n_2) > (P_B - P_A) Q$

组织 A 发生道德危机的概率 p 和经济损失 X 均较大,又因为组织 B 认真履行 ISO 26000 关于社会责任的要求,因此,跨国组织 W 选择组织 B 时付出的沟通成本 n_1 已经很低,当组织 B 的报价 P_B 不是很大,监督成本 S 和沟通成本 n_2 在一定的合理范围内,跨国组织 W 宁愿选择组织 B。

但是,即使有:

---

[1]　石健:《ISO 26000〈社会责任指南〉浅析》,《航空标准化与质量》2009 年第 5 期。

$P_A Q+n_1+pX+S<P_B Q+n_2$

跨国组织 W 也不一定会选择组织 B 作为供应商,因为尽管发生道德危机造成经济损失是一件概率事件 p,但是一旦发生,跨国组织 W 的经济损失 X 通常非常大,必定有:

$P_A Q+n_1+X+S>P_B Q+n_2$

理性的跨国组织均会愿意接受报价更高的组织 B 作为中间产品的供应商,以规避风险。特别是在国际市场上,有效地实施 ISO 26000 承担社会责任,有利于保护和提升组织社会形象和品牌声誉,提高品牌的核心竞争力,赢取商业发展机遇。

三、增加组织福利,实现可持续发展

任何一个理性的组织都会以利润最大化为首要目标,往往会因为这一单一谋求利益的生产经营活动而产生外部负效应[①],这将导致组织的各个利益相关方的福利水平下降。当福利水平下降影响到利益相关方的利益时,利益相关方将开展激烈的博弈以维护自身的权益不受影响,并形成多重力量推动组织严格执行 ISO 26000 履行社会责任,这将对组织的发展产生有利的影响,同时对于利益相关方也会形成正的外部性,以抵消福利水平的下降,引导组织走可持续的发展之路。由于组织按照 ISO 26000 国际社会责任标准的要求实施社会责任将会增加短期的营运成本,所以组织将获得足以满足可持续发展的合理利润。其发展路径如下图 3-8 所示。

组织通过践行 ISO 26000 国际社会责任标准来提高福利水平,实现长远的可持续发展,也可以从图 3-9 分析得出。组织 X 通过履行社会责任产生了外部正效应,此时,边际社会收益 MR_S 将会大于组织的边际 MR_X,即: $MR_S > MR_X$,在图 9 中表示为曲线 MR_S 位于 MR_X 之上。从图形中可以看出,当组织没有按照 ISO 26000 国际社会责任标准承担社会责任时,由利润最大化原则

---

① 外部效应是指由于个别企业的行为而对消费者或其他生产者可能造成的好的或坏的经济效果。外部效应又可以划分为"外部正效应"和"外部负效应"。其中,外部正效应是指个别企业带给社会的生产成本小于企业耗费的成本;外部负效应则是指个别企业带给社会的生产成本超过企业自身投入的成本(例如环境污染)。

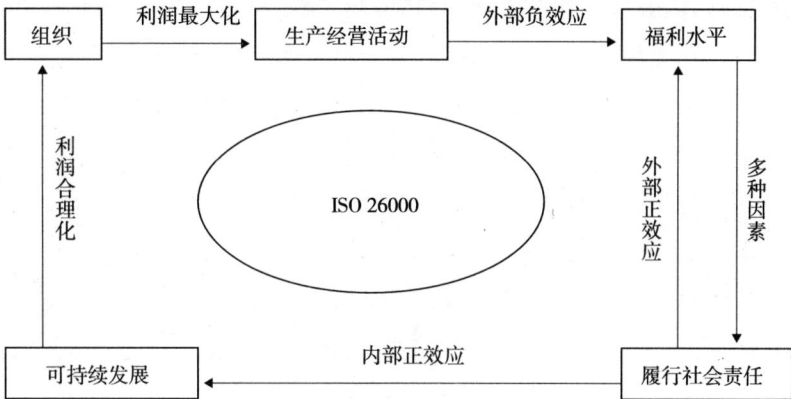

图 3‐8　组织福利最大化路径图

$MR_X = MC = D$，组织的最优产量为 Q_A；然而，当组织积极践行社会责任后，由于正外部性，组织的产量将会由 Q_A 提高到 Q^*（$Q_A < Q^*$），产量的持续增加将会促进组织进一步实现可持续发展。图中 $\triangle ABC$ 的面积大小即为组织因践行 ISO 26000 增加的福利水平高低。

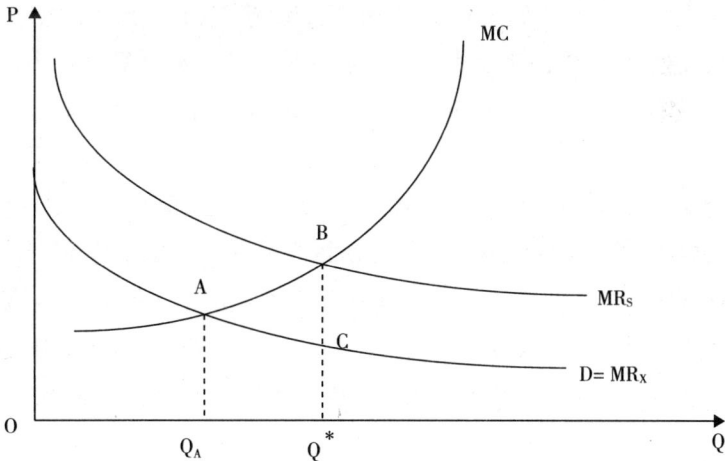

图 3‐9　组织践行 ISO 26000 实现可持续发展

四、完善法律法规体系，构建和谐社会

在经济全球化的背景下，西方先进国家已经兴起了以社会责任为导向的

法制化运动,以解决劳资纠纷、保护环境和消费者权益等社会责任问题,协调企业效益和社会利益之间的关系,而我国在社会责任法制化建设上仍处于一片空白。此次 ISO 推出 ISO 26000,我国政府应当及时关注国际动态,响应 ISO 26000 关于社会责任的号召,顺应国际潮流,积极制定与社会责任相关的法律法规,确保我国经济科学、健康、可持续地发展。

企　业

		履　行		不　履　行	
政府	立　法	<u>10</u>	<u>10</u>	0	–10
	不　立　法	5	0	–5	–5

图 3 - 10　组织履行社会责任与政府立法博弈效用图

假设组织和政府之间进行博弈,组织的决策是指是否为实施 ISO 26000 承担社会责任,政府的决策是指在组织加入社会责任运动后是否决定制定相应的法律法规。二者之间的博弈关系如图 5 - 10 所示。当组织不实施 ISO 26000 履行社会责任而政府也不制定相应法规时,组织不会因为没有履行社会责任而受到法律的惩罚,但是从长远看,将要为其短期行为付出代价–5,而整个社会(除组织外)也会因组织的短期行为遭受损失付出代价–5。当组织实施 ISO 26000 而政府没有立法时,该组织由于承担了社会责任,但是其他组织极有可能不承担社会责任,从而使得该组织因履行社会责任而得到的好处抵消为 0,整个社会(除组织外)则会因该组织履行社会责任而获得收益 5。当组织实施 ISO 26000 承担相应社会责任,政府为营造社会责任氛围而制定相应的法律法规,组织和整个社会(除组织外)均会得到收益 10。当政府制定了相应的法律而组织却没有承担社会责任时,组织会遭到法律的惩罚–10,整个社会(除组织外)虽然因为该组织没有承担社会责任而遭受了损失,但是通过处罚有损社会利益的组织可以从中得到弥补,整体收益为 0。黎友焕、魏升民(2010)认为在长期博弈中,组织的最优策略是选择履行社会责任①。因此,只要是有理性的组织均会选择实施 ISO 26000 承担相应的社会责任,而政府也会从理性出发为整个社会利益着想,积极制定促进社会责任运动的相关法律法规,督促缺乏社会责任感的组织自觉实施 ISO 26000 承担社会责任,为我国社会责任的法制化奠定基础。

第四节　ISO 26000 的展望

ISO 26000 虽然不具有强制实施的性质,但是作为社会责任国际标准,ISO 成员国仍要严格遵守并认真执行。ISO 26000 一经公布就立即引起我国社会各界的广泛关注,特别是 ISO 26000 的内容不再局限于企业社会责任(CSR)而是针对所有组织的社会责任(SR),该标准的实施必将给我国各个领域的各个环节带来新的机遇和挑战。黎友焕、路媛(2010)认为"ISO 26000 的实施,以及带给我们的困惑和不解,都应当引起我们足够的重视和深刻的思考。一方面,国际社会责任探讨的焦点已经从是否应该实施国际社会责任标准转移为如何实施国际社会责任标准;另一方面,社会责任不再局限于产品、服务和技术等传统领域,已经延伸到劳工、人权、环境等敏感性问题"②。因此,我国应当重视 ISO 26000 给我国经济、社会带来的影响,展望未来,尽早采取应对措施。

一、加强 ISO 26000 研究、培训和普及工作

迫于国际西方发达国家的压力和国际社会责任组织的积极推动,ISO 26000 标准必然会成为各类组织必须遵循的标准,其中有些内容甚至可能会上升到国家立法的层面,这对于我国的外向型经济无疑是一个巨大挑战和考验。然而,目前我国各类组织对于 ISO 26000 还没有足够的认识,尚未做好充

---

① 黎友焕、魏升民:《博弈视角下的社会责任分析》,《广州:ISO 26000 国际论坛暨研修班论文集》(2010 年 11 月),第 7—16 页。
② 黎友焕、路媛:《ISO 26000 颁布及我国企业的应对思路》,《中国贸易报》2010 年 11 月 11 日。

分的应对准备。因此,迫于多重压力,ISO 26000 的实施必将会推动我国加强 ISO 26000 的宣传、培训和普及工作,黎友焕、魏升民(2010)指出我国"应组织专门机构研究社会责任体系,积极研究 ISO 26000 的合理成分,结合我国国情,培育和建立类似的管理体系"①,让我国相关组织全面了解 ISO 26000 的内容、性质和制定目标,树立危机意识,改变我国组织在社会责任问题上的被动现状,以尽早采取相应的措施应对 ISO 26000 标准可能带来的不利影响。陈宏辉、林洋(2010)认为宣传 ISO 26000 应当首先从大型组织机构入手,提高 ISO 26000 的普及范围和程度,同时有针对性地向中小型组织机构宣传社会责任理念,协助中小型组织机构开办各类社会责任活动②。此外,还应当针对我国经济、社会、文化的特点,努力探索和实践,旨在制定符合我国国情的社会责任标准,为促进我国企业等组织推动社会责任工作健康、有序发展提供有力的支持。

二、关注 ISO 26000 社会责任认证的热议

ISO 26000 标准是适用于包括政府在内的所有组织的通用性标准, ISO/TMB/WG SR 再三强调,ISO 26000 不是管理体系标准,制定目的不是用于认证,也不能用于法律规定、采购及合同目的。同时,ISO/TMB/WG SR 亦承认,不排除有其他组织或者第三方机构利用 ISO 26000 开展认证活动。黎友焕、路媛(2010)指出 ISO 26000 正式颁布不久,"关于 ISO 26000 最终是否会开展或者被第三方用于社会责任认证的争论已经炽热化,不少认证机构已经在积极筹备 ISO 26000 认证的认可程序,这也在一定程度上体现了利益相关方的各自需要"③。当然,ISO 26000 将来是否会用于社会责任认证,最终还是要看市场的实际需求和操作的可行性。我国相关部门应当密切关注目前 ISO 26000 是否用于社会责任认证的争论,尽早制定相应的解决方略,以防范

---

① 黎友焕、魏升民:《关注 ISO 26000 准则,透视我国的应对之策》,《亚太经济时报》2010年 11 月 11 日。

② 陈宏辉、林洋:《ISO 26000:突破中小企业承担社会责任瓶颈的利器》,《企业社会责任》2010 年第 4 期。

③ 黎友焕、路媛:《ISO 26000 认证"内冷外热"》,《ISO 26000 国际论坛暨高级研修班论文集》(2010 年 11 月),第 98—100 页。

可能对我国组织带来的不利影响。

三、促进 ISO 26000 社会责任报告的发布

目前,我国组织发布的社会责任报告每年以 2 到 3 倍的速度迅猛增长,但是,报告的编制还未完全与国际惯例接轨,编制参考的标志、规范等也是良莠不齐。此次 ISO 26000 的颁布实施,对于完善我国社会责任评价指标体系、实现报告编制标准与国际惯例接轨,都将会是一个非常好的契机。外资企业、国有企业、民营企业都将不断地加入到践行社会责任的队伍中,政府部门也会随着 ISO 26000 的实施积极制定有关社会责任报告的法律法规,其他组织和机构也会不断地完善社会责任报告的指标和准则。这必将促使我国社会责任报告内容、质量和规范性整体水平的提升,鼓励各类组织积极披露社会责任信息,自觉接受社会公众的舆论监督,最终实现由被动履行社会责任到主动承担社会责任的转变。

四、构建适合我国国情的社会责任体系

ISO 26000 的颁布和实施,一方面将会直接影响我国组织的生产、管理,增加企业的运营成本;另一方面,将加快我国社会责任建设的步伐。在国际社会责任运动的影响下,我国各类组织已经开始了一系列的社会责任建设工作,但是由于国际社会对社会责任理解不尽相同,各地区、各行业的社会责任又存在着巨大的差别。特别是在国际贸易中,占据主导地位的跨国组织在生产、加工等环节强制推行不适合我国国情的社会责任条款,只要生产、加工等任何一个环节不符合社会责任条款的规定,跨国组织便有权取消贸易活动,导致了我国部分对外贸易组织巨大的利益损失。因此,我国不仅要及时关注国际社会责任标准的发展动态,更应当以 ISO 26000 为标准,针对我国社会、经济、政治和文化等特点,构建符合我国国情的社会责任体系,探索符合我国国情的社会责任发展道路,进一步促进我国社会责任运动科学、健康、有序地发展。

五、积极推进社会责任法制化建设

黎友焕(2010)的研究表明,根据我国的实际国情,要想促进社会责任运动的蓬勃发展,首先应当转变政府职能,培育全体社会成员的社会责任意识,

营造促进社会责任的良好氛围①，特别是我国的立法部门应当强化研究分析我国社会责任体系及目前的现状与 ISO 26000 国际标准规定的差距，分析 ISO 26000 国际标准的运作机理及其对我国的影响，探讨如何有效地与国际社会责任标准及运动接轨。李雪平（2007）认为我国涉及社会责任的相关法律法规，相对于 ISO 26000 的条款尚不够完善，应当及时进行相关法律法规的调整和完善，并依据 ISO 26000 国际标准和结合我国实际国情尽早制定社会责任相关的专属法律法规②，使我国组织除了遵守 ISO 26000 国际标准的相关条款外，还能够有法可依，及时把握国际社会责任运动的发展动态。此外，司法机关要严格执法，加强执法力度，坚持司法公正，严格惩处忽视社会责任的组织，确保相关法律法规的贯彻实施，促使我国组织在法律、国家机关的监督下提高履行社会责任的积极性。

参考文献

Bleeker, J.. ISO 26000 Passes to Committee Draft Status [J]. *Busines Environment*, 2009(3): pp. 12—13.

Bowers, D. Q&A with Dorothy Bowers, ISO 26000[J]. IMPO, 2008 (10): pp. 26—27.

Dr. Webb, K.. ISO 26000 Progress So Far 2005[J]. *Collection Recherche*, 2005(9): pp. 1–22.

Emanuel, J.. Two sides of the same coin-Social responsibility and sustainable organizations[J]. *ISO Focus*, 2009(3): pp. 32—34.

Frost, R., Future ISO 26000 standard on social responsibility reaches positive turning point [EB/OL]. http://www. iso. org/iso/pressrelease. htm? refid = Ref1049. 2007–2–13.

Frost, R., Record participation for 5th meeting of ISO Working Group on Social Responsibility [EB/OL]. http://www. iso. org/iso/pressrelease. htm?

---

① 黎友焕：《企业社会责任实证研究》，华南理工大学出版社 2010 年版，第 139 页。
② 李雪平：《企业社会责任国际标准的性质和效力——兼议 ISO 26000 制定中的法律问题》，《环球法律评论》2007 年第 4 期。

refid=Ref1090,2007-11-20.

Frost,R.. "Dynamic"launching of work on ISO 26000—future guideline on social responsibility[EB/OL]. http://www. iso. org/iso/pressrelease. htm? refid= Ref953,2005-3-24.

Frost,R.. Brazil-Sweden to lead development of ISO's social responsibility standard[EB/OL]. http://www. iso. org/iso/pressrelease. htm? refid = Ref935, 2004-9-29.

Frost, R.. Decision confirmed to advance ISO 26000 to Final Draft International Standard [EB/OL]. http://www. iso. org/iso/pressrelease. htm? refid=Ref1299,2010-3-3.

Frost, R.. Drafting progresses of future ISO 26000 standard on social responsibility [EB/OL]. http://www. iso. org/iso/pressrelease. htm? refid = Ref1010,2006-5-24.

Frost,R.. Future ISO 26000 standard on social responsibility published as Draft International Standard [EB/OL]. http://www. iso. org/iso/pressrelease. htm? refid=Ref1245,2009-9-14.

Frost,R.. ISO 26000 on social responsibility approved for release as Final Draft International Standard [EB/OL]. http://www. iso. org/iso/pressrelease. htm? refid=Ref1321,2010-5-26.

Frost,R.. ISO and UN Global Compact reinforce cooperation on social responsibility standard [EB/OL]. http://www. iso. org/iso/pressrelease. htm? refid=Ref1039,2006-11-24.

Frost,R.. ISO lays the foundations of ISO 26000 guidance standard on social responsibility [EB/OL]. http://www. iso. org/iso/pressrelease. htm? refid = Ref972,2005-10-05.

Frost,R.. Leaders of ISO Working Group on Social Responsibility weigh up results of vote on draft ISO 26000 [EB/OL]. http://www. iso. org/iso/ pressrelease. htm? refid=Ref1294,2010-2-17.

Frost,R.. Stakeholder consensus enables ISO 26000 on social responsibility to move up in development status [EB/OL]. http://www. iso. org/iso/

pressrelease. htm？ refid=Ref1158,2008-9-18.

Frost, R.. ISO's social responsibility standard approved for publication [EB/OL]. http://www. iso. org/iso/pressrelease. htm？ refid = Ref1351, 2010 - 9-14.

Gagnier, D.. Social Responsibility ：ISO's role in development of social opportunity[J]. *ISO Management Systems*,2004(9-10)：pp. 19-21.

Jimena, J.. ISO 26000 Standard is almost ready [J]. *Canadian Mining Journal*,2010(8)：p. 10.

Jorge Emanuel Reis Cajazeira, The quest for social responsibility[J]. *ISO Focus*,2007(9)：pp. 20-22.

Markiewicz, D.. Feeling socially responsible？ – A new ISO standard goes beyond OSHA requirements[J]. *MANAGING BEST practices*,2010(8)：pp. 33-34.

Oates,S. ,Social responsibility in time of crisis-ISO 26000 and beyond[J]. ISO Focus,2009(4)：pp. 31—33.

Pavel Castka, M. A. B. , ISO 26000 and supply chains—On the diffusion of the social responsibility standard [J]. *Production Economics*, 2007 (4)：pp. 274—286.

Pavel Castka, M. A. B. ,Social responsibility standardization：Guidance or reinforcement through certification？ [J]. *Human Systems Management*,2008(27)：pp. 231—242.

Perera, O. , how material is iso 26000 social responsibility to small and medium-sized enterprises(SMEs)？ [J]. *International Institute for Sustainable Development(IISD)*,2008(9)：pp. 1-34.

Saco, R. , Social Irresponsibility [J]. *The Journal for Quality and Participation*,2008(10)：p. 39.

Sandberg, K. , ISO 26000 Moves Forward[J]. *Business Environment*, 2010 (2)：p. 14.

Tilling, B. S. A. K. , 'ISO-lating' Corporate Social Responsibility in the Organizational Context：A Dissenting Interpretation of ISO 26000[J]. *Corporate Social Responsibility and Environmental Management*,2009(7)：pp. 289-299.

Tranchard, S. , Extensive debate improves consensus on future ISO 26000 standard on social responsibility ［ EB/OL ］. http://www. iso. org/iso/pressrelease. htm？ refid = Ref1229, 2009 - 6 - 4.

陈宏辉、林洋:《ISO 26000:突破中小企业承担社会责任瓶颈的利器》,《企业社会责任》2010 年第 4 期。

陈宗兴、黎友焕、刘延平:《中国企业社会责任建设蓝皮书(2010)》,人民出版社 2010 年版。

黎友焕、陈小平:《ISO 26000 对我国出口企业的影响》,《广州:ISO 26000 国际论坛暨研修班论文集》(2010 年 11 月)。

黎友焕、路媛:《ISO 26000 颁布及我国企业的应对思路》,《中国贸易报》2010 年 11 月 11 日。

黎友焕、路媛:《ISO 26000 认证"内冷外热"》,《ISO 26000 国际论坛暨高级研修班论文集》(2010 年 11 月)。

黎友焕、路媛:《ISO 26000 与可持续发展》,《中国贸易报》2010 年 12 月 2 日。

黎友焕、戚志敏:《ISO 26000 对我国经济社会的影响及其对策》,《广东社会科学(增刊)》2010 年第 12 期。

黎友焕、魏升民:《标准的飞跃:从 SA 8000 到 ISO 26000》,《广州:ISO 26000 国际论坛暨研修班论文集》(2010 年 11 月)。

黎友焕、魏升民:《博弈视角下的社会责任分析》,《广州:ISO 26000 国际论坛暨研修班论文集》(2010 年 11 月)。

黎友焕、魏升民:《关注 ISO 26000 准则,透视我国的应对之策》,《亚太经济时报》2010 年 11 月 11 日。

黎友焕:《SA 8000 认证宣传为何犹抱琵琶半遮面》,《WTO 经济导训》2004 年第 8 期。

黎友焕:《 The analysis of corporate social responsibility 》. WWW. Nottingham. ac. uk/cele/ project/sept 2004/month/56, 2004 年 9 月。

黎友焕:《国际劳工运动在中国——SA 8000 对广东外经贸的影响及对策研究》,香港社会科学出版社 2007 年版。

黎友焕:《企业建立 SA 8000:7 个步骤层层递进》,《WTO 经济导刊》2004

年第 10 期。

黎友焕:《企业社会责任理论》,华南理工大学出版社 2010 年版。

黎友焕:《企业社会责任理论研究》,华南理工大学出版社 2010 年版。

黎友焕:《企业社会责任实证研究》,华南理工大学出版社 2010 年版。

黎友焕:《企业社会责任在中国——广东企业社会责任建设前沿报告》,华南理工大学出版社 2007 年版。

黎友焕:《企业申请 SA 8000 认证:五个缺一不可》,《WTO 经济导刊》2004 年第 9 期。

黎友焕:《企业应对社会责任标准体系(SA 8000)认证需要注意的几个问题》,《财经理论与实践》,《新华文摘》2004 年第 24 期。

黎友焕:《谈谈企业发展社会责任与 SA 8000》,《世纪之交对社会科学的遐想与呐喊》,香港社会科学出版社 2004 年版。

黎友焕:《谈谈企业发展与企业社会责任》,《世纪之交对社会科学的遐想与呐喊》,香港社会科学出版社 2004 年版。

黎友焕:《知假买假,消法保护乎》,《世纪之交对社会科学的遐想与呐喊》,香港社会科学出版社 2004 年版。

李雪平:《企业社会责任国际标准的性质和效力——兼议 ISO 26000 制定中的法律问题》,《环球法律评论》2007 年第 4 期。

石健:《ISO 26000〈社会责任指南〉浅析》,《航空标准化与质量》2009 年第 5 期。

孙继荣:《ISO 26000——社会责任发展的里程碑和新起点(二)ISO 26000 形成过程及核心内容》,《WTO 经济导刊》2010 年第 11 期。

孙继荣:《ISO 26000——社会责任发展的里程碑和新起点(一)ISO 26000 产生的背景及特点》,《WTO 经济导刊》2010 年第 10 期。

杨青:《悄然逼近的 ISO 26000》,《中国工业报》2009 年 4 月 20 日。

张峻峰:《ISO 26000 中国准备好了吗?》,《中国证券报》2010 年 8 月 12 日。

邹东涛、王再文、黎友焕:《中国企业公民报告(2009)》,社会科学文献出版社 2009 年版。

左伟、潘涌璋:《从 ISO 26000 角度看食品安全管理》,《企业社会责任》2010 年第 11 期。

第四章 SA 8000 认证全球化进程及趋势分析

　　摘要：SA 8000 要求企业在追求利润的同时必须承担对员工的社会责任，其对企业的劳动条件、劳动时间、工资报酬、劳工标准以及管理体系等方面做了定量化的规定，在企业的各个环节都体现其社会责任感。本文通过对 SA 8000 认证进程的分析研究，在对比 ISO 26000 与 SA 8000 的基础上展望了 SA 8000 未来的发展趋势，对人们正确评价和掌握 SA 8000 认证推行具有一定的实际意义。

　　关键词：SA 8000、国家、行业、雇工、趋势

　　Abstract：SA 8000 requires the corporate must undertake the employee's social accountability at the time of pursuing the profits. SA 8000 formulates many measurable indexes to evaluate the labor standard, working condition, working time, woking standard and management system in a corporation. This standard makes a corporation can manifest its social responsibility in product design, production and outsourcing procedures. Based on the analysis and study of the certification process, It contrast ISO 26000 and SA 8000, then review the future trend of development of SA 8000. It has certain practical significance for people to correctly appraise and master SA 8000 authentication.

　　Key Words：SA 8000, national, industry, employees, trends

　　经济全球化推动了生产力的发展，带来了贸易、投资的迅速增长。但是，作为生产要素之一的劳动力要素，由于受地域的限制无法在国家之间自由流动，而全球经济投资、贸易及跨国公司的发展都与劳动力要素紧密相关。因

此,发达国家和发展中国家的政府及消费者、投资者等利益主体都陆续将影响劳动力成本的核心因素之——劳工标准作为维护自身及社会利益的筹码。这一系列举动使得劳工标准问题日益得到国际关注,并迅速渗透全球经济的各行各业。也随着该问题日益白热化,一些国外跨国公司要求其全球供应商和承包商遵守核心内容为劳工标准的 SA 8000(social accountability 8000 international standard),加之国际劳工运动的大势所趋,SA 8000 的影响力将迅速扩张。

第一节　SA 8000 制定背景

SA 8000 制定者声称,SA 8000 标准是根据国际劳工组织(ILO)公约、世界人权宣言联合国及儿童权利公约制定而成的,其主要内容包括强迫劳动、童工、安全卫生、集体谈判权和结社自由、歧视、惩罚性措施、工作时间、工资及管理体系等9个要素①。SA 8000 是"企业社会责任运动"发展的产物。企业社会责任在西方兴起后,随着经济全球化的发展,已在全球范围得到了普遍认可,企业将社会责任作为新型战略已成为其发展的必然趋势。

20 世纪 80 年代,以劳工运动、消费者运动、环保运动为核心内容的"企业社会责任运动"在西方兴起。随着耐克等跨国公司使用童工、移民工、在恶劣条件下生产的"血汗工厂"产品被媒体曝光,众企业纷纷出台了各自的生产守则以挽救公司的公众形象。随后,社会认证组织和监察组织以国际劳工标准为依据制定了"公司生产守则",其中有些生产守则开始成为跨国公司参与贸易行为的必要参照。据国际劳工组织(ILO)统计,到 2000 年为止,各种各样的守则已经超过 400 种,主要分布于美国、英国、澳大利亚、加拿大、德国等地区。② 跨国公司一方面要制定公司的社会责任守则,同时还要遵守行业性、地区性、全国性乃至全球性的守则,以应对不同利益相关团体各自的需要。③ 由

---

① 　Preston,Lee E.,and Post,James,E.Private Management and Public Policy:The Principle of Public Responsibility Pretice-Hall,Inc.2010,3.

② 　《2005 中国就业报告》,中国劳动和社会保障出版社 2005 年版。

③ 　黎友焕:《SA 8000 与中国企业社会责任建设》,中国经济出版社 2004 年版。

于不同的守则内容不尽相同,又缺少认证经验,零售商、供应商不得不花费大量的人力、物力和财力来应对不同方面守则的实施。而公众和消费者亦对跨国公司这种缺乏透明度的监督制度极为不满。因此,消费者和企业都希望能有相关机构制定一个类似 ISO9000 标准的全球通用社会责任标准,同时建立一套独立适用的认证体系,以结束全球社会责任认证标准混乱的局面。

1997 年初,美国民间组织经济优先权委员会(CEP)成立了经济优先权认可委员(Council on Economic Priorities Agency. CEPAA),由 CEPAA 负责制定社会责任标准,并根据 ISO 指南(质量体系评估和认证机构的基本要求)来评估认可认证机构。2001 年,CEPAA 更名为社会责任国际(Social Accountability International,简称 SAI)。SAI 于纽约召开的第一次会议上就提出了标准草案,最初名为 SA2000,最终定名为 SA 8000 社会责任国际标准,并在 1997 年 8 月公开发布。2001 年 12 月 12 日,SAI 发表了 SA 8000 标准第一个修订版,即 SA 8000:2001。[1] 2008 年 5 月 1 日,社会责任国际发布了 SA 8000 标准第三版,它代替了一直过渡到 2010 年 1 月 1 日的 2001 版,这个新的版本已经在经常提的诸如工作时间、未成年问题、怀孕工人等问题得到社会责任国际的反馈。

第二节　SA 8000 全球认证进程及分析

SA 8000 是美国一家小小民间机构提出的所谓标准,不是一个国际标准。不同于 ISO 26000 国际准则,SA 8000 到目前为止也仅仅是国外某些民间机构借口维护人权、改善工作环境而提出的一些要求企业达到的社会责任标准,至今仍未得到国际标准化组织和我国国家标准委员会的正式确认,但是在一些非政府机构和跨国公司的极力推动下发展进程迅猛。尽管如此,在 ISO 26000 国际标准出台的压力下,SA 8000 认证仍然出现了减缓的趋势,并有一些这个时期值得注意的问题。

---

① 黎友焕等:《国际劳工运动在中国:SA 8000 对广东经济社会的影响及对策研究》,中国社会科学出版社 2007 年版。

一、SA 8000 认证中发达国家仍为少数

如表 4-1 所示:截至 2010 年 6 月 30 日,全球共有 60 个国家(地区)的 2258 家企业或组织获得了 SA 8000 认证证书。其中,意大利认证企业数最多,达 809 家,占全球认证国家(地区)总数的 35.83%;其次为印度,认证企业数 508 家,占 22.5%;中国位列第三,认证企业数量为 361 家,占 13.99%。

表 4-1　SA 8000 认证国家企业数量及百分比分布表(2010 年 6 月 30 日)①

国家(Country)	认证企业数量 (Sum of Facilities)	百分比 (% of Total)
意大利(Italy)	809	35.83
印度(India)	508	22.50
中国(China)	316	13.99
巴基斯坦(Pakistan)	122	5.40
巴西(Brazil)	87	3.85
罗马尼亚(Romania)	75	3.32
越南(Vietnam)	46	2.04
葡萄牙(Portugal)	24	1.06
西班牙(Spain)	24	1.06
中国香港(Hong Kong)	22	0.97
希腊(Greece)	19	0.84
中国台湾(Taiwan)	17	0.75
立陶宛(Lithuania)	16	0.71
泰国(Thailand)	15	0.66
斯里兰卡(Sir Lanka)	14	0.62
捷克共和国(Czech Republic)	12	0.53
以色列(Israel)	11	0.49
其他(Other)	121	5.36
总计(Total)	2258	100.00

---

　① 说明:本文的图表和表格中的资料是笔者从国外某些机构的内部资料整理而成的,原文是英文,国名和行业名称都是按照国际习惯叫法翻译,有的只能是音译,可能会存在错误,凡有误译者均以原始英文为主。

从表 4 - 1 的数据可以看出,获得 SA 8000 认证证书的 60 个国家(地区)里发达国家仅有 18 个,分别为意大利、西班牙、中国台湾①、德国、葡萄牙、比利时、以色列、希腊、日本、中国香港、法国、瑞士、英国、新加坡、荷兰、芬兰、韩国、丹麦②;而发展中国家(地区)则有 42 个。

可以得出以下结论:第一,尽管 SA 8000 标准是由美国的民间组织提出,并由 SAI 组织在全球推广,但是发达国家认证 SA 8000 仍为少数,美国等经济贸易大国的企业从出台 SA 8000 认证标准以来很少参与该认证。不仅说明 SA 8000 还没有得到广大发达国家的认可,同时也说明了发达国家很有可能将 SA 8000 作为对发展中国家的贸易"人性化"壁垒,以牵制其对外贸易的发展。第二,意大利为认证企业最多的国家,并不代表发达国家整体积极推行 SA 8000 标准。对外贸易是意大利经济的主要支柱,传统产品为其出口创汇的主体,其中制造业占其总产值的四分之一,占产品和服务业出口的四分之三。意大利的出口是以机械设备、化工产品、家用电器、纺织、服装、皮鞋、金银首饰等轻工产品为主,出口产业类型多为劳动密集型产业,其国外市场也主要在欧洲,而欧洲主要为发达国家的聚集地。意大利认证 SA 8000 标准,一方面是迫于欧洲发达国家的压力,一方面也反映出发达国家有可能想通过 SA 8000 认证对劳动密集型产业优势予以削弱。因此,随着 SA 8000 认证的全球推广,发展中国家的对外贸易将面临进一步的压力。第三,从 SAI 对 SA 8000 认证国家(地区)的分类来看,并没有秉持其所宣扬的"共同但有差别"的社会责任衡量标准,掺杂着一定的政治因素。SAI 将"台湾"作为与"中国"齐名的单独国别来看待,其中包含了不可告人的政治意图,与真正公平标准的国际标准还有很大的距离。

二、SA 8000 认证中劳动密集型企业仍为多数

到 2010 年第二季度,已获得 SA 8000 认证证书的企业涉及服装、纺织、清

---

① SAI 原数据披露国别为"台湾",并非"中国台湾",为避免歧义,本文均采用"中国台湾"分类。

② "发达国家"区分以 2007 年 4 月国际货币基金组织的世界经济展望报告中发达经济体(Advanced economies)为标准。

洁服务、建筑、食品、咨询、金属制品、化工、商业服务、交通运输、制鞋、社会服务、塑料、能源等66个行业,全球认证的行业数目逐年增长,如图4-1所示:

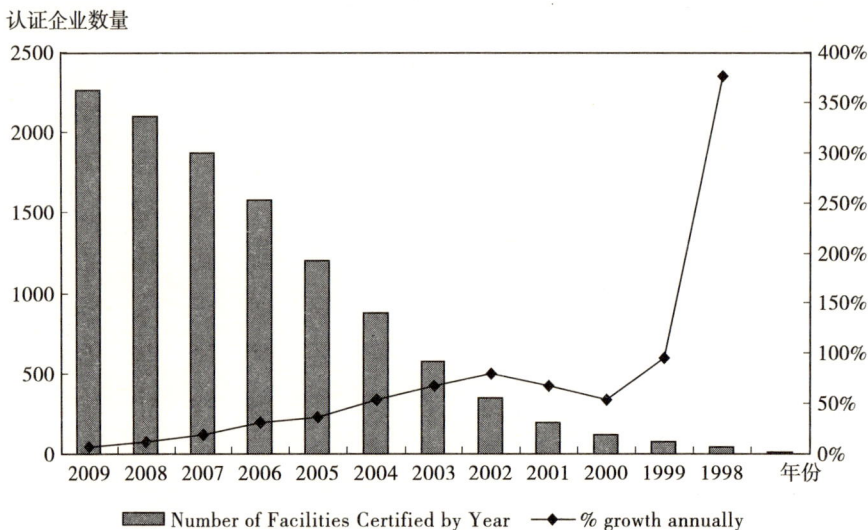

图4-1　2010年SA 8000在认证数量及年增长百分比增长图

　　已经认证的2258家企业的66个行业包括服装、纺织品、清洁服务、建筑、食品、咨询、金属制品、化工、商业服务、交通运输、制鞋、社会服务、塑料、能源、家具等。其中,服装行业企业认证数量达430家,占总认证数量的19.04%;纺织品认证企业数量为232家,占总认证数量的10.27%;建筑认证企业数134家,占总认证量的5.39%。如表4-2所示:

表4-2　SA 8000认证行业数量及百分比分布表(2010年6月30日)

行业 (Industry)	认证企业数量 (Sum of Facilities)	百分比 (% of Total)
服装(Apparel)	430	19.04
纺织品(Textiles)	232	10.27
建筑(Construction)	134	5.93
清洁服务(Cleaning Services)	121	5.36
食品(Food)	88	3.90
商业服务(Business Services)	70	3.10

续表

行业 (Industry)	认证企业数量 (Sum of Facilities)	百分比 (% of Total)
社会服务(Social Services)	67	2.97
金属制品(Metal products)	61	2.70
塑料(Plastic)	56	2.48
制鞋(Footwear)	52	2.30
咨询(Consulting)	51	2.26
交通运输(Transportation)	51	2.26
电子(Electronics)	49	2.17
化工(Chemicals)	46	2.04
造纸/印刷(Paper Products/Printing)	45	1.99
家具(Furnishings)	41	1.82
信息技术(Information Technology)	34	1.51
能源(Energy)	33	1.45
配件(Accessories)	32	1.42
工程/开发(Engineering/Development)	29	1.28
工业设备(Industrial Equipment)	28	1.24
废物管理(Waste Management)	28	1.24
电气设备(Electronic Equipment)	27	1.20
皮革(Leathering)	27	1.20
物流(Logistics)	27	1.20
食品服务(Food Services)	25	1.11
环境服务(Environmental Services)	23	1.02
计算机产品及服务(Computer Products & Services)	21	0.93
汽车(Automotive)	20	0.89
金属采矿(Metals & Mining)	20	0.89
多元化服务(Diversified Services)	18	0.89
农业(Agriculture)	17	0.75
建材(Building Materials)	17	0.75
医疗/制药(Medical/Pharmaceutical)	17	0.75
体育用品及设备(Sporting Goods & Equipment)	16	0.71
化妆品(Cosmetics)	14	0.62
金融服务(Financial Services)	13	0.58

行业 (Industry)	认证企业数量 (Sum of Facilities)	百分比 (% of Total)
家庭用品(Housewares)	13	0.58
健康服务(Health Services)	12	0.53
机械(Machinery)	12	0.53
造纸(Paper Products)	12	0.53
珠宝及手表(Jewelry & Watches)	11	0.49
包装(Packaging)	11	0.49
安全服务(Security Services)	10	0.44
烟草(Tobacco)	10	0.44
水泥(Cement)	8	0.35
旅游及休闲(Tourism & Recreation)	8	0.35
给水服务(Water Supply Services)	8	0.35
家电(Appliances)	7	0.31
教育(Education)	7	0.31
玩具(Toys)	6	0.27
安全与医疗设备(Safety & Medical Equipment)	5	0.22
人员配备(Staffing)	5	0.22
照明(Lighting)	4	0.18
医药服务(Pharmaceutical Services)	4	0.18
游戏活动(Gaming Activities)	3	0.13
政府(Government)	3	0.13
基础设施(Infrastructure)	3	0.13
保险(Insurance)	3	0.13
房地产(Real Estate)	3	0.13
电器(Electrical Appliances)	2	0.09
玻璃工艺(Glass Products)	2	0.09
木业(Wood Products)	2	0.09
书写工具(Writing Instruments)	2	0.09
工业服务(Industrial Services)	1	0.04
电信(Telecommunications)	1	0.04
合计	2258	100.00

　　从重工业到轻工业,从劳动密集型企业到资本密集型企业,从服务业到教育事业等,SA 8000 对企业社会责任要求得到了一些行业的认可。但是,从认证的行业不难看出,认证企业多数为劳动密集型企业,仅服装业认证企业就达到 430 家,占总数的 19.04%,纺织品、食品、食品服务、制鞋、清洁服务等劳动密集型行业也都位列榜端。

　　国际上除了设置技术(绿色)壁垒、实施反倾销手段来限制发展中国家的劳动密集型产品出口外,SA 8000 标准也存在被发达国家普遍作为一种贸易壁垒广泛施行的可能性。劳动密集型产业的竞争优势主要在于低劳动力成本的非熟练劳动力。若企业全面达到 SA 8000 的标准,则劳动力优势可能会减弱,甚至变成劣势,这就会阻碍劳动密集型企业的发展,从而削弱这些企业所在国家的对外贸易实力。尽管该标准的宗旨体现人性化,但却极易成为限制发展中国家劳动密集型产品出口的工具。各国出口的服装、玩具、鞋类等产品,均受到 SA 8000 的约束,尤其是发展中国家的此类行业更是受到欧美等国家的严格限制①。

三、SA 8000 认证中中小型企业仍为多数

　　如表 4-2 所示:全球已认证的 2258 家行业中认证员工数已达 1306579 人。其中,印度认证企业的员工数量为 268740 人,占总数量的 24.01%;中国位列其后,认证企业员工数量达到 241308 人,占 18.47%,意大利第三,认证企业员工数量为 200651 人,占总数的 15.36%,其次为巴基斯坦、巴西等国家。

表 4-3　SA 8000 认证国家雇佣工数量及百分比分布表(2010 年 6 月 30 日)

国家(Country)	企业员工数量 (Total Number of Facility Employees)	百分比 (% of Total)
印度(India)	333507	25.53
中国(China)	241308	18.47
意大利(Italy)	200651	15.36

---

　　① 黎友焕:《国内外 SA 8000 进程及新趋势分析》,《WTO 经济导刊》2004 年第 7 期。

国家(Country)	企业员工数量 (Total Number of Facility Employees)	百分比 (% of Total)
巴基斯坦(Pakistan)	74932	5.73
巴西(Brazil)	69618	5.33
西班牙(Spain)	67674	5.18
越南(Vietnam)	60313	4.62
菲律宾(Philippines)	28657	2.19
罗马尼亚(Romania)	23682	1.81
台湾(Taiwan)	22976	1.76
德国(Germany)	20556	1.57
哥斯达黎加(Costa Rica)	17047	1.30
印度尼西亚(Indonesia)	15633	1.20
斯里兰卡(Sri Lanka)	15575	1.19
葡萄牙(Portugal)	12346	0.94
阿拉伯联合酋长国(United Arab Emirates)	11232	0.86
泰国(Thailand)	10195	0.78
香港(Hong Kong)	8243	0.63
孟加拉国(Bangladesh)	7958	0.61
肯尼亚(Kenya)	5704	0.44
阿根廷(Argentina)	4543	0.35
巴拿马(Panama)	4350	0.33
其他(Other)	49879	3.82
合计(Total)	1306579	100.00

　　截至 2010 年 6 月 30 日,全球 SA 8000 认证企业的雇工数目达到 1306579 人次,这意味着有 1306579 人将获得企业提供的良好工作环境及相应的员工保护机制。如表 4-3 所示:雇佣工超过 1000 人的大型企业或组织有 286 家,占 13%,雇佣工数量为 251—1000 人的企业有 515 家,占总数的 23%,雇佣工数量为 51—250 人之间的企业数量为 762 家,达到总数的 34%,而 1—50 人的小型组织及企业则达到 6893 家,占到总数的 31%。

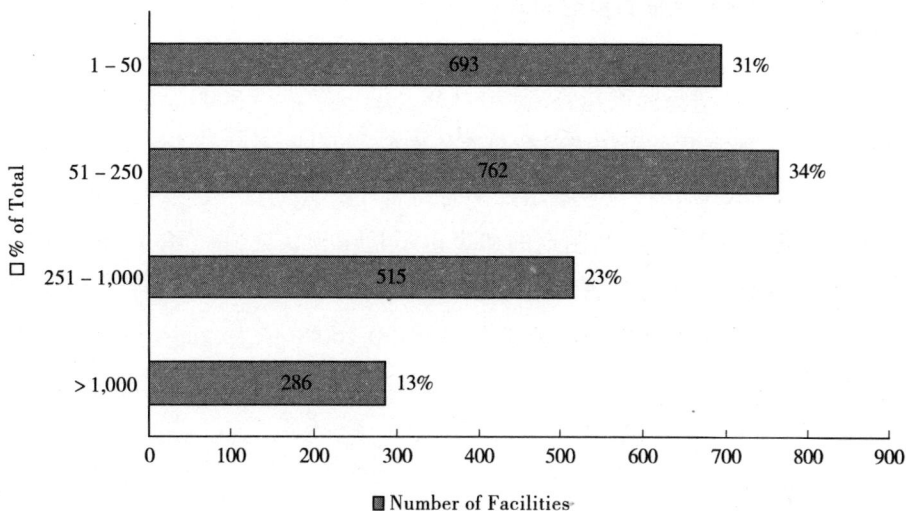

图 4 - 2　SA 8000 企业认证雇工数量规模分布图（2010 年 6 月 30 日）

　　从数据可以看出,认证企业大都集中在员工人数较少的中小型企业,企业雇工数量超过 1000 人的仅为 286 家,认证数量最多的为企业规模在 50 人以下的小型企业。这一现象反映出 SA 8000 认证给企业带来的成本问题,包括评估所需的时间成本、按照标准要求改善现行生产状况带来的成本以及监督审查成本,集中表现为认证总费用高。① SA 8000 成为大企业出口贸易中容易造成战略迟滞的因素:一方面,为了降低成本,企业希望避开 SA 8000 认证带来的高昂劳动力成本;另一方面,为了迎合投资者及消费者的需求、获得更多的出口订单必须进行 SA 8000 认证。因此,从数据我们可以推断:规模较大的企业认证 SA 8000 多是出于企业的长久发展考虑。首先,大企业认证 SA 8000 尽管出于可持续发展的长远考虑,但是在资金规模都优于小型企业的情况下,仍然没有大批量的参与认证。相反,小企业由于结构简单,员工数量比较少,在完成 SA 8000 认证准备上耗费的人力和财力就会相对的减少,而且小企业认证 SA 8000 也有利于其从大企业手中拿到发达国家"苛刻"的订单。

---

　　①　张太海:《蓝色壁垒与企业蓝色经营策略》,《生产力研究》2007 年第 2 期。

四、SA 8000 认证数量逐渐趋缓

图 4 – 3 是 SA 8000 认证国家数的纵向比较,从图中可看出 SA 8000 在全球的认证企业数量呈递增趋势,到 2009 年开始下降。SA 8000 认证 12 年间发展迅速,认证国家及企业的绝对数量逐年增长。但是,不可否认年增长率在逐年降低,2010、2009 认证企业数增长率为-5%。尽管 ISO 一再强调 ISO 26000 不是一个管理体系标准,其制定的初衷也不是用于认证,更不能用于法律规定、采购等用途,但也并没有声明排除其他机构利用 ISO 26000 开展认证活动的可能性,因此,未来 SA 8000 势必会由于 ISO 26000 的出台而受到一定的影响,其认证数量也会逐渐下降,但并不会很快被 ISO 26000 代替,这段时间仍旧会呈现"百家争鸣"的格局。

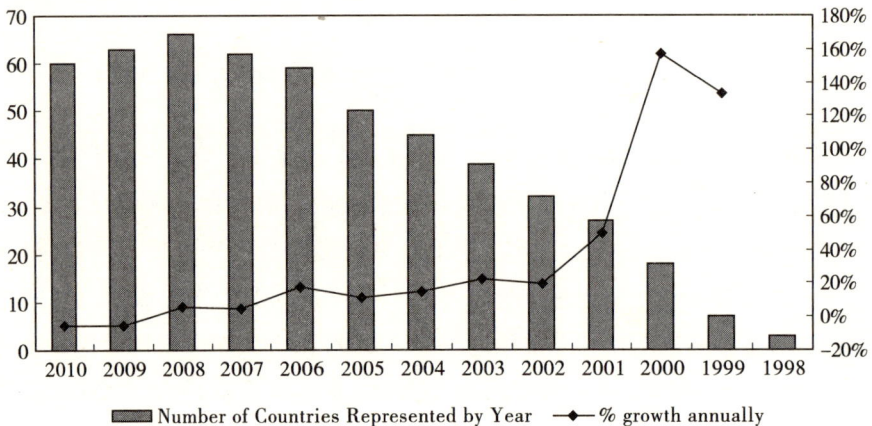

Number of Countries Represented by Year　　—◆—% growth annually

图 4 – 3　SA 8000 年认证企业数量及年增长百分比纵向

第三节　SA 8000 与 ISO 26000 对比分析

为统一和改进社会责任国际标准,促进社会、经济和环境的可持续发展,ISO 开始着手改变这种较为混乱的局面。2004 年 6 月 21 日,ISO 在瑞典首都斯德哥尔摩召开了社会责任标准国际研讨会,并于 6 月 25 日进行的企业社会责任 ISO 高级管理层会议上正式作出决议:开展这项具有里程碑意义的标准制定工作,编制一项便于非专业人士理解和使用的社会责任国际标准。2010

年11月1日,国际标准化组织(ISO)在瑞士日内瓦国际会议中心举办了主题为"共担责任,实现可持续发展"的 ISO 26000(社会责任指南标准)发布仪式。ISO 26000 的出台给 SA 8000 认证带来一定的挑战,因此,对二者进行对比分析有助于我们更为清晰地认识到 ISO 26000 不大可能成为全球范围内一个普遍适用的标准,也同时认识到 SA 8000 的发展趋势及方向。

表4-4 SA 8000 与 ISO 26000 对比分析表

	SA 8000	ISO 26000
用途	验证标准	指南性标准
构架	管理体系	描述性标准
重点内容	人权,劳工问题	人权、劳工问题、环境问题、消费者问题、社区参与
发起方	社会责任国际(SAI)——美国的 NGO 组织	国际标准化组织(ISO)——国际组织
参与制定方	企业、NGO	政府、企业、劳工、消费者、NGO、其他组织
目的、方向	对利益相关方的证明;在公司范围内管理社会责任议题	全球范围内理解社会责任,提供践行社会责任的框架性指南
适用范围	实际适用范围有限,多为发展中国家	适用于任何形式的任何组织

一、用途、构架不同

ISO 26000 制定的目的是:"促进全球社会责任的共同认识和理解,向全世界各国各地区愿意采用该标准的所有组织提供一个践行社会责任的框架指南",旨在推进社会责任全球领域内的共同理解,并且配合其他社会责任倡议以及工具推动社会责任理念的推行,并非是要取代他们。其很多的指导原则及指导方法都是一些定性的描述,是一个描述性的标准,并没有定量描述。而对于一个认证标准而言,必须具有衡量标准,ISO 26000 的定性标准很难满足认证所需要的定量要求。而 SA 8000 尽管没有指定非常严格的定量执行标准,但其建立了一套相对完整的管理体系标准,这就为认证得以实施提供了一定的可能性,在认证实施的过程中能够有效保证认证实施的完成。从此方面来讲,未来 ISO 26000 成为认证标准的可能性比较小,尽管企业界会受到 ISO

26000 推广的影响,但无论从认证标准还是认证经费方面考虑都会继续按照原来的 SA 8000 认证标准进行,一段时间内原来已经参与认证的企业数量不会出现大的流失。

二、重点内容涉及的方面不同

ISO 26000 作为第一个统一的全球范围的社会责任国际标准,内容涵盖了企业组织管理、人权问题、劳工问题、环境问题、公平运作、消费者问题、社区参与问题七大方面。与 SA 8000 主要涉及劳工保护问题不同,ISO 26000 涉及企业利益相关方中的各个方面,而这些因素在全球范围不同国家、不同地区间的差异表现非常大,各个组织由于其规模大小、组织类型、运作方式的不同应该履行的社会责任方面也不尽相同,使得标准问题复杂化,具体实施起来也无法兼顾到该标准中的 7 个核心问题。此外,ISO 26000《社会责任指南》当中明确指出其所要遵循的应用原则之一就是:"应用该标准且遵守国际行为规范时,需充分考虑社会、环境、法律、文化政治和组织的多样性以及经济条件的差异性。"忽略掉这些差异性而在全球范围内推行其作为一个认证标准是不现实的做法,也不利于全球经济的共同发展。① 因此,相对 SA 8000 劳工保护标准而言,其在全球范围内推行为认证标准是不现实的。

三、权威性不同

SA 8000 是由美国民间的一个小组织——社会责任国际(SAI)发布,目前全球范围内的授权认证机构也仅有 9 家,其制定无论从参与主体的广泛性还是影响的利益相关方的广泛程度都不能称之为是"国际标准",只是一个被国际社会组织推动发展而成的"国际化标准",因此,SA 8000 的影响力也仅能够局限于某一区域当中。而 ISO 26000 的制定时经 6 年,由来自 90 多个国家的 400 多名工作人员通过八次会议反复讨论决定,涉及社会责任的六大利益相关方:政府、企业、劳工、消费者、NGO 以及服务、支持、科研组织及其他,各方力量基本保持均衡,保证了该标准的公平、公正性。从权威性角度来讲,SA

---

① 陈红辉、邹黎:《ISO 26000:是指南还是标准?》,《广东省企业社会责任研究会 ISO 26000 国际论坛暨高级研修班入选论文集》(2010 年)。

8000 只能作为一个认证标准在部分区域推行,其认证也会随着时间的发展逐渐趋于饱和状态,同样也会受到更加权威的社会责任标准的挑战而致使认证数量下降。

四、目的方向存在差异

SA 8000 与 ISO 26000 的核心内容不同,但仍然遵循相同的指导思想,都旨在推行企业社会责任理念,寻求企业、环境、社会、人类的可持续发展。但是,此目标下也存在一些不同的地方。从具体实施行为来看,SA 8000 标准认证的主要目的是为了向生产链上下游利益相关方证明自身生产条件、运营规范,更多的是被动地在企业内部推行该标准,并非完全处于自愿,其所秉持的全球范围内推行社会责任理念目的也就很容易被扭曲。而 ISO 26000 作为描述性指南,是为愿意践行企业社会责任的企业提供一个实践的参考,从这个初衷来看,ISO 26000 更容易在时代向前发展的过程中为更多的企业所遵从,从而真正成为一个自愿性的国际标准。从这个角度来看,随着 ISO 26000 国际标准及其他社会责任准则的出台以及社会的发展,SA 8000 标准认证会达到一个峰值,此后会逐渐趋于下降,也就是说,在以 ISO 26000 为标志的新型国际标准的影响下,SA 8000 的生存空间将不断缩小。

第四节　SA 8000 全球趋势分析

自 SA 8000 于 1997 年 8 月问世以来,在实际的推广和运行中呈现出迅猛之势。尽管无论从已经通过认证的企业数量、规模,从认证企业的工人人数,还是从申请 SA 8000 认证的国家数来看,与没有参与认证的有关对象相比,在数量上只是占少数。从目前的国际贸易环境来看,SA 8000 在全球的发展进一步加深了世界经济格局的分化。

一、SA 8000 认证趋势将趋于平缓,但仍然会保持净增长

从以上分析来看,SA 8000 认证数量仍旧保持净增长状态,但是其增长率逐年下降,笔者认为 SA 8000 将会按照这个趋势发展,其原因有三:

首先,由于 ISO 一再强调,ISO 26000 的性质只是一项为包含政府在内的

所有组织提供行动指南的国际标准,不是管理体系标准,不适用于第三方认证,任何关于 ISO 26000 的认证或符合性声明都应视为对该标准的误用。因此,从近期看,ISO 26000 还不可能代替 SA 8000 和其他社会责任标准,今后一段时间内仍会出现"百家争鸣"的格局。加之,经过 12 年的发展,SA 8000 的认证企业也在逐渐趋于一个理性平稳的时期,因此,作为目前世界普遍推广的 SA 8000 认证虽然相比往年有了下降的势头,但认证的数量仍然会保持净增长。

其次,SA 8000 的认证机构多为中小企业,对于全球范围的 ISO 26000 而言,其自愿性承担性质决定了其对中小企业的影响要通过其在大型公司中的普及来间接影响中小企业去实施,这个过程将持续一段时间,在这段时间内原本已经参与 SA 8000 认证的中小企业不会具有主动性去转投 ISO 26000,SA 8000 原本参与认证的企业不会出现大量流失现象,会保证上年的认证基数。

再次,SA 8000 的认证行业逐年增长,现已有 66 个行业认证,但林业等劳动密集型行业仍未参与认证;换句话说,SA 8000 的认证行业仍然有比较大的发展空间,认证行业、企业的数量也将进一步增长。SA 8000 认证国家数和认证企业数量在一段时间内仍会保持绝对增长,但速度会明显趋缓,甚至出现小幅度下降。

二、SA 8000 认证仍会加深对市场准入的影响

SA 8000 对劳动密集型产品因为劳动环境等所谓的社会责任因素无法进入目标市场或被迫退出目标市场,具体表现在没有获得相关认证产品的市场竞争力大大降低。由于西方国家逐步发现 SA 8000 在作为贸易壁垒方面具有独特的嵌入性,它们将会越来越重视 SA 8000,并努力推动 SA 8000 的进程。另一方面,随着社会责任运动的不断发展,有社会责任管理体系认证企业的产品越来越受重视,这就表明取得社会责任标志的产品,它不仅符合质量标准,而且在生产、消费和处理过程中也符合社会责任的要求。虽然已经有 ISO 26000 国际标准的出台,但其涉及不同国家、不同区域的经济、社会、文化、法律等因素,忽略这些多样性及其差异性而在全球范围内将其作为一个认证标准的可能性非常小。在 ISO 26000 仅作为参考指南的情况下,SA 8000 具有不可忽视的影响。

SA 8000 规定的标准是以发达国家自身的标准强加于发展中国家的。但是实际上,很多发达国家的企业也很难完全达到要求。如果一个国家要求其进口产品的生产企业达到 SA 8000 的要求,否则不进口,那么将对该国的贸易产生很大的影响。比如连锁性影响,该影响是指虽然国家采取贸易技术壁垒措施应尽量减少对该国贸易的影响,但是,假若一旦贸易受到影响,则容易产生连锁反应,即从由该国扩展到其他多个国家,甚至全球。如某项产品在欧盟一个国家遭到禁止进口后,很快就会在欧盟周边国家也禁止进口。

企业的某种产品一旦失去市场准入,该产品必然在国内造成短期的供过于求,使产品价格下降,国内福利遭受损失。因此,SA 8000 不仅对跨国公司的经营造成影响,同时也对贸易国的社会稳定造成一定的影响。

三、SA 8000 的认证将加深发展中国家和发达国家的争论

SA 8000 自出台以来,在推广过程中呈现出迅猛发展之势。无论从已经通过认证的企业数量、规模、认证企业的雇工数量,还是从申请 SA 8000 认证的国家数量来看都在不断上升。但其迅猛发展也引起了发达国家和发展中国家关于"蓝色壁垒"的进一步争论。[①] 从以上的数据可以看出,认证国当中,制定 SA 8000 标准的美国并未有企业取得当前有效认证,而经常在国际会议上大声呼吁要把劳工标准与贸易挂钩的德国也未有一家企业参与该标准的认证。从数据中我们还能够清楚地看出,获得 SA 8000 认证证书的行业大都为劳动密集型产业,而劳动密集型产业是发展中国家在经济贸易中最大的成本优势。发展中国家普遍认为,发达国家要求发展中国家认证 SA 8000 标准是为了降解发展中国家产业的比较成本优势,以增强发达国家对发展中国家产业的差异化优势。不排除发达国家经过长期发展,其工作环境和相关的法规普遍优于发展中国家,但如果参照 SA 8000 的相关规定,发达国家也不见得都做到尽善尽美。

因此,随着 SA 8000 在全球认证的迅猛发展,发达国家也将面临发展中国家的质疑,发展中国家也会重新思考发达国家要求自己进行 SA 8000 认证的

---

① 黎友焕:《SA 8000,牵一发而动全身——SA 8000 与中国关系透视》,《WTO 经济导刊》2004 年第 7 期。

真正意图。SA 8000 认证的发展将会引发发达国家和发展中国家对世界竞争格局的进一步争论。这也将成为 SA 8000 认证机制发展的一个阻碍。

参考文献

ELKINGTON, John. Towards the Sustainable Corporation: Win Win Win Business Strategies for Sustainable Development. *Canifornia Management Review*, 1994, (4) 22.

Freeman, R. E. , &Evan, Corporate Governance: A stakeholder Interpretation. *Journal of Behavioral Economics.* 1990.

GregoryAlbo. The World Economy Market Imperatives and Alternatives. *Monthly Reviews*, 1996, (12).

H. Manne. Mergers and the Market for Corporate Control, *Journal of Political Economic*, 1965.

Lamming R. HamPsonJ. The environmentasasuPPlyehainissue. *British Journal of Management*, 1996, (7).

Lance A. Compa and Stephen F. Diamond, eds. , *Human Rights*, *Labor Rights*, *and International Trade*, Philadelphia: *University of Pennsylvania Press*, 1996.

Milton Friedman. The social responsibility of business is to increase its Profits, *New York Times Magazine*, 1970, (9).

N. Kearney, "Corporate Codes of Conduct : The Privatised Application of Labour Standards," in S. Picciotto and R. Mayne, eds. , Regulating International Business: Beyond Liberalisation, Macmillan, Basingstoke, 1999.

Organizational Climate and Culture. San Francisco :Jossey-Bass, 1990.

P. Samuelson, W. Nordhaus. *Economics*, 13*th Edition.* 1989. 20. MATHEWS, M. R. Social Responsibility Accounting, Chapman&Hall, 1993, 21.

Preston, Lee E. , and Post, James, E . Private Management and Public Policy: The Principle of Public Responsibility Pretice-Hall, Inc. 2010, 3.

Preston, Lee E. , and Post, James, E. Private Management and Public Policy: *The Principle of Public Responsibility.* Pretice-Hall, Inc. 2010, 3.

［日］深田静夫:《正确解读 ISO 26000》,《WTO 经济导刊》2008 年第 5 期。

陈淑妮、黎友焕:《SA 8000 对广东省劳动力成本的影响》,《商业时代》2008 年第 1 期。

顾功耕、王丹:《略论现代企业的社会责任》,《上海商业》2005 年第 3 期。

管林根:《强化企业社会责任　构建和谐劳动关系》,《特区实践与理论》2006 年第 2 期。

郭花:《社会主义市场经济道德体系构建研究》,武汉理工大学 2007 硕士学位论文。

郭庆学:《我国市场经济条件下企业社会责任建设的经济分析》,《湖北经济学院学报》2006 年第 9 期。

国际货币基金组织编:《世界经济展望》,中国金融出版社 1997 年版。

黎友焕、陈淑妮、张雪娜:《国际劳工运动在中国:SA 8000 对广东经济社会的影响及对策研究》,中国社会科学出版社 2007 年版。

黎友焕、杜彬:《国内 SA 8000 综述》,《中外食品》2007 年第 11 期。

黎友焕、黎少容:《社会责任标准 SA 8000 对完善我国劳动者权益保障的启示》,《中国行政管理》2008 年第 6 期。

黎友焕、梁桂全:《SA 8000 削弱珠三角出口企业竞争力》,《WTO 经济导刊》2004 年第 7 期。

黎友焕、路嫒:《ISO 26000 颁布及我国企业的应对思路》,《中国贸易报》2010 年 11 月 11 日。

黎友焕、魏升民:《关注 ISO 26000 准则,透视我国的应对之策》,《亚太经济时报》2010 年 11 月 11 日。

黎友焕:《SA 8000 与中国企业社会责任建设》,中国经济出版社 2004 年版。

黎友焕:《关于 SA 8000 争论的几个热点问题》,《经济发展之路》2004 年 7 月。

黎友焕:《国内外 SA 8000 进程及新趋势分析》,《WTO 经济导刊》2004 年第 7 期。

黎友焕:《黎友焕谈企业社会责任》,香港社会科学出版社 2008 年版。

黎友焕:《黎友焕谈企业社会责任》,中国社会科学出版社 2008 年版。

黎友焕:《面对是为了应对——SA 8000 对我国经济发展影响及其对策研究》,《WTO 经济导刊》2004 年第 5 期。

黎友焕:《欧洲、美国拟对我国出口企业实施 SA 8000 认证》,《中外食品》2004 年第 8 期。

黎友焕:《企业社会责任在中国:广东企业社会责任建设前沿报告》,华南理工大学出版社 2007 年版。

黎友焕:《企业社会责任在中国——广东企业社会责任建设前沿报告》,华南理工大学出版社 2007 年版。

黎友焕:《网络经济对我国现行经济的影响及对策探讨》,《广东社会科学》2004 年第 3 期。

孙继荣:《ISO 26000——社会责任发展的里程碑和新起点》,《WTO 经济导刊》2010 年第 10 期。

吴忠:《市场经济与现代伦理》,人民出版社 2003 年版。

肖乐群:《市场经济的伦理缺陷研究》,《特区经济》2007 年第 7 期。

谢德仁:《企业剩余索取权:分享安排与剩余价值》,上海三联书店、上海人民出版社 2001 年版。

徐帅军:《如何建立企业社会责任管理体系》,《WTO 经济导刊》2008 年第 5 期。

张太海:《蓝色壁垒与企业蓝色经营策略》,《生产力研究》2007 年第 2 期。

周国银、张少标:《社会责任国际标准实施指南》,海天出版社 2002 年版。

周祖成:《企业伦理学》,清华大学出版社 2005 年版。

朱春雷:《企业外部性理论探讨——试论企业社会责任制度的建立》,复旦大学 2004 年学术论文。

现　状　篇

第五章　中国企业社会责任建设
走势评析与展望①

摘要：本章基于经典的企业社会责任理论并结合中国实际，从经济责任、伦理责任、慈善责任和环境责任四个方面评析中国企业社会责任建设的成就和存在的问题，然后分析了这些问题存在的原因，最后从政府、企业和社会三个层面提出推进中国企业社会责任建设的途径并对未来做了展望。

关键词：企业社会责任、经济责任、伦理责任、慈善责任、环境责任

Abstract：In this chapter，we analyze the CSR from the economic responsibility，the ethical responsibility，the charity responsibility and environmental responsibility. Secondly，we analyze the reasons of problem；at last，from three dimensions of government，society and enterprises，we give some suggestions and make prospect to build China's CSR.

Key Words：Corporate Social Responsibility，Economic Responsibility，Ethical Responsibility，Charity Responsibility，Environmental Responsibility.

从 20 世纪 90 年代开始，企业家应有社会责任感的观念在全球范围内就得到广泛的支持和传播。受这种潮流的影响，2007 年 12 月 29 日，国务院国资委正式发布了《关于中央企业履行社会责任的指导意见》，意见中强调国有企业"履行社会责任是实现中央企业可持续发展的必然选择。企业应积极履行社会责任，把社会责任理念和要求全面融入企业发展战略、企业生产经营和

---

①　本文为陕西省教育科学规划课题"行业企业参与职业教育激励机制研究"（SGH0902154）和西安工程大学科研项目（09XG07）的阶段性成果。

企业文化之中"①。2008 年 2 月 18 日，国家环保总局和中国保监会联合发布
《关于环境污染责任保险的指导意见》，正式确立建立"绿色保险"制度路线
图，并决定开展环境污染责任保险先期试点；同年 9 月 18 日，《中华人民共和
国劳动合同法实施条例》正式实施生效②。2009 和 2010 年这两年有关企业社
会责任的认知度更是空前，大多数企业认识到社会责任已成为有觉悟企业追
求的事业和潮流，企业社会责任是一个社会和经济成熟化的标志，所有人都坚
信企业社会责任将在未来带来大量机遇及挑战，中国企业目前也像发达国家
的企业一样更为广泛自主而积极地开展 CSR 活动。2009 年 1 月 12 日中国银
行业协会发布《中国银行业金融机构企业社会责任指引》，号召金融机构承担
经济责任、社会责任和环境责任，并于 5 月 10 日首次发布《中国银行业社会责
任报告》③。2010 年 12 月份的第三届企业社会责任报告国际研讨会探讨了国
内外企业社会责任报告最新发展趋势及 ISO 26000 发布对信息披露带来的影
响，会议期间还发布《2010 年中国企业社会责任报告研究》和"金蜜蜂 2010 优
秀企业社会责任报告"评选结果。还有 2010 第七届中国最佳企业公民评选等
活动开展。这些都有力地推动了我国企业社会责任的发展进程。以企业发表
社会责任报告为例，2009 年 1 月 1 日到 10 月 31 日，全国范围内共发布了超过
582 份企业社会责任报告，与 2008 年的 169 份相比，报告发布呈现出"井喷"
的态势；2010 年 1 月 1 日至 10 月 31 日，中国发布的各类社会责任报告达 663
份，超过了 2009 年全年发布的社会责任报告数量，较去年同期的 582 份增长
14%，继续保持高速发展态势④。

　　为了适应企业社会责任理念国际化发展进程，展示中国企业社会责任优
秀表现，不少企业在注重经济效益提高的同时越来越注重企业社会责任体系
论证以及企业社会责任构建，履行企业法律责任、伦理责任，努力把企业塑造
成良好的社会公民，不少企业还建立了社会责任部门，统筹推动企业社会责任
工作；此外，部分先进企业还在积极探索将社会责任工作融入企业战略和日常

---

　　① 　国务院国有资产管理委员会文件：《关于中央企业履行社会责任的指导意见》（国资发
研究［2008］1 号）。

　　② 　《2008 年企业社会责任大事记》，《WTO 经济导刊》2009 年第 1 期。

　　③ 　《2009 年企业社会责任大事记》，《WTO 经济导刊》2010 年第 1 期。

　　④ 　数据是根据商务部世贸司主办的 WTO/FTA 咨询网发布的相关信息整理所得。

管理,建立全面社会责任管理体系;企业公民的理念已经纳入企业文化的重要组成部分。然而,随着改革开放的逐步深入,中国企业在为我国经济快速稳定增长作贡献的同时,部分企业又面临着社会责任缺失问题。近年来有关企业社会责任问题主要表现在:企业无视自己在社会保障方面的作用,尽量逃避税收及社保缴费;较少考虑社会就业问题,将包袱甩向社会,较少考虑环境保护,将利润建立在破坏和污染环境的基础之上;一些企业唯利是图,提供不合格的服务产品或虚假信息欺骗消费者;压榨企业职工的收入和福利来为所有者谋利润,企业主堕落为资本的奴隶和赚钱的机器;缺乏提供公共产品的意识,对公益事业不管不问;缺乏公平竞争意识,一些垄断企业,大量吞噬垄断利润并极力排斥市场竞争;普遍缺少诚信,国有企业对国家缺少诚信,搞假破产逃避债务,民营企业通过假包装到市场上圈钱等①。在我国经济社会繁荣发展,企业社会责任运动广泛开展的背景下,中国企业社会责任缺失事件仍然时有发生,企业社会责任整体水平还是不高,使我们有必要深刻地反思中国企业在履行社会责任中取得的成就,进一步分析存在的问题及这些问题产生的原因,从而为中国企业社会责任建设提出合理化建议。

第一节　中国企业社会责任建设成就分析

在经济全球化的推动下,企业社会责任运动迅速向全世界扩散和渗透,目前已经成为一种不可逆转的国际潮流。作为一种可持续发展的战略行为,系统践行企业社会责任,不仅是企业存在于社会的理由,更是企业赢得竞争优势的关键。在中国,关于企业社会责任的系统研究始于改革开放以后,至今不过20余年。结合企业社会责任观念的发展演进,在充分考虑我国现实情况的基础上,我们认为,企业社会责任是指企业在创造利润、对股东利益负责的同时,还要对其他利益相关者承担责任。中国学者黎友焕(2007)提出的"三层次四核心企业社会责任模型"为企业社会责任作了一个内容较为完整、相对来说非常严谨的、动态的定义,即"在某特定社会发展时期,企业对其利益相关者

---

① 此段话摘自 2010 年国家公务员考试申论题。

应该承担的经济、法规、伦理、自愿性慈善以及其他相关的责任"①。在政府的重视、企业的努力和大众督促下,我国企业社会责任建设取得了一定的建设成果,本章就是从经济责任、伦理责任、慈善责任和环境责任四个层面来谈中国企业社会责任建设实践的。

一、企业经济责任的成就

企业的经济责任是企业最基础的责任,是企业应该为投资者、员工和国家等利益相关者带来经济效益的同时,还应该构筑本身可持续发展的经济基础。1978年全党把工作重点转移到社会主义现代化建设上,并作出了实行改革开放的新决策。从此,我国企业社会责任实践进入了新的发展时期。在政府主导和法律规制下,企业社会责任实践取得了跨越式的发展,尤其是21世纪以来,越来越多的企业以积极的姿态履行社会责任。他们通过加强和改进管理,提高产品质量和服务能力,推进自主创新和技术进步,增强企业竞争力,以便持续不断提高企业赢利能力,维护投资者的经济利益。现阶段中国企业在经济责任建设方面取得了一定的成就,主要表现在以下方面:

第一,积累了大量的社会财富。企业通过不断扩大生产,为社会创造更多高质量的产品和服务,以切实履行经济责任。改革开放30年的成果,使中国企业已经具备抵御金融危机的能力,并使他们创造了大量利润,为国家创造了大量社会财富,有力地促进了中国经济的持续、快速发展。以下权威部门及媒体公布的数据最能说明一切。

1. 国内生产总值(GDP)和人均国内生产总值:国内生产总值1952年只有679亿元,到1978年增加到3645亿元,2008年超过30万亿元,达到300670亿元,年平均增长8.1%,比1952年增加了77倍。2009年中国GDP为335353亿元,按可比价格计算比上年增长8.7%②,其中第一产业增加值35477亿元增长4.2%;第二产业增加值156958亿元,增长9.5%;第三产业增加值142918亿元,增长8.9%。第一产业增加值占国内生产总值的比重为

---

① 黎友焕:《企业社会责任研究》,西北大学2007年博士学位论文。
② 《中国统计年鉴2010》显示,2009年中国国民总收入初步核实数为343464.7亿元,同比实际增长9.3%。

10.6%,比上年下降0.1个百分点;第二产业增加值比重为46.8%,下降0.7个百分点;第三产业增加值比重为42.6%,上升0.8个百分点①。在联合国的报告中,2009年全球经济增幅达到极低的1%,中国却成功实现"保增长",给全球经济增长贡献了50%的力量,这也是50年来发展中国家首次引领世界经济增长②。据中国社会科学院预测,2010年中国经济将继续保持10%左右的高位增长态势,全年国内生产总值将突破37万亿元。(见图5-1和图5-2)

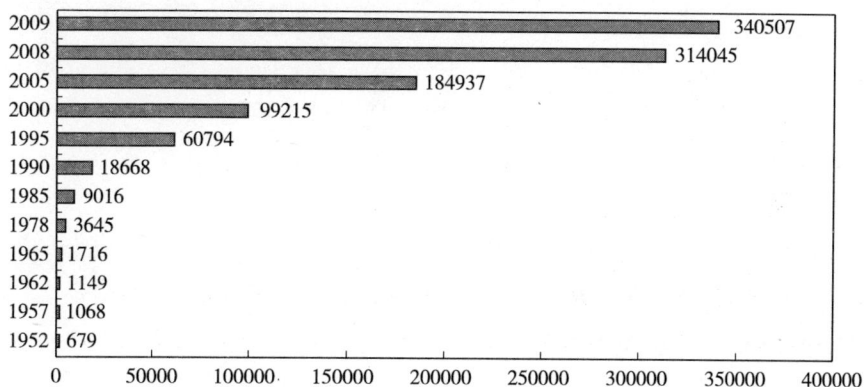

图5-1　1952—2009年国内生产总值(单位:亿元)

2. 财政收入:我国财政收入1950年只有62亿元,到2008年突破6万亿元大关,近60年增长了约1000倍,从62亿元增长到1000亿元,用了整整28年的时间;从1000亿元增长到1万亿元,则用了21年的时间;而从1万亿元到突破6万亿元,却只用了9年的时间。2008年1—12月累计,全国财政收入执行初步统计数为61316.9亿元,同比增长19.5%;2009年全国全年财政收入68477亿元,比上年增加7147亿元,增长11.7%③。2010年前5个月的财政收入就已经达到了35470亿,比去年同期增加了8362亿,增长幅度高达30.8%,这一数字比2009年前6个月的收入还要多2000亿,6月份地方财政

---

① 数据来源:国家统计局:《2009年国民经济和社会发展统计公报》(2010年2月25日)。
② 国家统计局局长马建堂在2010年1月21日国务院新闻办有关2009年经济数据新闻发布会上内容节选。
③ 数据来源:国家统计局:《2009年国民经济和社会发展统计公报》(2010年2月25日)。

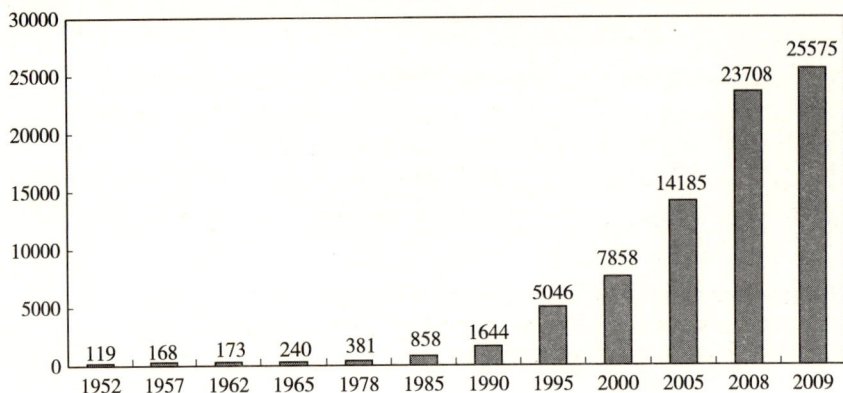

图 5 - 2　1952—2009 年人均国内生产总值(单位:元)

也纷纷上报喜讯,很多的省市县均提前一个月实现财政收入过万的任务;相关人士表示,2010 年下半年要保持 4% 的增速应该是没有问题的,保守估算,上半年的财政收入或将超过 4.3 万亿,下半年则将达到近三年 8 万亿的收入,全年的财政收入就能达到 8 万亿(见图 5 - 3 和图 5 - 4)。

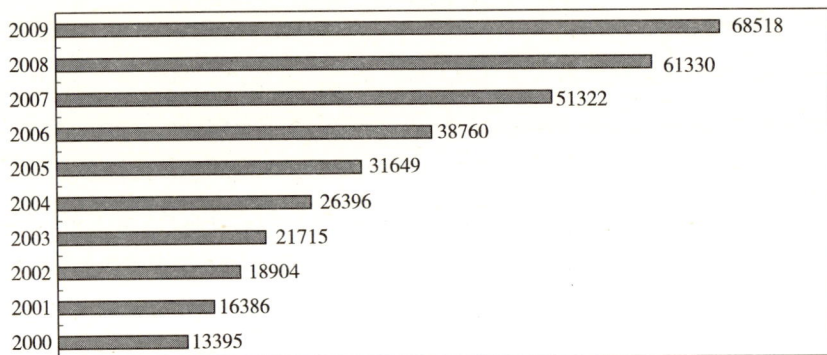

图 5 - 3　2000—2009 年财政收入(单位:亿元)

　　第二,贡献了大量的税收。在市场经济条件下,主动按章纳税是企业公民的基本底线,是企业基本的行为准则之一。国家税收的大部分来自企业纳税,企业所缴税费占政府财政收入的 6 成以上,企业税收对中国经济的持续稳定发展作出了巨大贡献。据统计,2009 年全年完成税收收入(不包括关税、船舶

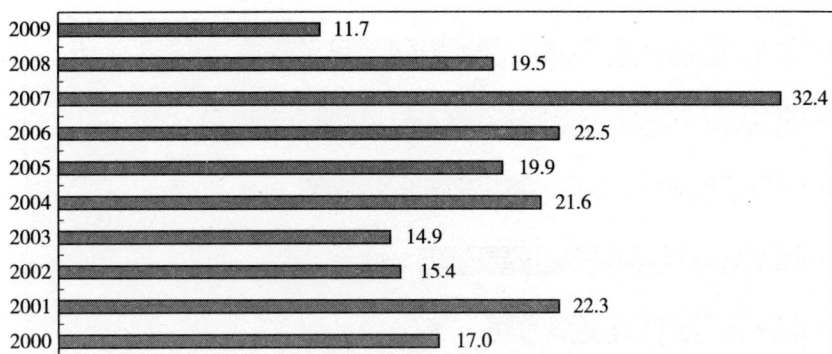

図 5－4　2000—2009 年财政收入的增长速度(单位:%)

吨税、耕地占用税和契税)63104 亿元,比上年增加 5241 亿元,增长 9.1%①,其中国内增值税完成 18820 亿元,增长 3.8%;国内消费税完成 4761 亿元,增长 85.4%;营业税完成 9015 亿元,增长 18.2%;海关代征进口税收完成 7747 亿元,增收 342 亿元,增长 4.6%②;2010 年 1—6 月,全国税收总收入完成 38611.53 亿元,比去年同期增长 30.8%,其中国内增值税完成 10387.22 亿元,同比增长 12.9%;国内消费税完成 3128.16 亿元,同比增长 42.4%;营业税完成 5746.63 亿元,同比增长 33.4%;企业所得税完成 8079.92 亿元,占税收总收入的比重为 20.9%,同比增长 18.5%(见图 5－5 和图 5－6)。

第三,创造了大量的就业机会。金融危机使就业成为关系到国计民生的严峻社会问题。在传统儒家文化影响下,在这次危机袭来之后,我国很多企业,无论是国企还是民企,都认为在困难的时刻,为国分忧、为民解难是企业应当承担的责任和义务,企业纷纷做好挖潜增岗、吸纳高校毕业生就业工作,竭尽所能地为社会分担压力,为维护社会和谐稳定作出应有的贡献。2009 年末全国就业人员 77995 万人,比上年末增加 515 万人。其中,第一产业就业人员 29708 万人,占全国就业人员的 38.1%;第二产业 21684 万人,占 27.8%;第三产业 26603 万人,占 34.1%;年末城镇就业人员 31120 万人,比 2008 年末净增

---

① 2009 年国民经济和社会发展统计公报中统计的全年税收收入为 59515 亿元,增加 5291 亿元,增长 9.8%。

② 数据来源于《中国统计年鉴(2010)》(中国统计出版社 2010 年版)有关数据整理所得。

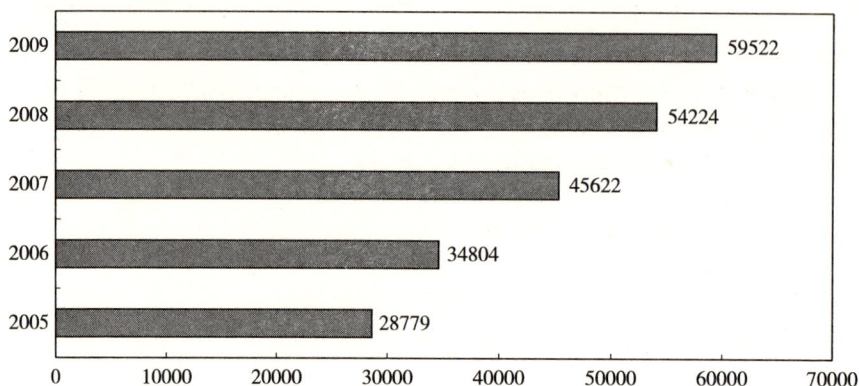

图5-5 2005—2009 年税收收入(单位:亿元)

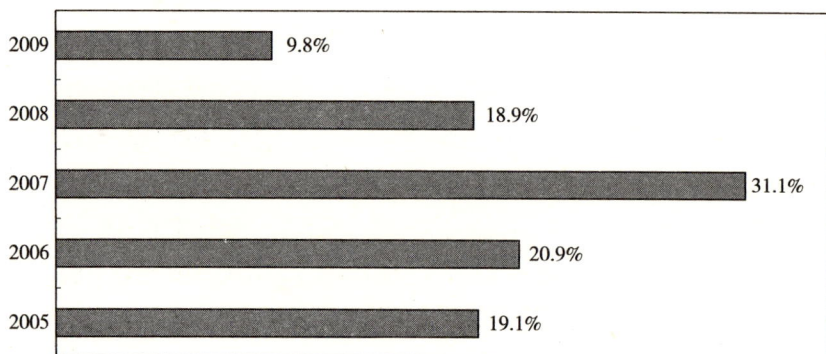

图5-6 2005—2009 年税收收入比上年增长率(单位:%)

加910万人。2009 年,全国城镇新增就业1102 万人,为全年目标900 万人的122%;下岗失业人员再就业514 万人,为全年目标500 万人的103%;就业困难人员就业164 万人,为全年目标100 万人的164%①。截至 2010 年 6 月底,全国工商系统共引导、支持46.75 万名下岗失业人员在个体私营经济领域实现就业再就业。人保部表示,到 2010 年末,全国城乡就业人员将达到 7.9 亿左右;其中,城镇就业人员3.2 亿,比"十五"期末增加4770 万人。全国农民工总数将达2.35 亿人,其中外出务工1.5 亿人。"十一五"期间,全国城镇新

---

① 数据来源:《2009 年度人力资源和社会保障事业发展统计公报》。

增就业 5500 万人,农业富余劳动力向非农产业转移就业近 4500 万人,城镇登记失业率控制在 4.3% 以内①。(见图 5－7、图 5－8 和图 5－9)

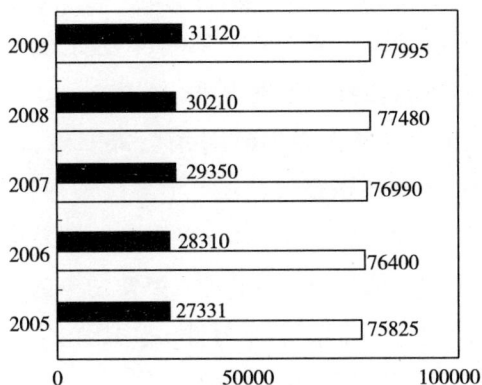

图 5－7　近五年全国就业和
城镇就业人数

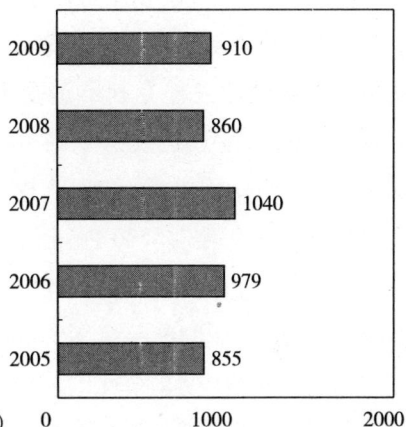

图 5－8　近五年城镇新增就业
人数(单位:万人)

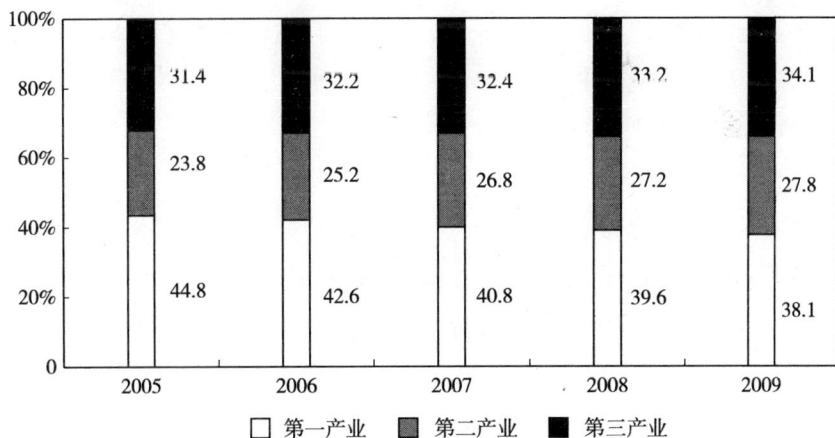

图 5－9　近五年全国就业人员产业构成情况(单位:%)

① 数据来源:人力资源社会保障部,全国城乡就业人员将达 7.9 亿,http://www.taxinfo123.com/bencandy.php? fid＝178&id＝160131,2010 年 12 月 26 日。

　　第四,企业自主科技创新实现较大增长。创新是一个企业的灵魂,是企业竞争力的一个重要组成部分,同时,创新也是一个企业的重要社会责任。从整个行业角度讲,企业的创新可以带动整个行业的产业升级,特别是一些核心技术的突破会影响到整个社会的繁荣。我国国内企业1990—2009年发明、实用新型和外观设计三种专利申请受理数和授权数大幅度上涨(如图5-10所示)①。2008年中国的发明专利申请由2007年的245161件增至289338件,增幅达18.2%,中国国家知识产权局的专利申请授权量较上年增长37.9%;实用新型专利申请225586件,较上年增加24.4%,占全球实用新型申请总量的72%;外观设计申请312904件,占全球申请量的48%(其中95%的申请由本国居民提交)。2009年全年受理国内外专利申请97.7万件,其中国内申请87.8万件,占89.9%;受理国内外发明专利申请31.5万件,其中国内申请22.9万件,占72.8%;全年授予专利权58.2万件,其中国内授权50.2万件,占86.2%;授予发明专利权12.8万件,其中国内授权6.5万件,占50.9%。截至2009年底,有效专利152.0万件,其中国内有效专利119.3万件,占78.5%;有效发明专利43.8万件,其中国内有效发明专利18.0万件,占41.1%。全年共签订技术合同21.4万项,技术合同成交金额3039亿元,比上年增长14.0%②。中国企业正在倡导绿色环保理念,努力提升自身技术优势,把"低碳"经济落到实处。

二、企业伦理责任的成就

　　所谓企业伦理责任,即企业作为伦理实体对社会生活中应承担的伦理道德方面的责任,其核心在于企业的行为与支配行为的观念应有利于社会的进步,包括:企业要以人为本,关心人权,对员工始终保持不变的尊重,以形成良好的企业内部伦理氛围;企业在社会公共生活中,在处理与企业外部利益相关者之间的关系时要公平合理、公开坦诚、负责守信、相互尊重,以形成良好的企

---

① 数据来源于《中国统计年鉴(2010)》(中国统计出版社2010年版)有关数据整理所得。
② 数据来源:国家统计局网站:http://www.gov.cn/gzdt/2010-02/25/content_1541240.htm,2010年2月25日。

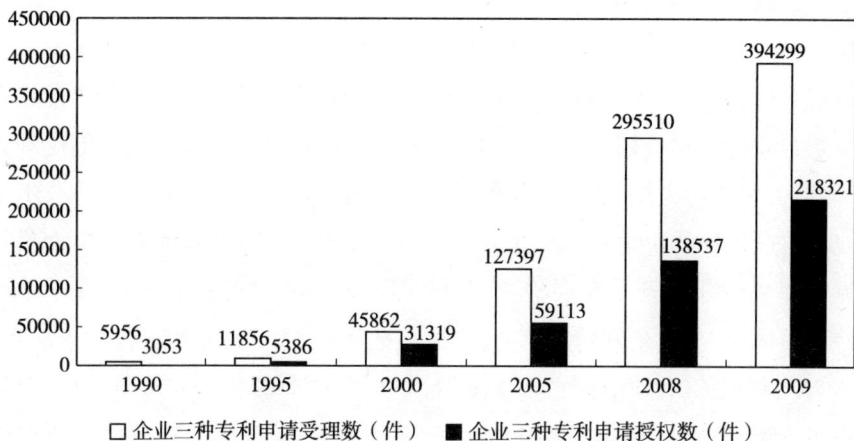

图 5-10 近年来中国国内企业三种专利申请受理和授权数（件）

业外部环境①。

诚信是人的立身之本,是中华民族的传统美德,也是企业发展的根本和灵魂,是企业社会责任的重要内容。根据利益相关者理论,企业职工和消费者是企业最重要的利益相关者,切实维护其权益是企业重要的社会责任。在政府、企业和社会的共同努力下,企业伦理责任取得一定成就,具体表现在:

第一,企业诚信法治环境逐步完善,企业诚信经营意识不断提高。据不完全统计,近年来我国出台了《信用评级管理指导意见》、《药品安全信用分类管理暂行规定》和《商会协会行业信用建设工作指导意见》等相关法规和部门规章,实施了《国民经济和社会发展第十一个五年规划纲要》,为企业诚信建设提供了更加有利的政策法律环境。此外,各地政府最近几年都加大了《劳动法》、《合同法》、《产品质量法》、《自然资源法》、《环境保护法》、《社会保障法》、《公益事业捐赠法》等法律的执法检查力度,着力查处企业在员工招聘、员工待遇、劳动保护、诚信经营、产品质量、环境保护和公益等方面的问题。如广东省 2008 年对 50 家严重违反劳动法,拖欠员工工资和社保的工厂予以公开曝光,对企业履行社会责任进行了监督。目前,企业诚信经营已经突破了道德规范的范畴,转变成为新的管理职责,诚信成为企业发展战略的重要内容,

---

① 李秋华:《和谐社会视野下的企业伦理责任研究》,《浙江社会科学》2007 年第 5 期。

企业开始制定诚信建设目标,建立诚信管理体系,企业诚信经营意识不断提高。

第二,企业安全生产和食品安全工作取得积极进展。安全生产和食品安全既是企业的法律责任,是国家相关法律法规的基本要求,又是企业的伦理责任,体现了企业对人的生命的尊重和保护。国务院自从作出《关于进一步加强安全生产工作的决定》以来,出台了一系列法规,在煤矿和危险化学物品等重点行业集中开展安全专项整治,取得了明显成效。2009年,全国安全生产保持了总体稳定、逐步好转的态势,事故起数和死亡人数同比分别下降8.4%和8.8%;亿元GDP事故死亡率下降16.7%,工矿商贸就业人员10万人事故死亡率下降14.9%,道路交通死亡率下降15.6%,煤炭百万吨死亡率首次降到了1以下,为0.892,同比下降24.5%(见图5-11),危险化学品、金属与非金属矿山、铁路交通、水上交通、农业机械、渔业船舶及火灾等事故均有较大幅度下降①。2010年前5个月,全国范围内各类事故总数比2009年同期下降了7.3%,比2009年同期减少11816起;事故造成死亡人数比2009年同期下降11.7%,比2009年同期减少3735人。我国食品生产加工企业重视食品安全,食品质量水平稳步提高,食品总体合格率逐步提升。2009年国家监督抽查了136类17812家企业的20000种产品,实物质量抽样合格率为94.8%,全年国家监督抽查产品批次抽样合格率为87.7%,同比2008年提高了3.2个百分点,同比2007年提高了6.7个百分点,产品质量整体水平呈现稳步上升态势②。

第三,劳动关系保持和谐稳定发展。人力资源和社会保障部、中华全国总工会、中国企业联合会共同下发了《关于应对当前经济形势稳定劳动关系的指导意见》,以积极应对金融危机等不良经济形势对劳动关系的影响,加强劳动关系协调工作。随着《劳动合同法》实施以来,贯彻实施情况总体良好,劳动合同签订率明显上升,企业职工工资福利明显改善,社会保险覆盖范围不断

---

① 数据来源:国家统计局网站:http://www.gov.cn/gzdt/2010-02/25/content_1541240.htm,2010年2月25日。

② 国家质量监督检验检疫总局:《关于2009年产品质量国家监督抽查情况的通报》(国质检监函[2010]78号)。

扩大,劳动关系保持和谐稳定发展。2008 年全年全国城镇单位在岗职工平均工资为 29229 元,比上年增长 17.2% ;2009 年全年全国城镇单位在岗职工平均工资为 32736 元,同比增长 11.9% ,其中国有单位平均工资为 34130 元,城镇集体单位为 20607 元,其他单位为 31350 元①(见图 5 - 12) 。2009 年末全国参加城镇基本养老保险人数 23498 万人,比上年末增加 1607 万人;参加城镇基本医疗保险的人数 40061 万人,增加 8239 万人;参加工伤保险的人数 14861 万人,增加 1074 万人;参加生育保险的人数 10860 万人,增加 1606 万人;年末全国领取失业保险金人数为 235 万人②。

第四,消费者责任已经成为企业社会责任的重要内容。自觉履行社会责任、构建和谐的消费环境、为消费者提供优质安全的产品和服务是企业应尽的义务,企业对公众的消费安全责任已经成为新时期企业商业伦理建设的核心标准和当今企业履行社会责任的核心内容。从中国消费者协会获悉,据全国各级消协组织统计汇总,2009 年共受理消费者投诉 636799 件,比 2008 年受理消费者投诉事件 638477 件下降 0.26% ,比 2007 年受理消费者投诉事件 656863 件下降 3.1% ,可以看出我国企业在维护消费者权益方面也有一定的进展③。调查显示,大多数被调查企业能够从提供可靠的产品及信息、投诉应对机制、产品招回制度以及产品缺陷处理等各个方面都采取积极的措施,保证了消费者的相关权益,其中 97% 的被调查企业甚至开展客户满意度调查,经常与客户沟通,了解需求和相关意见,不断改进产品性能和服务水平,企业与消费者关系处理情况良好(见表 5 - 1) 。

三、企业慈善责任的成就

企业慈善责任就是企业对社会福利、公益事业的道德义务,是以企业自愿为前提的更高层次的社会责任。当前,慈善捐助活动已经成为企业履行社会责任的重要内容,也得到社会的广泛共识。中国企业的慈善意识和社会责任

---

① 国家统计局:《中国统计年鉴(2010)》,中国统计出版社 2010 年版。
② 数据来源于国家统计局发布的《2009 年国民经济和社会发展统计公报》有关数据整理。
③ 数据来源:根据中国消费者协会 2008、2009 年全国消协组织受理投诉情况统计数据计算所得。

感在不断地加强,并且还在深入和继续,中国企业正在尝试着多种方式,把它们的所得回馈社会。现阶段中国企业在慈善责任建设方面也取得了一定的成就,主要表现在:

表5-1　企业消费者关系处理情况①

列项	所占被调查企业的百分比
保证消费者对产品获得完整、准确、真实的信息	93%
已建立完善的售后服务和投诉机制	97%
有产品召回机制或告知消费者产品缺陷的途径和措施	86%
通过经常性的客户满意度调查等措施了解客户的需求和意见	97%

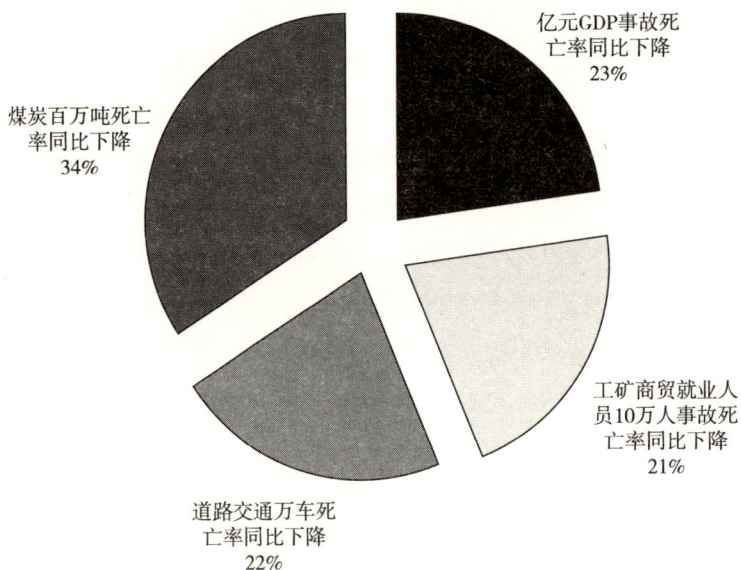

图5-11　2009年全国安全生产状况的主要指标进一步下降

第一,企业慈善捐赠参与度越来越高。企业慈善捐赠作为彰显企业社会

①　数据节选自中国企业报社2010年6月19日在中国企业社会责任年会上发布的《2010年中国企业社会责任发展报告》。

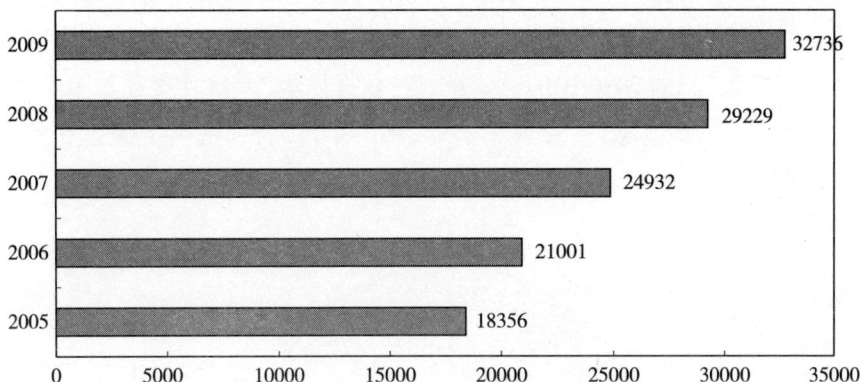

图 5－12 近五年全国城镇单位在岗职工年平均工资增长情况

责任的具体形式之一,正越来越受到国内企业的重视,企业捐款在慈善组织资金来源中的比重不仅很大,并有逐年上升的趋势。2008 年,中国的捐款额飙升到了 1070 亿元,同比增长了三倍,其中有大约 110 亿美元的捐款发生在汶川地震之后。据民政部《2009 年度中国慈善捐赠报告》统计,2009 年全国接受各类社会捐赠款物 332.78 亿元,相比上年的日常捐赠量增长 3.5%,其中国内外各类企业捐赠总额为 131.27 亿元,企业仍然是国内最主要的捐赠主体①。2009 年中国慈善排行榜入榜慈善家有 121 位,共计捐赠 18.84 亿元;入榜慈善企业 899 家,共计捐赠 117.95 亿元(含物品捐赠)。2010 年中国慈善排行榜榜单合计入榜慈善家 133 位,合计捐赠 34.38 亿元(不含物品捐赠);入榜慈善企业 448 家,合计捐赠 52.95 亿元(不含物品捐赠)②。

第二,民营企业捐赠异军突起。中国慈善排行榜办公室此前连续 4 年的数据统计显示,民营企业已成为推动国内慈善事业发展的重要力量。2007 年下半年民营企业捐款数额超过 1000 万元的有 22 家,国有企业捐赠数额达到 1000 万以上的有 7 家,跨国公司仅 3 家。2008 年江苏黄埔再生资源利用有限

---

① 数据来源于民政部社会福利和慈善事业促进司等机构 2010 年 4 月 8 日联合发布的《2009 年度中国慈善捐赠报告》。

② 中国慈善排行榜是由中华人民共和国民政部、中央社会治安综合治理委员会办公室、中华全国总工会、共青团中央、中华全国妇女联合会指导,中国社会工作协会主办,公益时报社编制发布。

公司董事长陈光标以 1.81 亿元的年度捐赠获得"中国首善"称号,其近年累计捐赠款物 5.13 亿元;腾讯科技(深圳)有限公司等 10 家企业被评为"2008 十大慈善企业"。据 2010 中国慈善排行榜数据显示,2009 年度超过 100 万以上的民营企业有 282 家,占总数 62.9%,创历年最高,远远高于国企和外企;上榜国有企业有 68 家,占总数量的 15.1%(见图 5 - 13)。

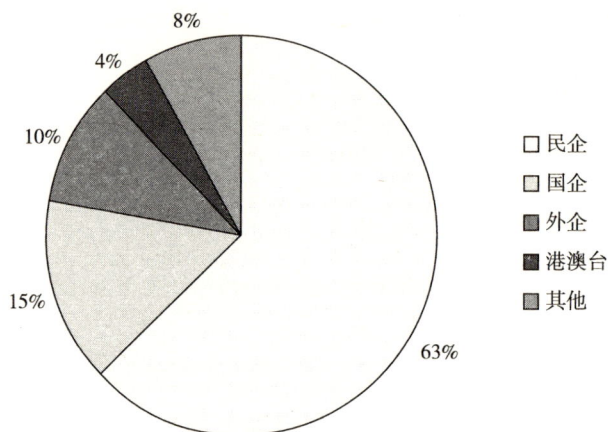

图 5 - 13　2010 中国慈善排行榜上榜企业性质对比图

第三,企业家个人捐赠上升趋势明显。"2009 中国慈善排行榜"入榜慈善家 121 位,共计捐赠 18.84 亿元,其中世纪金源集团黄如论、黄涛父子捐款 27393.3 万元,获得"中国首善"称号;江苏黄埔再生资源利用有限公司董事长陈光标捐款 21000 万元获得中国慈善排行榜新设立奖项"最具号召力的中国慈善家"称号;四川宏达集团董事长刘沧龙的企业在地震期间遭受重创,但仍在第一时间捐资支援灾区,获得"2009 慈善特别贡献奖"。2010 年 9 月 4 日,陈光标在网站上表示将在死后把所有个人财富捐赠给社会,这是国内第一次有人高调地站出来宣布"裸捐";9 月 9 日,爱国者总裁冯军在微博上公开表示"自愿在活着的时候,将个人全部财产逐步捐献给社会,用于公益慈善事业"。2010 年陈光标因其在社会领域的慈善影响力再获"中国首善"称号;牛根生获"2010 中国慈善事业终身成就"称号;黄如论等获得"慈善榜十大慈善家"称号。(见表 5 - 2、5 - 3、5 - 4)

表 5-2 2009 中国慈善家排行榜

排名	姓名	08 年捐赠金额（万元）	单位	职务
1	陈逢干	1179	大榆树沟煤炭产销有限公司	董事长
2	杨受成	3122.70	香港英皇集团	主席
3	匡俊英	5361	万国经典书城	总经理
4	王秋杨	701	北京金典投资集团	执行董事
5	李兆会	6079	海鑫钢铁集团	董事长
6	李清友	7498.50	中泰华威国际投资有限公司	董事长
7	孙荫环	4459.2	亿达集团有限公司	董事长
8	杨卓舒	708	卓达集团	董事长
9	杨勋	1000	真维斯	董事长
10	李爱君	13800	深圳航空城实业有限公司	董事长

表 5-3 2009 中国慈善企业排行榜

排名	公司名称	08 年捐赠金额（万元）
1	加多宝集团	10000
2	中国人寿	7600
3	顶新国际集团	7000
4	恒源祥	5443.08
5	强生（中国）	3526.89
6	深圳市月朗科技有限公司	2069.9
7	河北前进钢铁集团有限公司	1676.79
8	湖南浏阳河酒业有限公司	1124
9	TCL 公司（民营）	1000
10	元晶龙实业集团有限公司	554.94

数据来源：http://gongyi.sina.com.cn 2009 年 04 月 28 日 16:02 公益时报。

表 5-4 2010 中国慈善家捐赠排行榜

排名	姓名	09 年捐赠金额（万元）	单位名称	所在行业
1	黄如论	98848	世纪金源集团	房地产
2	牛根生	41856	蒙牛乳业有限公司	乳品业

排名	姓名	09年捐赠金额(万元)	单位名称	所在行业
3	陈光标	37300	江苏黄埔再生	综合业
4	陈发树	10000	新华都集团	综合业
5	黄志源	10000	印尼金光集团	造纸业
6	伍义江	10000	收藏家	文化业
7	李清友	7456	中泰华威国际	金融业
8	徐文荣	7228	浙江横店集团	文化业
9	李兆基	7050	房地产	房地产
10	许家印	6496	恒大地产集团	房地产

数据来源:http://gongyishibao.com/dzb/20100427/公益时报电子版内容选摘。

四、企业环境责任的成就

企业环境责任主要是指"致力于可持续发展——消耗较少的自然资源,让环境承受较少的废弃物"。企业作为对环境和资源的直接影响者,从投入到产出的整个生产经营过程,有责任将任何形式的环境污染和资源浪费减少到最低限度;有责任治理、消除自身造成的污染;有责任美化生产经营环境;有责任结合自身生产经营特点就环保问题开发新产品;有责任结合自身经营活动参与社会环保公益事业。在2009年末哥本哈根会议上,我国郑重承诺到2020年,单位GDP二氧化碳排放比2005年下降40%至45%,而且不附加任何条件。

近年来,国务院出台了一系列新能源、节能减排、低碳技术的支持政策,重点能源和科技产业突破,通过各项措施广泛实施,我国能源节约效果显著。一是不断加大淘汰落后产能,"十一五"的前四年,累计分别淘汰炼铁、炼钢、焦炭、水泥和造纸等落后产能2110万吨、1640万吨、1809万吨、7416万吨和150万吨;2006—2008年,全国共关停小火电机组3421万千瓦,淘汰落后炼铁产能6059万吨、炼钢产能4347万吨、水泥产能1.4亿吨;2009年"上大压小"关停小火电装机容量2617万千瓦,分别淘汰炼铁、炼钢、焦炭和水泥等落后产能2113万吨、1691万吨、1809万吨和7416万吨,关闭造纸、化工、酒精、味精和酿造等企业1200多家,通过淘汰关停落后产能,全国新增化学需氧量减排量26.3万吨、二氧化硫减排量84.2万吨;二是主要用能产品单位能耗逐步降低、余热余能利用能力不断提高、能源消费结构更加合理、能源利用效率不断提高，单位 GDP 能耗逐年下降，如"十一五"前四年，全国万元 GDP 能耗累计下降 15.61%，年均降幅 4.15%，具体来说，2006 年降低 1.79%，2007 年降低4.04%，2008 年降低 5.2%；根据能源消费总量和 GDP 年度统计结果计算，2009 年全国单位 GDP 能耗为 1.077 吨标准煤/万元，降低 3.61%（见图 5 - 14），

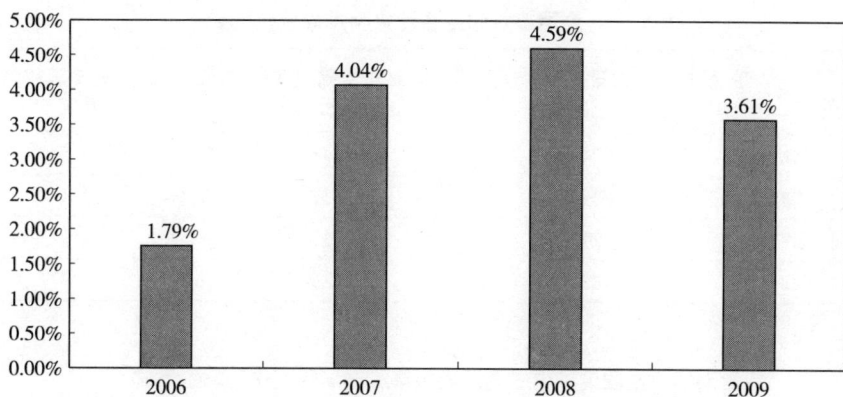

图 5 - 14　2006—2009 年中国单位 GDP 能耗降低率（单位：%）

截至 2009 年底，我国实现单位 GDP 能耗累计下降 14.38%；三是清洁生产全面开展，2009 年继续保持了双降的良好态势，其中化学需氧量排放总量1277.5 万吨，比上年下降 3.27%，二氧化硫排放总量 2214.4 万吨，比上年下降 4.60%，"十一五"二氧化硫减排目标提前一年实现；四是能源加工转换效率提高，2008 年各种能源加工转换的总效率提高 0.82 个百分点，2009 年能源加工转换总效率 58.63%，较上年提升 0.64 个百分点；五是余热余能利用能力不断提高、能源回收利用成效显著，2008 年，重点耗能企业能源回收利用能量 7176 万吨标准煤，回收利用率为 2.03%，其中黑色金属冶炼及压延加工业回收利用率为 10.66%，回收利用能量 6230 万吨标准煤①；2009 年一季度，重点耗能企业能源回收利用能量 1935 万吨标准煤，回收利用率为 2.25%；六是全国废水、废气主要污染物排放量逐年降低，2009 年二氧化硫排放量为

①　国家统计局：http://www.gov.cn/jrzg/2009 - 10/03/content_1432150.htm，2009 年 10 月 3 日。

2214.4 万吨,烟尘排放量为 847.2 万吨,工业粉尘排放量为 523.6 万吨,分别比上年下降 4.6%、6.0%、11.7%①;化学需氧量排放量为 1277.5 万吨,比上年下降 3.3%;氨氮排放量为 122.6 万吨,比上年下降 3.5%;国控废水和废气重点污染源排放达标率分别为 78% 和 73%,较上年提高 12 和 13 个百分点②。(见表 5-5,表 5-6)。

表 5-5　全国废水和主要污染物排放量年际变化

项目 年份	工业废水排放量 (亿吨)	工业化学需氧量排放量 (万吨)	工业氨氮排放量 (万吨)
2006	240.2	541.5	42.5
2007	246.6	511.1	34.1
2008	241.9	457.6	29.7
2009	234.4	439.7	27.3

表 5-6　全国废气中主要污染物排放量年际变化(单位:万吨)

项目 年份	工业二氧化硫排放量	工业烟尘排放量	工业粉尘排放量
2006	2234.8	864.5	808.4
2007	2140.0	771.1	698.7
2008	1991.3	670.7	584.9
2009	1866.1	603.9	523.6

第二节　中国企业社会责任建设的主要问题分析

尽管我国企业社会责任建设在以上四个方面成绩斐然,但是由于与社会发展不断提升的要求相比,我国各类企业在承担社会责任的方面问题还很多,

---

①　数据来源:根据《中国统计年鉴(2010)》(中国统计出版社 2010 年版)有关数据整理所得。
②　数据来源:中华人民共和国环境保护部:《2009 年中国环境状况公报》(2010 年 5 月 31 日)。

水平还不高。不少企业只注重经济利益的最大化,社会责任感还很淡漠,无视自己在社会保障方面应起的作用,尽量逃避税收以及社保缴费;食品中类似"三聚氰胺"、"漂白口蘑"事件,建筑行业的"豆腐渣"工程,医疗事故报道也屡见不鲜;在生产安全方面,矿难事件死亡人数屡创新高,其他行业工人的职业病数量也是与日俱增;还有不少化工或者与环境相关的企业唯利是图,严重破坏自然生态环境与百姓生活环境,给百姓身体健康和可持续性发展带来巨大危害。

一、企业经济责任的问题

以往企业单纯追求经济效率的历史导致了大量社会问题的发生。为了片面追求利益最大化,企业缺少劳动权益维护、环境保护、安全保护等方面的投入,甚至损害劳动者及消费者的合法权益;而且企业普遍缺乏诚信,恶意违约、破产逃债、虚假信息披露等屡见不鲜,更有甚者,有些企业一味追求高额利润,置法律于不顾,不愿投资于环境保护方面,甚至严重地破坏和污染环境。

第一,中国企业能源和资源消耗高、产出效率比较低。近年来,中国企业在转变传统增长方式方面取得了很大的进步,但结构性矛盾依然尖锐,增长方式远未实现全局性、根本性的转变,外延粗放型特征依然十分明显。受这种增长模式的影响,企业较少考虑环境保护,将利润建立在破坏和污染环境的基础之上,导致经济、自然与环境之间产生大量的不和谐,主要表现为:能源和资源消耗高、产出效率比较低。改革开放30年来,GDP增长率年均为9.5%,在大部分时期,投资在GDP中的比重大于40%,其中2001年为49.9%,2003年为63.2%,2009年为95.2%(见图5-15)。中国经济结构中的主导产业一直是重工业,在1985年,重工业比重占国内工业总产值的55%,1990年降到50%,2000年回升到60%,2005年高达69%,2009年71%(见图5-16)。在经济增长和城市化进程引起的大规模基础设施投资的推动下,重工业尤其是高耗能产业在近几年经历了快速的发展。因此,只要中国快速成为中等收入国家的愿望不变,重工化和高耗能产业,也就是能源消费的高增长不可避免。

第二,我国部分企业在纳税、提供就业岗位等方面责任缺失。企业应当通过合法经营,依法向政府纳税来承担支付使用公共资源的费用,并接受政府的干预和监督,不得偷税、逃税、漏税和非法避税。然而媒体曝光,有的企业是

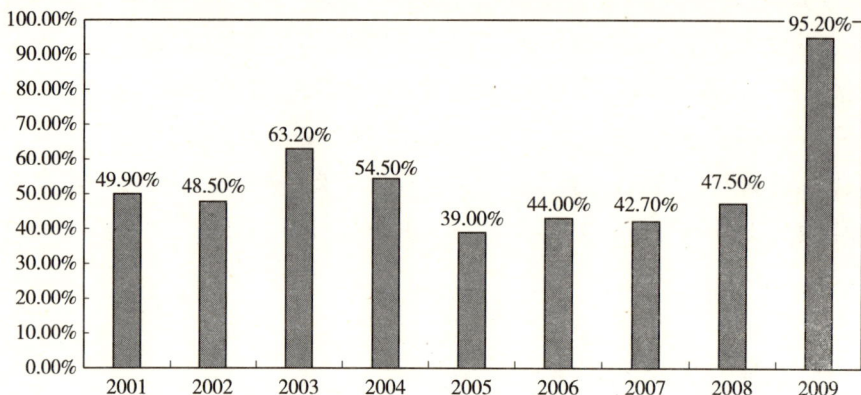

图 5-15　2009 年资本形成总额对国内生产总值的贡献率

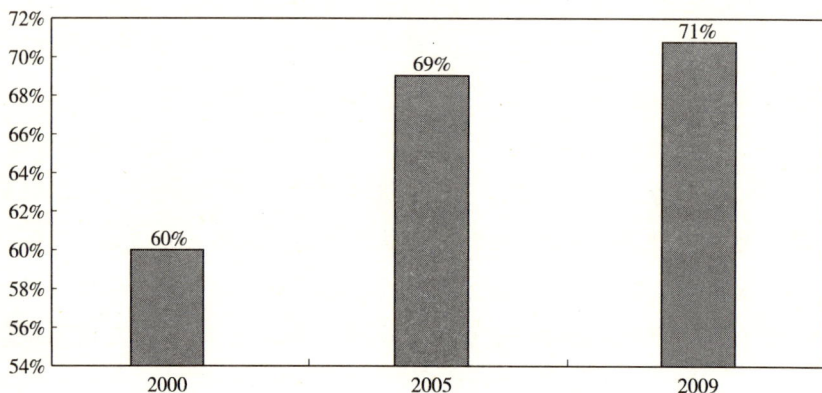

图 5-16　重工业占国内工业总产值的比例

"赢利大户"却不是"纳税大户",想方设法偷税漏税,被媒体和公众评价为"为富不仁",连最基本的守法经营的社会责任都没做到,更别说其他深层意义的社会责任。同时,很多企业管理者还存在着"解决就业是社会责任而不是企业责任"的误区,部分企业在提供就业岗位方面的责任缺失。金融危机对我国实体经济的影响,主要表现在对工业企业的影响,其中又是劳动密集型企业、出口加工型企业影响比较大。在这些企业中,农民工是主体,所以农民工受到的冲击影响最大。金融危机困境下的好多企业,降薪减员、把人员推向社会而加大就业压力。从 2009 年第四季度开始,大约有 40% 的企业都出现了岗位的净减,增减相抵,大约企业岗位净减在5%左右。以此推算,全国大约失去工作岗位的有300万。城镇新增就业人数出现大幅的下滑,城镇登记失业率上升。由于应届毕业生这一群体缺乏实际工作经验,企业必须投入一定的培训、管理成本以使其掌握和提高工作技能。然而有些企业不能牺牲一部分暂时利益,不愿意吸纳没有经验的应届毕业生就业。而国家和社会为其成长投入了大量成本,如果他们不能顺利就业,一定程度上说,知识折旧会使此前的投入因渐渐丧失产出能力而成为沉没成本。

二、企业伦理责任的问题

第一,部分企业伦理责任缺失,劳工权益受到严重侵害。我国部分企业还处于原始资本积累(创立)阶段,伦理责任观念淡薄,伦理责任缺失,主要体现在员工基本权益无保障、劳资关系紧张、生产生活条件差、违法侵权行为等方面。尽管《劳动合同法》实施后,合同签订率上升,企业用工理念有一定的转变,但珠三角地区的企业变相"炒人"以及频发的劳资纠纷显示员工的利益仍然受到严重侵害。例如有些企业老板采取三个月换一批员工,这样一来当员工的职业病或职业中毒发作的时候,他们已经离开了原来的企业;一些企业妇女一旦怀孕,就逼迫她离开,对于从事有毒工作的妇女,导致婚后生育畸形的情况也时有发生。

随着经济社会转型加快,劳动用工方面出现的新情况新问题不容忽视。一些企业在劳动管理上的违法违规现象仍然十分严重,表现在劳动合同、工资、劳动时间和职业安全等各个方面。据卫生部2009年上半年通报2008年全国职业卫生监督的结果,我国劳动者安全生产权益保障状况不容乐观。2008年新发各类职业病13744例,其中尘肺病占职业病报告总例数的78.79%。全国累计报告尘肺病人58万多例,加上每年新增尘肺病例约1万例,健康生产问题非常严峻。安全生产事故频发的另一个领域是矿产采掘业。据国家安监局网站发布的文件,2009年上半年仅煤矿发生安全事故就有749起,死亡1175人①。在薪酬方面,尽管"欠薪"现象有所好转,但延长劳动时

---

① 数据来源于国家煤矿安监局副局长、国家安全监管总局新闻发言人黄毅2009年7月17日的发言。

间,不提供社会保障、非法使用童工现象依然很严重。2009 年,事故总量仍然很大,重特大事故时有发生,非法违法、违规违章生产经营仍然十分严重,安全生产投入不足、安全保障能力薄弱,安全管理不严不实等问题比较突出,当前全国安全生产形势依然非常严峻。2010 年 1—5 月份,全国范围内煤矿安全生产事故总量比 2009 年同期下降了 15.3%,但是全国煤矿事故共死亡 1012人,死亡人数增长了 1.2%①。我国煤矿重特大安全事故仍然突出,必须看到安全生产形势依然十分严峻,主要表现为非法违法生产经营行为屡禁不止,重特大事故多发频发。2010 年以来,不到半年时间内,全国发生了 5 起特别重大煤矿事故,其中 3 起属于技改整合矿井非法违法生产导致的事故,2 起属于国有大型煤矿在建矿井违规违章导致的事故。

　　第二,企业不诚信经营,制售伪劣产品,消费者权益受损。近年来,我国由企业失信引发的重大事件呈现多发趋势。企业诚信危机侵害了企业等各方权益,破坏了经济和社会环境,成为一大公害。诸如一些蔬菜、水果中普遍残存化肥、农药等物质,使这些食品的安全状况令人十分担忧;在食品加工中超量使用食品添加剂和其他化学用品;一些黑心肠的企业、个体工商户受金钱的驱使,在加工食品的过程中往往违规使用、超标量使用食品添加剂、抗生素、激素,甚至不惜掺加有毒有害的化学用品;制造、加工食品的过程中使用劣质原料,给食品安全造成极大隐患;食品中的重金属污染严重。企业漠视消费者的权益,对消费者健康极不负责的事件最典型的是 2008 年中国乳业的三聚氰胺丑闻了,其导致受到奶粉影响的儿童达到 3000 万,国家花了 20 亿。2009 年,国家工商管理总局共受理消费者申诉案件 66.05 万件;查处侵害消费者权益案件 8.73 万件;查处制售假冒伪劣商品案件 8.93 万件,其中消费者关于产品质量投诉有 636799 件,涉及金额 63557 万元,因经营者有欺诈行为得到加倍赔偿的投诉 6060 件,投诉中涉及企业社会责任问题(包括企业质量、诚信问题)的占了 80.7%②(见图 5 - 17)。在投诉热点方面,电视购物、航班延误、互联网服务、保健食品、预付美容费、假冒农资和计算机维修方面问题最多。

---

　　① 根据国家安全生产监督管理局局长骆琳 2010 年 6 月 22 日讲话内容整理所得,国家煤炭工业网:http://www.coalchina.org.cn/page/info.jsp? id=21734。
　　② 数据来源:国家工商管理总局:http://www.saic.gov.cn/。

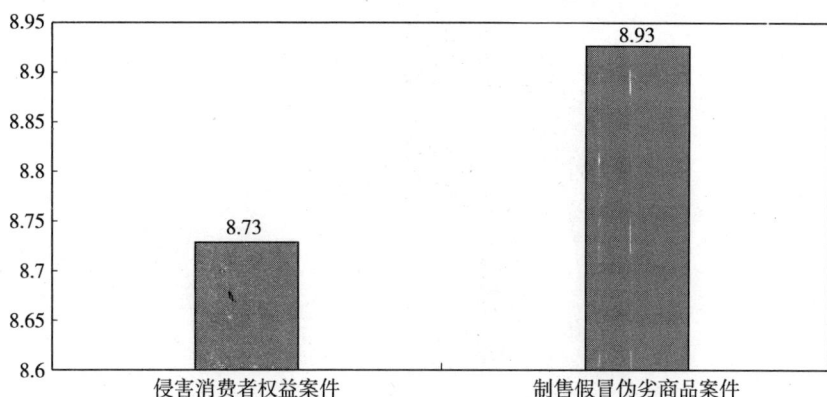

图 5-17　2009 年国家工商局查处的制售假冒伪劣商品和
侵害消费者权益案件(单位:万件)

　　为了获取更大利润,有的企业尽量压低成本,制售"假冒伪劣"产品,食品安全得不到保障。据中国工商总局统计,2009 年第一季度全国工商行政管理机关共查处制售假冒伪劣商品案件 17093 件,比上年同期增加 1021 件,增长 6.35%,其中立案查处案件 14692 件,增加 1190 件,增长 8.81%,案件总值 23014 万元,增加 1283 万元,增长 5.90%,罚没金额 8266 万元;流通环节食品安全案件 10532 件,其中立案查处案件 8442 件;从违反法规看,违反产品质量法规案件所占比重较大,共查处 7296 件,比上年同期增长 2.73%,占查处制售假冒伪劣商品案件总数的 42.68%;违反商标法规案件 2335 件,占 13.66%;违反消费者权益保护法规案件 1774 件,下降 34.66%,占 10.38%;违反其他法律法规案件 5135 件,占 30.04%(见图 5-18);从侵权行为看,在商品中掺杂使假、以假充真、以次充好或以不合格商品冒充合格商品案件 5275 件,占查处侵害消费者权益案件总数 27.27%;对消费者提出修理、重作、更换、退货、补足商品数量、退还货款或赔偿等要求拖延或拒绝案件 1533 件,占 7.93%;生产、销售的商品不符合保障人身、财产安全要求案件 1326 件,占 6.86%;生产国家明令淘汰商品或销售失效、变质商品案件 1213 件,占 6.27%;伪造商品产地、伪造或冒用他人厂名、厂址,伪造或冒用认证标志、名优标志等质量标志案件 1211 件,占 6.26%;对商品或服务作引人误解的虚假宣传案件 795 件,占 4.11%;销售的商品应检验、检疫而未检验、检疫或伪造

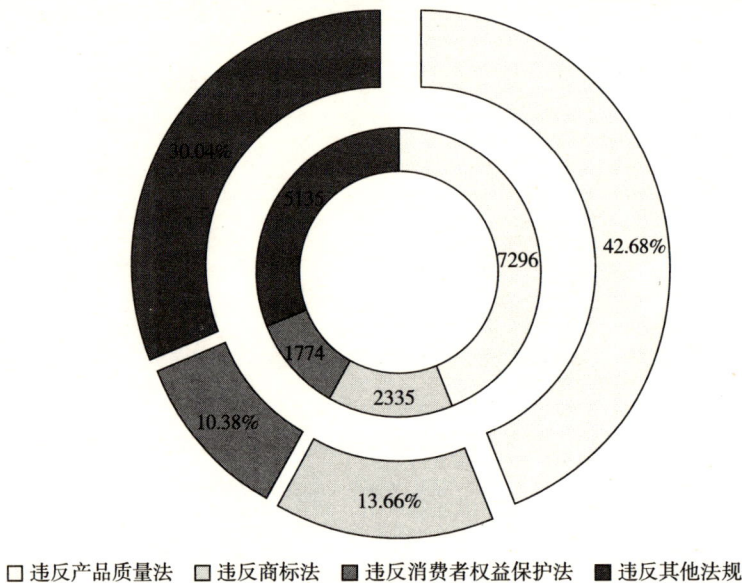

图 5 - 18　2009 年从企业违反法规种类和数量看其对消费者的责任缺失(单位:件)

检验、检疫结果案件 351 件,占 1.81%①(见图 5 - 19)。假冒伪劣产品给消费者带来很大的伤害,严重的危及生命。这样的例子很多,这些企业不仅是伦理责任的缺失,而且丢掉了企业赖以存在的根本责任,丧失基本的社会道德规范,给社会造成了恶劣的影响。

三、企业慈善责任的问题

乐善好施是中国的传统美德,"送人玫瑰手留香",唯有好的捐赠表现能够带来好的绩效回报,社会公益事业才能与企业的财富增长和谐共进。作为一种思想理念,慈善思想在中国源远流长,但作为一种事业,慈善事业中国则起步较晚。尽管近年来我国的慈善事业有了长足发展,但因为我国企业慈善理念不够成熟、慈善规模较小、慈善活动过程也存在很多问题,我国企业承担的慈善责任十分有限。

---

① 国家工商总局门户网站:《2009 年第一季度食品安全监管和消费者权益保护基本情况》,www.saic.gov.cn。

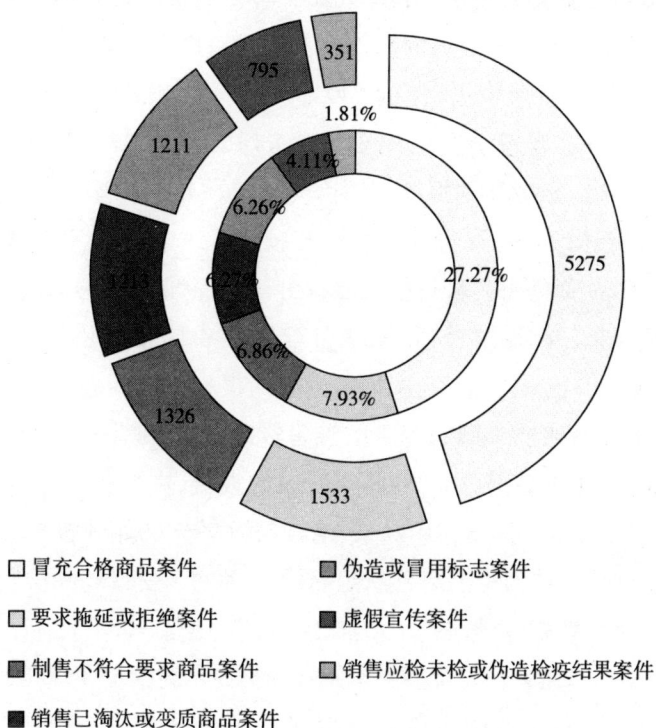

图 5 - 19　2009 年从企业侵权行为案件数量和比例看其对消费者的责任缺失(单位:件)

第一,我国企业慈善理念不够成熟。从我国的现状来看,许多企业的管理者慈善公益理念尚未形成,企业参与公益慈善活动的积极性不高。在我国,不少人往往把企业家捐赠和企业捐赠混淆在一起,绝大部分企业本身并没有专门的慈善计划,也有不少企业家根据个人的偏好挪用企业的资源,慈善理念明显不成熟。另外,我国现有慈善机构大多依附于政府机关,主要依靠政府劝募,而慈善资源的动员力量弱小,民间救助的存在和发展举步维艰。尽管近年来我国的慈善事业有了长足发展,有不少企业在公益捐赠方面也作出了很大的贡献,更多的企业把捐赠当做回报社会,还没有把慈善和发展战略以及商业利益结合起来,没有形成规范化、制度化的运作机制,企业慈善事业在慈善文化方面表现不尽完善。这就使得我国企业的慈善捐助基础脆弱和不稳定,慈善事业缺少长久的动力。

　　第二,我国企业慈善规模比较小。2008 年 6 月 27 日,美国微软公司创始人比尔·盖茨从这家世界最大的软件公司执行董事长的职位上退休,将把主要精力投入到慈善事业中去,他的 580 亿美元个人财产会全数捐给名下的"比尔及梅琳达·盖茨基金会",用于资助全球的教育和医疗项目,其子女不会得到一分一毫。索罗斯的捐款比例达其资产的 43%,美国钢铁大王卡内基在去世前更是捐出了自己的全部财产。相较而言,中国内地不乏富豪慈善家,但通过福布斯、胡润等慈善排行榜可以看出,中国企业的慈善规模和单个企业捐款额还相当少。慈善作为"第三次分配",在中国发展依然严重滞后,如 2010 年美、英、印、巴、中五个国家捐赠中国仅相当于其 GDP 的 0.01%,而美国慈善机构掌握着占 GDP 2.2% 的慈善资源,其他国家也高出中国许多①(见图 5‑20)。中国慈善总会 2009 年发表的报告显示,我国逾 1000 万家企业中有过捐赠记录的尚未达 10 万家,也就是说 99% 的企业没有参与过慈善公益事业②,即使被称为中国慈善新纪元的 2008 年(受雪灾和汶川地震的影响,该年社会各界捐款踊跃),大陆地区企业捐款 388 亿元,仅占 GDP 0.129%;而据约翰斯·霍普金斯大学统计数据显示美国早在 2001 年,来自遗赠、基金会和企业的捐款就达到了 2120 亿美元,所占国内生产总值的份额达到了 1% 左右。可见中国企业慈善责任践行方面与美国企业家的巨大差距③。

　　第三,我国企业慈善活动形式比较单一。中国企业参与慈善事业的主要形式仍限于各类捐赠行为,主要以资金为主,企业慈善活动形式相对单一。国外跨国企业的捐赠方式则多种多样,技术、设备、产品和资金等捐赠方式都有。相对于财物或资金捐赠,国外跨国企业更倾向于参加一些公益活动和志愿行动,培育或宣扬慈善理念。比如比尔·盖茨捐出所有的个人财产后准备把未来的人生全部奉献给慈善事业,换句话说,他将穷尽余生为社会中的弱势群体服务,他捐赠的已经不仅仅是财产,而是"连人带财"一起捐出。1889 年,美国私人慈善事业的伟大奠基者之一安德鲁·卡内基在《财富的福音》一书中写

---

①　数据来源于中国社科院 2010 年 11 月 2 日发布的《慈善蓝皮书》。
②　邹东涛、黎友焕、张俊发:《中国企业公民报告(2009)》,社会科学文献出版社 2009 年版。
③　景华明:《我国企业社会责任建设的进展、问题及对策》,《学习月刊》2010 年第 4 期。

道:"过不了多久,那些遗留下巨额财富(而不在有生之年将之捐赠出去)的人们就会受到公众的唾弃,在巨富中死去,是一种耻辱。"①所以西方发达国家的捐赠已经不仅仅是金钱,更加重要的是,他们捐赠的是一种精神,即向社会捐出了一种无形财富。

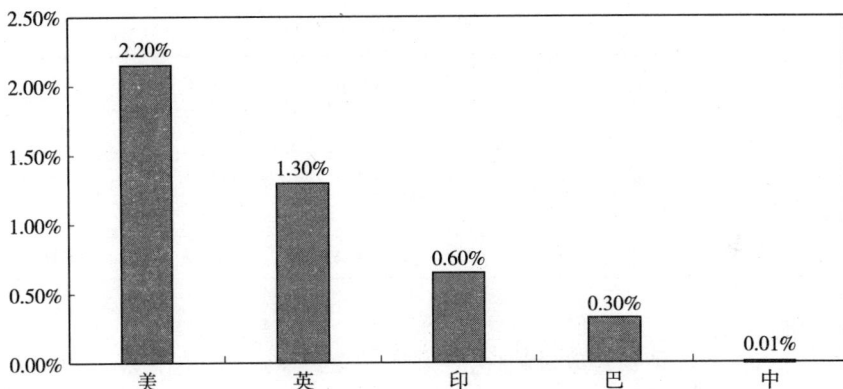

图5-20　2010年美、英、印、巴、中五个国家捐赠所占GDP百分比

四、企业环境责任的问题

在企业社会责任的四个部分中,中国企业最差的是环境责任,节能减排提的很多,但很少有企业把它当成企业责任的一部分承担,造成生态和环境破坏的原因虽然是多方面的,但主要的污染源头是企业。据估计,我国工业企业污染约占总污染的70%,其中工业企业污染中的50%是因为企业管理不善造成的。例如对化工、石油等部门的一些重点企业的调查发现,由于管理不善,有的企业的废料流失率高达86%。企业管理存在的问题中,固然有产权不清、市场机制不灵等因素的影响,但企业社会责任的缺失也是其中不可忽视的原因。此外,中小企业的污染物排放总量增长较快,在全国污染物排放总量中的比例迅速提高,并成为中国环境污染的主导因素,如中小型煤炭、冶金、电力、建材、焦化、印染等企业。据国家统计局和国家环保总局调查,在4200多万户

---

① ［美]安德鲁·卡内基:《财富的福音》,杨会军译,京华出版社2006年版,第65—69页。

中小企业中,80%以上的工业生产存在污染问题,占中国污染源的60%。根据环保总局网站上公布的2010年中国环境普查结果,全国主要污染物排放总量、废气中有害气体总含量、工业固体废物总量、工业危险废物总量这些指标在国际排名都很靠前,当人均GDP突破3000美元,这意味着我国环境污染状况可能已达峰值,我国防止污染的形式仍然严峻(见表5-7)。

表5-7　我国近三年主要环境污染简况

污染指标	2009年	2008年	2007年
工业废水排放总量(亿吨)	234.3	241.6	246.6
工业二氧化硫排放总量(万吨)	304	1991.4	2140
环境污染与破坏事故次数(次)	418	474	462
污染与破坏事故直接经济损失(万元)	43354.4	18186	3016

第一,主要污染物排放量超标,生态环境受到不同程度的破坏。目前企业仍然过多地关注经济利益而忽视环境保护,企业的环境保护责任存在重大的缺失。这种缺失直接导致了企业不合理的生产经营行为,其结果必然是自然环境的污染和恶化。《中国海洋环境质量公报》显示,2009年我国全海域未达到清洁海域水质面积约14.7万平方公里,比上年增加7.3%;海水中的主要污染物依然是无机氮、活性磷酸盐和石油类;局部海域沉积物受到重金属、石油类污染;部分贝类体内污染物残留水平依然较高。2009年,国家海洋局对入海排污口特征污染物监测结果显示,河流携带入海的污染物总量较上年有较大增长,实施监测的457个入海排污口中,73.7%的入海排污口超标排放污染物,部分排污口邻近海域环境污染呈加重趋势;铜等重金属在长江口、珠江口海域的大气输入通量仍呈上升趋势①。

第二,环境污染事故时有发生,造成直接损害严重。随着城市化速度和工业化速度的加快,以及一些地方唯GDP至上,导致环境与发展的矛盾日益突出,突发性环境事件进入高发时期,特别是污染严重时期与生产事故高发时期

---

① 数据来源:中华人民共和国环境保护部:《2009年中国环境状况公报》(2010年5月31日)。

叠加,环境风险不断增大,重大环境灾害事故发生的概率上升,城市环境安全不断受到挑战;此外,群体性环境事件也呈迅速上升趋势,成为影响社会稳定的"导火索",这跟企业的环保责任也是息息相关的。受利益驱动影响,一些污染严重的小煤矿、小炼油、小水泥、小玻璃、小钢铁、小火电、小造纸等,虽然多次被国家明令禁止,但一些企业却肆意消耗水资源,一些用水量或排污量大的工业企业规划建设在沿江、沿河地带,污染物直接排入水体,结果导致水质变差。近几年来,我国重大环境责任事故频发,如2009至2011年初各地血铅事件频出,因主要铅冶炼企业污染导致陕西省凤翔县851名儿童铅中毒、湖南1300多名儿童铅中毒、云南省的200多名儿童也出现了铅中毒的迹象、河南省有968名少年儿童需要驱铅治疗、江苏大丰市51名儿童查出血铅含量超标、四川省内江市隆昌县渔箭镇94名村民血铅异常(其中儿童88人)、湖南郴州市两县城铅中毒者超过300人、云南大理鹤庆县84名儿童疑似血铅超标、安徽省怀宁县高河镇100多名儿童血铅超标;2010年大连输油管爆炸不仅造成了附近地区空气污染,而且有一定数量的原油流入大海,被海风吹起的海浪都呈现明显的黑褐色,被污染海域一眼望不到边;紫金矿业9100立方米废水外渗引发汀江流域污染;浙江淳安县一个铅锌矿场的污水处理池发生塌方性泄漏,导致部分污水流入千岛湖支流,威胁到千岛湖水质安全,这些给人们造成的损失和危害深远。

第三,在可持续发展方面,我国的生产效率不高,能耗严重。受外延粗放型增长模式的影响,我国企业较少考虑环境保护。更有甚者,有些企业将利润建立在破坏和污染环境的基础之上,导致经济、自然与环境之间产生大量的不和谐,企业恶性消耗自然资源现象比较普遍,缺乏节约资源的观念,单位能源创效益水平远低于发达国家平均水平。目前,中国能源利用效率比发达国家低约十个百分点,产值能耗比世界平均水平高两倍,是世界上产值能耗最高的国家之一。我国能源资源消耗过重,资源利用效率过低,再生率不高,循环经济比较落后,目前能源利用率仅为33%,工业用水重复使用率为55%,矿产资源总回收率为30%,分别比国外先进水平低10个、25个和30个百分点(见图5-21)。可以看出,企业在处理环境、资源、可持续发展方面的关注度相对较小,进一步提高能源利用效率,切实保护环境,维护环境的可持续发展,是我国企业面临的一个重大问题。

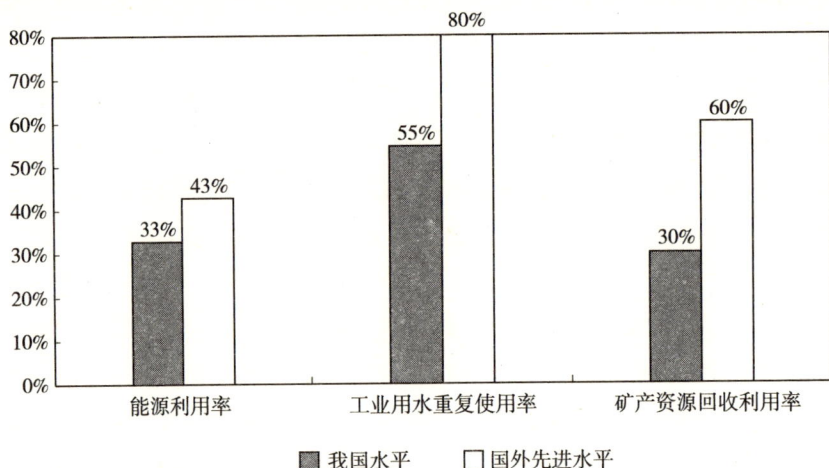

图5-21　我国循环经济水平与国外先进水平比较

第三节　中国企业社会责任缺失的原因分析

一、企业管理者社会责任观念淡漠

企业承担伦理责任的状态,很大程度上还有赖于企业经营者的思想观念、思想境界、受教育程度及管理水平等。我国中小企业大多采取家族式、小作坊式、劳动密集型、技术含量低的生产方式,他们主要凭自己的实干苦干和个人经验来开办和管理企业。许多企业管理者没有受过正规教育,科学管理和法律知识欠缺,管理中情感因素、随意性强,对短期不能见效的理念多无暇顾及,其社会责任认知度低,对企业社会责任理解存在很多误区:如履行社会责任是有能力承担的大企业的事;企业社会责任与企业的长期发展战略无关;履行社会责任会增加企业负担和成本等。由于眼界及素养的局限,许多企业经营者只注重短期利益,上面谈到的种种企业社会责任问题,实际反映出企业没有树立伦理经营的理念,企业经营者社会责任观念的淡薄。

企业缺乏履行社会责任意识与社会责任理念,直接导致企业社会责任的履行能力不足。当前中国企业社会责任缺乏从本质上讲是由于缺乏企业社会责任意识,企业承担社会责任的约束机制和激励机制还没有建立,以人为本的和谐发展价值观还没有形成(孔令军,2008)①。一方面,企业家单纯追求利润最大化是制约企业社会责任建设的主要因素。目前中国很多企业在管理理念上还是停留在通过增加员工的劳动强度、延长劳动时间来求得企业经济利益,忽视员工的权益,没有树立以人为本的经营理念,经营者和管理者缺乏社会责任意识,不把改善员工的工作条件和环境以及安全保障等问题提上日程,只是依靠单纯的压低劳动力价格,降低劳动力成本来谋求表面的、短期的利益,从而导致员工积极性下降,最终导致企业劳动效率降低,在事实上反而是增加了企业的成本。另一方面,中国很多企业缺乏开放式的经营和长远发展的战略思想,仅仅将目光摆在眼前和企业内部,未能把企业的生产力和整个社会联系起来,不惜以牺牲整个社会的利益来满足企业的眼前经济利益,没有认识到一个企业只有融入社会才能在社会上长足发展。

二、社会力量的维权意识薄弱

社会力量的维权意识薄弱可以从两个方面来讲:一方面,企业员工的维权意识薄弱。一是因为中国的劳动密集型企业占多数,很多企业员工的文化素质较低,在企业没有设立专门的社会责任机构的情况下,企业员工缺乏进行自我教育、自我保护的意识及基本的法律常识,不知道自己应该有哪些权益,更不知道当这些权益遭受损害时,应该怎样去争取和运用法律来保护或者申诉;二是因为目前中国的整体就业形势不容乐观,在激烈的竞争环境和压力下,企业员工权益遭受损害时,往往选择忍气吞声,这也助长了许多企业不良现象的出现。另一方面,社会维权意识薄弱可以从消费者的角度来看。消费者因为缺乏法律常识,不懂得该如何去维护自己的权益;法律本身的欠缺也是影响消费者维权的一个重要原因,有的企业通过法律漏洞,钻法律的空子,消费者处于弱势;由于消费者维权程序较为复杂,需要花费很多人力,甚至是财力,而消费者常常不愿意为了一两个小物品而去大费周章(蒋黎黎,2009)②。

---

① 孔令军:《转型时期中国企业社会责任研究》,吉林大学2008年博士学位论文。
② 蒋黎黎:《中国企业社会责任的构建与完善》,合肥工业大学2009年硕士学位论文。

三、社会监督不力,企业违规缺乏刚性约束

企业社会责任看似主要是企业自律问题,但实质上企业既是一个经济组织,又是一个社会组织,其生产和经营活动受社会的影响和制约,反过来又影响着社会。企业靠社区提供人力、市场和环境资源而得到发展,同时企业发展也为社区就业,提高居民收入,改善社区基础设施,促进地方经济发展作出贡献。因此,企业是否承担社会责任、承担多少,必然受到各级政府和各种非政府组织、公众及媒体等社会力量的影响。在发达国家,企业社会责任并不是完全靠企业自身的觉醒形成的,很重要的因素就是靠市民社会的基础和各种社会运动的推动发展起来的。但是在中国,目前既缺少市民社会的基础,又缺乏各级政府和各类非政府组织社会运动的强力推动,而作为舆论先导,我国媒体对企业社会责任运动的宣传力度也远远不够①。

虽然中国法律法规颁布了有关企业社会责任的条例,但相关执法力度不够,消费者对一般规模企业的影响力有限,以及侥幸的企业认为自己的行为不会被利益相关者反抗而得过且过,尽量逃避应尽义务。企业因为不履行社会责任而受到的惩罚不足以对企业产生警戒和约束。违法成本过低,诱发企业敢冒风险实现利润最大化,把成本转嫁给利益相关者。违规收益远远大于违规成本,这对于守法的企业来说,很不公平。这种现象容易诱导守法企业放弃社会责任,造成"劣币驱逐良币"的后果。

四、我国立法滞后,企业参与慈善的动力不足

通过中国企业慈善责任问题分析不难看出,与发达国家企业参与慈善的程度相比,当前我国企业的慈善社会责任建设情况不容乐观,探究此差异存在的原因,可以概括为:

第一,我国有关慈善立法滞后。法规政策滞后是我国企业慈善事业停滞不前的原因之一,如非公募基金的建立困难就是慈善事业发展不完善的一个表现。2005年颁布的《基金会管理条例》是规范公益分配的基础立法之一,但是在非公募基金会设立权利上,原本规定只要200万元的私人资金便可以注册,但条例中关于必须有一个官方主管单位才能在民政部门注册的要求,使企

---

① 燕补林:《我国企业社会责任现状分析及其对策》,《商业研究》2009年第5期。

业非公募基金会的设立失去了法律依据。《中华人民共和国企业所得税暂行条例》和《中华人民共和国个人所得税法实施条例》规定,对国内企业的慈善和公益捐赠"在年度应纳所得税额 3% 以内部分准予扣除"。2001 年财政部和国家税务总局联合下发的《关于完善城镇社会保障体系试点中有关所得税政策问题的通知》规定,对企业、事业单位、社会团体和个人向慈善机构、基金会等非营利性机构的公益、救济性捐赠,准予在缴纳企业所得税和个人所得税前全额扣除。尽管法律、法规在不断出台、完善,但直到现在,税收优惠政策的作用仍然不明显,税收优惠法律仍不具可操作性①。

第二,慈善机构发展水平的制约。目前,我国公益机构的数量十分有限,而其中运作相对成功的就更少且这些机构也远没有形成市场化的竞争局面,如此渠道不畅的局面在很大程度上制约了企业的慈善行为。而在此基础之上的社会捐赠往往带有极强的行政指令色彩和硬性摊派性质,也在一定程度上影响了捐赠的积极性与质量。与此同时,我国公益机构在自身的管理与运作方面也存在着未能开发足够的捐赠对象和项目、捐赠人可选择的范围过小、工作人员专业素质差、工作效率不高、专业化能力不强、运作的透明度和公信力不强等种种缺陷与不足。在种种因素的作用之下,也就制约了我国慈善事业的发展。

第三,我国社会公众慈善理念缺失,企业参与慈善的动机和决策不足。我国现阶段正处于社会转型时期,在人们的观念当中,各种价值观碰撞,慈善事业发展所需要的人心向善的风气远未形成,抱有消极看法和持观望态度的人居多。与此同时,在多数人的观念当中,行善只是单纯的道德追求,而没有将其提升到社会责任的层面上,不能将其看做是社会分工的产物及不断发展的社会事业。由此看出,公众对于慈善事业缺乏科学经营管理的正确理念。在此背景下,相对于国外公众普遍对慈善事业的参与与认可程度,我国企业则存在参与慈善事业欠缺公众支持力量的现象。当前,我国大多数企业仍然处于事业发展时期,企业的首要目标是取得最大利润以期达到企业长期存在并发展的目的,在这种理念的影响下,企业很难从长远的可持续发展战略的高度上参与慈善事业。与此同时,正由于企业对于参与慈善事业的不重视,企业慈善

① 资料来源于黎友焕教授研究团队主编的《中国企业公民报告(2009)》。

理念和社会责任意识淡薄,导致企业无法提高对社会的影响力与号召力。万润房地产策划有限公司 CEO 陆万东对中国富豪大加批判,指出与盖茨的财富观相比,中国的富豪大多把财富视为追求名利、追求个人价值的手段和目的,他们普遍缺失这种将巨额财富回报社会的慈善文化和心理认同①。

五、地方政府片面追求目标 GDP,环境污染严重

地方政府为了发展经济而片面注重企业的利润和税收,地方政府的中心任务就是发展经济,从这一中心任务出发,片面注重企业的利润和税收,并以此作为衡量当地经济发展和政绩的重要标准,忽视企业对于环境等造成的破坏。有些地方政府为了发展经济而纵容企业的行为,在经济增长和环境保护处于两难之时,以"发展就要有污染,发展总是要有代价的"为借口,毫不犹豫地选择增长。采取粗放型的经济增长方式,高投入、高消耗、高排放,使资源枯竭、生态环境恶化。在环境保护方面,我国已经制定了 9 部环境保护法规、15部自然资源法规,批准和签署了 51 项多边国际环境条约,1600 余项地方环境规章等。但是,效果却不甚明显,每年全国环境污染事故多达 2 万件,并且不管多大的事故,一般都以经济惩罚而告终,很少有官员被问责、相关责任人被处理的。这样使很多企业从违法中受益,导致企业社会责任的进一步缺失。

在中国市场经济发展初期,无论是地方政府还是企业自身,考虑环境因素的比较少,人们把目光更多地放在经济蛋糕的增长问题上,更多地关注 GDP数字的攀升。一些地方政府在经济政绩观影响下以牺牲环境为代价片面追求经济增长,使一些企业在污染治理上根本不采取任何措施,以至于严重环境污染的情况时有发生。比如采矿区的企业多数为追求短期利益对资源进行无节制的开采利用,他们对环境保护和生态保护的观念薄弱,使得中国许多宝贵资源流失严重,森林面积减少,生态平衡被破坏,全国污染物排放总量大,主要污染物排放量超过了环境容量,同时生态整体恶化的趋势尚未得到有效遏制,水土流失、土地沙化、草原退化问题突出,进一步导致森林生态功能不足,生物多样性减少,生态系统功能退化等(孔令军,2008)②。长期下去,国内资源难以

①　资料根据黎友焕教授研究团队主编的《中国企业公民报告(2009)》整理所得。

②　孔令军:《转型时期中国企业社会责任研究》,吉林大学 2008 年博士学位论文。

支撑传统工业的持续增长,环境难以支撑当前这种高污染高消耗低效益生产方式的持续扩张,地方政府这种片面追求 GDP 的做法将会对经济的长远发展形成制约。

第四节　中国企业社会责任建设的对策建议

企业作为社会财富的创造者,不仅要关注投资人的利益,还要平衡关注其他对企业作出贡献的利益相关者的利益,与政府、公众以及其他机构共同保护生态环境、维护劳工合法权益和诚信经营等。这既是 CSR 内涵的精髓,也是"和谐社会"强调和关注的重点。作者认为:未来我国 CSR 运动的开展要从政府、企业和民众三个层面齐抓共进方可收到实效。

一、政府推进层面,强化政府在企业社会责任中的引领作用

众所周知,政府在规范引导企业行为方面的主导作用不可动摇,政府作为公共管理者和社会公众利益代表者,应该创造科学、合理的制度环境促进企业社会责任的承担。因此,政府应从多个层面为 CSR 运动创造积极健康的成长空间。

(一)完善法律法规和监管制度体系,从宏观层面强制规范企业的经济活动

首先,完善法律法规,监督和约束企业行为。一是以《公司法》、《劳动法》和《公益捐赠法》为核心,不断修改完善企业社会责任相关法律法规,逐步建立和完善企业社会责任法律法规体系,保证立法层面上有关企业社会责任内容都有制度安排;二是要建立和完善我国企业社会责任监督制度体系。企业社会责任从国外引入国内之后,之所以发展缓慢,除了企业履行社会责任本身存在增加成本的负激励以外,还有一个重要原因就是我国企业社会责任的监督体系缺失或者不到位,因此健全监督体制机制显得非常重要。

现阶段尤其要注意将公司社会责任条款系统化、明确化。当前有关公司社会责任的条文不仅散见于不同法律的不同章节,而且相关表述相当模糊,法律的可执行性低。2005 年以前,社会责任法条散见于破产法、产品质量法、消费者权益保护法、劳动法、合同法、环境与资源保护法、税法等法律法规之中。

这些法律法规比较粗糙，有的在可操作性方面存在着只规定了责任和义务，没有对不履行责任和义务的行为进行处罚的条款。因此，应将这些法律的相关条款集中起来，系统化、明晰化，从法律层面解决执行难的问题。

其次，"阳光是最有力的监督者"。我们除了立法层面要有公开透明的制度安排外，操作上要通过建立完善的信息披露机制，鼓励企业发布企业社会责任报告；对于公益捐赠情况可以在网络上公布每笔捐赠的来龙去脉，从而开展有效的监督和制约。这不仅可以帮企业检索企业社会责任行为，统筹所有的数据和信息，对企业社会责任项目进行有效的管理，还可以帮助企业和利益相关者形成持续良好的沟通。

（二）注重对企业社会责任行为的激励和引导

政府可以通过税收优惠、市场机遇、产业准入、融资支持、政府采购等方式直接减轻企业承担社会责任的负担，提升相应承担企业的竞争优势，从而使得企业践行社会责任行为与激励相容。首先，政府要对企业履行责任行为给予政策扶持与财政补贴。政府可以通过对企业的认证费用税前加成扣除、对环保设施投入和环保技术研究费用税前加成扣除、对社会捐助加成扣除等措施，对主动承担社会责任的企业予以经济补助和技术支持，鼓励企业积极参加各类绿色标志认证，激励企业积极投身于社会慈善事业。其次，应完善税法的激励机制。庇古认为，通过把税收确定在边际外部成本的水平上，企业的行为就会与外部成本由它们直接负担时的情况一样，对于负外部性的一般解决办法是征收矫正性税。碳税（carbon tax）是针对二氧化碳排放所征收的一种税，是一种典型的矫正性税，其征收有利于我国的节能减排，经济发展方式转变和科学发展的体制机制完善。通过将企业所得税的减免与企业慈善捐助结合。2008年施行的《企业所得税法》，将企业的捐赠税前扣除比例由3%提高至12%，但由于国家承认的慈善机构有限，税法优惠的激励大打折扣。所以，应科学合理认证慈善机构，让慈善机构健康发展，让企业有诸多捐赠选择对象。

（三）借助社会组织力量，联合推进企业社会责任

一是借助新闻媒体定期举行国家层面的 CSR 评选活动，强化企业承担的社会责任的使命感和责任感；二是借助社会中介机构，尽快在全国各行各业中开展 CSR 评估与评价工作，这是规范 CSR 义务的主要手段；三是建立企业社会责任的惩罚机制，是逃避社会责任的成本提高到足以抵消其收益；四是要使

企业对于承担社会责任所带来的长远收益有良好的预期。

（四）加快政府职能转变、改革干部考核机制并建立各管理部门的联动机制

政府需要加快向责任政府、服务政府转变，并且转变以 GDP 论政绩考核方式，强调以人为本、科学发展、构建和谐社会。为督促各级官员转变执政理念，践行科学发展，形成企业社会责任标准，并将其纳入干部考核体系，形成企业社会责任落实的长效机制。强化官员在执政过程中对生态环保、社会事业等社会性指标的关注，并加大群众满意度在考核中的分值。具体政府应限制高能耗产业发展的同时加快低能耗的第三产业的发展，强化节能管理，加快节能新技术的开发应用，实施节能考核，形成绿色、低碳为主导的社会循环经济发展战略。此举措必将促进官员和企业树立公共责任意识，增强对企业家在履行环保、劳工保护、产品质量等方面的社会责任感。此外，由于企业在生产和经营过程中归属政府不同的管理部门，往往有些问题处于管理的盲点地带。因此，为了增强管理的时效性，通过对政府各职能部门权限的整合和制衡，形成从生产源头到产品销售全程监控的联动机制，最终形成政府、企业、技术研发部门和消费者诸多利益相关者共同参与的"一体化生产经营监管体系"。

总之，政府要通过立法约束和激励政策相互作用，结合政策引导和舆论引导，给中国企业履行社会责任提供了强大的动力。

二、企业推进层面，形成企业伦理责任的企业文化和管理体制

企业作为市场经济的主体与社会经济发展的细胞，其价值取向直接影响到社会经济能否持续稳定发展。因此，提升企业公民意识，让其履行在追求利润最大化的同时，不忘自身应承担维护员工合法权益、安全生产、保护社会环境和热心公益事业等社会责任，这将是 CSR 活动在国内健康规范推进的关键。

第一，转变企业目标，变股东利益最大化为利益相关者利益最大化。由于社会的不断进步，社会伦理对企业提出了更高的要求，它不仅要求企业满足股东或投资人的期望，而且要求满足所有利益相关者的期望，即社会的期望和环境的要求①。传统的企业理论是建立在劳动者附属于非人力资本的基础上且

---

① 黄邦汉：《企业社会责任概论》，高等教育出版社 2010 年版。

按资本获得利润,劳动获得工资分配范式对企业内部收益进行分配。随着知识经济的到来,劳动者,尤其是知识型劳动者对企业的贡献远远超出了资本的贡献。因此,劳动者除了得到正常的工资之外,理应参与企业利润的分配。消费者是企业的"衣食父母",其赞成或反对、用脚投票或用手投票直接决定着企业的市场竞争力和地位。因此,企业应当不断让利于消费者,培植消费者的忠诚。在企业中,由于股东有决策否决权,所以长期以来,劳动者和消费者处于弱势地位,其合法权益经常被股东或企业经理班子侵害。因此,要通过国家制定和颁布相应的法律与法规,如《劳动法》和《环境保护法》等,强制规范企业的经济活动,更主要的是要通过弘扬企业文化,将 CSR 诸多理念渗透到日常的生产管理中,这将是贯彻"以人为本"管理理念的精髓所在。比如,组织发行企业内部 CSR 报刊,接受员工和商业合作伙伴的举报批评;或者定期举办企业员工 CSR 培训班,引导员工形成敏感的 CSR 意识;还可以采取"全员参与"的形式,使之亲身参与到 CSR 发展规划、实施计划的制订中,增强使命感。总之,通过法律、经济等手段,正确处理企业与利益相关者的伦理关系,不断引导企业价值目标转型,变追求股东利益最大化为利益相关者利益最大化,从而使企业经营环境和过程更加趋于和谐。

第二,建立企业社会责任管理体系,对内外部利益相关方的期望进行管理。由于企业的利益相关者受不同的社会环境、产品项目、文化背景、信仰及不同的国家和地区的影响,具有动态性特征,很难有一成不变的利益相关者。因此,对利益相关者的管理将会直接影响到企业社会责任目标的实现。

(一)企业社会责任的内部管理

一是通过采用企业职工代表大会、平等协商、集体合同制度和职工董事、监事制度等来实现员工参与公司治理;二是对企业进行诚信管理,即要求企业在商业运营中对外要守合同、讲信誉,不搞商业欺诈和贿赂等,对内要讲实话、办实事,不欺骗员工和隐瞒股东等;三是建立企业社会责任报告制度,公开企业社会责任报告将有助于社会利益相关方对企业履行社会责任的量化和评价,有利于与社会的沟通和获取社会的理解和支持,以促进企业持续改进不断发展。

(二)企业社会责任的外部管理

一是通过代表消费者利益的民间机构参与相关企业的公司治理,与企业对话协商,对企业日常运行进行监督;二是企业通过技术革新,努力降低能耗等手段对发展所依赖的外部自然环境实施保护;三是企业通过参与社区援助项目、对社会公共机构的支持和与地方科研院校合作,如开展培训、讲座和提供实训场地等处理好与社区相关组织机构的关系;四是在供应链体系内实施企业社会责任,即要求企业社会责任的理念贯穿供应链的各个环节,前后环节之间相互监督、相互协调,共同推动履行社会责任;五是通过遵守当地政府的法律法规,自觉履行社会责任,争取政府的支持和社会的保障,为促进社会经济全面协调可持续发展作出积极贡献。

第三,强化企业自律基础上,广泛开展行业自律。不仅企业自身要增强实施 CSR 行为的使命感、责任感,有的放矢地接受行业合作者的监督也是必不可少的环节,最终在整个行业内形成 CSR 运动的良好环境和氛围。比如,在行业内或者行业间设立"CSR 高管交流论坛",定期交流 CSR 心得。还可通过签署"反不正当竞争、反商业贿赂、拒绝同违反 CSR 的企业合作和关注长远发展"等相关内容的协议,达到行业内自我监督和评价的功效。同时,国有大型企业每年应主动向社会发布 CSR 年度报告,将 CSR 的履行进程向全社会公布。最后可以通过设立"环保日"和"安全生产监督日"等纪念日,并在纪念日内组织开展 CSR 知识竞赛,或进行相关责任行为的自我演讲和宣传等。

三、社会推进层面,加大企业社会责任实践的外部压力

第一,多渠道、全方位开展 CSR 宣传和教育活动。许章润教授曾经指出:"现实生活里面其实是观念引导历史,观念创造现实,理念改变推动政策改变,政策改变创造这个国家的历史。"企业社会责任理念和观念的生根发芽对企业社会责任的实践至关重要。如果公众对 CSR 没有完整明确的认识,将会从根本上影响我国 CSR 社会推动力的形成。应当通过各种媒介和舆论平台大力弘扬企业社会责任理念和思想。树立正确的企业社会责任观,然后通过积极的企业社会责任舆论宣传和教育活动推动企业践行社会责任。

一方面,加强企业社会责任舆论宣传,营造推进企业社会责任的社会氛围。充分利用媒介舆论,引发企业和公众对"企业社会责任"问题的重视和思考,通过对企业社会责任案例的宣传推广,提升那些积极实践企业社会责任理念的企业的品牌形象,同时为其他企业社会责任行为提供榜样。通过舆论,要

让所有企业认识到,随着经济全球化,企业不能仅仅关注其经营行为,更要关注社会的整体效益,履行社会责任已成为当代企业管理的发展趋势。

另一方面,政府和社会各界应在民众中采取各种有效形式,加大宣传力度,开展各种行之有效的教育活动。一是可以将 CSR 相关知识编入教科书,按照小学、中学和大学不同教育阶段,将灌输和讲解的内容逐步深入;二是制作与 CSR 相关的动画片和少儿漫画,引导广大少年儿童正确认识和看待周边发生的各种经济行为;三是通过 CSR 公益广告等形式,提升民众的认识层次;四是充分发挥现代媒体的传播和覆盖作用,在网站或者报刊的特定版面开设 CSR 专栏,接受民众的投稿营造关注 CSR 的氛围;五是在民间自发成立"CSR 监督协会"并加以联合,接受并考证民众对相关企业的投诉,定期或不定期地公布投诉处理结果,促使众多企业接受公众的监督,充分发挥社会的监督作用。

第二,建立企业社会责任评价标准化体系,加强企业社会责任认证。在发达国家,对任何一个企业都是从经济、社会和环境三个方面来评价,并且将企业社会责任作为一个制度化、规范化的管理体系,有明确的计划、有专门负责部门、有经费保障、有可操作的规范化管理程序。如道琼斯可持续发展指数、多米尼道德指数、《商业道德》、《财富》等都将企业社会责任纳入评价体系。而我国对企业的评价大多停留在经济指标上,虽然这种现状现在已经在改观,但建立起企业社会责任评价体系迫在眉睫,我们必须加快建立一套从经济、社会和环境三方面全方位企业社会责任评价指标体系[1]。

第三,充分发挥非政府组织的作用。黎友焕(2007)认为政府失灵和市场失灵在客观上也呼唤着"第三只手"(即非政府组织),作为新的社会公共事务的管理主体,它具有政府和市场所不具备的优势。中国现在无论是企业家,还是个人,他们并不缺乏爱心,只是缺乏唤醒或者触动他的意识,缺少非常有公信力的社会公益组织。一方面中国需要媒体的舆论宣传和监督功能来唤醒整个社会,整个民族和个人的社会责任意识;另一方面,中国还需要出现越来越多的真正有社会公信力的组织,这样人家才放心把钱交给你,中国企业社会责任履行才有基础,我们相信在学界、企业家和媒体共同努力下,成立中国最具

---

[1]　黎友焕:《企业社会责任》,华南理工大学出版社 2010 年版。

公信力的组织将不是问题。企业在接受媒体和公众更严格的警示和审视的基础上参加这种有公信力的组织才是其社会责任履行的有力保障。

第四,组织社会力量积极研讨企业承担社会责任的内外部推进机制。目前,中国的一些大型国有企业和民营企业正在积极履行社会责任,为中国企业的社会责任运动作出了表率,提供了有意义的参考。但是从长远看,中国企业的社会责任实践要防止跟风和流于形式,要把企业社会责任真正贯彻到企业战略管理中,融入企业文化,形成上下一致的价值理念,融入日常运营,成为推动企业发展的长效机制。因此,国内学者要深入研究企业社会责任战略制定,组织及决策体系构建等,探讨如何将企业社会责任与企业现有的管理体系、日常运营相融合,切实践行社会责任要求并实现企业价值提升。

第五,开展更为广泛的消费者运动,促进真正进入企业保护消费者利益阶段。消费者运动是企业履行社会责任的主要动因之一。消费者"用脚投票",以"拒绝购买"作为手段,迫使企业为了市场份额而不得不遵从消费者的价值取向;消费者对企业的压力在本质上就是退出权,特别是在买方市场结构下,消费者的联合退出对企业是致命性的打击,这种消费者的联合维权被称为消费者运动。准确地说,消费者运动,指的是在近现代商品经济条件下,消费者为争取社会公正,维护自身权益,同损害消费者利益行为进行斗争的一种有组织的社会运动。

综上所述,民众才是最重要的社会推动力。因此,未来有效提升我国广大民众的 CSR 理念,促使全社会都来关注和监督企业的社会责任,才是国家倡导的物质文明、精神文明和生态文明共建的最终体现。此外,企业履行社会责任需要足够的动力和激励,现阶段中国企业社会责任实践滞后,重要原因是企业社会责任实践的外部压力和内部动力不足。因此,我们还要积极探索中国企业社会责任的推进机制,深入研究中国企业的发展阶段、体制特征、管理能力和社会责任承担能力,构建政府、社会公众、媒体力量和行业监管等有效的评价、监督、激励和约束机制,有效地促进企业履行社会责任。

第五节　结论与展望

总之,从未来的发展来看,无论是一个产权多元化的公众企业或是一个私营企业,都要既为投资者即它的股东着想,也要为它所生存的国家、社区和消费者着想,更要为其企业内部的职工着想,只有综合考虑了各方的利益,才算得上是一个合格的、负责任的企业,这个企业所在的社区和国家也才能真正发达和繁荣。

虽然企业社会责任运动不断受到来自各方的质疑和批评,但是企业社会责任的大趋势是历史潮流无法阻挡的,它在国际社会中受到的关注度越来越高,影响面也越来越广。在未来实践中,企业社会责任运动将有可能呈现以下发展趋势。

第一,对企业社会责任报告的透明度和开放度的要求日益提高。信息公开,不断提高企业社会责任报告的透明度和开放度,开展利益相关方之间理性、建设性对话,是企业社会责任实践的必然趋势。《中钢集团可持续发展澳洲报告(环境部分)》是中国企业在发达国家发布的第一份企业社会责任报告。报告以"合作建设可持续的未来"为主题,系统总结了该公司可持续发展的理念及其治理情况。该报告无疑会给国内其他企业以启示。

第二,企业社会责任将进一步制度化和标准化。虽然很多行业性和通用性的企业社会责任标准的合理性受到人们质疑,但是,对各种各自为政的准则进行有效整合,使各国贸易在一个合理统一的标准下进行,仍将是一个必然要求和发展趋势。国际标准化组织(ISO)于 2002 年专门成立了企业社会责任顾问组,就制定企业社会责任国际标准(ISO 26000)进行系统的可行性研究,该标准将更加广泛的利益相关者纳入考虑,范围涉及从顾客到社会。国际标准化组织启动企业社会责任国际标准制定程序后,工作进程明显加快。为制定并实施统一的企业社会责任国际标准,2010 年 5 月 17 日,国际标准化组织讨论了 ISO 26000 的最终版本并于 11 月 1 日发布了该标准。这标志着企业社会责任已经得到全世界的认可,并逐渐朝向制度化和标准化的方向发展。

第三,通过教育和各方力量的推进,CSR 终将成为企业新的常规范式。企业社会责任作为一个新理念、新事物有一个不断创新、成长和完善的过程。随着有关 CSR 运动的继续深入开展,社会各个层面的共同努力和企业社会责任的教育"三进"(进教材、进课堂、进学生头脑)[①]的实行,具有企业社会责任

---

① 黄邦汉:《企业社会责任概论》,高等教育出版社 2010 年版。

意识的未来企业领袖和骨干们,他们的企业目标将会是利益相关者利益最大化,企业社会责任履行终将从内外促使更多的企业由被迫变为真正意义上的主动,企业将会在企业社会责任方面主动寻求更多的合作并从中受益,企业社会责任终将成为企业新的常规范式。

参考文献

［美］安德鲁·卡内基:《财富的福音》,杨会军译,京华出版社2006年版。

［日］酒井正三郎:《中国企业的社会责任评析:理论和现实》,《审计与经济研究》2009年第9期。

《2008年企业社会责任大事记》,《WTO经济导刊》2009年第1期。

《2009年企业社会责任大事记》,《WTO经济导刊》2010年第1期。

《马克思恩格斯全集》第17卷,人民出版社1985年版。

陈洪连:《论非政府组织对和谐社会的建构功能及其发展策略》,《北京航空航天大学学报(社会科学版)》2007年第3期。

国家统计局编:《中国统计年鉴(2010)》,中国统计出版社2010年版。

黄邦汉:《企业社会责任概论》,高等教育出版社2010年版。

蒋黎黎:《中国企业社会责任的构建与完善》,合肥工业大学2009年硕士学位论文。

金丹:《和谐社会背景下中国企业社会责任的构建》,四川师范大学2008年硕士学位论文。

孔令军:《转型时期中国企业社会责任研究》,吉林大学2008年博士学位论文。

黎友焕、龚成威:《国内企业社会责任理论研究新进展》,《西安电子科技大学学报(社会科学版)》2009年第2期。

黎友焕、郭文美:《基于企业社会责任理念的审计工作新思路》,《中国审计》2009年第16期。

黎友焕、黎少容:《社会责任标准SA 8000对完善中国劳动者权益保障的启示》,《中国行政管理》2008年第6期。

黎友焕、梁桂全:《中国企业社会责任建设及面临的形势》,《广东企业社会责任建设蓝皮书》(2004年12月)。

黎友焕、叶祥松：《SA 8000 的产生和发展》，《广东企业社会责任建设蓝皮书》（2004 年 12 月）。

黎友焕：《SA 8000 对广东外贸的影响及对策研究》，《广东企业社会责任建设蓝皮书》（2004 年 12 月）。

黎友焕：《SA 8000 在中国：热炒作后的冷思考》，《WTO 经济导刊》2005 年第 1 期。

黎友焕：《SA 8000 争论的前前后后——我国对 SA 8000 理论研究的回顾和展望》，《新经济》2004 年第 11 期。

黎友焕：《国际企业社会责任的发展形势》，《广东企业社会责任建设蓝皮书》（2004 年 12 月）。

黎友焕：《论 SA 8000 相对于国际标准体系的十大缺陷》，《亚太经济》2005 年第 2 期。

黎友焕：《企业社会责任》，华南理工大学出版社 2010 年版。

黎友焕：《企业社会责任研究》，西北大学 2007 年博士学位论文。

黎友焕：《推动 SA 8000 在我国实施的主体行为及影响分析》，《世界标准化与质量管理》2004 年第 10 期。

黎友焕：《中国企业公民报告（2009）》，社会科学文献出版社 2009 年版。

李碧珍：《企业社会责任缺失：现状、根源、对策——以构建和谐社会为视角的解读》，《企业经济》2006 年第 6 期。

王晶晶等：《企业社会责任的研究现状及未来研究展望——基于 CSSCI 来源期刊中经济学管理学类期刊上文章的分析》，《管理评论》2010 年第 8 期。

燕补林：《我国企业社会责任现状分析及其对策》，《商业研究》2009 年第 5 期。

叶军等：《公众视野下企业社会责任的调查与分析》，《改革与战略》2010 年第 8 期。

喻志军：《企业社会责任的新进展》，《国际学术动态》2010 年第 4 期。

章辉美、李绍元：《中国企业社会责任的理论与实践》，《北京师范大学学报（社会科学版）》2009 年第 5 期。

赵曙明：《和谐社会构建中的企业慈善责任研究》，《江海学刊》2007 年第 1 期。

朱金凤:《慈善捐赠会提升企业财务绩效吗——来自沪市 A 股上市公司的实证检验》,《会计之友》2010 年第 10 期。

邹东涛、王再文、黎友焕等:《中国企业公民报告(2009)》,社会科学文献出版社 2009 年版。

第六章　中国国有企业社会责任建设走势评析与展望

摘要：国有企业是我国社会主义市场经济的主体成分，它们是关系国计民生的国有重点骨干企业，是整个国民经济的重要支柱，也是承担企业社会责任的标杆企业。国有企业是一类特殊的企业组织形式，它除了具有一般企业的性质和功能之外，它还具备一些其他企业所没有的性质和功能，所以国有企业的社会责任也较之其他企业更为复杂和特殊。近年来我国国有企业在履行社会责任方面取得了一定的成就，也带动了我国民营企业社会责任的建设，其中国有企业的社会责任评价体系以及制度建设也都为民营企业开展社会责任建设提供了一定的指导意义。作为拥有特殊使命的国有企业，在面对复杂多变的市场环境条件下，如何继续正确履行社会责任，不仅是贯彻落实科学发展观、构建社会主义和谐社会的迫切诉求，也是树立企业良好形象、提高企业竞争力的需要。

关键词：企业社会责任　国有企业　企业文化

Abstract：State-owned enterprises are the main ingredients of our socialist market economy, they relate to the country programmes and the people's livelihood, and state-owned enterprise also is an important pillar of the whole national economy and social responsibility for the measure of enterprises. State-owned enterprises are the particular business organizations and they different from the general business, they have the special nature and functions, so the social responsibility of the state-owned enterprises are also more complex than other companies. In recent years China's state-owned enterprises in implementation of social responsibilities and gained some achievements, that encourage our private enterprise construction of social responsibility, the social responsibility of the appraisal system and system construction also provide some guidance to the private enterprise. As a special mission of state-owned enterprises in the face of complex and changeable market environment conditions, how to correctly perform its social responsibility, Is not only to implement scientific development concept, building socialistic harmonious society, the urgent appeal also set a good image of the enterprises, improve enterprise competitiveness needs.

Key Words: Corporate social responsibility, State-owned enterprises, Enterprise culture

第一节　正确理解国有企业社会责任

我国企业履行社会责任最初都是依照西方的社会责任观点所进行,作为我国经济中的主体构成部分有着特殊产权关系的国有企业也不例外。但正因为它的一举一动对整个社会发挥着重要作用,所以国有企业履行社会责任也具有很大的社会影响力以及社会号召力。国有企业有其特殊性,如果单纯依靠照搬照抄西方理论,将不利于我国国有企业社会责任建设,也同时会给其他企业带来误导作用。因此,如何正确理解企业社会责任是研究国有企业社会责任问题的出发点。我们只有针对国有企业的性质提出适用于我国国有企业的社会责任,才能够真正实现国有企业与整个社会的双赢,并带动我国其他企业社会责任的建设。

一、国有企业的性质

国有企业作为政府参与和干预经济的工具与手段之一,是政府针对出现或可能出现的市场失效问题而代表公众利益所采取的诸多政策举措的一种。它们是代表国家的利益而存在和经营的,所以国家的社会经济体制,从根本上决定了国有企业的历史使命、存在意义和应尽的社会承诺。我们在理解国有企业社会责任内涵时,应该首先从国有企业的性质分析国有企业社会责任的特殊性。

（一）我国国有企业根本性质在于产权系全民所有

早在 1954 年和 1975 年的《宪法》中就明确了国有企业是"全民所有制企业"的性质。国有企业属全民所有这是国有企业的根本性质，也是我们研究国有企业所有问题的基础。由于是特定社会制度与历史条件的产物，在社会主义市场经济条件下，国有企业要帮助国家实施对市场的调控，具体表现在政府利用国有企业实现提供公共产品、控制关键产业、平衡经济结构、稳定经济运行的目标。这些国有企业所拥有的与民营企业不同的特殊功能，不仅体现了国家与企业之间的支配性资本的联系，还承载着社会经济制度赋予它的特殊属性。国有企业的最终所有权属于全体人民，具体体现就是归国家所有，由国家代表全民掌握国有企业的所有权，各级政府或国有资产监管机构作为全民所有权的代表，对所有权进行具体运作，从资产来源上看"国有企业的资产是社会通过一定的手段积累的属于全体人民的资产，其中存在对剥夺者剥夺的资产，也包括全体人民劳动积累的资产"，[①]这也明确了国有企业的资产归全民所有的属性。正确认识国有企业的产权关系，坚持国有企业归全民所有，这是国有企业承担社会责任的产权前提。

（二）政府是国有资产的代理人

政府以及国资委是全民所有的国有资产的代理人。从国际上来看，国有企业的存在是一种普遍现象，没有哪一个国家的国有企业是脱离政府而存在的，更没有说哪个国家的国有企业对政府的依附是一种低效益的表现。[②] 但是近年来，随着我国市场经济制度的不断完善，国有企业也在不断进行改革以求适应市场的变化。在这一过程中，有些专家学者提出了"政企分开"的措施，要求政府对国有企业放权。由于我国国有企业最终所有者高度分散，产权具有不可分割性和不可转让性，其最终行使只能通过"全民—国家—企业"的委托代理关系来实现。[③] 所以，目前来看，政府并不可能完全从国有企业中抽离出来，实现"政企分开"。如果将国有企业与政府完全分开将其推向市场，

① 钱津：《改革的关键是区分国有企业与公营企业》，《经济纵横》2009 年第 2 期。

② 黄晶：《从国有企业的性质和功能来重新认识我国的国有企业改革》，《商业研究》2003 年第 23 期。

③ 乔明哲、刘福成：《基于性质与功能的我国国有企业社会责任研究》，《华东经济管理》2010 年第 3 期。

国有企业就会丧失调节市场的作用,那样的国有企业与私有企业就没有分别了。针对国有企业,我们要考虑的问题不是如何将政府脱离出国有企业,而是如何令政府在遵循国有企业全民所有的前提下有效地发挥其代理作用,最终保证实现全民的利益,实现效益的最大化。这里的效益不仅仅是指经济效益,而是应当追求社会效益的最大化。

(三)国有企业具有独立的经济利益

按照现代西方经济学的混合经济理论,国有企业的存在是为了弥补市场缺陷。所以在自然垄断行业、公益性行业、外部性行业和某些特殊行业可以发展国有经济,除此之外,应由私人经济支配,在他们看来,为克服各种市场失灵所导致的私人收益与社会收益不一致,确保达到帕累托最优,这是国有企业存在的理由。[1] 那么处于这些特殊行业的国有企业是否应该具有独立的经济效益呢? 黄晶(2003)认为,国有企业如果以利润最大化为目标,会导致自身调节功能的缺位,从而导致外部不经济的情况加重。而胡钧认为不同的企业由于分工的性质和所占有的生产资料的范围不同,劳动者的专业技能不同,决定了企业的差异性,这种差异性决定公有制经济采取独立的组织形式,进而每个企业也应当拥有其独立的经济利益。因此应当承认国有企业的独立利益,明晰企业在支配权意义上的产权归属。虽然在国有企业的营利性方面还存在着一些争论,笔者的观点是认同国有企业不应将利润最大化作为企业发展目标,但同时认为国有企业应当具有独立经济利益,因为这是国有企业承担社会责任的经济前提。我们不能要求国有企业在不赢利的状态下,还投资环境保护、提高员工福利、大力发展慈善事业。

国有企业对整个国家的影响力是广泛的和深入的,由国有企业带头承担社会责任,更能起到示范作用。我们在认清楚国有企业性质的前提下,应该明确国有企业自诞生就应当具有履行社会责任的义务,对国有企业的评价也不仅要看收入和利润,更为重要的是还要看其是否尽到了"企业公民"的责任。[2]

---

　　① 黄晶:《从国有企业的性质和功能来重新认识我国的国有企业改革》,《商业研究》2003年第 23 期。

　　② 王冬年、文远怀:《解析国有企业的社会责任》,《河北经贸大学学报》2009 年第 9 期。

二、国内关于国有企业社会责任的研究

随着国有企业改革的深化与企业社会责任潮流的兴起,近年来国有企业社会责任问题受到学术界的关注。针对国有企业的特殊性质,国有企业社会责任的定义也应该区分其中的经济目标和非经济目标,才能帮助我们更好地定义国有企业的社会责任。

陈萌(2007)从利益相关者的角度分析国有企业社会责任包括:对产品消费者的责任;对债权人的责任;保护环境、合理利用资源的责任;对社区经济社会发展的责任;对社会福利和社会公益事业的责任①。刘玲(2007)认为,国有企业社会责任就是在追求经济效益的同时所担负的维护和增进社会利益的、有限度的责任。② 汪锋(2008)依据企业在国家战略中的定位和使命,将大型国有企业的责任划分为政治责任、经济责任与社会责任。并指出按照该划分,大型国有企业的社会责任与政治责任、经济责任是处在同一位阶的概念,三者之间相互促进③。沈志渔等人(2008)将国有企业的社会责任划分为社会义务和社会期望两个层次:社会义务是国有企业必须履行的社会责任,包括经济责任、法律责任、政治责任;社会期望或企业自愿履行的责任,包括道德、慈善责任和促进和谐发展的责任。作者还从利益相关者的角度指出国有企业社会责任的具体类别④。

我国国内现有研究基本认同国有企业社会责任相对于民营企业的特殊性,也都关注国有企业社会责任的内容和形式,但只有少数研究对其进行了较为深入的分析。国有企业的性质与功能的特殊性,决定其社会责任与民营企业存在差异。⑤ 通过以上对国有企业的性质的分析,结合国内企业社会责任定义的研究,本文对社会责任的内容进行深入探索。

---

① 陈萌:《论构建国有企业的社会责任体系》,《徐州教育学院学报》2007 年第 22 期。

② 刘玲:《国有企业社会责任研究——以"企业—政府—社会"关系为框》,《理论界》2007年第 9 期。

③ 汪锋:《国有大型企业社会责任简论》,《中南财经政法大学学报》2008 年第 4 期。

④ 沈志渔、刘兴国、周小虎:《基于社会责任的国有企业改革研究》,《中国工业经济》2008年第 9 期。

⑤ 林欧:《国有企业社会责任的法律规制》,《重庆科技学院学报(社会科学版)》2010 年第 1 期。

三、国有企业社会责任的内容分析

国有企业的社会责任不同于一般企业所履行的社会责任,而且处于不同行业的国有企业履行的社会责任也不相同,这都是由国有企业的特殊性质所造成,因此为了明确国有企业所承担的社会责任的主要内容,我们有必要对国有企业社会责任内容做一区别分析。

(一)国有企业社会责任与一般企业社会责任的区别

仲大军(2006)指出,"国有企业不同于私有企业的根本点在于,国有企业在'社会责任和义务以及公共政策目标'这方面的要求和标准比私有企业要高得多;对国有企业来说,这几乎可以说是一种特定的、强制的、法定的企业目标和责任。"国有企业的社会责任与一般企业的社会责任存在一些不同。

首先,二者履行企业社会责任的着眼点不同。国有企业作为代表公众利益的经济组织,是政府部门对国民经济进行宏观调控的工具,这就决定了国有企业的社会责任更多的是要着眼于非经济目标的实现,它要帮助政府贯彻和落实国家经济政策。相比而言,一般企业是以利润最大化为目标,它的意识和行为首先源自于企业资金的私有性质,所以民营企业的社会责任意识和行为则大多是外部市场强制的结果,①它更加注重的是履行社会责任对其经济目标的实现。

其次,二者履行企业社会责任的目的不同。由于国有企业的所有者为全体国民,所以国有企业在法律上具有全民性和社会性,国有企业的经济行为是为了服务社会、满足公众利益,具有公益性质。所以国有企业履行社会责任是以实现国家维护社会整体公平的目标。而对于一般企业的社会责任是建立在其经济目标基础之上的,它是要在保证企业实现经济赢利的基础上,才有能力进一步做公益事业反馈社会。事实上,对于一般企业而言只要按照国家法律、法规进行经营活动,也就算是在履行最基本的企业社会责任要求。所以,国有企业社会责任是以实现社会整体利益为目的,而一般企业社会责任是以实现企业个体利益为目的。

第三,二者履行企业社会责任的障碍不同。目前在我国推进国有企业的社会责任,其主要任务在于克服国有企业改制过程中出现的过分追求赢利的

---

① 黄速建、余菁:《国有企业的性质、目标与社会责任》,《中国工业经济》2006年第2期。

倾向,使其具有社会责任意识,合理适度的履行社会责任,实现其公益性。所以现阶段国有企业履行社会责任的主要障碍在于如何在建立明晰的产权制度基础上,实现社会责任法制化,评价体系科学化、监督主体独立化和多元化等多种渠道来确保国有企业社会责任的有效实现。[①] 而对一般企业履行社会责任来说,在市场经济条件下,依法规范进行生产和经营,让企业在保证实现赢利的基础上,倡导绿色生产实现环境保护,并且在其实力范围内扩大公益行动的范围,是目前一般企业履行社会责任的主要工作。

(二)不同行业国有企业之间社会责任的差别

国有企业应当区分竞争性行业内的国有企业和垄断行业内的国有企业。处于不同的行业国有企业的资产性质会有差别,因此必须采取不同的改革发展模式,这也导致他们所承担社会责任也应当有所不同。一般认为,竞争性行业及专注于经营性活动的国有企业,其经济目标优先于非经济目标,因此,以承担经济责任为主,垄断性行业及专注于非经营性活动的国有企业,其非经济目标优先于经济目标,因此,以承担非经济责任为主。[②]

1. 竞争性行业国有企业社会责任

国有企业通过股权分治改革,让更多的国有企业参与到市场竞争,因此竞争性行业的国有企业和一般企业在市场中处于平等地位,进行公平竞争。对于竞争性领域的国有资本来说,也和一般企业的私有资本一样其目的都是要保证实现资本收益,希望通过资本发挥收益增值的功能,获得投资回报,最终实现国有资本的保值增值的目的。

由于竞争性行业的国有企业实现了所有权与控制权的分离,所以在日常经营和管理中,竞争性国有企业受政府的影响相对于垄断性行业的国有企业来说较小,他们需要针对市场的需要而作出相应的决策,因此具有更大的灵活性。但这也就意味着该类国有企业的社会责任与一般企业相似,都是要首先保证企业赢利,在赢利的基础上,承担相应的责任。黎友焕(2007)认为,企业

---

① 林欧:《国有企业社会责任的法律规制》,《重庆科技学院学报(社会科学版)》2010 年第1 期。
② 吴照云、刘灵:《我国国有企业社会责任的层级模型和制度共生》,《经济管理》2008 年第9 期。

的使命或根本目的就是为了：（1）提高经济效率，为社会提供最大的产出；（2）平等交易，使所有的企业参与者各自获得自己应当的各种资源，提高企业的经济效率，以便高效率地为社会提供所需要的产品和服务，①国有企业也不例外。

2. 垄断性国有企业的社会责任

作为垄断性国有企业来说，市场上不存在同等的竞争企业，政府对其经营和管理占有绝对的控制力。对于垄断性行业的国有企业来说，它具有其他企业不具有的资金实力、专营权利以及核心竞争力，是别的企业不能够模仿和替代的，这种能力是国有企业的核心能力，是支撑企业生产和发展的关键。当然，因为这部分资本存在于垄断性国有企业涉及的行业，都是我国经济的基础产业和支柱产业，其兴衰关系到整个国民经济产业结构的发展，所以垄断性国有企业的核心竞争能力在一定程度上是政府凭其权利特别赋予该类国有企业的。

对于垄断性国有企业来说，要分两部分来分析其社会责任。首先，垄断性国有企业还存在一部分国有资本是要适应市场变化，实现资本的保值增值。对于这部分国有资本而言，企业经营的目的是追求利润的最大化，即经济效益和社会效益的总和最大，但获得良好的经济效益相当重要。② 垄断性国有企业实现资本高额回报的需求也迫使政府利用手中的国家资源对这类企业进行行政保护，巩固企业的垄断地位，削弱企业之间的过度竞争，以保证政府可以获得稳定的财政收入。

其次，垄断性国有企业的国有资本不单单是经营性资本，所有者还要求它发挥宏观经济调控以及社会调节等多方面的作用。政府通过对垄断性企业的控制能够达到减少产业发展的成本，指明经济发展方向，优化产业结构，促进经济稳定增长等宏观经济目标。同时，为缩小社会贫富生活水平的差距，避免引发社会矛盾，政府要依靠垄断性国有企业保证产品价格不可以超过平均购买力，维持市场供需的平衡，保证居民的生活水平提高，扩大居民的整体福利

①　黎友焕:《企业社会责任在中国:广东企业社会责任建设前沿报告》,华南理工大学出版社 2007 年版。

②　郭训:《浅议影响垄断性国有企业可持续发展的几个因素》,《商业文化》2010 年第 9 期。

的责任。同时垄断性国有企业的规模庞大,可以吸收大量的劳动力,因此政府通过制定特殊的招聘政策,利用垄断性国有企业增大岗位供给,缓和当下社会的就业压力。① 这些都是垄断性国有企业所应当具有的基本社会责任。

四、加强国有企业社会责任建设的意义

国有企业承担社会责任不仅是企业社会责任理论逻辑演绎的结果,是促进我国企业应对国内外要求开展企业社会责任运动的必然趋势,也是贯彻落实科学发展观构建和谐社会的有效途径,更是对树立正确的社会责任观,保障国有企业顺利进行改制有着重要意义。

(一)加强国有企业社会责任建设是贯彻落实科学发展观的迫切需要

科学发展观,是指导我国全面小康社会建设和社会主义现代化建设的重要战略思想。是现阶段指导我国国有企业做大做强的重要理论基础。按照构建和谐社会和科学发展观的要求,国有企业要在立足于进一步实现制度创新的基础上,提高国有企业的管理和经营效率,激活国有企业内在社会责任潜力,最终推动我国社会经济的全面进步。国有企业履行社会责任,是国有企业深入贯彻落实科学发展观的迫切需要,通过积极主动地承担起对社会、股东、国家、消费者、环境等利益相关者的责任。在获得经济效益的同时,重视安全生产和环境保护,努力实现安全发展、清洁发展、节约发展,并且通过努力为社会和公众提供优质产品和服务,不但可以为企业可持续发展提供良好的社会环境基础,还能够推动我国建设环境友好型、资源节约型社会,促进我国社会主义和谐社会的建设。

(二)加强国有企业社会责任建设能够提高国有企业竞争力

国有企业积极履行社会责任,把社会责任理念和要求融入企业发展战略和日常经营管理中,有利于创新发展理念、转变发展方式,提高企业竞争力。首先,把对社会和环境的关注融入到企业的生产经营当中,会在企业实现经济效益的同时,获得社会和环境效益。其次,国有企业通过履行社会责任,建立与政府、社会公众、环境、利益相关者的沟通与联系渠道,协调企业发展与地

---

① 孙少岩、赵岳阳:《垄断性与竞争性国有企业经营者激励机制甄别》,《经济体制改革》2008 年第 4 期。

方、社会、资源、环境的关系,以及企业与政府、投资者、用户、员工等利益相关者之间的关系,将会带来企业与自然、社会的和谐发展,实现国有企业在追求利润和环境、社会、利益相关者之间求平衡。三是把企业的核心竞争力与履行社会责任相结合,可以吸引更多的资本、人力和物力,集中力量参与国际竞争,使国有企业成为国民经济发展的主导力量。因此,国有企业坚持履行社会责任,能够提高企业综合竞争力,实现国有企业又好又快发展。

(三)加强国有企业社会责任建设是企业参与国际经济交流合作的客观需要

在经济全球化日益深入的新形势下,国际社会高度关注企业社会责任,履行社会责任已成为国际社会对企业评价的重要内容。国有企业树立企业社会责任的发展思想,可降低环境风险、促进企业提高竞争力,促进企业的可持续发展,这也将成为新的国际竞争力。[1] 尤其是对于实施出口导向和国际化经营的国有企业,应积极参与供应链的竞争,熟悉、践行包含企业社会责任新的国际竞争模式,积极主动学习 SA 8000 和 ISO 26000 的相关国际准则,加快企业内部制度建设和外部形象建设,努力提高国有企业社会责任建设水平,在国际市场上树立负责任的企业形象,培育和形成新的竞争优势,才能立于不败之地。

(四)引入国有企业社会责任有利于企业减负加快建设现代企业制度

国有企业的改革思路在于建立现代企业制度,完善公司治理结构。由于在计划经济时期国有企业承担了过多本应由政府承担的社会责任,造成国有企业效益低下,因此在国有企业改制过程中,曾错误地认为只要彻底摆脱社会责任,单一追求利润最大化就能够加快提高国有企业竞争力。但实际情况是,国有企业不负责的甩债丢包袱的行为,不仅使企业内部职工的基本权益遭到侵害,还给社会和国家带来了非常恶劣的影响,从而影响到企业的形象,制约了企业的可持续发展。因此,强调国有企业承担合理的社会责任,使国有企业在增强自主创新能力、提高企业竞争力的基础上,注重提高劳动者素质,积极转变经济增长方式,参与保护资源和生态环境,促进企业发展与社会、资源、环境相协调,实现企业与社会进步的相统一。既能帮助国有企业减轻代替国家

---

[1]　黄友湘:《加强国有企业社会责任建设的思考》,《当代经济》2009 年第 19 期。

承担不必要的社会责任,又能够帮助企业加快建立现代企业制度,实现营利性与公益性的完美结合。

第二节　国有企业履行社会责任现状评析

针对我国国有企业目前履行社会责任的现状,作为一种特殊的经济组织,我国国有企业不畏惧挑战和困难,在持续保持较快的发展势头,不断提高经济效益的基础上,坚持履行社会责任,实现企业可持续发展的战略目标;同时国有企业的所有制性质也要求它还要肩负起实现社会主义生产目的、维护社会整体利益的历史重任,因此,国有企业的本质决定了国有企业要积极主动地承担起社会责任,为其他企业履行社会责任起表率和带头作用。

一、国有企业履行企业社会责任取得的成就

我国国有企业履行社会责任在近几年取得了突破性的发展,尤其是在企业社会责任报告的编制和发布以及企业日常管理中贯彻落实社会责任理念、积极参与公益事业等方面都取得了令人欣喜的成绩。

(一)企业社会责任报告的数量、质量均有所提升

国有企业履行社会责任的一个重要体现就是建立企业社会责任信息披露机制,保证向公众及时发布社会责任报告,这也是企业积极参与社会责任运动的一种主动行为。通过以企业社会责任报告的形式向社会公布企业依据相关规定对履行社会责任的情况进行自评、介绍企业的社会责任绩效,使社会公众了解企业履行社会责任的具体情况。这不仅能够促使企业进一步认清其在履行社会责任方面存在的管理及制度方面的缺陷及漏洞,帮助企业进一步改善履行社会责任,也能够促使企业在接受社会各界监督的同时塑造良好企业形象。我国国有企业是全民所有企业,因为它具备特殊的性质所以国有企业有责任向社会公布其经营业绩的情况,也更加有必要向社会公众公布其履行社会责任的情况。

随着我国企业社会责任运动的开展,在国有企业的带领下使得越来越多的企业加入到编制企业社会责任报告的队伍中来,这也可以算作是我国企业履行社会责任的一项重要成就。目前国际上通常采用两种方式披露企业社会

责任信息:一种是在公司年度报告中进行披露,另一种则是定期发布独立的企业社会责任报告。目前,我国的国有企业大多选择按年编制企业社会责任报告(或可持续发展报告)来具体披露企业履行社会责任的情况。近年来,国有企业在社会责任报告编制的数量和质量方面均有所提升。不仅有越来越多的国有企业坚持每年发布社会责任报告,同时国有企业还将编制和发布企业社会责任报告作为企业长期发展的日常管理工作,实现程序化规范实施,保证企业从目标到执行、从成效到考核、从基础数据收集分析到报告编写发布,健全完善各个过程和环节,构建长效机制,保证社会责任报告的科学性和可靠性。

(二)企业社会责任理念进一步渗入企业日常管理

一个真正致力于履行企业社会责任的企业,不仅会重视对履行社会责任活动进行规划,更加注重的应该是如何在企业的日常管理中贯彻企业社会责任,把对社会和环境的高度关注融入到企业的日常运营中,使可持续发展和企业社会责任成为所有运营活动中不可或缺的组成部分。目前我国国有企业通过设置专门管理社会责任的机构,如社会责任管理委员会、公共政策与环境委员会、公共事务委员会或公共政策委员会等,具体负责企业社会责任事项,这些部门统筹管理企业各个部门落实企业社会责任的情况,通过对企业的人力资源管理、财务管理、生产管理等部门在落实健康、安全、环境等涉及企业社会责任方面的具体工作提出评改和相关建议,提高企业整体履行社会责任的效率。

我国国有企业在日常生产经营管理活动中贯彻社会责任一个重要表现还在于,通过对企业生产的各个环节进行节能环保控制达到履行环境保护的社会责任。我国国有企业大多从事能源行业,这些企业都是我国耗能和污染重点监控对象。能源行业的国有企业积极履行社会责任,通过制定相关制度和标准,对企业的研发、生产和销售各个环节进行检测和监控,使各项环节都能够达到节能环保的标准,令企业整体生产活动中都体现环境保护的社会责任。此外,将企业社会责任理念固化于企业制度中来,通过企业管理贯彻社会责任理念,也能够进一步提升企业管理水平和品牌形象。

最后,国有企业还通过在企业内部大力宣传企业社会责任理念,对职工进行企业社会责任知识培训等方式,使企业员工获得对企业社会责任的普遍认同,通过构建改革和发展稳定的共同思想基础,这样更加能够落实企业社会责任在日常工作中的贯彻和执行。将社会责任融入企业文化中,可以使全体员工在特定文化氛围中潜移默化地接受企业共同的价值理念，引导利益相关者自觉遵循企业的共同价值观。① 此外，国有企业还通过开展创建文明单位，创建学习型组织、争做知识型员工、劳动竞赛等活动，增强员工对企业的归属感。激励广大员工在企业改革发展中建功立业，引导和激发员工的凝聚力，为构建富有社会责任的企业创造良好氛围。

（三）国有企业积极参与公益事业

国有企业的慈善捐赠向来都是人们争论的焦点，目前针对国有企业的慈善捐赠仍旧存在着较大的争议。有些观点认为，国有企业作为全民所有的企业，不应当成为慈善捐赠的主体，因为捐赠本身是国家财产送与别人，这样可能会导致国有资产的流失。所以中国社会科学院经济研究所研究员左大培认为，国有企业的资产是不能任由企业自身随意支配的。自 2008 年以来，我国发生多起雨雪冰冻和地震灾害事件，企业对外捐赠支出呈现出快速增长的趋势。各中央企业在抗灾救灾、扶危济困等活动中，也表现突出，积极参与了慈善捐赠。但是，关于国有企业捐赠款项性质的界定以及国企资金管理能力的规范尚不规范。出现了捐赠活动与企业实力不匹配或者借慈善捐赠进行虚假宣传或许诺行为，给企业履行慈善捐赠的社会责任带来了负面影响。进行捐赠、注重慈善活动、参与公益活动也应当是国有企业履行社会责任的一个重要表现，也是塑造国有企业良好社会形象的需要，同时也是国有企业响应政府和谐社会建设倡导的重要表现。然而国有企业的特殊性质决定了它的慈善捐赠行为确实应当区别于民营企业和个人。所以国务院国资委为了规范国有企业的慈善捐赠，根据国家有关规定，结合中央企业对外捐赠管理实际情况，在多次征求意见的基础上于 2009 年底研究制定了《关于加强中央企业对外捐赠管理有关事项的通知》，为国有企业进行慈善捐赠活动指明了方向。

2010 年 11 月国资委，公布了国有企业 2010 年 1 月—9 月中央企业对外捐赠统计报告，这项行为意义重大，不仅表明了我国国有企业应当履行慈善捐赠的社会责任，同时，国有企业作为全民所有的企业有义务向社会公开其捐赠资金的流向，接受社会公众的监督。作为主管中央国有企业的政府部门，代表国家管理中央国有企业的资产，因此，有必要公布央企捐款的流向，搞清楚央

---

① 黎友焕：《企业社会责任理论》，华南理工大学出版社 2010 年版。

企的赢利状况,公益捐赠是多少,救济捐赠有多少,可以对下一次捐赠行为起到指导和监督作用,避免不规范的捐赠行为发生。2010 年 1—9 月有 109 家中央企业发生对外捐赠支出,累计支出总金额为 220701.85 万元,其中:救济性捐赠 143906.69 万元,占 65.20%;公益性捐赠 48729.42 万元,占 22.08%;其他捐赠 28065.74 万元,占 12.71%。在救济性捐赠中,向受灾地区捐赠104941.83 万元,占全部捐赠支出 47.55%;定点扶贫及援助捐赠 38457.85 万元,占全部捐赠支出 17.43%。在公益性捐赠中,向科教文卫体事业捐赠34660.63 万元,占全部支出 15.70%。①

表 6 - 1　中央企业 2010 年 1—9 月对外捐赠情况表

序号	企业名称	累计捐赠金额（单位:万元）	主要捐赠项目
1	中核集团	1296.41	玉树地震(620.99 万)、舟曲灾区(500 万)、浙江省残疾人福利基金会(100 万)、援外(20 万)、三门县慈善总会(5 万)、浙江省残疾人福利基金会(5 万)
2	中核建设集团	19.60	西南地区旱灾(11.6 万)、玉树地震(6.8 万)
3	航天科技	1050.00	玉树地震(500 万)、西南地区旱灾(300 万)、新疆阿勒泰地区行政公署(200 万)、援外(50 万)
4	航天科工	1135.78	玉树地震(500 万)、西南地区旱灾(355 万)、定点扶贫(109.8 万)、湖北省炎帝神农故里建设基金会(100 万)、贵州省慈善总会(50 万)
5	中航工业	1509.62	"蓝天骄子"爱心基金（734.27 万)、援军(435.53 万)、玉树地震(150.09 万)、西南地区旱灾(55.18 万)
6	中船集团	245.28	玉树地震(120 万)、定点扶贫(92.5 万)、湖南省宁乡县文物局(10 万)、广州市黄浦区文化体育事业(2 万)
7	中船重工	1124.74	玉树地震(380.92 万)、舟曲灾区(245 万)、西南地区旱灾(175.16 万)、玉树地震(86 万)、定点扶贫(43.67 万)、沈阳市职工爱心慈善基金会(10 万)、辽宁省葫芦岛市望海寺街道办事处(10 万)、拥军(5 万)

① 数据来源于国务院国有资产监督管理委员会网站:中央企业 2010 年 1—9 月对外捐赠情况,http://www.sasac.gov.cn/n1180/n1566/n258203/n259490/7695089.html,2010 年 11 月 11 日。

续表

序号	企业名称	累计捐赠金额 (单位:万元)	主要捐赠项目
8	兵器工业集团	2301.93	玉树地震(1000万)、舟曲灾区(300万)、定点扶贫(300万)、吉林省慈善总会(300万)、援外(240万)、西南地区旱灾(161.63万)
9	兵器装备集团	1042.23	西南地区旱灾(506万)、玉树地震(220万)、北京理工大学(125万)、援外(119.63万)、定点扶贫(28万)
10	中国电科	1611.30	玉树地震(668.01万)、援疆(310万)、西南地区旱灾(298.42万)、舟曲灾区(53.5万)、中国红十字基金会(53万)
11	中国石油	32708.42	援藏(6600万)、世界博览会(4400万)、西南地区旱灾(2420万)、黑龙江大庆市政府(2000万)、玉树地震(1500万)、舟曲灾区(1000万)、常胜街小学(950万)、新疆助学(900万)、援疆(400万)、定点扶贫(282.67万)、黄帝陵基金会(100万)
12	中国石化	8519.29	西南地区旱灾(1500万)、玉树地震(1500万)、中华健康快车基金会(810万)、援外(682.59万)、援藏(600万)、舟曲灾区(500万)
13	中国海油	12628.83	四川震区援建项目(5000万)、中国国际经济交流中心(3000万)、西南地区旱灾(1000万)、援藏(682万)、舟曲灾区(600万)、玉树地震(550万)、定点扶贫(500万)
14	国家电网	6091.89	玉树地震(3367万)、西南地区旱灾(1000万)、舟曲灾区(600万)、希望小学(222万)、新疆受灾地区(60万)、重庆市人大常委会(45万)、定点扶贫(33万)、上海市慈善基金会杨浦区分会(3.5万)
15	南方电网	8291.94	第16届亚运会组委会(3000万)、西南地区旱灾(1318.6万)、玉树地震(1109.81万)、深圳大运会(1000万)、博鳌国际旅游论坛(200万)、定点扶贫(100.9万)、拥军(50万)
16	中国华能	6977.42	援藏(1000万)、玉树地震(932万)、舟曲灾区(700万)、西南地区旱灾(683万)、定点扶贫(446万)、云南省希望工程(411.72万)、四川洪涝灾害(410万)、内蒙古冰雪灾害(300万)、教育事业捐赠(142万)、博鳌国际旅游论坛(100万)、新疆受灾地区(100万)、助学(50万)

序号	企业名称	累计捐赠金额 (单位:万元)	主要捐赠项目
17	中国大唐	1815.26	玉树地震(1000万)、吉林灾区(200万)、舟曲灾区(200万)、助学(35.5万)、东北电力大学(30万)、湖南省娄底市慈善总会(10万)
18	中国华电	2249.18	玉树地震(634万)、向喀什地区捐赠(435万)、西南地区旱灾(390.5万)、舟曲灾区(200万)、定点扶贫(15.5万)
19	中国国电	3924.52	玉树地震(1377.0万)、西南地区旱灾(396万)、新疆受灾地区(100.1万)、镇江市机关工委(40.2万)、文化体育事业(20.5万)
20	中电投集团	1606.00	西南地区旱灾(750万)、玉树地震(700万)、湖南长沙助学(10万)

资料来源:《中央企业2010年1—9月对外捐赠情况》,国务院国有资产监督管理委员会网站,2010年11月11日。

二、具有代表性的国有企业履行社会责任情况分析

2010年4月28日,国资委研究局楚序平在中央企业履行社会责任工作报告中指出,对于我国国有企业来说,履行企业社会责任核心就是"可持续发展""企业在追求经济效益的同时,对利益相关方和环境负责,实现企业发展与社会发展、企业发展与环境保护的协调统一,最终实现可持续发展"。他将国有企业履行社会责任上升到可持续发展的战略高度,号召国有企业贯彻落实科学发展观,一方面,努力提高持续赢利能力,为股东进而为社会创造财富和价值,实现可持续的经济绩效目标;另一方面,企业在达到经济目的的同时,注意保护我们赖以生产的自然资源和环境。所以国有企业要持续加大研究开发投资,努力进行技术创新,以更新、更好的技术和产品掌握未来,满足客户不断变化的需求;要始终对环境资源承担责任,努力改善企业运营所影响的环境生态绩效,努力实现可持续的环境目标;要承担对社会的责任,维护利益相关方权益,努力保持消费者、员工和社区对企业的持续信任。本文选择了六家在履行企业社会责任方面取得突出成绩的国有企业,对其在编制社会责任报告、落实企业社会责任的具体活动、及慈善捐赠活动等方面的具体情况做一简单评述,对国有企业履行社会责任的成果进行分析。

(一)中国远洋运输(集团)总公司①

中远集团积极落实国务院国资委《关于中央企业履行社会责任的指导意见》,通过建立和完善社会责任管理体系和制度,将社会责任工作融入企业各项工作中。企业通过对内提高认识,树立科学的社会责任观,对外通过建立健全社会责任报告制度,加强信息披露和责任沟通。并且注重进行国际交流合作,提高企业在海外业务中履行社会责任的能力。

1. 发布企业社会责任报告方面

中远集团是我国第一家签署《世界人权宣言》的国有企业,中远集团自2006年开始连续编制可持续发展报告。其披露的可持续发展报告,从经济、环境、社会、产品、劳动关系、人权绩效等方面,全面披露了公司社会责任行动、业绩、愿景以及面临的挑战。报告在实质性、完整性、可靠性、可比性、创新性等方面均获高度评价,特别是绩效指标披露完整,是中国企业社会责任报告最高水平的主要代表。

2. 社会责任管理体系建设方面

中远集团履行社会责任的一大重要措施是通过设计可持续发展管理体系总体实施框架,创造性提出组织推行、实施全球契约和可持续发展管理的十六步法,将履行社会责任工作分解为经济、环境、产品责任、劳动关系、人权、社会等方面的量化指标,并力求落实在日常的生产经营和员工行动中,为中远集团规范地建立和运行管理体系提供了程序化的科学方法。

中远集团以质量环境和职业安全整合体系为基础,以可持续发展和风险管理为主线,运用精益六西格玛的方法,将中远集团可持续发展指标体系的指标逐项纳入相关生产经营管理决策过程和行动,形成指标化可持续发展管理体系,强化对流程和程序的管理,以规范企业社会责任行为。

3. 履行慈善捐助社会责任方面

成立于2005年的中远慈善基金会,是我国首家以企业名义发起的非营利性慈善组织。基金会成立以来,在开展济困、扶贫、援藏、救难、助残、助孤、助医、助学、助教等社会救助活动方面发挥了积极作用。2008年,中远慈善基金会向汶川地震灾区捐赠近1亿元人民币;向遭受冰冻雨雪灾害侵袭的南方部

---

① 中远集团资料均根据中远集团网站发布资料整理所得:http://www.cosco.com/cn/index.jsp。

分地区捐赠 1000 万元人民币;2010 年初,基金会还向我国西南部份干旱地区捐赠善款 990 万元。2010 年 4 月 16 日,中远集团通过中远慈善基金会向青海省玉树地震灾区捐赠 1000 万元人民币。①

(二)中国移动通信集团公司②

中国移动企业使命为"创无限通信世界、做信息社会栋梁",努力推动社会信息化进程、不断开启新的发展机会、与相关方共同创造和分享新的价值,是与中国移动自身资源能力关联最为紧密的重要责任。中国移动通过不断的推进创新信息化应用、推动社会与环境可持续发展,大力促进"信息惠民"。

1. 履行环境保护社会责任方面

中国移动作为通信产业的龙头企业,于 2007 年底启动以节能减排为中心的"绿色行动计划",在各方面降低资源消耗,并运用移动通信技术促进社会资源消耗的降低。中国移动高度重视基站电磁辐射环境问题,在基站建设过程中严格遵照国家环境影响评价规定和相关电磁辐射标准,积极开展电磁辐射环境影响评价和验收,确保建设一个绿色环保的移动通信网络。

2. 履行慈善捐助社会责任方面

2009 年 7 月 13 日,中国移动出资 1 亿元人民币,正式设立中国移动慈善基金会。中国移动慈善基金会将重点关注社会弱势群体帮扶、助学助教、环境保护等战略性公益慈善领域,并及时开展重大突发性灾害的紧急捐助,不断提升中国移动对社会公益的贡献,惠及更多需要帮助的群体。

中国移动捐赠 5000 万元建立了中国温暖"12.1"爱心基金,投入 300 万元建设了项目网站和管理平台。为艾滋病致孤儿童提供实实在在的帮助,让他们获得平等、健康的发展机会。2010 年 4 月 14 日,青海省玉树藏族自治州玉树县发生里氏 7.1 级地震。中国移动通信集团公司迅速组织力量进行抢险救灾工作。在紧急调集救灾物资运往灾区,安排部署通信保障的同时,通过中国移动慈善基金会向玉树灾区捐款 100 万元。

---

① 中远集团、中远慈善基金会向青海玉树地震灾区捐赠 1000 万元人民币,http://www.cosco.com/cn/news/detail.jsp? docId=16276.2010/04/16。

② 中国移动通信集团公司资料均根据中国移动通信集团公司网站发布资料整理所得,http://10086.cn/aboutus/ csr/。

（三）国家电网公司①

国家电网公司是关系国家能源安全和国民经济命脉的国有重要能源骨干企业，是全球最大的公用事业企业，在推动经济发展方式转型的进程中肩负着重要责任，并且致力于成为推进绿色发展的社会榜样。

1. 履行环境保护社会责任方面

2010 年 4 月 19 日，国家电网在京发布的《国家电网公司绿色发展白皮书》是我国企业发布的首个绿色发展白皮书。《白皮书》披露的数据显示，公司预计在 2020 年基本建成智能电网，通过大规模输送消纳清洁能源，助力电力系统提升能源利用效率，积极推动电力装备业和全社会节能，加快电动汽车发展等，10 年可推动实现二氧化碳累计减排 105 亿吨，全面地展现了公司推进绿色发展的具体行动。

2. 发布企业社会责任报告方面

2010 年 8 月 2 日，《国家电网公司 2009 社会责任报告》和《国家电网公司绿色发展白皮书》分别获得 2010 年全球契约·中国企业社会责任"典范报告"杰出成就奖和优秀创新奖。

3. 履行慈善捐助社会责任方面

国家电网将具体的捐赠项目向公众作出明确的交待。比如国家电网将企业的公益性支出，分为类税收的公益支出，类投资的公益支出，指在针对重大自然灾害的类税收的公益支出的捐助。对类投资的公益支出，是以支持公益事业的方式来实现企业的投资，本质上这是企业的经营自主权。国有企业的公益支出要对公众负责，所以在开展公益事业的过程中，国有企业有制度和规则的要严格落实。②

（四）宝钢集团有限公司③

作为我国钢铁行业中的龙头钢企，宝钢集团有限公司坚持"资源有限，责任无限"理念，坚持环境经营的战略，通过技术创新和管理优化，不断加大科研和技改投入，推进能源环保一体化管理等措施实施，积极为节能降耗、减轻

---

① 国家电网公司资料均根据国家电网网站发布资料整理所得，http://www. sgcc. com. cn/。
② 李伟阳：《国有大型企业开展公益事业的逻辑》，《WTO 经济导刊》2010 年第 6 期。
③ 宝钢集团有限公司资料均根据宝钢集团有限公司网站发布资料整理所得，http://www. baosteel. com/group/index. asp。

环境负荷而努力。

1. 履行环境保护社会责任方面

宝钢试图在绿色产业链、绿色产品链、绿色研发链、绿色制造链和绿色工程链中走出一条低碳路线,把宝钢的社会责任落到实处,真正让钢铁企业由绿变金。2010年宝钢完成并超额完成国家、地方政府下达的"十一五"期间节能量、污染物减排总量控制任务,宝钢截至10月底,节约标准煤126万余吨。

2. 社会责任报告编制方面

宝钢集团2009年社会责任报告,以"这是我们的责任"为主题,以"价值创造、诚信经营、环境改善"三个基础项和"员工、社区、供应链"三个优先选项为线索,全面地阐述了宝钢对企业社会责任的独特理解,并细致地描述了宝钢集团2009年的社会责任实践。

(五)中国南方电网有限责任公司①

1. 履行环境保护社会责任方面

作为国有重要的能源企业,南方电网通过"绿色行动"多措并举推进节能减排。在发输配用各个环节挖掘潜力,累计节约的电量相当于减少二氧化碳排放8777万吨。通过节能调度、引导电源结构优化调整,南方电网公司成立7年来,西部水电东送近4000亿千瓦时,减少二氧化硫排放244.5万吨,减少烟尘排放127万吨。此外,南方电网2009年、2010年每年新增投资约300亿元用于城网改造和农网完善,逐步解决长期积累的电网建设欠账问题。2009年完成固定资产投资1051亿元,其中电网建设投资915亿元,增长91.5%。解决了10.6万户无电人口的用电问题,广东、广西、贵州和海南四省区实现了电网覆盖范围内的"户户通电"。

2. 履行慈善捐助社会责任方面

南方电网热心捐助公益事业,捐赠支出总额6712万元;签约成为广州2010年亚运会高级合作伙伴和2012年深圳第26届大运会合作伙伴。公司的社会责任工作得到了充分肯定,荣获国务院国资委"中央企业优秀社会责任实践奖"。

---

①　中国南方电网有限责任公司资料均根据中国南方电网有限责任公司网站发布资料整理所得,http://www.csg.cn/default.aspx。

2010年初,面对云南、贵州和广西三省区的特大干旱,南方电网紧急组织发电机和发电车1400多台,确保了关键时刻能顶得上。员工和企业累计捐款2914万元,用于为旱区打出43口抗旱"南网井"、修建18座"南网蓄水柜",解决老百姓长期饮水问题。4月14日青海玉树发生地震后,公司第一时间组织向灾区运送110台应急发电设备,党员踊跃缴纳特殊党费1022万元,全系统累计已向青海灾区捐款捐物2769万元。

3. 企业社会责任报告编制方面

2010年8月2日,南方电网公司2009年社会责任报告荣获"2010年全球契约·中国企业社会责任典范报告"优秀创新奖。南方电网公司发布的《中国南方电网公司2009年企业社会责任报告》全面系统地披露了公司在电力供应、经济绩效、绿色环保、社会和谐等方面主动履行社会责任的情况。

(六)中国石油化工集团公司①

中国石化奉行"发展企业、贡献国家、回报股东、服务社会、造福员工"的经营宗旨,把履行社会责任作为提升核心竞争能力的重要措施,促进企业全面协调可持续发展。

1. 企业社会责任报告编制方面

中国石化在2008年成立了中国石油化工集团公司企业社会责任报告编委会,负责中国石化社会责任报告编写和社会责任工作的管理。在此基础上,2009年,调整成立中国石化集团公司企业社会责任工作领导小组,并下设办公室,完善中国石化集团公司企业社会责任工作领导体系。

中国石化自2007年起每年度连续发布股份公司可持续发展报告,在2008年集团发布第一版社会责任报告的基础上,2009年新增出版了社会责任报告英文版,积极向社会发布履行社会责任的工作。公司规范加强信息披露以及对外发布信息的工作,增强了与利益相关方的沟通。

2. 社会责任管理体系建设方面

中国石化通过组织管理体系、日常管理体系、能力建设体系和业绩考核体系四个部分构建企业社会责任管理体系,对企业进行科学规范化管理、培养全

---

① 中国石油化工集团公司资料均根据中国石油化工集团公司网站发布资料整理所得,http://www. Sinope cgroup. com/Pages/index. aspx。

体员工的 CSR 意识,进而提高履行 CSR 的效果。

3. 履行环境保护社会责任方面

中国石化长年坚持"安全第一、预防为主、全员动手、综合治理、改善环境、保护健康、科学管理、持续发展"的 HSE 方针。通过推广实施 HSE 管理体系并持续改进,有效控制了重大灾害事故的发生率和伤亡率,降低了企业成本,节约了能源和资源,树立了企业健康、安全和环保的良好形象,改善了企业和所在地政府、居民的关系,吸引了投资者,实现了社会效益、环境效益和经济效益的协调提高。

4. 履行慈善捐助社会责任方面

中国石油化工集团公司加强对外捐赠的管理工作,明晰了责任机构,并制定了《中国石化对外捐赠管理办法》,为公司更加规范、有序、及时有效地开展对外捐赠工作奠定了制度基础。

第三节　国有企业社会责任建设存在问题分析

我国国有企业在履行社会责任方面取得了一定的成绩,但是,国有企业履行社会责任仍然只是集中在个别综合实力雄厚的国有企业中,履行企业社会责任尚未得到大多数国有企业的认可和推行。目前,在我国部分国有企业中仍存在的社会责任缺失现象,阻碍了我国国有企业社会责任运动的全面开展。

一、国有企业履行社会责任中存在问题简述

国有企业履行社会责任中存在的问题主要表现在以下几个方面:

(一)国有企业滥用垄断权利

国有企业中分为在垄断性行业的企业和非垄断性行业的企业。目前在垄断行业的国有企业,如电力企业、铁路运输企业、通信、石油等,并没有真正低价提供公共产品,相反却是制定垄断价格,谋取垄断利润。有些国企甚至以亏损严重为理由,"挟持"政府制定高油价,给经济发展造成了不利影响。[1] 对于国有企业滥用垄断权利,最近的一个案例就是 2010 年 11 月初,中储粮(中国

---

① 吕成哲:《当前国有企业社会责任的履行情况》,《商业文化》2010 年第 4 期。

储备粮管理总公司)的"经营性业务"被国家发改委叫停。作为国务院确定的国家政策性粮油收购储备企业,中储粮的任务是,承担国家储备粮油的收购、储存、调运、拍买销售业务。其政策性收储由国家财政出资,同时也能获得售出补贴。中储粮凭借其掌握有核心的粮油资源,大力发展经营性业务(经营、销售、加工市场),并致力于发展成为大型粮油经营商,严重抑制了下游粮食加工企业的发展,也不利于我国粮食价格的稳定。作为国有企业本应以提供公共服务为己任,如今却滥用其自身垄断权利,与民争利的行为,严重阻碍了国有企业社会责任的建设。

(二)国有企业改制和重组中忽视职工合法权益的保障

自从我国建立市场经济制度以来,国有企业就不断地在改制的道路上进行探索,以求更好地适应我国市场经济的发展。在改制过程中国有企业的债务负担、社会负担以及富余人员被人们形象地称为改革路上的"拦路虎",其中社会负担是由于在计划经济时代国企承担社会职能而引起的,①在国有企业改制过程中成为国有企业难以解决的棘手问题。对于国有企业的社会负担如果不能很好地处理,甚至有可能带来社会问题。有些人认为对于国企的社会负担要采取剥离的方式进行"卸包袱",由此导致原有企业的职工服务设施强制性地推向社会,同时许多国有企业出于"丢包袱"、减轻经济负担的考虑,还将裁减冗员作为企业改制和重组的主要手段。企业在没有提供完善的社会保障的情况下,将大批员工辞退损害了职工的合法权益。还有的国有企业改制不规范、不透明,甚至搞"暗箱操作",以致改制、关闭破产后出现拖欠职工工资和经济补偿金、欠交社保费等问题。这也在一定程度上造成了职工失业、权益受损的问题,严重影响了社会的安定团结。

(三)部分国有企业存在"重经济、轻环保"的观念

黎友焕(2010)认为,近年来,我国企业在转变传统增长方式方面取得了很大的进步,但结构性矛盾依然尖锐,增长方式远未实现全局性、根本性的转变,②这种以牺牲环境为代价的污染经济和以消耗资源为主体的浪费经济已经开始制约我国经济的进一步发展。以胡锦涛同志为总书记的党中央提出以

---

① 傅廷斌:《中国国有企业改革的路径选择》,中国计划出版社1999年版。

② 黎友焕:《企业社会责任》,华南理工大学出版社2010年版。

人为本，全面、协调、可持续的科学发展观，要求用科学发展观统领经济社会发展全局，使经济发展与资源节约、环境保护协调均衡。但是，由于长期以来发展策略的执行，对一些国企领导来说，为了提高经济效益，为了保证实现政绩，科学发展观还只是纸上谈兵，"重经济、轻环保"的观念依然大行其道。有的还抱着"先污染、后治理"的错误观念不放，不顾当地资源禀赋、环境容量以及国家发展规划和产业政策，为了眼前的局部经济利益，"先上车，后买票"，先发展、后环保。在 2010 年 3 月 22 日环境保护部公布的《2009 年国家重点监控企业及污水处理厂全年监测超标企业名单》中显示，2009 年环保部监测的7043 家国家重点监控企业中，有 2713 家企业超标排污，约占监测总数的四成。3486 家废水国控企业，全年部分测次超标和全部超标共计 36% ，约合1255 家企业。在 3557 家废气国控企业中，41% 企业全年部分和全部测次超标，计 1458 家企业。① 国有企业的环境污染情况令人堪忧，这种"重经济、轻环保"的发展方式不但造成了巨大经济损失，危害群众健康，影响社会稳定和环境安全，而且成为实现经济社会全面、协调、可持续发展的瓶颈。

二、国有企业履行社会责任存在问题的原因分析

国有企业因为其自身具有的特殊性质和功能成为阻碍其履行社会责任的"绊脚石"，为了清醒认识和深刻把握国有企业在履行社会责任中的定位，我们应当全面分析影响国有企业履行社会责任的因素。

（一）国有企业的垄断性对履行社会责任的影响分析

经过 30 年的改革，我国传统的垄断行业中政企不分的局面已经扭转，各部属企业已转为国有企业，并且国有企业在垄断行业中所占有的比重也不断下降，更多国有企业逐渐参与到竞争性领域，在市场经济条件下与民营企业、外资企业等展开公平竞争。国有经济在垄断行业的退出向来是国企改革的一个重要方面，但是在现实中，国有企业对一个行业甚至国家经济的影响是深刻的。在我国市场经济体制尚不健全的情况下，如果草率的将国有经济撤出垄断行业，不仅不会取得期望的改革效果，相反，还会导致市场承受过大的压力，甚至会带来市场的无序竞争。所以，国有企业在退出过程中应协调好国有经

---

① 关于 2009 年国家重点监控企业及污水处理厂主要污染物全年排放超标情况的通报。

济与市场改革的步伐,针对于目前的情况来看,国有企业还是很有必要在某些领域保持着垄断地位。但正是由于国有企业的这种垄断性,使得市场出现冲击时,处于上游行业的国有企业能够轻而易举地将危机转嫁给处于市场竞争状态的下游行业。这对于本来就处于激烈的竞争中,只能获得微薄利润的下游企业来说生存压力加大,未能获得公平的市场竞争。因此,处于垄断行业的国有企业追求自身利益最大化的行为,加之经济上的垄断性在一定程度上使国有企业淡化了履行社会责任的职责。

(二)国有企业遵循效率优先原则对履行社会责任的影响分析

中共十五届五中全会基于我国发展社会经济,增强综合国力的急迫需要,确立了坚持效率优先、兼顾公平的分配原则。尽管到目前为止,我国实现效率优先原则改变了我国整体落后的面貌起到一定作用,但是长期以来"以效率优先"难免会使国有企业过于重视效率而忽视公平,对企业行为所带来的环境和社会公众的消极影响,采取漠视态度。导致许多国有大型企业出现大规模污染情况,竟然没有得到相应的有效处罚。导致这种情况出现的原因,在于国有企业领导人对公平与效率关系的认识错位,将效率简单的认为就是提高经济效益,忽视了效率还包括要提高社会效益,社会效率则反映企业的经济活动对社会的影响情况。企业不仅有权利追求经济利益的实现,还要兼顾企业活动对职工、社会环境和公众等的影响。[①] 北京大学萧灼基教授(2006)认为在目前我国生产的落后、劳动生产率低下、劳动力素质不高的情况下,"效率优先"原则不应该改变。但是,在我国社会转型的关键时期,能否在国企改革和发展中处理好二者之间的关系,将直接影响到国有企业社会责任的实现状况。

(三)国有企业缺乏的法律约束对履行社会责任的影响分析

虽然企业社会责任更应该由企业根据自身实力自发的履行,但是在我国国有企业中却存在着很少有企业主动承担社会责任建设的现实。按照常理来说国有企业大多实力雄厚,且其性质和功能具有双重性,他们是既有能力且有义务作为其他企业的标杆,主动承担社会责任。然而,目前在我国只有个别国

---

① 乔明哲、刘福成:《基于性质与功能的我国国有企业社会责任研究》,《华东经济管理》2010 年第 3 期。

有企业在坚持履行社会责任,这与我国目前并没有关于企业社会责任的专门立法有很大关系。市场经济是法制经济,若要鼓励企业在市场经济中,不计较利益得失,维护社会责任,就必须依靠法律制度来规范和引导企业行为。虽然我国在《公司法》、《劳动法》、《环境保护法》、《环境污染噪声防治法》、《土地管理法》、《矿产资源法》、《产品质量法》、《电力法》、《广告法》、《消费者权益保护法》等法律法规中均涉及企业社会责任,但这些分散于各法律法规中的条文显然是不够的。我国有关企业社会责任的立法少之又少,并且绝大多数只是起到一个宣示性作用,只原则性地规定了企业应该履行相应的义务,过于模糊和笼统,缺乏相应的实施细则,可操作性不强。黎友焕(2010)认为,约束机制的弱化使得企业处于不同程度的无法可依、有法不依、执法不严、违法不究的状态,即便被依法查处,也由于惩戒力度不透,导致一些企业不惜以身试法。[①] 这些都在一定程度上阻碍了我国企业履行社会责任的进程。

(四)国有企业履行社会责任的成本分析对履行社会责任的影响分析

市场经济条件下的企业行为一定会进行成本收益的分析,才能决定是否要进行某项活动,对于国有企业也不例外。由于其性质的特殊性,国有企业进行某项活动时不仅要考虑是否能够收到经济效益,获得社会效益也应当是国有企业进行投资活动时考虑的关键因素。从国有企业建立到改革的历史进程中我们可以看到,国有企业经历了一个承担过多社会责任到逐渐剥离其承担社会责任的一个过程。国有企业改革前效益低下的一个重要原因,是当时过多地承担了社会责任,造成大量的直接沉淀成本和机会成本损失,影响了企业的发展和竞争能力。[②] 所以出于对进行企业社会责任建设的成本收益分析,为避免造成因履行社会责任带来"沉淀成本"的投入而影响企业自身生产经营能力和持续经营能力,导致社会的整体损失,大多数国有企业在改制的过程中首先选择保证自身赢利能力的增强,而忽视了国有企业的经济行为应当更加注重为社会带来整体效益的责任。国有企业如果为了一味地追求自身利益而规避承担社会责任,长远看来并不利于企业的可持续发展。黎友焕、龚成威

---

① 黎友焕:《企业社会责任》,华南理工大学出版社 2010 年版。

② 张炳雷:《国有企业社会责任:一个沉淀成本的分析视角》,《经济体制改革》2008 年第 5 期。

(2008)认为"企业履行社会责任既是社会公众的期望,也是企业自身发展的必需。从短期看可能会给企业带来一些成本上的影响,但从长远规划,企业是其行为的最大受益者"。[①] 所以如何寻找到一个恰当的平衡点,使得国有企业在获得良好经济效益的同时又能获得社会效益才是国有企业改制需要考虑的问题。

第四节　未来国有企业履行社会责任实现的途径展望

国有企业是国民经济的骨干力量和重要支柱,是引领我国先进生产力发展的主力军,在经济社会发展中起着举足轻重的作用,为了贯彻落实科学发展观,实现企业的可持续性发展,未来国有企业仍要注重履行社会责任,主动承担保护环境和生态、维护市场秩序、扶助社会弱势群体、参与社区发展、保障员工权益等一系列社会责任和义务。为了保证国有企业社会责任运动的有效开展,就不仅需要国有企业在内部制度建设上进一步进行改革,而且还要集中起各种外部力量,比如,政府、利益相关者、社会公众等的力量,对国有企业履行社会责任进行管理和监督,共同促进我国国有企业履行社会责任,从而推动经济社会的协调发展。

一、国有企业履行社会责任内部建设方面

国有企业应当充分发挥主体责任作用,对内将企业社会责任建设纳入企业战略规划,在企业的日常管理活动中积极贯彻和落实,同时注重环保、积极参与社会公益和慈善活动,树立良好的企业形象,巩固和加强企业的可持续发展经营战略。

(一)加快国有企业产权制度改革

产权清晰是社会责任履行的前提和基础。科斯(1959)曾经说过:清楚界定的产权是市场交易的前提。对于我国国有企业来说,采取"委托——代理"的模式管理国有企业,由于产权结构的剩余追索权和控制权的不对应,导致企

---

① 黎友焕、龚成威:《基于外部性的企业社会责任福利分析》,《西安电子科技大学学报(社会科学版)》2008 年第 11 期。

业经营者没有参与到分享企业的剩余利润中来,只能通过运用其手中的控制权来实现在职消费、获得成就感、满足权利欲。这种产权制度的缺陷必然会导致腐败现象的存在,因为一旦经营者失去控制权就意味着失去一切相应的收益,因此经营者都尽可能在在职期间多为自己谋取利益。在这种产权制度之下,国有企业的社会责任的主体和内容也就变得含混不清了。在竞争性市场下产权明晰、责任明确,是解决外部性的一项重要举措,只有个人的财产权得到有效法律保护的情况下,才能够履行相应的义务。国有企业的产权界定问题,关系到全民公共财产的使用和保护问题,所以,实现经营权和所有权的分离,才能够真正实现我国国有企业权利、义务、责任的明确划分,使国有企业真正成为公司法意义上的独立法人,成为真正自主经营、自负盈亏的市场主体,并承担起相应的商事主体的权利、义务和责任,企业社会责任的归属也才能够真正明确。

(二)将企业社会责任纳入发展战略目标

国有企业为应对复杂多变的外部环境应当注重强化企业战略意识,加强企业战略研究,提高企业战略管理能力,及时把握环境与未来的变化,不断调整自己,提高企业应变能力。[1] 企业社会责任的建设关系到企业的可持续性发展,国有企业也应当将企业社会责任建设纳入企业发展战略目标。把履行社会责任作为创造企业和社会共享价值的长期行为,按照社会责任理念修订企业的使命和愿景,形成符合企业发展战略、经营业务和文化特色的社会责任观。同时,许多企业已经开展社会责任全员培训,把社会责任理念转化为每一位员工的信念、素质和行动,转化为企业先进文化。[2]

首先,国有企业要立足企业性质和企业发展战略制定企业的社会责任战略。国家电网公司发展战略的重要内容是赢得社会价值认同、塑造责任央企品牌和营造良好发展环境,这也是其公司公益事业战略的重要目标。[3] 所以企业在制定战略目标时,针对公司发展战略的具体内容和各关键利益相关方

---

① 赵昌武:《确保中国企业可持续发展的企业战略管理》,《企业管理》2005 年第 1 期。
② 中国核工业集团公司政研体改部:《彰显国家队的社会责任——企业社会责任报告研究编写的体会与思考》,《中国核工业》2009 年第 4 期。
③ 李伟阳:《国有大型企业开展公益事业的逻辑》,《WTO 经济导刊》2010 年第 6 期。

的不同期望，形成的企业社会责任战略，能够更快地融入到企业的日常活动中，使企业的成员能够更容易地理解和接受企业社会责任的内容，并有助于企业更快速、准确地制定适合企业性质的履行社会责任的方向、规模和具体方式。

其次，国有企业要结合企业自身资源和能力情况将企业社会责任战略转化为中长期规划、年度计划和财务预算，做到企业社会责任管理有规划、有计划和有预算。依照企业社会责任战略，在年初时，对每一年度的社会责任活动作出计划，并且对计划的实施，进行预算控制等。这能够帮助企业更加好的落实企业社会责任活动。

最后，国有企业还要立足于不断提升和持续改进企业社会责任管理水平，实现企业社会责任目标。对企业的社会责任活动都要做到有制度、有研究、有程序、有管理、有反馈、有监督、有总结。保证履行社会责任活动的机制建设和管理保证，并且，在企业设立的专门企业社会责任管理机构中配置专业管理人员。最后还要及时地总结经验教训，建立持续改进企业社会责任管理能力和水平的长效机制。

（三）将社会责任建设融入企业文化建设

黎友焕（2010）认为，企业文化能够对企业员工个人的社会价值取向进行整合，使之认同企业整体的社会价值观。[①] 企业文化既是企业品质和企业形象的内在基础，也是企业员工创造性和积极性发挥的内部环境条件。国有企业只有把企业社会责任建设与企业文化建设结合起来，根据企业生存的社会条件与发展要求，在企业文化中融入企业社会责任，注重企业内在的人文力量，把企业信念、企业精神、行为规范等转化为员工的精神动力，才能形成强大的企业凝聚力，从而为企业的可持续发展奠定基础。[②] 具体来说国有企业可以通过在员工培训过程中，着重讲解企业履行社会责任的目标，也可以利用庆祝会、交流会、演讲会等形式强化员工企业社会责任意识。同时，还可以派员工代表参加企业社会责任论坛、企业社会责任交流会议等学习其他企业的社会责任管理方式等等。此外，在国有企业的日常管理中还可以将社会责任管

---

① 黎友焕：《企业社会责任理论》，华南理工大学出版社 2010 年版。
② 张静：《国有企业社会责任生成及实现》，《西北大学》2007 年第 11 期。

理融入企业运营的全过程,通过制定各种保障政策,比如人力资源政策、财务政策、内部沟通政策等,切实把社会责任理念落实到每项工作、每个岗位和每名员工,使其成为生产经营活动的有机组成部分,转化为全体员工的信念、素质和自觉行动。

(四)加强环境保护,保持生态平衡

杜彬、黎友焕(2008)认为"从道德伦理上说,企业在生产过程中要注重对社会、环境的影响,减少对外界造成的负的外部效应"。① 长期以来发电和煤炭行业都是环境污染的重点监控对象,而发电和煤炭行业的国有大型企业由于企业规模庞大,所以造成污染的影响也相当严重,更是成为监控的重点,如以中电投集团、华能集团为首的国有企业就出现在国家环保部公布的2009年的污染名单之列。此外,西山煤电(集团)、国电集团、中国石油化工股份有限公司等国有企业也成为重点污染源。国有企业的环境污染久治不愈的原因在于,在我国环境污染的成本较低,且惩罚较轻,再加之国有企业的特殊性,更是在环境污染问题上屡禁不止。当前是我国国有经济新一轮布局、产业调整、结构升级的关键时期,国有企业要加快转变发展方式,处理好企业与环境、企业与资源的关系,在履行环保责任方面起带头表率作用,就要照科学发展观的要求,不断强化创新意识,完善创新机制,培育创新人才,努力把企业发展转入主要依靠科技进步和提高劳动者素质的轨道上来,以污染源头治理、加强过程控制入手,实现转变企业发展方式,保护环境和节约能源的目的。② 此外,国有企业应当在企业内部积极推行清洁生产方式,减少生产活动各个环节对环境造成的污染,降低能耗,节约资源,不断提高资源、能源利用效率,全力构建环境友好型、生态文明型企业。

(五)积极参与公益事业

企业财富的获得源于社会,回报社会是企业应尽的责任。③ 同时,一个有社会责任感的企业凭借其良好的企业形象,会赢得更多顾客的信任和支持。④

---

① 杜彬、黎友焕:《论金融危机的社会责任基准——赤道准则》,《郑州航空工业管理学院学报》2008年第1期。

② 黄友湘:《加强国有企业社会责任建设的思考》,《当代经济》2009年第19期。

③ 黄友湘:《加强国有企业社会责任建设的思考》,《当代经济》2009年第19期。

④ 黎友焕:《企业社会责任理论研究》,华南理工大学出版社2010年版。

通过国资委公布的中央企业对外捐赠统计报告中我们发现,除了对我国突发性灾害(玉树地震、舟曲泥石流、西南旱灾)进行捐赠,大多数国有企业的慈善捐赠都涉及扶贫和助学,每年都保持有较大的投入,同时也取得了良好的成效,这是我国国有企业在参与公益事业的一个明显的特点。由于国有企业是归全体社会成员所有,所以其有责任按照资产所有者的意愿承担起相应的社会责任,而且从本质上看,国有企业承担社会责任的支出都用于其所有者自身,即在产权明晰的条件下,将剩余权利配置给要素所有者,是有效率的。[①]我国的社会福利制度刚刚建立,还存在许多不完善的地方,在这样一个阶段,需要大量的个体以及其他社会主体积极参与慈善活动来为社会福利制度作补充。国有企业作为占据主导地位的企业主体,资金实力雄厚,与个人相比,它具有相对广泛的信息渠道和较强的执行监督能力。因此,由国有企业去承担一定的社会责任,有助于提高社会整体福利水平、促进社会矛盾的缓和,更好地实现社会福利。[②] 在国有企业保持持续较快发展的同时,始终关注和支持社会公益事业,把解决贫困人口温饱问题和改善基本生产条件作为重点,大力开展科技、文化教育扶贫,将慈善事业与企业的发展战略和商业利益联系起来,形成规范化、制度化的运作机制,使企业改革发展稳定的成果惠及全社会,从而实现社会效益和经济效益的双丰收。

二、国有企业履行社会责任外部建设方面

国有企业履行社会责任还需要外部机构的有利配合,国有企业作为国家经济的支柱,在战略性行业起着非常重要的作用,因此国有企业的发展关系到国家经济的稳定,包括政府、国有企业的利益相关者、社会公众都应当对国有企业的经济行为进行监督,保证国有企业在实现经济利益的同时,尽可能履行社会责任,推动社会经济的整体进步。

(一)完善各方面监督机制

首先,建立政府监督机制。政府应做出制度安排,建立国有企业社会责任

---

① 徐传谌、张东明:《剩余权扩散假说与国有企业改革》,《学习与探索》2005 年第 2 期。

② 张炳雷:《国有企业社会责任:一个沉淀成本的分析视角》,《经济体制改革》2008 年第 5 期。

监督、评价体系和报告制度,监督和控制国有企业的社会责任活动。尽管政府与国有企业的关系特殊,但是作为社会公共利益代表的政府,如果引导企业关注国有资产的运营和收益,保护广大人民的根本利益,积极参与对国有企业履行社会责任的监督,一定会促使国有企业履行社会责任取得良好的效果。在宏观监督方面,政府可以通过间接手段对国有企业的经济责任、法律责任、道德责任等进行全面监管。在微观监督方面上政府可以通过建立独立化、多元化、体系化的评价指标,对国有企业在运营过程中的各种经济行为进行监督。

其次,加强利益相关者对国有企业社会责任的监督。由于其特殊性质国有企业的利益相关者要比一般企业的利益相关者更广泛。与一般企业相同的国有企业的主要社会利益相关者包括,股东、债权人、职工、管理者、消费者、供应商和其他合作者等等。除此之外,国有企业还具有一些次要利益相关者,他们在企业的声誉和社会地位的方面对国有企业有一定的影响力,甚至这些次要利益相关者在企业的权益更能代表公众的利益。[1] 相比于国有企业的直接相关者,虽然国有企业对次要利益相关者负有的责任往往较小,但是这些利益相关者对企业可能产生十分重要的影响,并且颇能代表公众对企业的看法[2]。

第三,加强社会公众对国有企业社会责任的监督。龚成威、黎友焕(2008)认为,社会舆论的社会责任意识对国家和企业政策的制定有着强烈的影响,从理论上说,政策是公众意志的体现,公众参与包括促进与监督两层含义。[3] 所以实现对国有企业社会责任的有效监督也必须充分利用起这些社会力量。社会公众是国有资产的真正所有者,是国有企业社会责任最适合的监督主体。随着信息技术的不断发展,媒体传播的技术也不断提升,在如今的社会信息传播速度相当惊人,这也就给社会公众提供了通过媒体、互联网、公益诉求等多种方式实现对国有企业社会责任监督的可能。因此,在社会公众、媒体等多方的关注和监督下,企业便会积极履行社会责任,最终实现社会公众的监督效果。

---

① 龙新:《论利益相关者理论视角下的国有企业社会责任》,《华东理工大学学报(社会科学版)》2008 年第 9 期。

② [美]卡罗尔等:《企业与社会:伦理与利益相关者管理》,黄煜平等译,机械工业出版社2004 年版,第 63—64、65—68 页。

③ 龚成威、黎友焕:《如何促进中国企业环境信息公开》,《世界环境》2008 年第 5 期。

(二)通过建立良好的评价体系实现激励效果

随着经济的发展社会的进步,部分国有企业开始从片面追求经济效益最大化转向开始重视社会效益,但是由于缺乏对企业行为所带来的社会效益进行有效评价的评价体系,导致注重社会效益的企业行为得不到良好的激励,而不重视社会效益的企业行为又得不到相应的惩罚。因此在现阶段建立一个科学、合理的国有企业社会责任评价体系至关重要。我们应当着手在改革现有的国有企业绩效考核办法的基础上,建立统一的国有企业社会责任评价体系,将社会责任所要求的对股东、员工、消费者等利益相关者的责任、环境保护的责任以及公益慈善的责任要求全面纳入其中。同时,还应当结合我国国有企业的发展情况,强调公益责任的优先性和基础性,一方面将企业社会责任的完整要求充分纳入到国有企业社会责任的评价体系之中,另一方面还要保证国有企业经济效益的实现,建立这样一个全面的评价体系真正推进国有企业社会责任的实现,从而实现企业与全社会的可持续发展。

(三)加快社会责任法制建设

对于国有企业来说,通过法制建设推动国有企业履行社会责任,具体来说就要求在以下几个方面做到守法、依法:

(1)国有企业对利益相关者要依法承担社会责任。对职工而言,依照《公司法》中的规定,按时、足额给职工发放工资、奖金,保证员工的休假,注重员工的职业安全和职业卫生、选举职工代表进入董事会、提供职工教育培训机会等;对于债权人和股东而言,国有企业应当及时披露公司财务报告及其他相关信息。严格按照贷款契约的规定对债权人还本付息,绝不可逃债、废债。依照《上市公司治理准则》(仅限上市企业)保证所披露信息的真实、准确、及时、必要性;对企业相关交易方而言,国有企业要依法经营、诚实守信,恪守商业信用;对于消费者而言,国有企业要依照《消费者权益保护法》认真履行对消费者承诺因质量问题的退货与赔偿义务,以及商品售后的保修责任。按照《食品安全法》树立产品质量与消费安全的观念,要严格进行产品质量检验,绝不允许伪劣产品和有毒食品流入市场,危害消费者身体健康。[①] (2)国有企业对

---

① 王长玲:《论我国公司社会责任的实现——兼评我国新〈公司法〉第5条的规定》,《金卡工程(经济与法)》2010年第4期。

环境保护要依法承担社会责任。国有企业要按照国家有关规定进行资源的开采和利用。在合理排污的同时,注重对环境的保护。(3)国有企业对慈善公益事业的社会责任。国有企业要重视必要的社会捐助和尽力支持企业所在社区的福利事业与安全维护工作,在这方面给予力所能及的财力支持。(4)国有企业要依法对政府承担社会责任。国有企业要遵守国家的法律法规,依法纳税依靠经营保证国有资产保值增值,在资产经营、产权转让、企业重组中严防国有资产流失。根据社会就业的需要,积极安排有关人员就业。

参考文献

Alchian. A. and Demsetz. H. 1972, "Production Information Costs and Economic Organization," [J]. *American Economic Review*, vol. 62(50).

Carroll A B. The Pyramid of Corporate Social Responsibili-ty: Toward The Moral Management Of Organizationsal Stakeholders[J]. USA: *Business Horizons*, 1991, (7-8): pp. 39-48.

Schwartz M S, Carroll A B. Corporate Social Responsibility: A Three-Domain Approach[J]. USA: *Business Ethics Quarterly*, 2003, 13(4): pp. 503-530.

Sheifer A., Vishney R., Politicians and Firms [J]. *Quarterly Journal of Economics*, 1994, November, 109, (4): pp. 995-1025.

[德]拉德布鲁赫:《法学导论》,中国大百科全书出版社 1997 年版。

[美]道格拉斯·C. 诺思:《经济史中的结构与变迁》,陈郁等译,上海三联书店 1994 年版。

[美]阿奇·B. 卡罗尔等:《企业与社会:伦理与利益相关者管理》,黄煜平等译,机械工业出版社 2004 年版。

杜彬、黎友焕:《论金融危机的社会责任基准——赤道准则》,《郑州航空工业管理学院学报》2008 年第 1 期。

傅廷斌:《中国国有企业改革的路径选择》,中国计划出版社 1999 年版。

顾功耘:《国有经济法论》,北京大学出版社 2006 年版。

黄群慧、钟宏武:《国有企业如何建立全面社会责任管理体系》,《宁波大学学报》2008 年第 7 期。

黄速建、余菁:《国有企业的性质、目标与社会责任》,《中国工业经济》

2006 年第 2 期。

黄友湘:《加强国有企业社会责任建设的思考》,《当代经济》2009 年第 19 期。

蔺继志:《引导并监督国有企业社会责任实现机制的法学思考》,《中南财经政法大学学报》2006 年第 3 期。

黎友焕、龚成威:《基于外部性的企业社会责任福利分析》,《西安电子科技大学学报(社会科学版)》2008 年第 11 期。

黎友焕:《广东企业社会保障任重道远》,《亚太经济时报》2006 年 11 月 30 日。

黎友焕:《SA 8000:广东外经贸企业必须逾越的墙》,《WTO 经济导刊》2005 年第 4 期。

黎友焕:《SA 8000 对广东劳动密集型产业人力资源管理的影响及应对策略》,《中国人力资源开发》2006 年第 11 期。

黎友焕:《SK-Ⅱ质量问题凸显企业社会责任建设缺失》,《中国贸易报》2006 年 9 月 28 日。

黎友焕:《国内企业社会责任理论研究综述》,《WTO 经济导刊》2007 年第 1 期。

黎友焕:《绿色发展:广东企业必然选择》,《亚太经济时报》2006 年 12 月 14 日。

黎友焕:《论企业社会责任与构建和谐社会》,《西北大学学报》2006 年第 5 期。

黎友焕:《民企的社会责任建设不容乐观》,《亚太经济时报》2006 年 12 月 7 日。

黎友焕:《企业社会责任》,华南理工大学出版社 2010 年版。

黎友焕:《企业社会责任理论》,华南理工大学出版社 2010 年版。

黎友焕:《企业社会责任理论》,华南理工大学出版社 2010 年版。

黎友焕:《企业社会责任实证研究》,华南理工大学出版社 2010 年版。

黎友焕:《社会责任成为新价值理念》,《亚太经济时报》2006 年 11 月 15 日。

黎友焕:《四大因素制约广东企业依法经营社会责任建设》,《亚太经济时报》2006 年 12 月 21 日。

黎友焕:《推进企业社会责任建设须多管齐下》,《中华工商时报》2006 年 11 月 29 日。

李荣融:《国有企业改革的几个重点难点问题》,《宏观经济研究》2005 年第 11 期。

林欧:《国有企业社会责任的法律规制》,《重庆科技学院学报(社会科学版)》2010 年第 1 期。

刘长喜:《利益相关者、社会契约与企业社会责任》,复旦大学 2005 年学术论文。

刘春芳、熊玉萍:《中小企业战略管理现状及对策》,《经济与管理》2008 年第 4 期。

刘玲:《国有企业社会责任研究——以"企业—政府—社会"关系为框》,《理论界》2007 年第 9 期。

龙新:《理性对待企业社会责任:兼评我国〈公司法〉中的企业社会责任条款》,《桂海论丛》2007 年第 5 期。

吕成哲:《当前国有企业社会责任的履行情况》,《商业文化》2010 年第 4 期。

乔明哲、刘福成:《基于性质与功能的我国国有企业社会责任研究》,《华东经济管理》2010 年第 3 期。

曲卫彬:《国有企业的功能》,《财经问题研究》1997 年第 8 期。

沈志渔、刘兴国、周小虎:《基于社会责任的国有企业改革研究》,《中国工业经济》2008 年第 9 期。

汪锋:《国有大型企业社会责任简论》,《中南财经政法大学学报》2008 年第 4 期。

王长玲:《论我国公司社会责任的实现——兼评我国新〈公司法〉第 5 条的规定》,《金卡工程(经济与法)》2010 年第 4 期。

王丹:《国有企业社会责任实现路径探析》,《理论月刊》2010 年第 5 期。

王宏伟:《从"明天我们相信谁"看企业社会责任》,《企业研究》2009 年第 4 期。

王晓光:《树立负责任的大国有企业形象——中央企业树立负责任的大

国有企业业形象——中央企业社会责任探析》,《WTO 经济导刊》2007 年第
4 期。

徐传谌、张东明:《剩余权扩散假说与国有企业改革》,《学习与探索》2005
年第 2 期。

徐尚昆、杨汝岱:《企业社会责任概念范畴的归纳性分析》,《中国工业经
济》2007 年第 5 期。

杨励、姜海波:《论新中国国有企业与资本主义国有企业的区别》,《马克
思主义政治经济学原理》2003 年第 3 期。

张炳雷:《国有企业社会责任:一个沉淀成本的分析视角》,《经济体制改
革》2008 年第 5 期。

张春敏、刘文纪:《国有企业的性质看国有企业的社会责任》,《前沿》2007
年第 12 期。

张放:《论国有企业的社会责任》,《湖北社会科学》2009 年第 2 期。

张静:《国有企业社会责任生成及实现》,西北大学 2007 年学术论文。

张连城:《论国有企业的性质、制度性矛盾与法人地位》,《首都经济贸易
大学学报》2004 年第 1 期。

张维迎:《博弈论与信息经济学》,上海三联书店、上海人民出社 1996
年版。

赵昌武:《确保中国企业可持续发展的企业战略管理》,《企业管理》2005
年第 1 期。

周林彬、何朝丹:《试论"超越法律"的企业社会责任》,《现代法学》2008
年第 2 期。

周其仁:《公有制企业的性质》,《经济研究》2000 年第 11 期。

第七章 中国民营企业社会责任建设走势评析与展望

摘要：本文在研究民营企业发展现状、其社会责任发展的压力与动力、现状及问题根源的基础上，应用利益相关者理论分析民营企业成长阶段与其社会责任的关系，提出了民营企业履行社会责任的动态发展战略，最后本文对民营企业社会责任的发展趋势进行了展望。旨在为广大学者研究民营企业社会责任发展问题提供一些参考，也为民营企业履行社会责任提供发展思路。

关键词：民营企业、企业社会责任、利益相关者理论、生命周期理论

Abstract：This paper studies the development situation of private enterprise, power and the pressure, root of the problem and development situation of its social responsibility, and then analyzes the relationship between firm growth and corporate social responsibility with stakeholder theory and lifecycle theory. Finally this paper makes a prospect of development trend of social responsibility for private enterprises. The purpose of this paper is to provide some references for academics and some ideas on corporate social responsibility for private enterprise.

Key Words：private enterprise, corporate social responsibility, stakeholder theory, lifecycle theory

经过国际金融危机的洗礼，中国民营企业迅速复苏，规模、效益、社会贡献等各项指标均出现不同程度的增长。但目前民营企业仍然以中小企业为主体，还存在着竞争力较弱、企业社会责任意识较差等问题。通过对中国民营企

业发展建设、企业社会责任边界分析及路径建设探讨,助力民营企业的成长,提升整体竞争力。

第一节　民营企业发展现状

根据全国工商联发布的"2010 中国民营企业 500 家"榜单:"2009 年,我国民营企业迅速复苏,规模、效益、社会贡献等各项指标均出现不同程度的增长。2009 年'民营企业 500 家'营业收入总额达 4.74 万亿元,同比增长15.24%;税后净利润 2179.52 亿,同比增长 32.84%,增幅均超过中央企业;户均资产总额达到 77.96 亿元,比 2008 年增长了 38%。经营规模方面,2009 年中国民营经济 500 家营业收入总额达到 47362.66 亿元,比 2008 年增长15.24%;资产总额为 38982.28 亿元,增长 37.99%。企业效益效率方面,民营企业 500 家的税后净利润、销售净利率、净资产收益率和劳动生产率等指标均出现上涨。"[1]

一、中国民营企业呈现新发展态势
(一)民营企业规模持续扩大

入选"2010 年中国民营企业 500 强"企业的营业收入总额和资产总额均超百亿的企业数量迅猛增加。在民营企业 500 家中,营业收入总额超过 100亿元的企业有 126 家,其中 4 家企业的营业收入总额超过 500 亿元;资产总额超过 100 亿元的企业有 95 家,比 2008 年增加了 30 家,增长率为 46.15%。在"2010 年中国民营企业 500 强"榜单上,江苏沙钢集团、苏宁电器和联想控股有限公司等分列 2009 年营业收入的前三甲。[2]

---

[1]　中华全国工商业联合会经济部、中华财务咨询有限公司:《2010 年中国民营 500 强企业分析报告》。

[2]　中华全国工商业联合会经济部、中华财务咨询有限公司:《2010 年中国民营 500 强企业分析报告》。

表 7 - 1　2008 年—2009 年不同资产规模区间民营企业 500 家所占比重①

资产总额区间		2009 年	2008 年	增长率
100 亿元以上	企业数量	95	65	46.15%
	占 500 家比重	19.00%	13.00%	
50 亿元—100 亿元	企业数量	121	103	17.48%
	占 500 家比重	24.20%	20.60%	
10 亿元—50 亿元	企业数量	261	298	-12.42%
	占 500 家比重	52.20%	59.60%	
1 亿元—10 亿元	企业数量	23	34	-32.35%
	占 500 家比重	4.60%	6.80%	

(二)民营企业区域分布不均衡趋势加剧

从入选"2010 年中国民营企业 500 强"企业的区域分布情况看,东部地区民营企业的入围企业数量为 405 家,在民营企业 500 家中所占的比重为 81%;西部地区入围企业数量有所下降,但收入规模、资产规模在民营企业 500 家中所占的比重有所上升;中部地区、东北部地区入围企业数量、企业效益均出现不同程度下滑。从入选"2010 年中国民营企业 500 强"企业的省市分布情况看,排名前五位的省市为浙江、江苏、山东、上海和湖北五省市;浙江、江苏两省入选企业数量分别为 180 家和 129 家,在民营企业 500 家中所占比重为 61.8%。②

表 7 - 2　2009 年民营企业 500 家地区分布

地区		入围家数		收入规模(亿元)		资产规模(亿元)	
		2009 年	2008 年	2009 年	2008 年	2009 年	2008 年
东部	企业数量	405	395	39057.35	33852.94	30796.18	22232.09
	占 500 家比重	81.00%	79.00%	82.46%	82.37%	79.00%	78.70%

①　中华全国工商业联合会经济部、中华财务咨询有限公司:《2010 年中国民营 500 强企业分析报告》。

②　中华全国工商业联合会经济部、中华财务咨询有限公司:《2010 年中国民营 500 强企业分析报告》。

续表

地区		入围家数		收入规模(亿元)		资产规模(亿元)	
		2009 年	2008 年	2009 年	2008 年	2009 年	2008 年
西部	企业数量	44	48	3077.73	2862.08	2538.60	2094.11
	占 500 家比重	8.80%	9.60%	6.50%	6.96%	6.51%	7.41%
中部	企业数量	34	37	3761.76	3126.73	3686.70	2621.79
	占 500 家比重	6.80%	7.40%	7.94%	7.61%	9.46%	9.28%
东北	企业数量	17	20	1465.82	1257.25	1960.81	1302.07
	占 500 家比重	3.40%	4.00%	3.09%	3.06%	5.03%	4.61%

（三）民营企业行业分布仍以制造业为主，垄断和战略新兴行业成为热点

国务院于 2010 年 5 月 7 日颁布了"国务院关于鼓励和引导民间投资健康发展的若干意见"，俗称"鼓励民间投资新 36 条"，明确支持和鼓励民营资本进入石油、天然气、电力和金融等垄断性行业，扩大民间投资市场准入范围。入选"2010 年中国民营企业 500 强"企业未来 3 年内投资调查数据显示，计划投资制造业的企业在民营企业 500 家中所占比重为 50.6%；计划投资房地产业的企业在民营企业 500 家中所占比重为 44.2%；计划投资服务业、能源及金融的企业在民营企业 500 家中所占比重分别为 28.8%、23.6% 和 22.6%。①

从入选"2010 年中国民营企业 500 强"企业的行业分布情况看，制造业仍在民营企业 500 家中占据主导地位，在民营企业 500 家中所占比重为 76.2%；排名前几位的行业变化不大，建筑业，黑色金属、有色金属冶炼及压延加工业，批发零售业，电气机械及器材、线缆制造及仪器仪表制造业，纺织业、化学纤维制造业占据入围行业的前五位。在入选"2010 年中国民营企业 500 强"企业中，一些大型民营企业开始积极转向战略性新兴产业的开发经营，其中有 36 家企业涉及生物医药产品的开发利用，有 26 家企业涉及太阳能、风力发电相关产品以及新型电池等与新能源相关产业。②

---

① 中华全国工商业联合会经济部、中华财务咨询有限公司：《2010 年中国民营 500 强企业分析报告》。

② 中华全国工商业联合会经济部、中华财务咨询有限公司：《2010 年中国民营 500 强企业分析报告》。

（四）企业管理和创新能力不断提高

从入选"2010 年中国民营企业 500 强"企业的人力资源情况看,民营企业内部人力资源结构逐步优化,人才状况不断得到改善。在民营企业 500 家中,本科及以上学历人员超过总人数 30% 以上的企业比重达到 29.6% ;超过总人数 30% 以上的企业比重达到 24% ,比 2008 年提高了 2.4 个百分点。在技术创新方面,入选"2010 年中国民营企业 500 强"企业中,拥有专利企业数达到 314 家;专利数量达到 29037 项(较 2008 年增长了 1.1%),其中发明专利为 4138 项,外观设计专利为 10581 项,实用新型专利为 13563 项。在品牌创新方面,入选"2010 年中国民营企业 500 强"企业中,有 310 家拥有自有商标,占民营企业 500 家的 62.0% 。[1]

（五）民营企业国际化趋势加强

随着企业规模的扩大和管理水平的提高,民营企业开始积极开展国际化经营,在全球范围内配置资源。在入选"2010 年中国民营企业 500 强"企业中,已对外投资的企业有 117 家,占民营企业 500 家的 23.4% ,比 2008 年增加 5 家,民营企业海外扩张步伐加快;海外投资企业和项目数量达到 481 个,比 2008 年增长 57.2% ;累计海外投资额达到 225274 万美元,比 2008 年增长 47.6% 。随着民营企业国际化经营经验的积累,2009 年民营企业海外拓展的意愿明显增强,未来 3 年拟在海外进行投资企业的数量比 2008 年有较大比例的提升,其中拟建立销售网络的企业数量达到 203 家,在民营企业 500 家所占比重为 40.6% ;拟建厂（企业）的企业数量达到 130 家,在民营企业 500 家所占比重为 26.0% ;拟设立办事处的企业数量达到 129 家,在民营企业 500 家所占比重为 25.8% 。海外投资能力增强以及国内劳动力、原材料等生产要素成本的提高,大型民营企业开始考虑将产品生产向其他生产要素价格更低的国家进行转移。[2]

---

[1]　中华全国工商业联合会经济部、中华财务咨询有限公司:《2010 年中国民营 500 强企业分析报告》。

[2]　中华全国工商业联合会经济部、中华财务咨询有限公司:《2010 年中国民营 500 强企业分析报告》。

二、金融危机中民营企业渐渐恢复

2008 年爆发的全球金融危机对我国实体经济的影响不断加深,从出口导向型企业波及到内销导向型企业。作为我国实体经济重要组成,以出口导向型为主的民营企业的生存和业绩深受影响。据浙江省工商局统计,截至 2008 年 12 月底,浙江省全年私营企业注销数量达到 2.2 万家,同比增长 10.99%,为近六年来最高;①全省民营企业突然倒闭、企业主隐匿等突然变故事件达到 302 起(2008 年 11 月初仅为 99 起),足见倒闭有加速增多态势(周旭霞、陈士玉,2009)。

2010 年 11 月 27 日,在第八届中国民营企业峰会上发布了"浙江民营企业景气指数"(简称 ZEPI),该景气指数以 2007 年第四季度为基期。根据监测,自 2007 年第四季度至 2010 年第三季度,浙江民营企业景气指数总体呈"V"形走势,2009 年第三季度至 2010 年三季度民营企业景气指数平稳调整,已达到 121.25。作为民营企业最多的省份,该数据充分表明,民营企业已经渐渐从金融危机中恢复。②

三、融资问题依然严峻

长久以来国家在金融政策上对于中小民营企业存在诸多限制,部分得不到银行贷款的企业只得走民间集资的道路,无法以合理的利息取得企业发展所必需的资金。在全球金融危机的影响下,随着企业外部环境的恶化和放贷主体风险意识的增强,导致民营企业资金链断裂,难以进行正常的生产经营。2008 年 12 月 8 日,国务院发布了《关于当前金融促进经济发展的若干意见》,要保持银行体系流动性充足,促进货币信贷稳定增长。根据央行的统计数据,"2009 年上半年人民币贷款增加 7 万多亿元,远远超过 2008 年全年的人民币贷款总额(4.91 万亿元),但这些新增贷款主要集中在政府项目以拉动内需,而其中中小企业贷款增加额度只占不到 5%。"③在国务院实行积极的财

---

① 浙江省工商局:《全省民营企业生存状况及发展态势报告》(2008 年)。
② 人民网:http://zj.people.com.cn/GB/186962/13334049.html。
③ 徐晞:《全球金融危机下我国民营企业的突困路径:强化行业协会作用》,《经济问题探索》2009 年第 12 期。

政政策和宽松的货币政策的大背景下,中小民营企业的融资的受益是非常有限的。

2009年以来,在大规模经济刺激计划带动下,信贷超常规投放,造成资产价格上涨和通胀预期加剧。2010年,央行共6次上调了银行存款准备金率,以遏制通货膨胀和资产泡沫的进一步扩大。央行统计数据显示,2009年全年人民币各项贷款增加9.59万亿元,较2008年增长95.3%;2010年全年人民币各项贷款增加4.79万亿元。[①] 李虹檠、杨喆、陈芳等(2010)运用VAR模型实证检验了中国货币政策对不同产权结构企业的最终影响,结果表明:当中央银行实施紧缩性的货币政策时,国有企业受货币政策冲击的影响并不会太大,而"三资"企业和其他非国有企业对政策的冲击则较为敏感。因此,在紧缩的货币政策背景下,民营企业的融资问题将更加严峻。

四、民营出口企业受国际贸易保护主义影响较大

2008年经济危机导致全球贸易额大幅下滑,各国贸易政策中的保护主义色彩纷纷加重,世界范围内贸易保护主义明显上升。2008年11月举行的G20峰会以来,G20的成员国大多数未能遵守峰会上领导人关于不实施保护主义的承诺,在各国的经济措施中都包含保护主义内容。WTO的研究报告显示,2009年4月到8月的5个月时间内,G20集团就出台了91项新的潜在的保护主义措施(佟家栋、彭支伟,2010)。

当前贸易保护主义的再度兴盛使得中国成为最大受害者。WTO秘书处发布的数据显示,"2008年全球新发起反倾销调查208起、反补贴调查14起,较2007年分别增长28%和27%:其中中国分别遭遇73起和10起,占总数的35%和71%。2009年1月至8月,共有17个国家(地区)对中国发起79起贸易救济调查,其中,反倾销50起,反补贴9起,保障措施13起,特别保障措施7起,涉案总额约100.35亿美元,同比分别增长16.2%和121.2%,中国约10万人的就业因此受到影响。"[②]

---

① 中国人民银行:《2010年金融统计数据报告》(2009年12月金融统计数据报告)。
② 佟家栋、彭支伟:《贸易保护主义抬头会影响世界经济的复苏吗》,《学术研究》2010年第2期。

"我国商务部进出口公平贸易局的数据显示，2010 年前 11 个月，中国共遭遇来自 19 个国家或地区发起的 56 起贸易救济调查。此外，美国对中国发起了知识产权 337 调查 19 起，301 调查 1 起。世界银行发布的最新报告显示，尽管中国出口总量还不到全球的 10%，但全球 47% 新发起的贸易救济调查和 82% 已完成的案件都针对中国。在 2010 年全球新启动的 15 项贸易保护政策中，针对中国商品的占 10%，比例高达 67%。"①世界范围内贸易保护主义的抬头使得我国出口导向型民营企业面临新的挑战。

第二节　民营企业履行企业社会责任的现状及问题分析

随着民营企业不断地发展壮大，民营企业社会责任也越来越重要。民营企业承担社会责任是经济社会发展的必然，也是民营企业自我成长的结果。此外，企业社会责任的范围与企业当时感知的压力与动力有关，并且是两者之间的动态平衡。

一、民营企业社会责任的驱动机制分析

（一）民营企业外部驱动机制分析

全球化促进了自由贸易的发展，产品的生产和供给的全球化，要求企业以对社会负责任的态度和伦理方式接受企业社会责任政策和管理。当企业行为不符合利益相关者的道德要求时，企业将遭受利益相关者的惩罚。利益相关者主要包括政府管制机构、采购商、投资者、行业联盟和员工等，尤其是潜在员工。因此企业履行社会责任的压力主要来自于全球化和利益相关者的压力。（姜启军，2007）

1. 政府政策与法律——管制压力

政府是企业一个重要的利益相关者。随着国际企业社会责任运动的深入发展，政府也越来越关注企业社会责任问题，并相继颁布一系列政策法规法律进行约束和规范。2006 年 1 月 1 日生效的《中华人民共和国公司法》修订案

---

① 中国产业经济信息网：http://www.cinic.org.cn/site951/cjyj/2011-01-24/449403.shtml。

在其总则第五条中,明确规定"公司从事经营活动,必须遵守法律、行政法规,遵守社会公德、商业道德,诚实守信,接受政府和社会公众的监督,承担社会责任"。在法律中明确提出公司要承担社会责任,并规定了遵守法规和社会公德的具体要求。2006 年 10 月党的十六届六中全会审议通过《中共中央关于构建社会主义和谐社会若干重大问题的决定》,其中明确提出"广泛开展和谐创建活动,形成人人促进和谐的局面。着眼于增强公民、企业、各种组织的社会责任",除了对企业履行社会责任提出了明确的要求以外,还要求公民、各种组织等都要增强社会责任。目前,除了《公司法》、《劳动合同法》、《可再生能源法》、《节约能源法》、《循环经济促进法》等政府已颁布的相关法律外,中国政府陆续发布了一系列法规、规定和办法,如针对中央企业、工业企业、上市公司、大型商业银行、出口企业等发布的办法或指导意见,引导和推动企业更好地履行社会责任(孙继荣,2010)。

2. 供应链合作要求——抛弃压力

经济全球化时代,跨国公司在全球范围内实施战略安排,中国民营企业也不断地融入在跨国公司的供应链中。国际供应链上每一节点的企业效率与社会责任履行情况都会影响整个供应链上企业成本及竞争力。跨国公司通过提高供应商的社会责任履行情况和社会信誉,可以提高供应链的效率和竞争力。因此,跨国公司对我国供应商的社会责任审核不断扩大范围,频率也不断加快。这给我国民营企业融入跨国公司供应链带来了很大的压力。如果民营企业不认真履行社会责任,就无法进入跨国公司的供应链;对于已经进入跨国公司供应链的民营企业,也将面临被筛选、淘汰出局的危险(吴明华,2010)。

2005 年中国企业社会责任发展中心对中国 1500 家企业进行调查,调研结果显示:"42% 的受访企业在选择供应商时考虑对方的企业社会责任或企业形象,5% 不考虑,53% 不一定。数据表明,绝大部分的企业在选择供应商时会考虑对方企业社会责任或企业形象,只有微小比例的企业不考虑供应商的企业社会责任或企业形象。"①企业的社会责任或企业形象,已经成为供应链选择的重要考核标准。

---

① 殷格非、于志宏、吴福顺:《中国企业社会责任调查报告》,《WTO 经济导刊》2005 年第 9 期。

3. 公众意识与信任——投票压力

企业的生存和发展取决于它能否有效地处理与各种利益相关者的关系（贾生华、陈宏辉 2003）。企业生活在社会的大系统中，企业的诸多行为信息都暴露于公众的视野之下。这里所说的公众包括消费者、企业员工、投资者、债权人、社会团体、传媒与社会舆论、社区居民等等。公众可以通过手中的投票权力对企业的行为产生压力，使其在经营决策中不得不考虑社会影响。消费者可以利用对企业的货币投票权选择购买那些负责任的公司所生产的产品；员工可以利用工作抉择权选择在那些负责任的公司工作；投资者可以利用股票选择权将那些负责任的公司作为投资目标。社会的信息化程度越高，企业对于公众的投票压力感受愈深（禹海慧 2010）。例如，在 2008 年 5 月 12 日汶川大地震的慈善捐赠活动中，很多网友对万科集团的捐款产生质疑，认为 200 万元的捐赠额度与万科集团在中国房地产业的龙头地位以及高营业额的公司规模极其不相称。此后，万科集团董事长王石在博客中回应更是引发了媒体舆论的谴责，网友们也自发组织了"抵制购买万科房屋、抵制持有万科股票"的运动。在虽然万科集团后来将捐赠额加至 1 亿人民币，但是也无法挽回失去的品牌形象。

（二）民营企业的内部驱动机制分析

目前，我国民营企业缺乏履行社会责任的动力。民营企业参与最多的社会责任活动包括公益捐助和发布可持续性发展报告。截至 2005 年底，中国发布社会责任报告的企业累计仅有 22 家，在市场上也没有引起很大的反响。而到 2008 年，国有企业、民营企业、外资和合资发布报告的企业数量分别为 72 家、29 家、22 家，数量有了显著的提高。① 在社会捐助活动中，民营企业更成为主力，甚至超过了国有企业的贡献。与现在广泛存在的员工保障问题、环境问题相对比，我们不难看出，民营企业的社会责任履行大部分是迫于政府、媒体和供应链等方面的种种压力，真正的内部动力是出于品牌塑造和吸引社会投资，从而实现经济效益提升目的。

---

① 赵满红：《我国上市公司社会责任信息披露与公司经营绩效的实证研究》，西南大学 2009 年学位论文。

1. 品牌塑造动力

企业必须应充分重视并逐步树立社会公众对企业的良好看法,以提升客户的忠诚度和认知度及企业竞争力。目前我国民营企业主要通过从事特定的公益事业和慈善活动来提高企业的品牌形象。此外,企业还通过发布可持续性社会责任报告来提升企业形象。

Hess(2002)指出,企业参与慈善行为能够加强客户关系,树立良好企业形象。Brammer & Millington(2005)研究了英国不同行业的大型企业慈善行为与企业声誉的关系,发现慈善行为支出越高企业声誉也越好。陈宏辉、王鹏飞(2010)的研究也证实了企业为提升形象而愿意进行更多的慈善行为的结论。理论和实践研究都表明,民营企业通过将慈善活动转化为有价值的企业无形资产,不仅能够使慈善行为与商业利益融为一体,更实现市场促销、慈善、公共关系的有机结合。

2. 社会责任投资动力

目前,学术界对社会责任投资(Socially Responsible Investing,SRI)并没有形成统一的定义。社会责任投资是一种全新的投资策略,是指投资者在投资中综合考虑结合了经济、环境、道德、法律等方面的因素,在追求积极的财务回报的同时,也希望获得强大的社会和环境绩效。社会投资者一般包括个人、企业、大学、医院、基金、养老基金的机构、宗教机构和其他NGOs[1]。发达国家一般通过筛选、股东推荐和社区投资三种方式对企业进行识别投资。[2]

王江姣(2008)通过实证研究发现,中国机构投资者[3]在做社会责任投资决策时更看重的是企业的财务状况、企业的公众形象以及环保实践;企业参与公益活动、员工福利保障、员工工作环境、企业研发创新能力对社会责任投资

---

[1]　NGOs 是 Nongovernmental Organizations 的缩写,即非政府组织。按照联合国宪章第71条的定义,非政府组织是指在国际范围内从事非营利性活动的政府以外的所有组织,其中包括各种慈善机构、援助组织、青少年团体、宗教团体、工会、合作协会、经营者协会等等。

[2]　杨大梅、肖玉超:《国外 NGOs 的社会责任投资战略及其对我国的启示》,《软科学》2008年第1期。

[3]　机构投资者:广义的机构投资者是对应于个人投资者的,指从众多顾客手中积累资金,然后将资金投入包括有价证券在内的资产中进行投资经营活动的专业投资者(《证券投资词典》,1993)。狭义的机构投资者仅包括专门投资于证券业并积极管理证券投资组合的金融中介机构(《新帕尔格雷夫货币与金融词典》,1991)。

几乎没有影响。该研究的局限性在于样本数量有限,且没有考虑各因素间的滞后影响。但是该结论也能充分说明,企业可以通过发布可持续发展报告来详细地披露公司的各项社会责任指标数据,从而来吸引社会责任投资,树立良好的企业形象。这也为民营企业融资提供了新的路径。但是目前,我国的社会责任投资还处于起步阶段,投资的项目还非常有限(姜涛、任荣明、袁象,2010)。

二、我国民营企业履行社会责任的现状

全球化决定了企业都处于国际价值链中,面临国际市场冲击的风险。经历创业阶段后,面临国际竞争,很多民营企业已将挑战转为机遇,在产品质量、员工管理等方面经受了各种社会责任的考验。民营企业及非营利社团积极参与公益慈善事业,其社会责任报告也越来越特别关注市场和客户。

(一)民营企业成为吸纳就业的主要渠道

金融危机使就业成为关系到国计民生的严峻社会问题。由于受诸多因素,特别是受金融危机影响,我国企业用人需求数量明显减少,高校毕业生就业形势十分严峻。据统计,截至 2008 年年底,全国登记注册的私营企业达到657.42 万户,创造了约 2/3 的社会就业岗位。[①] 2009 年,全国各地的企业纷纷响应政府的号召,积极发出各种倡议和承诺,在解决就业,保持社会稳定方面发挥了重要的积极的作用,这也体现了国内企业对社会责任实践的更加深入。2009 年民营企业 500 家员工总数为 452.46 万人、户均 9049 人,相比2008 年员工总数增加了 39.19 万人。"其中有 32 家企业的人数在 3 万人以上,比 2008 年增加 12 家;有 128 家企业的员工人数在 1 万人以上,比 2008 年增加 23 家。"[②]民营企业克服了金融危机带来的各种不利因素,主动承担社会责任,积极创造就业,为我国解决就业、社会和谐稳定作出了积极贡献。

(二)民营企业社会保障覆盖范围继续扩大

随着民营企业员工管理制度的日益规范和《劳动合同法》的实施,民营企

---

① 黄孟复:《中国民营经济发展报告 No. 6(2008—2009)》,社会科学文献出版社 2009年版。

② 中华全国工商业联合会经济部、中华财务咨询有限公司:《2010 年中国民营 500 强企业分析报告》。

业员工参加社会保障的比例逐年上升。民营企业在保障劳动者权益、建立和谐劳资关系和维护社会稳定等方面都作出了重要贡献。2009 年,入选"2010民营企业 500 家"的企业中,248 家企业的养老保险、医疗保险和失业保险参保率都达到 100%,在民营企业 500 家中所占比重达到 49.6%;养老保险、医疗保险和失业保险覆盖率达到 80% 以上的企业数量在民营企业 500 家中所占比重达到 80% 左右,比 2008 年提高了近 10 个百分点;各项社会保险缴纳覆盖面不足 30% 的企业在民营企业 500 家中所占比重则在近五年以来首次全部降到了 5% 以下。① (见表 7 - 3)

表 7 - 3　2009 年民营企业 500 家员工保障情况②　　　　单位:家

企业内覆盖面	养老保险		医疗保险		失业保险	
	企业数量	占 500 家比重	企业数量	占 500 家比重	企业数量	占 500 家比重
80% 以上	421	84.20%	407	81.40%	396	79.20%
30% 至 80%	42	8.40%	42	8.40%	44	8.80%
小于 30%	9	1.80%	19	3.80%	20	4.00%
总计	472	94.40%	468	93.60%	460	92.00%

(三)质量管理水平显著提高

随着市场竞争日趋激烈,民营企业的质量管理和信息化管理意识逐渐加强,企业质量管理水平不断提高。结合自身业务发展的要求,民营企业积极通过相关质量管理认证,认证的覆盖面不断扩大,包括 TS16949 国际质量体系认证、SA 8000、ISO 22000、HACCP 等几十种认证。2009 年,入选"2010 民营企业 500 家"的企业中,通过 ISO 9000 质量认证的企业在民营企业 500 家中所占比重达到 86.6%;通过 ISO 14000 质量认证的企业在民营企业 500 家中所占比重达到 62.6%;通过 OHSAS 18000 认证的企业在民营企业 500 家中所占

---

① 　中华全国工商业联合会经济部、中华财务咨询有限公司:《2010 年中国民营 500 强企业分析报告》。

② 　中华全国工商业联合会经济部、中华财务咨询有限公司:《2010 年中国民营 500 强企业分析报告》。

比重达到38.4%。① (见表7-4)

表7-4　2008年至2009年民营企业500家管理认证情况②

企业管理认证	2009年		2008年	
	企业数量(家)	企业比重	企业数量(家)	企业比重
ISO9000系列国际质量认证	433	86.60%	434	86.80%
ISO14000环境管理体系认证	313	62.60%	306	61.20%
OHSAS18000职业健康安全管理体系认证	192	38.40%	161	32.20%
3C质量认证	94	18.80%	91	18.20%
其他认证	96	19.20%	101	20.20%

(四)民营企业积极参与社会公益事业

当前,慈善捐助活动已经成为企业履行社会责任的重要内容,也得到社会的广泛共识。近几年,我国各种自然灾害较多,对人民的生产和生活带来很大影响。我国有很多企业都勇于承担社会责任,部分企业还建立了企业社会责任应急机制,进行慈善捐助,向灾区伸出了援助之手。中民慈善捐助信息中心发布的《2009年度中国慈善捐助报告》数据显示,"2009年,国内各类企业捐赠总额为131.27亿元,占境内捐出款物总额的58.45%,其中民营企业为中国慈善市场提供的资源最多,其捐出款物总额超过54.27亿元,占境内企业捐出总额的41.35%,占境内捐赠总额的20.39%。"③

三、我国民营企业在履行社会责任中存在的问题及根源剖析

我国民营企业积极履行经济责任和公益责任的同时,也存在着大量的污染环境、制造及销售假冒伪劣产品、发布虚假广告欺骗消费者、拖欠或压低员

---

① 中华全国工商业联合会经济部、中华财务咨询有限公司:《2010年中国民营500强企业分析报告》。

② 中华全国工商业联合会经济部、中华财务咨询有限公司:《2010年中国民营500强企业分析报告》。

③ 中民慈善捐助信息中心:《2009年度中国慈善捐助报告》。

工工资、不顾员工的安全和健康、侵犯知识产权、用工招聘中存在歧视等损害利益相关者的现象。究其原因，我国许多民营企业对企业社会责任的认识存在误区，导致企业对企业社会责任存在抵制的心理，消极履行或者逃避其应当承担的社会责任，最终将影响企业价值的提升。民营企业存在的认识误区主要有以下几个方面：

（一）履行企业社会责任就是获得认证

目前，国际企业社会责任运动主要表现为由跨国公司为主导的社会责任标准认证活动。中国民营企业在融入国际价值链的同时，也面临采购商日益严苛的"验厂"挑战。这些验厂项目主要包括社会责任验厂、质量验厂、技术验厂，甚至还有反恐验厂等。为了能够持续获得订单而不大幅增加成本，一些外贸公司和工厂利用"专业"提供咨询信息或是直接帮助验厂通过的公司和人员。但其实际的社会责任履行情况往往并不能达到要求，其员工也不一定能享受到相关的待遇。企业社会责任是一种对社会以及利益相关者负责人的一种态度，不应只停留在过关或企业宣传的层面上，而是应该把其作为企业的长期战略来坚持。

（二）履行企业社会责任就是慈善捐款

慈善捐款在一定程度上体现了企业对一部分利益相关者的社会责任的承担，但是企业社会责任的内涵十分丰富，包括了经济责任、法律责任、伦理责任和自愿责任，慈善活动仅仅是企业社会责任的一种自愿责任。从企业的利益相关者来看，它包括员工、消费者、政府、投资人等很多方面，慈善活动的受益者仅仅是其中的一部分。企业在履行社会责任的过程中，应按照企业自身的情况，照顾各方利益相关者，不应仅限于慈善捐助，更不能仅将慈善捐助作为宣传的工具（颜毓洁，任佳保 2009）。

（三）履行企业社会责任只会增加企业成本

企业在积极履行社会责任的过程中，会增加企业的经营成本。例如提高员工福利待遇、扩大对外捐款捐物、投资社区服务项目和环保项目等，在短期内都会直接增加企业的开支。但是大部分实证研究表明，承担社会责任与公司财务绩效之间存在正相关关系。金立印（2006）、胡铭（2008）等从消费者角度研究了企业社会责任与绩效之间的关系，结果表明，企业主动开展社会责任运动对巩固市场基础、树立良好形象、构筑顾客资产以及谋求可持续发展等方面都具有积极意义。张健(2010)以长三角地区沪市上市民营企业为样本,对民营企业的社会责任与财务绩效关系进行了研究,结论表明:民营企业承担政府、环保两方面的社会责任能够促进财务绩效的提升;而承担对员工、投资者、公益和法律几个方面的社会责任不能促进财务绩效的提升。但是从长期来看,企业社会责任意识的增强有助于顾客忠诚度的增强,有助于增强对人才的吸引力,有助于改善企业外部的政策制度环境,有助于降低市场壁垒(刘庆雪、何仲坚,2005)。

(四)企业自身具备经济实力后再履行社会责任

企业社会责任具有多种层次性和阶段性,随着企业的规模、所处行业以及生命周期阶段的差异而变化。企业生命周期的每一个阶段,都需履行社会责任,但履行的责任重点或形式有所区别。在企业的整个生命过程中,需不断承担其应尽的社会责任。例如,在企业初创时期可能更加关注企业的经济责任,确保股东的利益最大化;在企业进入成熟期,就会增加对其他利益相关者的关注,改善员工福利、环境保护、慈善捐助等。从长期来看,企业只有积极承担社会责任,才能获得更多的支持与资源,健康、持续地发展下去(左伟、朱文忠,2010)。

由于我国民营企业在对企业社会责任的认识上存在很多偏差,导致企业在履行社会责任的过程中具有很大的盲目性,缺乏明确的发展目标及战略,没有与公司的发展战略相结合。例如,企业在进行战略性捐赠活动过程中,往往带有很大的随意性,没有制定完善的捐赠计划及实施方案。因此,民营企业在履行社会责任的过程中,一定要摆正思想,对履行企业社会责任有一个正确的认识,并根据自身的情况和外界环境的变化制定相应的社会责任战略。

第三节　民营企业履行社会责任的
行动战略研究

在履行企业社会责任的过程中,民营企业应根据其战略意图和内外部环境而选择履行社会责任的行动战略(Wilson1975,Wartick,Cochran 1985)。因此,本文以利益相关者理论和企业生命周期理论为基础,结合民营企业的发展现状,分析民营企业在不同阶段面临的社会责任,构建民营企业履行社会责任的行动战略。

一、文献研究

本文综合借鉴了陈宏辉、贾生华(2004),吴玲、贺红梅(2005)的分类方法以及陈宏辉、王江艳(2009)的研究结论,从行业特殊性出发,结合企业生命周期不同阶段的特征,确立企业履行社会责任的战略。

(一)文献分析

陈宏辉、贾生华(2004)从利益相关者影响企业的主动性、重要性和利益要求的紧急性等三个维度对其界定出的十类利益相关者进行了实证研究,将利益相关者分为核心利益相关者、蛰伏利益相关者和边缘利益相关者三类,并且从企业性质、企业规模及企业发展阶段等方面进行了差异分析,整体的分析工作非常全面。其生命周期纬度的实证结论具有以下特征:(1)管理者、股东、员工在四个阶段都排列在前三位,只是他们之间的排序略有不同。(2)特殊团体、企业所在社区在每一阶段的排序都位于最后两位。(3)政府从创业期到衰退期一次的排序为第八位、第五位、第七位和第四位。(4)债权人除了在衰退期排在第五位以外,其他三个时期都在第七位和第八位之间徘徊。(创业期除排在倒数第三位)。(5)分销商和供应商的合成排序在第五位和第六位之间。(6)消费者除了在衰退期排在第八位以外,其他各期都排在第四位。

吴玲、贺红梅(2005)运用实证研究的方法,从企业生命周期角度把利益相关者分为关键利益相关者、非关键利益相关者和边缘利益相关人。其实证结论具有以下特征:(1)管理者、股东、顾客在前两个阶段都排列在前三位;在成熟期,政府排在了股东的前面。在民营企业的经营活动中,政府给予的扶植政策是相当有限的,因此其关键性地位不可能超越股东。(2)企业所在社区在每一阶段,排序都位于最后一位。(3)政府的排序比较靠前,在第四位和第五位之间徘徊。(4)债权人在每一阶段的排序几乎都在倒数第二位。这与我们之前的分析不相符,可能是因为融资行为结束后,债权人就失去了原有的主动地位。(5)分销商和供应商的合成排序在第五位和第六位之间。(6)员工的排序波动较大,创业期、成长期、成熟期分别排列在第五位、第四位、第七位。

陈宏辉、王江艳(2009)研究发现,处于不同生命周期阶段的企业对员工、商业合作伙伴、社区、环境、社会公共利益等采取的社会行动战略有显著差异；处于不同生命周期阶段的企业对员工社会责任的重要性认知没有显著差异；对商业合作伙伴、社区、环境、社会公共利益等社会责任的重要性认知有显著差异；处于不同生命周期阶段的企业对股东、顾客的社会责任的重要性认知没有显著差异。该研究也进一步对上述分析进行了修正。

(二)研究结论

本文综合分析文献后认为，随着企业所处的生命周期阶段不同，各利益相关者的分类不会发生改变，但是企业对各个利益相关者的社会责任的重要性认知程度会发生改变。

1. 利益相关者的界定

综合上述分析，本文确定三篇文献中相同的利益相关者包括管理人员、员工、股东、顾客、政府、供应商、分销商、债权人、企业所在社区等 9 类。鉴于在文献中分销商和供应商通常都在相同的分类当中，因此将二者合并称为"商业合作伙伴"；，虽然特殊利益团体在当时还很难被认为是企业的利益相关者(陈宏辉、贾生华 2004)，但是随着社会公益事业的发展，该利益相关者的影响力越来越大，本文仍然保留该利益相关者；在入选"2010 中国民营企业 500强"的民营企业，制造业(76.2%)仍然占主导地位，因此，在本文的利益相关者分析中，加入环境因素。最终，本文的利益相关者包括管理人员、员工、股东、顾客、政府、商业合作伙伴、债权人、企业所在社区、环境、特殊利益团体等十类。

2. 利益相关者的分类

综合上述三篇文献分析，利益相关者的排序具有以下特征：(1)管理者和股东在每一阶段的排序都在前两位。(2)债权人、政府、特殊团体、企业所在社区在每一阶段的排序都位于最后四位。陈宏辉、贾生华(2004)的实证研究也表明，"民营企业对于分销商的认识要明显强于国有企业，但民营企业对于政府的排序明显偏后"。(4)消费者的排序应该在第四位。(5)分销商和供应商的合成排序在第五位和第六位之间。(6)消费者除了在衰退期排在第八位以外，其他各期都排在第四位。

因此，利益相关者的分类为：关键利益相关人包括股东、管理者、消费者；非关键利益相关者包括员工、商业合作伙伴(分销商和供应商)、债权人；边缘利益相关人包括政府、特殊利益团体、当地社区、环境。在这里,每一分类内部不再排序。对于环境问题,随着行业的不同而在社会责任中受关注程度不同,主要依赖政府法制的完善程度和执行力度,以及社区团体、民间组织的舆论监督力度。

二、民营企业生命周期与利益相关者重要性分析

企业在不同的成长阶段面临的成长环境会发生变化,承担社会责任的态度、内容、范围和方式等会随之改变。[①] 按照企业生命周期理论,我国民营企业的发展也都经历了创业期、成长期、成熟期和衰退期四个阶段。慧聪国际资讯小组 2005 的调查结果显示,我国民营企业的平均寿命仅有 3.5 年。我国民营企业生命周期比较短、主要集中于初创阶段、成长成熟期短、进入成熟期后重生发展的企业不多(常国平,2007)。企业在不同的发展阶段实施企业社会责任战略的动力和压力是不同的(姜启军、贺卫,2005)。因此,本部分重点分析民营企业不同生命周期阶段的压力、动力,并由此对利益相关者的重要性进行排序。

(一)创业期

创业阶段企业面临的主要压力是生存危机,即制定和实施正确的商业计划、获得启动资金和进入市场等问题(Dodge,Robbins,1992;Kazanjian,1988);相应的,企业的主要驱动力是利益最大化。因此,虽然在创业阶段威胁企业生存的因素很多,但资金、领导能力及市场是关键因素。股东和债权人可能是大部分创业资金的主要提供者,顾客是收入的主要来源,管理者负责制定和实施正确的商业计划。因此,在创业阶段,相对于其他利益相关者,股东和债权人、顾客、管理者有可能是最有潜力影响组织生存的关键利益相关者。为了追求利润最大化,企业尽量压低成本、减少支出。因此,员工的权益将无法得到保障,企业用于环保的支出也会处在比较低的水平(洪必纲,2009)。

(二)成长期

处于成长阶段的企业,产品在市场上已经占有了一定的地位,企业也开始

---

①　辛杰:《企业成长过程中的社会责任认知与行动战略》,《山东大学学报(哲学社会科学版)》2009 年第 1 期。

获得赢利。此时，企业威胁生存的主要问题已大部分得到解决，企业最大的动力是寻找扩张机会。由于高速发展，企业最初建立的各种规章制度不能满足企业扩张的需要，很容易出现内部管理混乱，严重时可能会引发企业直接进入衰退阶段；企业高速增长必然伴随着市场规模的扩张，与供应商、分销商等商业合作伙伴建立良好的关系也非常必要；此外，员工对于企业赢利的分享欲望也会增强，迫切期望提高福利待遇。因此，企业面临的最大的压力是由扩张引起的来自于员工、制度、商业合作伙伴的压力。

（三）成熟期

在成熟阶段，企业的财务状况良好，进入了一个相对比较平稳的时期。由于竞争者的模仿，产品差异性缩小，竞争危机成为企业此时面临的主要压力。为了立于不败之地，企业必须提高品牌效应，突出企业的文化形象。此时，通过满足当地社区、环境及特殊利益团体等利益相关者，企业可以很好地塑造自身的社会形象，提升品牌效应。

（四）衰退期

在此阶段，企业的销量和利润都急剧下滑，生存危机再次成为企业面临的首要问题。为了摆脱衰退，企业可能要在保持现有顾客的同时开发新的市场，企业会更多关注顾客；销量和利润的下滑会导致企业自有资金耗尽，研发新的产品也需要更多的资金投入，企业会积极对待债权人和股东。此外，为了努力削减成本和稳定股价，企业也可能开始执行削减成本措施，例如，缩小企业规模、外购或减少业务的多样性等。因此，企业很可能减少对员工的关注，甚至可能开始压低工资待遇或裁员。与创业阶段类似，资金和市场问题又成为了企业衰退阶段的主要问题，股东、债权人和顾客很可能是企业最关注的利益相关者。

因此，在企业生命周期的不同阶段，利益相关者社会责任的重要性程度见表 7-5。

表 7-5　利益相关者社会责任的重要性程度

重要性程度 成长阶段	重要性程度高————→重要性程度低			
初创期	关键利益相关者			非关键利益相关者	边缘利益相关者

续表

重要性程度 成长阶段	重要性程度高————→重要性程度低			
成长期	关键利益相关者		非关键利益相关者	边缘利益相关者
成熟期	关键利益相关者	非关键利益相关者	边缘利益相关者	
衰退期	关键利益相关者			非关键利益相关者 · 边缘利益相关者

三、民营企业履行社会责任战略的构建

在企业生命周期的每一特定阶段,民营企业都有自身的独特性,决定了并非所有的社会责任观和履行模式都适合民营企业。随着企业所处的生命周期阶段不同,各利益相关者的分类即不会发生改变,但是企业对非关键利益相关者、边缘利益相关者的社会责任的重要性认知程度会发生改变,从而企业对不同的利益相关者采取的行动战略会有所差异。

(一)创业期

在创业期,企业的资源有限,不可能满足每一个利益相关者的需求。此时最首要满足的是核心利益相关者,即做到股东利益最大化。但是对于其他的两类利益相关者,要做到合法生产经营,主要表现为:对员工要做到基本的社会保障和工资待遇;对商业伙伴要做到诚实守信的商业道德;对边缘利益相关人要有相应的关注。由于本文所研究的民营企业中70%以上均为制造业,因此在环境方面要做到法律法规要求的最低线水平,否则会影响企业的正常经营。

(二)成长阶段

在成长阶段,企业的经营状况好转,各方面的压力有所好转,在继续满足核心利益相关者的同时,要对其他两类利益相关者的社会责任进行扩散。主要表现为:适当提高员工福利;加强与商业合作伙伴的合作,提供相应的优惠待遇;开始关注边缘利益者。

(三)成熟阶段

在成熟阶段,企业进入相对平稳的阶段,要打造以社会责任信念为基础,

多层次、全方位的履行模式。此时,企业要在持续关注前两类利益相关者要求的同时,提高对边缘利益相关者的关注程度,并采取相应措施满足这类利益相关者的要求,更实现市场促销、慈善、公共关系的有机结合。

(四)衰退阶段:

企业的衰退阶段也可以称为蜕变阶段。在此阶段,企业的各项经济指标都会有所下降,但是在前几个阶段企业累积的与各类利益相关者的良好互动关系仍然存在。如果企业完全回到创业阶段的做法,那么各类利益相关者就会产生背离,使企业的经营状况雪上加霜。因此,在这个阶段,企业应充分利用前几个阶段企业累积各种良好关系和企业形象,使企业进入社会化阶段,即做到以人为本,关注民生,将企业视为社会的公众财产。企业的社会责任目标也逐步演变成提高社会公众的利益和促进经济的可持续发展(洪必纲,2009)。

通过上述研究,我们发现在企业生命周期的不同阶段,利益相关者的重要性是不同的。因此,企业要采取"前摄式战略",针对每类利益相关者在企业生命周期不同阶段的社会责任,预先制定不同的管理战略,通过利益相关者管理获得竞争优势,实现企业的持续发展。

第四节 民营企业社会责任建设的政策建议及展望

目前,民营企业的社会责任建设还存在许多问题,需要政府、企业和其他利益相关者共同努力,才能使民营企业对社会作出更大的贡献。

一、政策建议

企业是处于一定环境中的开放系统,是构成社会有机整体的基本单元。因此,民营企业实现企业社会责任,离不开政府、企业、社会三方系统成员的互动和协作。

(一)政府的推动

罗俊杰,易凌(2009)通过研究发现,当前我国企业履行社会责任的低水平虽与企业的认知能力有关,但主要原因是消极成本过低,而积极成本过高。因此,一方面,政府应加强对利益相关者的法律保护,对企业按照履行社会责任的程度实施有差别的税收政策。另一方面,政府应逐步制定适合我国国情的企业社会责任准则,以促进企业与社会和谐发展。

1. 推进企业社会责任法制化

强化企业社会责任首先是强化企业的守法行为,在遵守国家各项法律的前提下创造利润。我国政府已经出台了《中华人民共和国职业病防治法》、《中华人民共和国劳动法》、《中华人民共和国工会法》、《中华人民共和国安全生产法》、《中华人民共和国食品安全法》等法律,不断完善法律制度。但是在执法力度方面还远远不够,造成了许多民营企业不依法履行对员工、环境以及消费者的社会责任。此外,政府也出台了《关于中央企业履行社会责任的指导意见》来引导国有企业的社会责任发展,对民营企业缺乏有效的指导文件。因此,政府需要不断切实加强企业责任法律的执法力度,同时加强对民营企业的政策引导。

2. 构建中国的企业社会责任体系

企业社会责任运动的主要推动力量来源跨国公司。中国民营企业在融入国际价值链的同时,必须遵守跨国公司的生产守则。全球已有近400个企业社会责任标准(包括跨国公司生产守则),影响较大的包括:美国的公平劳工协会(FLA)标准、全球负责任的服饰生产(WRAP)标准、英国的道德贸易行动(ETI)标准、德国的外贸零售商协会(AVE)标准、荷兰的清洁服装运动(CCC)标准等等。企业为了获得更多的订单,有时要通过几个跨国公司的验厂,这给企业带来了很大的成本负担。因此,政府根据我国国情,建立既适合中国企业又能够得到国际认可的社会责任标准体系和评估机制,避免民营企业的重复认证及验厂,降低企业的出口成本。

ISO 26000 的正式发布标志着全球进入社会责任新时代,为我国企业和政府机构提供了一个推进社会责任建设的重要参考和指导。由于该标准不用于任何认证,它对企业和其他各类组织的实际影响不会立刻显现。但是,ISO 26000 必将成为我国国家标准化管理部门研究并制定符合我国国情的社会责任标准的参照标准(孙继荣 2010)。因此,我国政府应该抓住机遇,建立国际接轨的社会责任认证体系。

(二)企业的自律

1. 树立科学的社会责任观,纳入到企业的战略规划中

　　我国企业社会责任运动起步较晚,跟发达国家还存在一定的差距。当前,企业面临挑战的关键为企业是否把社会责任融入企业发展战略。这要求,企业在制定战略时,要均衡考虑未来一段时期内企业的社会责任,并把企业社会责任分解到中层和基层部门,并调整相应的内部组织结构,实施这一战略。

　　传统的公司治理结构模式强调股东利益,从而强调利润至上的短期目标,从而可能破坏其他利益相关者的权益。我们认为,企业应当建立利益相关者相互制衡的治理模式,也就是通过正式的制度来保障每个产权主体利益相关者利益,既考虑到股东的利益,同时又要考虑到企业员工、合作伙伴、消费者和公众等的利益。具体来说,第一,赋予员工、合作伙伴、消费者对公司重大决策的知情权与表达意愿的权利,建立利益相关者监事制度;第二,通过员工持股和债权人激励等方式,建立完善利益相关者的激励机制;第三,协调利益相关者的关系,设立董事会社会责任委员会。通过建立利益相关者治理模式,来确保公司履行社会责任。

　　2. 企业必须根据内外部实际情况来进行企业社会责任管理

　　在企业生命周期的某一特定时期,企业还要制定具体的社会责任,如企业向社会部门的资助,企业可增加的雇工数量等。选择承担什么样的社会责任,要根据企业的经营性质、社会的迫切需要以及企业的承受能力,主动履行一定的社会责任,但不能变成企业沉重的负担,避免过度负担造成被动局面。当然,企业还必须根据变化了的企业内外社会环境适时调整其社会责任战略与管理。

　　(三)社会监督

　　企业社会责任战略的有效实施,必须依赖有效的社会责任沟通机制,充分发挥媒体、工会、消费者协会等社会团体的监督作用,从而形成多层次、多渠道的监督体系。新闻媒体具有信息放大作用,应通过宣传企业社会责任的经典案例、追踪相关学术活动以及进行社会责任基础知识的普及等活动,发挥正确的舆论导向作用;对于履行社会责任过程中的一些不良行为也应起到监督的作用,将信息传递给利益相关者,从而增强社会监督的力度。

　　在国外企业社会责任建设过程中,各种非政府组织发挥了举足轻重的作用。例如,民间商会、行业协会、慈善组织机构、民间环保组织、各种志愿者组织等都对企业社会责任的发展起到了极大的推动作用。目前,我国市场经济制度还不是十分完善,非政府组织在经济活动中的作用还极其有限(刘藏岩,2009)。例如,我国的社会责任投资已经开始起步,能够促进上市公司的环保意识。

总之,民营企业社会责任建设,转变经营理念是前提,关键是提升企业的竞争战略、培育企业的责任竞争力。这需要政府、企业、员工、行业协会、新闻媒介等多方的共同努力,结合不同发展阶段的民营企业社会责任目标制定和采取相应的举措。

二、民营企业社会责任发展的新趋势

当前,国际金融危机的深层影响仍然存在,全球气候变化和节能减排要求对经济方式转变提出了严峻的挑战,社会各界对民营企业履行社会责任的期望也越来越高。民营企业履行社会责任面临的新趋势有以下几个方面:

(一)环境保护和节能减排责任将进一步强化

入选"2010 中国民营企业 500 强"的企业中,有 76.2% 的企业来自制造业,多年高耗能、高污染、高投入、低附加价值的传统经济增长方式,给我国的环境带来了很多问题(黎友焕、郭文美,2009)。经济结构不合理、能源资源消耗过大、环境污染严重已成为当前我国经济社会最突出的问题之一。国务院已经出台了一系列新能源、节能减排、低碳技术的支持政策,重点能源和科技产业突破。因此,民营企业应该深入贯彻落实科学发展观,积极采取措施,切实把保护环境、节约资源与企业经营相结合,转变发展方式,将挑战转化为新的增长点,实现企业可持续发展。

(二)创建和谐劳动关系成为企业社会责任的基础

当前,我国民营企业仍存在通过自定劳动标准,延长工作时间,变相压低劳动报酬。这些问题直接影响着职工的切身利益,影响劳动关系和谐,影响经济社会又好又快发展。2010 年《政府工作报告》提出,改革收入分配制度,提高劳动报酬在初次分配中的比重。目前,各省市最低工资纷纷上调,30 省份调整最低工资标准平均增长幅度为 22.8%。以工资增长为核心的劳动关系议题势必将成为当前和今后我国企业社会责任的重要内容,因此,民营企业应逐步结合自身的实际情况,遵守相关政策法规,提高员工待遇,为企业可持续发展创造良好的和谐劳动关系。

(三)企业诚信问题将得到更加广泛的关注

三鹿奶粉、海南毒豇豆等一系列的产品质量事件已经造成了很大的社会影响,也拷问着市场及民营企业的诚信问题。企业诚信危机侵害了企业等各方权益,破坏了经济和社会环境,也成为经济和社会管理的难点和焦点。针对一些重点失信问题,国家也采取了有力的措施,如2009年初《食品安全法》建立食品安全风险监测制度、全国开展"质量和安全年"活动实施全员、全过程、全方位质量安全管理。加强企业诚信,提供优质的服务和高质量的产品,已经成为民营企业社会责任不可避免的内容。

(四)社会责任战略化发展

我国民营企业逐渐意识到履行企业社会责任在长期能够提高企业形象、公众认可度并带来相应的经济利益。因此,企业逐渐摆脱了消极对抗的态度,开始积极将社会责任融入到企业的发展战略。对于民营企业来讲,如何将企业社会责任融入到企业发展战略并形成良好的互动、产生良好的经济效益和社会效益,将是未来发展的重要课题。

参考文献

Brammer and Andrew Millington, A Corporate Reputation and Philanthropy: An Empirical Analysis[J]. *Journal of Business Ethics*, 2005, 61(1): pp. 29-44

Dodge. H. J., Robbins. J. E. An Empirical Investigation of the Organizational Life Model for Small Business Development and Survival[J]. *Journal of Small Business Management*, 1992, 30(1): pp. 27-37.

Hess, D., Rogovsky, N., Dunfee, T. W., The Next Wave of Corporate. Community Involvement: Corporate Social Initiatives 2002, 44(2): pp. 110-125

Kazanjian, R. K. The Relation of Dominant Problems to Stage of Growth in Technology-based New Ventures[J]. *Academy of Management Journal*, 1988, 2(31): pp. 257-279.

Wartick, S. L., and P. L. Cochran. The Evolution of the Corporate Social Performance Model[J]. *The Academy of Management Review*, 1985, 10(4): pp. 758-769.

Wilson, Ian. What One Company is Doing about Today's Demands on

Business[C]. In G. Steiner(Ed.), UCLA Conference on Changing Business-Society Relationships. Los Angeles: Graduate School of Management, UCLA, 1975: pp. 104-117.

常国平:《民营企业短寿命的战略成因及对策探讨》,重庆大学 2007 年论文。

常凯:《将企业社会责任运动纳入我国的劳动法制轨道》,《中国党政干部论坛》2004 年第 3 期。

陈宏辉、贾生华:《企业利益相关者三维分类的实证分析》,《经济研究》2004 年第 4 期。

陈宏辉、王江艳:《企业成长过程中的社会责任认知与行动战略》,《商业经济与管理》2009 年第 1 期。

陈留彬:《中国企业社会责任理论与实证研究》,山东大学法学院 2006 年学术论文。

陈迅、韩亚琴:《企业社会责任分级模型及其应用》,《中国工业经济》2005 年第 9 期。

邓汉慧:《资源型企业核心利益相关者的界定》,《统计与决策》2007 年第 3 期。

洪必纲:《企业生命周期视角下的民营企业社会责任分析》,《经济研究导刊》2009 年第 28 期。

贾生华、陈宏辉:《利益相关者界定方法述评》,《外国经济与管理》2002 年第 5 期。

贾生华、陈宏辉:《全球化背景下公司治理模式的演进趋势分析》,《中国工业经济》2003 年第 1 期。

姜启军、贺卫:《企业社会责任的战略选择与民营企业的可持续发展》,《商业经济与管理》2005 年第 11 期。

姜启军:《企业履行社会责任的动因分析》,《改革与战略》2007 年第 9 期。

姜涛、任荣明、袁象:《中国社会责任投资的发展路径研究》,《现代管理科学》2010 年第 3 期。

金立印:《企业社会责任运动测评指标体系实证研究——消费者视角》,

《中国工业经济》2006 年第 6 期。

黎友焕、郭文美:《中国如何加快企业环境责任的履行》,《世界环境》2009年第 2 期。

黎友焕:《改进 SA 8000 认证体系与市场秩序之我见》,《商业时代》2007年第 12 期。

黎友焕:《广东省民营企业社会责任建设报告》,《广东省民营经济蓝皮书》,2007 年 3 月。

黎友焕:《国外企业社会责任研究综述》,《经济学动态》2007 年第 5 期。

黎友焕:《基于社会责任的企业发展方式变革》,《商业时代》2007 年第9 期。

黎友焕:《企业、政府、社会之间的良性互动——企业社会责任与可持续发展》,《广州日报》2007 年 2 月 12 日。

黎友焕:《企业社会责任——经济全球化趋势》,《广东培正学院学报》2007 年第 2 期。

黎友焕:《企业社会责任理论呼唤实际——加强企业社会责任理论研究的紧迫性和重要性》,《亚太经济时报》2007 年 1 月 11 日。

黎友焕:《企业社会责任与可持续发展》,《丽水日报》2007 年 5 月 20 日。

黎友焕:《企业社会责任与可持续发展》,《威海日报》2007 年 3 月 13 日。

黎友焕:《时代的呼唤:加强工会在社会责任建设中的维权》,《亚太经济时报》2007 年 3 月 14 日。

黎友焕:《谈企业社会责任理论在我国的发展》,《商业时代》2007 年第7 期。

黎友焕:《我国纺织业如何应对企业社会责任运动》,《商业时代》2007 年第 5 期。

黎友焕:《我国纺织业如何应对企业社会责任运动》,《商业时代》2007 年第 5 期。

李虹檠、杨喆、陈芳:《中国货币政策在不同产权结构企业间的差异效应研究》,《软科学》2010 年第 9 期。

刘藏岩:《民营企业社会责任的推进对策》,《商业研究》2009 年第 7 期。

刘庆雪、何仲坚:《论企业社会责任与市场竞争能力关系》,《企业经济》

2005 年第 4 期。

罗俊杰、易凌：《提升企业社会责任履行水平的政策与法律制度探讨——基于一个总成本模型的分析》，《企业经济》2009 年第 4 期。

邱明星：《企业社会责任履行对企业价值影响的实证研究——以沪市 A 股 593 家上市公司为样本》，扬州大学 2009 年学术论文。

佟家栋、彭支伟：《贸易保护主义抬头会影响世界经济的复苏吗》，《学术研究》2010 年第 2 期。

王江姣：《论社会责任投资》，武汉理工大学 2008 年学术论文。

吴玲、贺红梅：《基于企业生命周期的利益相关者分类及其实证研究》，《四川大学学报》2005 年第 6 期。

吴明华：《企业社会责任作用于我国的新态势及其对我国民营企业出口的负面影响》，《合肥工业大学学报（社会科学版）》2010 年第 6 期。

徐晞：《全球金融危机下我国民营企业的突困路径：强化行业协会作用》，《经济问题探索》2009 年第 12 期。

颜毓洁、任佳保：《走出对企业社会责任的认识误区》，《中外企业文化》2009 年第 11 期。

禹海慧：《企业社会责任与民营中小企业成长空间》，《特区经济》2010 年第 2 期。

张健：《金融危机背景下我国中小企业的激励机制研究》，《经济论坛》2010 年第 1 期。

赵满红：《我国上市公司社会责任信息披露与公司经营绩效的实证研究》，西南大学 2009 年学术论文。

周旭霞、陈士玉：《金融危机背景下民营企业的困境、诱因与对策》，《经济纵横》2009 年第 10 期。

左伟、朱文忠：《当代企业社会责任的认识误区与风险分析》，《金融与经济》2009 年第 8 期。

第八章　中国外资企业社会责任建设评析与展望

摘要：外资企业在我国的投资和经营活动为我国经济发展带来了必要的资金支持并且注入了新的活力。但是我们也应该注意到，外资企业之所以在我国蓬勃发展，很大原因是充分享受了我国良好的经济环境和政策环境，因此理应主动回馈我国政府和广大消费者，承担起外资企业在东道国应该承担的社会责任。但是，目前外资企业在我国履行社会责任的情况很不理想，存在不同程度的逃避社会责任问题，引起了社会各界的广泛关注。本文针对外资企业出现的社会责任弱化现象，在分析了其原因之后给出了若干建议，并对外资企业的社会责任建设进行了展望。

关键词：外资企业、社会责任、问题、建议

Abstract：The investment and business operation of foreign-funded enterprises have bring the essential financial support and pour in new energy for our economic development, but we should notice that, when the foreign-funded enterprises develop they fully make use of our favorable economy environment and policy environment, so they should forwardly repay our government and vast consumers, and assume the right social responsibility in the host country. However, the fulfilling social responsibility situation of foreign-funded enterprises is terrible, and some enterprises even escape social responsibility, which has aroused widespread social concern. Aiming at the social responsibility weakening phenomenon, this paper gives some suggestions after analyzing the causes, and gives high expectation on the social responsibility construction of the foreign-funded enterprises.

Key Words：foreign-funded enterprise; social responsibility; question;

suggestion

第一节 中国外资企业概念的界定

一、中国外资企业含义

本章中所提及的"外资企业"是"外商投资企业"的简称,"外商投资企业",是指依照中华人民共和国法律规定,在中国境内设立,由中国投资者和外国投资者共同投资或者仅由外国投资者投资的企业(包括港、澳、台三地的企业),中国投资者包括中国的公司、企业或者其他经济组织,外国投资者包括外国的公司、企业和其他经济组织或者个人。外商投资企业是一个总的概念,包括所有含有外资成分的企业。依照外商在企业注册资本和资产中所占股份和份额的比例不同以及其他法律特征的不同,一般可将外商投资企业分为三种类型:中外合资经营企业、中外合作经营企业和外商独资经营企业,而外商投资股份制和中外合作开发的经营方式非常少。

虽然自 2008 年 1 月 1 日起,我国已经取消了外资企业在华的超国民待遇,但是与中国内资企业相比,外资企业依然享受了范围更广、幅度更大、期限更长的各项优惠政策,内容涉及税收、土地使用、收费政策、服务保障、金融保障等。但与此同时,为了维护国家主权和经济利益,防止本国的经济命脉被发达国家所控制,我国在积极引进外资的同时,对外资准入问题始终予以一定程度的限制,以便促使外国投资更符合我国经济发展目标的客观要求。外资企业在我国经济环境中的特殊地位,决定了外资企业理应严格地履行相应的社会责任,为广大的内资企业作出模范带头作用。

二、中国引进外资情况

受 2008 年全球经济和金融危机的影响,我国吸收外商直接投资(FDI)情况也不可避免地受到了冲击。2009 年全年全国非金融领域批准设立外商投资企业 23435 家,同比下降了 14.83%;实际使用外资金额 918.04 亿美元,同比下降了 3.62%[①]。随着全球经济出现企稳回升的迹象,2010 年全国新批设

---

① 《2009 年 1—12 月吸收外商直接投资快讯》,商务部中国投资指南网站:www.fdi.gov.cn。

立外商投资企业 27406 家,同比增长 16.94%;实际使用外资金额 1057.35 亿美元,同比增长 17.44%①。

总的来说,我国吸收的外商直接投资(FDI)中,有接近六成来自香港地区,东南亚国家(如新加坡、日本和韩国)也占有很大比重。2010 年对华直接投资总额居前十位的国家和地区依次是:香港(674.74 亿美元)、台湾省(67.01 亿美元)、新加坡(56.57 亿美元)、日本(42.42 亿美元)、美国(40.52亿美元)、韩国(26.93 亿美元)、英国(16.42 亿美元)、法国(12.39 亿美元)、荷兰(9.52 亿美元)和德国(9.33 亿美元),前十位国家和地区实际投入外资金额占全国实际使用外资金额的 90.1%②。

就外商对华直接投资的方式而言,外商独资和中外合资方式占据着绝对主导地位,两者的实际利用金额 2009 年占全部外资金额的 93.6%;外商投资股份制发展迅速,其实际利用金额 2008 年比 2007 年增长了 74.71%,是增速最大的一种投资方式③。

外商在我国投资的地区结构极不平衡,主要表现为东部沿海地区占据了绝对比例,而中部和西部地区所占的比重却非常低。2008 年东部、中部和西部批准设立外商投资企业的比重为 85.64%、9.24% 和 5.03%,实际使用外资金额比重分别为 72.33%、6.87% 和 6.11%④。

截至 2010 年 12 月,我国累计批准设立外商投资企业达到 71.1 万家,实际外商直接投资额达 10511.4 亿美元。另外,截至 2009 年底,来华投资的国家和地区超过 200 个,财富 500 强企业中已有近 490 家在华投资。外商投资在华设立的研发中心达 1300 多家,跨国公司设立地区总部 500 余家⑤。另据中国海关统计,2009 年外商投资企业工业产值、税收、出口分别占全国的

---

① 《2010 年 1—12 月全国吸收外商直接投资快讯》,商务部中国投资指南网站:www.fdi.gov.cn。

② 《2010 年 1—12 月全国吸收外商直接投资快讯》,商务部中国投资指南网站:www.fdi.gov.cn。

③ 《截止 2009 年外商直接投资分方式统计》,商务部中国投资指南网站:www.fdi.gov.cn。

④ 《2008 年东部、中部、西部地区外商直接投资情况》,商务部中国投资指南网站:www.fdi.gov.cn。

⑤ 数据来源于全国吸收外商直接投资快讯历年统计数据整理而得,商务部中国投资指南网站:www.fdi.gov.cn。

29%、22.7%和55.9%,直接吸纳的就业达到4500万人①。由此看来,外资企业在中国当代经济发展中占据着举足轻重的作用,因此外资企业的社会责任建设也必将对整个中国的企业社会责任建设产生深远的影响。

第二节　外资企业社会责任的内涵

　　企业社会责任概念的提出可以追溯到17世纪,当时主流经济学家亚当·斯密在《国富论》中曾提出,企业的社会责任就是向社会提供产品和劳务,并通过这种提供使企业利润达到最大化。这就是亚当·斯密的"经济人"思想下企业利润最大化理论,即企业只要能有效地配置社会资源,为股东赚取最大经济收益,这也是最狭义的企业社会责任概念。随着时间的推移和社会的进步,企业社会责任概念经历了从经济责任到法律责任再到道德责任的不断发展,它随着经济、社会的发展而变化,而且因各国的制度环境和社会发展水平的不同而不同。当前,国内外学者已经普遍认同,企业履行社会责任必须要在经济责任、法律责任、伦理责任和慈善责任等方面求得综合平衡。外资企业作为企业经营的一种特殊组织形式,除了要履行一般企业的社会责任要求外,还要根据外资企业扮演的不同角色和特殊性而承担其相对应的更广泛的社会责任。目前,我国很多外资企业都是大型跨国公司在华开办的分支机构,因此,跨国公司的国际社会责任运动和社会责任标准也适用于在华外资企业。总的来说,外资企业在东道国承担的社会责任主要包括:企业应支持并遵守国际公认的各项人权法则,维护员工的合法权益,杜绝使用童工;维护消费者的合法权益和最大化地满足消费者的利益;为投资者提供较高的利润和企业资产的保值与增值;对商业伙伴要遵守契约合同,公平竞争;认真执行东道国的各项法律法规,积极纳税、提供社会就业机会;支持并力行慈善公益事业;承担更多的治理环境污染的责任;承担更多的人力资源管理的责任;承担发展东道国经济的责任;承担更多技术传播和技术支持的责任。

　　当前,中国正处在向市场经济转轨和贸易与投资自由化的改革时期,外资

---

① 《中国海关统计年鉴(2009)》,中国海关出版社2009年版。

的注入无疑为中国的经济、社会建设起到了巨大的助推作用。相对于一般公司,外资企业是一个特殊的主体,具有自己独特的法律特征;其在经营地域上面临一个母国和东道国文化差异的问题,其所处的社会环境更为复杂,其所面临的消费群体也更为多元化。鉴于外资企业在中国特殊的经济地位和目前我国所处的特殊的经济发展阶段,外资企业在我国履行社会责任的要求主要集中在以下几个方面:

首先,外资企业应对中国的经济安全与稳定负有特殊的社会责任。考虑到当前中国经济发展还相对落后、法律制度不健全、市场机制不完善,易受到外来因素干扰等众多现实情况,这就要求外资企业在中国应特别遵守此项社会责任。外资企业应像国内投资者一样遵守中国各项法律法规及行政指引和政策,戒绝干涉其公共秩序或道德,损害其公共利益的行为;外资企业不得使用限制性商业做法和试图通过非法方式获取利益;尊重中国主权,不干涉其内部事务,允许中国政府在政治经济环境突变的情况下,根据法定原则和程序,对长期合同进行审查或重新谈判,以消除对中国经济、社会可能产生的不利影响;外资企业不得向政府官员直接或间接行贿,或提供其他不正当利益。

其次,外资企业应该承担更多改善中国环境的责任。联合国的一项研究表明,跨国公司对占全球温室气体的排放量80%的地区的环境有很大影响,它们是氯氟碳的主要生产者和消费者①。跨国公司的生产经营活动造成了全球生态环境的恶化,并把环境问题从母国转嫁到了东道国,这在很大程度上阻碍了东道国经济的可持续发展,因此,这就要求在华跨国公司和外资企业在改善环境方面增加投入。况且跨国公司在财力和技术方面具有治理环境的独特优势,东道国理所当然地提高了跨国公司在治理环境方面的期望值。为弥补破坏环境过错、保持中国可持续发展,外资企业应主动与中国政府和社会团体合作,积极开展保护环境和节约资源的运动,通过多种形式进行环保宣传,制定企业的环保计划,在企业内部建立起切实可行的环保监督与实施体系,使企业在中国的经营活动符合国际上的环保标准,并且积极督促和协助其关联企业、供应商和分包商等履行对中国的环保责任,自觉地为维持中国的可持续发

---

① 朱鸿伟:《经济全球化中的跨国公司利益与国家利益》,《南方金融》2002年第2期。

展贡献力量。

第三,外资企业在中国应当更多地致力于技术知识传播,积极参与当地的信息、科技和教育基础设施项目建设。研究表明,技术知识和信息对经济增长的贡献率越来越高,一国对新知识的获取、采用和改进能力已成为经济增长的决定因素,而这种能力正是像中国这样的广大发展中国家所缺乏的。与在东道国竭力攫取技术和智力资源的行为相比,外资企业在国外的技术战略总是过于保守。在中国,外资企业普遍存在对关键技术进行过程控制、采用限制性技术转让条款限制技术转让的现象,从而造成了中国的"依赖性工业化"倾向。因此,中国应强调外资企业在此方面应承担的社会责任,要求其加大在中国研究与发展的投入,采取利润和技术当地化措施。

最后,外资企业需要在人力资源管理上承担更多的社会责任。由于外资企业较多地吸收了当地稀缺的技术、管理人员和熟练工人等优质人力资源,致使人才资源相对匮乏的中国出现了人才外流的情况,这在一定程度上影响了中国内资企业的发展。因此,外资企业凭借其先进的人力资源管理理念和丰富的管理经验,应当对中国的人力资源管理承担特殊的社会责任。外资企业强化对中国人力资源的管理,首先要保证员工的基本权力和自由,以中国《劳动法》和联合国及国际劳工组织制定的国际规范为准则,按照最小风险标准建立安全生产机制,保障工作人员的人身安全。同时,外资企业要本着非歧视原则,对我国不同民族、性别、宗教及文化的员工给予相同的工作待遇,严格执行最低工资标准和提供额外收入的最高责任约束。此外,外资企业应积极与当地政府、工会和其他社会代表合作,通过对员工定期培训和到海外机构实习等方式,致力于提高当地人力资源的素质。

在华外资企业的社会责任是一个动态的概念,其内涵应随着社会的进步而不断变化,外资企业对东道国所承担的社会责任不应局限于上述方面,但上述四个方面无疑应是目前外资企业在中国应承担的企业社会责任的核心内容。

第三节　中国外资企业社会责任建设评析

自改革开放以来,中国吸收了大量的外资,截至 2010 年底已累计约 1.05

万亿美元,约占国际资本总流入量的 6%①。2010 年,在华运营的外资企业大约有 20 万家,规模以上企业 7 万家②。另外,据联合国贸发会议公布的统计数字,中国吸收外资自 1993 年以来已连续 17 年位于发展中国家首位③。由《环球企业家》杂志和益普索集团（Ipsos）合作进行的一项调查显示,88% 的公众认为外资企业促进了中国经济发展,近三分之一的人认为有很大贡献,外资企业对中国经济的贡献最主要体现在"带来先进的管理经验",其次是"带来先进的技术"与"增加就业和税收"④。

同时,外资企业也是逐利性的企业组织,主动自觉地履行应尽社会责任的外资企业毕竟还是少数。从 2007 年以来不断发生的 LG 家电"翻新门"事件,摩托罗拉手机爆炸案,品客、乐事、依云食品中含有违禁物,西门子特大贿赂案,任仕达诈捐门,力拓间谍门,本田罢工门及富士康的"十二连跳"等一系列的外资企业社会责任危机事件来看,外资企业在中国得到迅速发展的同时,其在我国履行社会责任的状况却不尽如人意。

一、中国外资企业承担社会责任现状

自外商投资企业进入中国市场以来,外资企业产品曾一度成为高消费和高品质的代名词,是推动社会责任标准 SA 8000 在我国实施的主要力量。但是,我们在肯定外资企业在对我国经济发展中的积极作用的同时,也应理智地看到,目前外资企业在社会责任履行方面还存在一些严重问题亟待解决。

（一）外资企业在华承担社会责任的一面

伴随着全球社会责任运动的开展,跨国外资企业也重新调整了在我国的经营战略,积极融入到强化社会责任的世界浪潮中。部分外资企业开始把承担社会责任作为实现企业好公民形象、提升国际竞争力的必要条件,将社会责任作为一个制度化、规范化的管理体系,并且有明确的计划、专门的负责部门、一定的经费保障以及规范化的管理程序,把承担社会责任作为公司管理的重

---

① 数据来源于全国吸收外商直接投资快讯历年统计数据整理而得,商务部中国投资指南网站:www.fdi.gov.cn。
② 葛顺奇:《政策调整与中国未来吸引外资的前景》,《中国经济时报》2010 年 8 月。
③ 刘亚军:《利用外资成为中国经济发展的重要动力》,《中国日报》2010 年 5 月 14 日。
④ 《2008 年中国人眼中的跨国公司》,《环球企业家》2008 年第 12 期。

要内容。

1. 制定生产守则并积极推行国际生产守则标准

自 1977 年 3 月,由沙利文(Sullivan)和包括通用汽车企业在内的美国 12 家大企业的代表一起颁布第一个较正式的生产守则标准——《沙利文全球原则》(Global Sullivan Principle)以来,由各大跨国公司、商贸协会、多边组织或国际机构制定的各类生产守则相继推出。这些守则主要来自美国、英国、澳大利亚、加拿大、德国等地,其中最有影响的是由国际社会责任组织(SAI)于 1997 年制定的 SA 8000 标准和 1999 年 1 月在达沃斯世界经济论坛年会上,联合国秘书长安南(Annan)提出的"联合国全球盟约"计划。1991 年,美国牛仔裤品牌商利瓦伊·史特劳斯(Levi Strauss)在被攻击其产品是在"血汗工厂"中生产之后,率先制定了企业内部生产守则。此后,为了树立品牌形象,许多国际知名的跨国企业都制定了相应的企业守则,如通用电气、锐步、沃尔玛、麦当劳等。不仅如此,许多企业还纷纷响应 SA 8000 标准并加入"联合国全球盟约"计划,而且也要求产品配套企业和合作企业都要遵守这些守则,从而将企业社会责任运动扩展到整个中国乃至全世界。沃尔玛公司制定了供应商守则,内容涉及多项基本劳工标准,它要求合作伙伴严格执行这些规则,对于严重违反规则或者拒不遵守规则的工厂,会对其取消采购订单,甚至供应商资格。麦当劳公司于 1993 年首次发表"社会责任守则",并于 1998 年首先在中国实施其供应商社会责任监督计划。

2. 积极推进低碳循环经济以响应国家节能减排号召

2010 年网络中最热门的关键词莫过于哥本哈根、绿色、减碳、汽车这几个词了。对于低碳生活而言,汽车已经成为日益受到关注的碳排放中心,低碳发动机、电动汽车等节能减排技术被更多的中外汽车巨头提上战略高度,各汽车企业也因此纷纷把目光集中在混合动力和电动发动机的开发上面。

作为世界三大历史最悠久的汽车品牌之一,截至 2010 年标致已经拥有 200 年的品牌历史,在这 200 年中,标致一直比较注重汽车环保方面的研究,包括整车零件的回收再利用、安全性与燃油经济性的均衡把控以及新能源的开发等等。标致是欧洲环保汽车的领军品牌,号称"最清洁的汽车",在过去三年里,标致旗下的汽车每公里排放污染物低于 140 克的超过百万辆。作为标致在中国的合资品牌东风标致,在各个生产企业热衷于同质化竞争,通过人才、资金与科技的大量投入,走出了一条个性化之路。进入 2010 年,东风标致为鼓励用户尽量选择小排量车型,承诺每个选购其旗下 1.6 升以下共计 24 款车型之一的用户们给予 3000 元奖金,这也从另一个侧面凸显了东风标致对减排工作给予支持的决心①。事实上,东风标致延续和发扬了标致品牌一贯的责任感,于 2010 年 8 月在全国范围内启动一项名为"节能减碳,一车一树"的播种绿色希望公益活动。这是东风标致利用自身的用户资源,建立一种绿色氛围,将环保意识和社会责任感深植在每个用户心中。

3. 积极参与各类公益活动和慈善事业

社会公益活动和慈善事业的发展,在很大程度上得益于大型企业的鼎力相助。近些年来,养老抚幼、助学恤病、济贫助困、赈灾救荒等渐渐成为企业经营伦理道德的充分体现。一个优秀的企业,也应该同时是一个优秀的社会责任承担者。企业的生存和壮大,离不开其赖以生存的社会的关心、支持和帮助,而积极参与公益活动和慈善事业则能回馈社会、促进和谐社会进一步发展。本着"取之社会,用之社会"的理念,越来越多的在华外资企业纷纷投身到公益慈善事业中,这不仅为企业品牌树立了良好的形象,而且也为企业在中国的可持续发展奠定了坚实的基础。

自 2001 年起,百事公司就成为中国妇女发展基金会发起的"母亲水窖"项目的主要捐资者,项目惠及包括四川、陕西、贵州、广西、河北、内蒙古及甘肃在内的 7 个省、自治区的 24 个县、28 个村的 5.6 万多人。作为第一家参与到"母亲水窖"项目的"财富 500 强"外资企业,截至 2010 年 12 月,百事基金会、百事公司以及百事中国员工已累计捐款 1870 万元人民币,修建水窖 1500 多口,小型集中供水工程近 30 处②。百事公司不仅将自身在"水"领域的专业知识与技术带入这个项目,推动安全饮水工程的普及,还与妇基会积极合作推进"一加五"工程,即"一口水窖"加"一个太阳灶"、"一个卫生厕所"、"一圈家禽/畜"、"一片经济林"和"一个美化庭院",通过解决人民饮水问题,带动人民生活水平和农村居住环境的改善。2009 年入秋以来,在我国西南地区遭遇历史罕见特大洪灾,灾区人民生产生活用水极度困难的情势下,百事

---

① 《贯彻节能减排,东风标致全系补贴三千元》,《重庆时报》2010 年 7 月 8 日。
② 《百事公司再捐百万支持"母亲水窖"》,《中国食品质量报》2010 年 12 月 20 日。

基金会于 2010 年 3 月 22 日,在"'母亲水窖·润泽十年'宣传倡导活动"中向妇基会再次捐赠 10 万美元。2010 年 12 月 17 日,百事基金会在全国妇联"母亲水窖"十年表彰大会上又捐赠了 100 万元人民币,进一步推动解决西部地区安全饮水问题。此外,百事公司还积极筹备"百事明天·助学计划"活动,"百事计划"是百事公司与中国红十字会合作推出的另一个全国性的、长期的公益项目,也是目前国内首家由企业设立专项资金来支持外来工子弟教育的公益项目。该计划自 2008 年 4 月 30 日正式启动,截至 2010 年,该计划已累计捐资 150 万元人民币,惠及 12 所学校,受益学生总数已达 12000 人。

4. 善待员工并积极构建稳定和谐的劳动关系

保障劳工权益是我国《劳动法》及相关法律法规要求企业必须遵守的重要内容,同时也是企业履行社会责任、构建和谐企业文化的有效途径。中国联合会执行副会长蒋黔贵于 2010 年 3 月 27 日在 2010 年全国企业管理创新大会上也表示,企业必须树立现代企业价值观,把履行社会责任放到首位,其中当务之急是善待员工。当前,"以人为本"是许多跨国公司的重要管理理念之一,然而真正领悟并贯彻实施的企业为数并不多。实质上"以人为本"的核心就是善待员工,正如中国一句古语"投之以桃,报之以李",企业善待员工必然使员工乐于回报企业。

日立电梯自创业以来始终将"人力资源"作为最重要的资源进行保护、使用和发展;以尊重员工权益与发展的需求为基础,制定各种保障制度并创造各种有利条件,为员工创建良好的工作与生活环境。在维护员工合法权益方面,日立电梯根据国家及政府颁布的法律法规及时调整相关的制度、措施,并经工会联席会议审议通过;实施职工委员会及合理化提案等机制,发挥员工在民主管理、民主监督中的作用;实施工资晋升计划、住房资助计划和企业年金计划等维护员工的合法权益。在保障员工的身体健康方面,日立电梯关注员工健康及安全,严格贯彻 OHSAS18001 职业健康安全管理体系。在提高员工的生活品质方面,日立电梯重视企业文化建设并积极开展丰富多彩的群众性文体活动,以激励员工发挥积极性、创造性。在员工成长和发展方面,日立电梯推行人才储备培养计划并完善培训体系,实现企业与员工的共同成长。2008 年 3 月 27 日,广州市劳动和社会保障局举行的劳动关系和谐企业座谈会上,日立电梯被正式授予"劳动关系和谐 AAA 企业"称号①。

5. 支持供应链上的本地企业以实现共赢

伴随着经济全球化和科学技术的飞速发展,供应链管理越来越受到企业,尤其是大型跨国公司的高度重视。在全球企业社会责任浪潮的推动下,在华跨国外资企业也纷纷把供应链社会责任管理作为承担社会责任的重要部分,以实现企业本土化的可持续发展。供应链社会责任管理提上日程,并日渐成为在华外资企业赢得社会声誉和组织认同,体现企业文化取向和价值观念,并最终获取广大消费者的强大软竞争力。

作为全球饮料行业的领导者,可口可乐在中国拥有庞大而复杂的供应链,有上千家独立的供应商为其提供产品与服务,业务范围涉及装瓶、注塑、制冷、金属、气体、物流、包装、环保、能源等多个领域。秉承以承担企业社会责任为己任,可口可乐始终致力于推动业务所在地区的健康发展。在中国,可口可乐不仅为供应商合作伙伴提供国际领先的专业培训、传递最新的环保理念和技术支持,同时还启发和引领供应商伙伴一道思考可持续发展为运营带来的经济和环境效益,为中国供应链产业的健康发展发挥积极作用。2010 年 11 月 23 日,可口可乐召集其在华供应商合作伙伴在上海举行了为期 2 天的可持续性供应商峰会。在此次峰会上,可口可乐中国公司向供应商合作伙伴分享了未来业务合作深入发展的策略与方向,并进一步阐述了与供应链直接相关的绿色目标,其中包括至 2015 年,包装使用率较 2008 年降低 7%,逐步在包装上停止使用聚氯乙烯,争取在 2020 年将碳排放强度较 2004 年降低 40%—45%,通过投入使用新型冰箱和其他减排措施,使能耗水平较 2000 年冰箱降低 45%—60% 等在内的目标②,鼓励供应商们针对这些具体目标提出实践可持续发展理念的革新思路,切磋各自在运营中积累的成功经验。

(二)外资企业在华弱化社会责任的一面

伴随着中国劳动力成本、土地成本、煤电成本等原材料价格的持续上升,外资企业在华设立的企业,尤其是劳动密集型产业的生产制造活动受到了很

---

① 《日立电梯(中国)2008CSR 报告书》,日立电梯(中国)有限公司官网:www. hitachi-helc. com。

② 《可口可乐可持续性供应商峰会于沪举行》,《国际金融报》2010 年 12 月 3 日。

大的影响。传统的廉价劳动力优势已不再是在华外资企业参与国内、国际竞争的核心因素,在逐利目标的驱动下,外资企业不惜漠视伦理道德、逃避企业社会责任,甚至铤而走险做出有违中国法律法规的违法行为,严重侵害了中国相关利益者的权益。目前,外资企业在华履行社会责任有弱化的倾向,综合起来主要涉及如下几个方面:部分外资企业存在重大环保违规行为;商品服务存在严重质量问题,并且其产品质量遭到中国消费者多次甚至重大投诉;此外,一些外企在中国还存在对中国官员和企业主管行贿;非法避税现象越来越严重;滥用市场和知识产权优势,限制竞争,涉嫌垄断。

1. 部分外资企业进行产业转移造成我国环境污染

伴随着生产要素的国际流动和贸易规模的不断扩大,一些跨国公司为了规避其母国较高的环境标准,抑或是为了降低污染处理成本,往往将一些污染严重的产业或生产环节转移到包括我国在内的欠发达国家。另外,一些企业还将发达国家已经淘汰或禁止使用的、严重污染环境的产品、设备和技术转移至发展中国家。随着国外直接投资的引入及其产业转移,相当一部分污染密集型产业(Pollution Intensive Industries,简称 PIIs)也转移至我国,如化学、能源、橡胶、塑料、制革、纺织等产业。PIIs 所导致的废水废气排放量和固体废物产生量呈逐年上升趋势,加重了我国生态环境负担,增加了我国环保部门的治理难度。据统计,2009 年全国废水排放量和固体废物的产生量分别为 589.2 亿吨和 20.4 亿吨,分别比上年增加 3.0% 和 7.4%;同时,国家环境保护部全年共接受并处置突发环境事件 171 起,比上年增加 26.7%[①],日益恶化的环境质量将对我国经济的长期可持续发展产生非常不利的影响。

2009 年 10 月,国际环保组织"绿色和平"发布了一项调查报告,指责壳牌、卡夫、摩托罗拉、普利司通、三星电子、雀巢、乐金、电装等知名跨国外资企业公然漠视《环境信息公开办法(试行)》,存在隐瞒污染物信息的违规行为。在此之前,这几家企业的工厂就因存在向水体中排放污染物超标的情况而被环保部门在网上公开,然而没有一家企业按照《环境信息公开办法(试行)》在规定时限内公布污染物排放信息[②]。另外,2010 年 2 月,由自然之友、地球村

---

① 数据来源于《2009 年中国环境状况公报》,环境保护部网站:www.zhb.gov。
② 《18 家中外企业漠视中国信息公开法规》,《中国经济时报》2009 年 10 月 15 日。

和公众环境研究中心等34家中国民间环境机构联合发布的一份年货黑名单也显示,众多耳熟能详的日用品牌所涉及的生产厂商存在环境违规记录,在第一批公布的20个品牌里面不乏大型在华外资企业,如康师傅、多美滋、飞利浦、日立、摩托罗拉等。截至2010年3月10日,仅9个品牌的13家企业与公众环境研究中心取得联系并进行沟通和说明,而另外11个品牌态度缺乏积极性①。

2. 产品质量和安全不达标,侵犯我国消费者权益

21世纪以来,跨国外资企业产品质量安全、品牌危机等事件不断出现,仅在2010年,就有十几起重大跨国外资企业产品安全不达标问题被揭露——丰田汽车存有"油门踏板故障隐患"、惠普DV2000、V3000系列"缺陷笔记本"②、强生"问题止痛药品"③、雀巢软糖色素超标、红牛饮料中检测出咖啡因④、周生生18K金手链含金量不达标⑤等,引起了社会各界人士的密切关注。

3. 不遵守中国法律进行商业贿赂

伴随着经济全球化的浪潮,跨国公司海外行贿案迅速蔓延全世界,各国政府和司法机构纷纷使出浑身解数对跨国行贿进行防范并整治制裁,同时一些非政府国际组织也开始采取行动致力于反跨国行贿。2010年7月28日,国际反腐败非政府组织"透明国际"公布《2010年度经济合作与发展组织反行贿公约进度报告》,这是"透明国际"连续第六年发布反行贿调查报告。报告指出,在过去几年内,经谈判协商解决的跨国行贿案件数量大幅度增加,经多国司法协作解决的案例也有所增多⑥。随着中国参与全球经济活动越来越频繁,中国不可避免地卷入跨国商业行贿风气中。据民间经济分析机构安邦集团调查结果显示:跨国企业在华行贿事件近年来一直在上升,从1997年至

---

① 《商品生产过程是否注重环保事关企业形象及购买标准》,环境保护部网站:www. zhb. gov。

② 《惠普黑屏新解:祸起蟑螂》,《新京报》2010年3月16日。

③ 《强生公司屡遇质量问题》,《厦门商报》2010年5月7日。

④ 《进口红牛、雀巢糖果上黑榜》,《新晚报》2010年9月1日。

⑤ 《周生生被曝18K金手链含金不达标》,《新闻晚报》2010年11月24日。

⑥ 《外反腐机构公布反跨国行贿成绩单:美国等受肯定》,连云港纪检监察网站:http:// jcj. lyg. gov. cn。

2007 年十年间,我国至少调查了 50 万件腐败案件,其中 64% 与国际贸易和外商有关①。在涉及商业贿赂的"黑名单"中,不乏沃尔玛、麦当劳、IBM、家乐福、西门子及力拓等名列世界前茅的财富 500 强企业,此外,全球领先的通信网络提供商朗讯科技、全球最大的诊断设备生产企业 DPC、世界知名制药企业默沙东(MSD)及美国控件组件公司(CCI)等也在华大肆进行灰色交易,置中国法律于不顾。这些在华外资企业从事的行业多种多样,所采取的贿赂手段也五花八门,目前外资企业已经形成了一整套成熟的适应中国本土市场的"异化"策略。除了直接贿赂外,现在最常用的商业贿赂方式都较隐蔽:请相关官员或企业高管出国考察、休假;赞助受贿方子女出国留学或为其安排;帮助受贿方将行贿资金汇入国外银行账号中;或者经双方协商后,待受贿方退休后再予以巨额回报或让其在旗下公司任职等。

2010 年以来,戴姆勒、雅芳和强生也相继陷入商业贿赂丑闻中,引发了中国消费者对外资企业产品新一轮的信任危机。2010 年 3 月,戴姆勒被美国政府指控从 1998 年到 2008 年的 10 年间,向多个国家的政府官员和企业高管行贿,包括曾在五年内向中国官员和企业主管行贿 417.4 万欧元,中国石化、中国石油及其下属的长庆石油勘探局、东方地球物理公司等均在涉案之列。2010 年 4 月,有消息称因涉嫌行贿,化妆品直销巨头雅芳已暂停 4 名高管职位,其中包括 3 名中国区高管。业界认为,雅芳顺利获得的中国第一张直销牌照可能与中国前商务部外资司邓湛有关。2010 年 6 月,国家药监局局长张敬礼因受贿被双规,而此次行贿者的身份越来越集中指向药业巨头——美国强生公司。据知情人士透露,此次强生公司可能涉嫌通过行贿"快速拿到国内医疗器械和药品的注册证以及注册号",以换取在国内行业的垄断,并从中享受高额回报②。

4. 非法逃避税费

长期以来,外商投资企业中一直存在着"零利润"和"越亏损越投资"的两大怪异现象,这是与正常的商业逻辑相悖的。据中国商务部统计,截至 2005

---

① 刘洋、吴芳:《近年来跨国公司在中国贿赂事件回顾》,《国际金融报》2007 年 9 月。

② 数据来源于何为乐:《40 多家中国企业涉嫌受贿 CCI 行贿案再起波澜》整理而得,《新闻晚报》2010 年 7 月 15 日。

年底,所有在华外商投资企业中,有55%处于亏损状态①。另外,由国家统计局"利用外资与外商投资企业研究"课题组完成的一份关于外资的研究报告表明,在所调查的亏损外商投资企业中,约2/3为非正常亏损,外商投资企业每年避税给中国造成的税收损失在300亿元以上②。目前外资企业在华采取的避税手法主要有三种:一是利用转移价格与国外母公司或关联企业进行交易,增加成本,造成账面亏损,从而将企业的利润向境外转移,采用该手段可占到逃税金额的60%以上;二是通过"资本弱化",即加大股东贷款而减少股份资本比例方式增加税前扣除,从而达到避税目的;三是通过把利润转移到开曼群岛、百慕大群岛及英属维尔京群岛等国际避税港避税。

外资企业避税问题,对我国经济造成严重危害:我国税收收入大量流失,减少国家财政收入;外资企业将企业利润调出境外后,损害中方合资者的利益;扰乱了经济秩序,破坏了公平竞争的经济环境;导致我国国际资本流动秩序混乱,从而影响我国外汇收支平衡。1994年税改以来,随着我国有关涉外税收法律体系的逐步完善及税收执法力度的加强,在华外资企业涉嫌非法逃避税费的案例有所减少,但并没有完全杜绝。2009年,联合利华卷入的一起走私案闯入消费者的视线中,一时间成为众矢之的。2009年10月,日化巨头联合利华(中国)采购部及保信捷(上海)国际贸易有限公司因一起走私普通货物案在上海市第一中级人民法院接受审理。据调查,从2002年10月至2008年2月间,联合利华采购部通过保信捷国际贸易公司进口涉案"固醇"74票,偷逃应缴税额219万元;此外,从2005年1月至2006年4月,联合利华还通过上海兆衡实业有限公司进口15票,通过恩凯化学(南京)有限公司进口8票,偷逃应缴税额98万元③。

5. 涉嫌垄断破坏经济发展秩序

伴随着跨国外资企业在华投资规模的不断扩大,外资企业在华经营的垄断及限制竞争问题逐渐凸显。在2004年国家工商行政管理总局公平交易局反垄断处发表的一份题为《在华跨国公司限制竞争行为表现及对策》的报告

----

　　① 　王进猛、茅宁:《在华外资企业为什么大面积亏损》,《世界经济》2008年第1期。

　　② 　国家统计局"我国利用外资与外商投资企业研究"课题组:《我国外商投资企业发展中存在的问题与对策建议》,《中国经贸导刊》2006年第8期。

　　③ 　数据参考《联合利华卷入走私案》,《京华时报》2009年11月4日。

表明,中国的电脑操作系统、感光材料、轮胎、网络设备、照相机、软包装等市场,已经成为外国企业的天下。在软饮料行业,可口可乐公司基本控制了国内大中城市的饮料市场;在操作软件领域,美国微软公司占据了95%的市场份额;在轮胎行业,法国的米其林集团在2002年占据了70%的市场份额;在感光材料行业,美国的柯达公司在中国的市场占有率高达50%,等等①。部分外资企业利用其市场和技术等优势限制竞争行为,妨碍或损害竞争,如搭售或在交易中附加其他不合理的交易条件,利用技术优势对我国消费者实行价格歧视。另一些跨国公司凭借技术、品牌及规模经济优势,通过并购中国本土行业龙头骨干企业来迅速扩大企业的规模及市场占有份额,影响我国的市场结构,甚至通过此种方式构筑行业进入壁垒。此外,在一些国家限制外资比例的行业中,中外合资企业中的外方通过逐渐增资扩股,来达到掌握企业相对控股权的目的,从而在华谋取到最大垄断利润。外资企业愈演愈烈的垄断行为,不仅严重损害了中国消费者的利益,阻碍了中国民族企业的健康成长,从长远来看,跨国公司的并购浪潮将可能直接导致中国企业缺乏自主创新能力,罹患"核心技术缺乏症"。如果听任外资企业垄断行为的肆意发展,必将会扰乱国内市场、经济发展秩序,更有甚者,将会对中国的经济安全造成严重威胁,影响中国经济战略发展进程。

二、在华外资企业社会责任弱化的原因

国际上大型的跨国公司,尤其是财富500强企业,不仅具有强大的技术垄断优势、市场垄断优势及内部化优势,还拥有价值链分解与整合的全球战略优势。跨国公司凭借其拥有各种优势在世界范围内大规模地开展经济活动,已然发展成为控制和影响全球经济的主要力量。在企业社会责任日益深入人心的今天,跨国公司绝对有能力也有义务承担相应的社会责任,但现实情况却不容乐观。一大批跨国公司在中国投资以来,其社会责任表现与我国公众的社会期望相差甚远,其主要表现为:在华跨国外资企业在经营上采取双重标准,只在母国或发达国家和地区积极履行社会责任争当企业公民,而在我国和其

---

① 国家工商总局公平交易局反垄断处:《在华跨国公司限制竞争行为表现及对策》,《工商行政管理》2004年第5期。

他发展中国家被动承担甚至拒不承担社会责任。外资企业在华承担社会责任呈现弱化趋势,原因是多方面的,既有在华外资企业追逐高额利润本性和不正确的社会责任观念等内在动力的驱动,又有中国现有的法制环境不规范、地方政府过度放纵及缺乏有力的大众监督等外部因素使然。

(一)在华外资企业以追求利润最大化为最直接目标

在华外资企业之所以逃避社会责任,根本原因就在于企业追求利润最大化与履行社会责任成本支出之间存在矛盾所致。追求企业利润最大化是每个企业的本能,加上日趋激烈的国际、国内竞争压力,进一步强化了外资企业追求利润最大化的动机。而企业履行社会责任是需要花费成本的,不管是遵守法律照章纳税,还是改善职工安全卫生和劳动条件,或是参加慈善公益活动、增加环保投入,都要增加相应的成本,从而会相对减少企业的利润。因此,为了达到最大限度追逐利润目标,很多外资企业在商业利益和企业社会责任的天平上向商业利益完全倾斜了。目前,虽然已经有一部分外资企业在发布的形形色色的企业社会责任报告中不断披露自己企业社会责任履行情况,决意要对中国社会各界更多地承担社会责任,要竭尽全力地服务社会,要对员工、消费者等多方利益相关者负责。但这种言辞恳切的书面报告却往往成为外资企业在华进行企业品牌提升和公司宣传的一场秀,公司的目标始终是赚钱,当商业利润与社会福利相抵触时,外资企业就会毫不犹豫地选择前者,而置除股东以外的其他利益相关者的权益于不顾。

(二)在华外资企业社会责任观念不正确

不正确的社会责任观念是在华外资企业弱化社会责任的主要原因。西方发达国家的跨国大企业在争相涌入新市场时,大都抱着一种狭隘且傲慢的心态,它们将发展中国家和地区仅仅视为原材料采购地和制成品倾销地,以期在全球化的经营战略中处于主动地位,最大化地占领市场并攫取高额垄断利润。外资企业进入我国以来,以一贯强势的作风和长期享受的"超国民待遇",渐渐养成了漠视政府、漠视消费者、漠视基本的商业道德和诚信的不良习惯。当前,企业实施"社会责任投资战略"已俨然成为一种新的市场推广手段,这在很多外资企业中也已达成"共识",其专业化的操作优势让外资企业在华不仅赚足了人气,而且其市场利润额也逐年提升。但事实上,外资企业在社会责任方面的投入到底是多少,或者其所投入的资金量占营业额的比例究竟几何等问题对外资企业来说至今还是个商业机密不予透露。外资企业口口声声所倡导的"社会责任",也许在他们巨大的商业财富面前仅仅是冰山一角。

此外,外资企业在我国开展经济活动时,往往无视在生产和经营过程中面临的主要社会责任问题,而片面地在与自身生产经营关系不大的其他个别社会责任问题上大做文章。如化工企业不谈减排,而只说自己建立了多少希望小学;食品企业不谈产品质量卫生安全,而只说自己参加了多少捐赠活动等。当然,并不是说希望工程、公益慈善等问题不重要,而是说企业在面临众多企业社会责任问题时,应该首先分辨出哪些才是对自己来说是实质性的社会责任问题,而不是千篇一律地去谈慈善事业、教育事业等方面的贡献。

(三)法律法规的不完备必然造成外企社会责任缺失

同一跨国公司在母国和西方发达国家可能自觉履行社会责任,甚至可能成为践行社会责任的典范,而在东道国尤其是发展中东道国就开始漠视社会责任,究其原因,还是在于所处的法律环境不同,法律对它们的约束力度不同。一般来说,在华跨国外资企业多是来自发达国家,这些国家的法律制度比较完善,在公司承担社会责任方面的规定也比较成熟,跨国公司如果不履行社会责任,就会受到法律的制裁,其成本要远远高于收益。这就迫使跨国公司从自身利益出发,必须要遵纪守法,把主动承担社会责任看做是必然的选择。而在我国,外资企业之所以有恃无恐,主要还是因为我国法律在劳工保护、环境污染及消费者权益等方面存在很大的漏洞,外资企业正是"深谙其道",钻了法律不完善的空子。

改革开放30多年来,特别是在建立社会主义市场经济体制的过程中,我国高度重视法制建设,制定了大量规范企业行为的法律法规,如《环境保护法》、《劳动法》、《工会法》、《合同法》、《消费者权益保护法》等,此外还专门针对外资企业制定了一系列法律法规,如《中华人民共和国外资企业法实施细则》、《关于外商投资企业合并与分立的规定》、《外国投资者并购境内企业暂行规定》等。所有这些都对规范外资企业行为,推进外资企业履行基本的社会责任产生了重要作用。但是,从实际效果来看,中国政府的立法速度远远赶不上经济发展的速度,和欧美等西方发达国家相比,在法律制度设计、立法规则和执法水平上都存在很大差距。目前,我国对于外资企业由于不正当竞争等不履行社会责任行为的打击力度还小得多,外资企业因违法需要负担的惩罚性赔偿也轻得多,外资企业在我国不履行社会责任的成本也很小。在这种情况下,在华外资企业主动履行社会责任的驱动力和约束力必然大大降低。

(四)部分地方政府对外资企业给惠过度

部分地方政府对外资企业的过度优惠政策使得外资企业降低了履行社会责任的意识。为了吸引外资和先进技术,我国在改革开放之初采取了一系列的对外优惠政策,优惠之多,范围之广,鲜有国家能比。在我国经济发展的特殊阶段给予外资企业一些优惠政策是合理的,也是国际通行的做法。但这些优惠应当以法律为依据的,而不能是毫无节制的,更不能与国内的其他法律法规相违背。各级地方政府为了招商引资和增加财政收入,给予外资企业一定的优惠政策当然也是可以的。但个别地方政府只顾发展本地经济,不惜放松对外资企业的管理,给予过度的优惠政策,甚至放纵或包庇它们的某些违法行为。以某些地方政府官员的眼光来看,招商引资的重要性及意义要远大于外资企业漠视社会责任而产生的社会成本,公众的利益、社会的稳定以及环境的可持续发展更是视而不见。这种短视思想很大程度上源于部分政府官员对外资企业履行社会责任意义的理解不够,没能正确认识外资企业承担对当地的社会责任的重要作用,仅仅局限于眼前的经济利益,而不能将当前利益与本地经济、社会、环境等可持续发展的长远利益有效地结合起来。而且,一个地区引资数量的多少往往是考核地方政府官员政绩的一项重要指标,于是部分地方政府不惜牺牲生态环境和当地民生利益,对待外资的态度过于宽容,在审批、征地、税收等方面给予了一系列"超国民待遇",给外资企业逃避社会责任留下了足够的余地。在"超国民待遇"的保护伞下,外资企业原本良好的经营行为发生了扭曲,平等的竞争环境也遭到了破坏,最终导致外资企业的"歧视性经营和双重标准"在中国愈演愈烈。

(五)缺乏利益相关者的利益制衡与责任监督

在华外资企业的利益相关者,除了企业的投资者、合作企业、政府部门、消费者外,还包括企业所在地的社会公众及各类非政府组织和民间团体等。在西方发达国家,除了健全的法制环境外,还有许多企业的利益相关者对企业的经济活动发挥着制约作用,如众多的机构投资者、劳工组织、环保组织和人权组织等。而在我国,社会责任投资机制目前尚未成熟,民间团体、行业协会与消费大众等对外资企业触犯道德的行为也只是以退出合作或拒绝购买其产品的方式加以抵制,根本还谈不上利益制衡与责任监督。比如,我国外资企业员工普遍缺乏相应的法律知识,维权意识低,维权成本高,而有些外企的工会组织更是名存实亡,不能正常发挥作用。此外,中国的消费者对社会责任方面的知识也比较浅,不具备专业判断力,不能对外企的一些行为做出准确的判断,同时还会带有主观的想法和偏见,有时还会被外企的某些公共手段所蒙蔽。另外,由于消费者对外企的监督是自发性的,没有正规的机构,也不具有持久性,因而不能对外资企业社会责任的履行情况进行连贯而科学的监督,更有时候外企会因为这种监督没有权威性而不予理睬,依然从事其不履行社会责任的经营活动,从而使这种监督的效力和影响力大大减弱。

第四节　促进中国外资企业社会责任建设的建议

企业社会责任理念的树立不是一蹴而就的,而从企业社会责任理念到社会责任实践更是任重道远。通过对外资企业在我国履行社会责任现状及原因分析,可以看出,外资企业本质上还是企业,还是利益驱动的一种组织形式。到目前为止,并不是所有在华外资企业都能积极自觉地履行应尽的社会责任,而且相当一部分外资企业无视中国法律,无视企业利益相关者的权益,存在企业社会责任缺失的状况。跨国外资企业在我国履行社会责任状况不佳,和在世界其他地区履行社会责任的过程是一致的,当前欧美等西方发达国家企业社会责任履行情况较好,也是经过各国政府、非政府组织和社会公众的长期努力,通过构建相对完善的社会责任履行监督和制约机制来实现的,但鉴于跨国公司跨国经营的特殊性,到目前为止跨国公司在国外的社会责任履行状况仍不能达到完全自律的境界。对于工业产值近占全国工业总产值1/3的外资企业来说,是否履行社会责任及履行状况的好坏将直接影响整个中国企业社会责任建设步伐。针对我国外资企业承担社会责任现状,现提出以下几点建议。

一、完善一系列相应的法律法规

要杜绝外资企业在我国社会责任缺位行为,完善法制、营造良好的法律环境势在必行。在对待外资企业履行社会责任的问题上,我们可以借鉴西方发达国家的成功经验,积极发挥法律调控社会活动的作用。我国应该根据实际情况重点针对外资企业在国家经济安全、人权保护和环境保护方面的社会责任,加强与之相关的立法,使得外资企业社会责任在我国能更加规范地履行。

首先是关于外资并购国有企业,国家应当制定外资收购国有企业的法律法规,以规定外资的收购行为,明确规定禁止与限制外资并购控股的行业或范围,鼓励外资投向有利于国民经济发展的行业。虽然我国在2003年对外资并购内资方面出台了《利用外资改组国有企业暂行规定》和《外国投资者并购境内企业暂行规定》,但仍过于简单和笼统。能够对并购进行管制的法律主要还有:《反垄断法》、《证券法》、《外资法》、《公司法》、《反不正当竞争法》以及其他相关法律等。其次是关于税收征管,应当采取有效的反避税措施。在完善反避税立法使监管部门有法可依的同时,着手建立价格信息网络,及时准确掌握市场商情和价格信息,以此作为税务调整的主要依据。

其次加强劳动保护、社会保障、安全生产、消防、职业卫生、工人权利以及工会等方面的法律法规的建设。建立健全的劳动仲裁制度、工资谈判制度和外资企业的工会组织,保障国家和职工的利益。同时要求所有外资企业严格遵守《劳动法》和《工会法》等法律。

再次,对外资企业向我国转移污染问题,我国应该提高环境标准,制定并执行更严格更细化的环境保护法规,如《清洁生产促进法》、《节约能源法》、《循环经济促进法》等,使治理污染的社会成本内部化,由企业承担相应的污染成本;放弃简单追求GDP增长的传统经济增长模式,谋求经济、社会与环境的协调可持续发展。

二、建立外资企业社会责任约束和评价机制

中国政府要推进外资企业在我国履行社会责任,除加快完善法律法规外部环境外,还应通过推进社会责任评价和约束机制的建设,来实现对外资企业社会责任行为的监管。

首先要加强与国际社会促进企业社会责任相关机构的合作和交流,借助国际社会力量督促和约束外资企业的行为。国际组织对跨国公司社会责任的规定与约束由来已久,并已出台了不少有影响力的国际标准。当前世界经济已进入一体化发展时代,世界市场和各国经济互相依存、互相制约、互相补充,外资企业如何履行社会责任也不再是一个国家、一个企业的单独行为,而是各国经济社会发展的共同需要。在目前履行社会责任成为国际趋势的背景下，借助国际社会的政府组织或非政府组织的影响力和成功经验，也可以对外资企业在我国主动承担社会责任提供帮助。

其次要建立对外资企业履行社会责任的公开评价制度。我国对于企业社会责任履行的制度建设是自 2000 年起从环境问题方面入手的。2008 年国资委发布了《关于中央企业履行社会责任的指导意见》，对央企履行社会责任的重要性、基本原则、内容和依据，主要措施进行了原则性规定；2010 年 5 月，财政部发布了《企业内部控制应用指引第 4 号——社会责任》，但至今为止还没有发布专门针对外资企业履行社会责任标准的文件。因此，我国政府应借鉴国外有影响力的社会责任标准来尽快建立适合中国经济发展特色的社会责任评价标准。2010 年 11 月 1 日，国际标准组织（ISO）在瑞士日内瓦国际会议中心正式发布了社会责任指南标准 ISO 26000。该标准将成为首个社会责任国际标准，不仅规范企业履行社会责任的行为，还规范政府，包括非政府组织履行社会责任的行为。我国政府应在 ISO 26000 标准基础上，加强适合中国国情的企业社会责任评价指标体系的建立。此外，还应尽快建立企业社会责任行为进行审计和评估，增加外资企业社会责任履行情况的公开性和透明度。

三、发挥政府的引导作用

目前我国还有相当一部分人认为企业的责任就是追求利润最大化，强调实现资本所有者的利益，而忽略了企业对利益相关者尤其是员工、消费者所应承担的责任。这就需要从根本上转变观念，而政府在这场理念的变革中起着极为重要的责任。在我国，外资企业投资离不开政府的扶持和帮助，而推动外资企业履行社会责任就成为中国政府保障民生、保障经济发展的重要内容。在促进外资企业履行社会责任时，政府应积极发挥引导作用，一是转变招商引资观念，逐步取消外资企业的"超国民待遇"，通过设置环保一票否决、安全生产一票否决、劳动保障一票否决等条件，使外资企业与所有企业在环境保护、劳动保护、纳税等面前人人平等，营造一个公平的企业发展环境，可以从根本上预防政府在招商引资工作中的盲目性。二是积极研究相关的扶持政策，对积极履行社会责任的外资企业给予各种物质或非物质利益，如建立企业社会责任奖励基金，或者对于社会责任记录良好的外资企业，优先提供政府采购的机会或者减免税的优惠待遇等等。同时,建立外资企业社会责任信息披露制度,公开表扬积极履行社会责任的企业,而谴责逃避社会责任的企业。

四、发挥工会保障劳动者权益的作用

面对一些外资企业劳工标准偏低的问题,政府需要完善相关法律制度、加大法律监督和查处力度,更重要的是劳动者必须提高组织化程度,提升工会的法律地位,以发挥工会保障劳动者权益的作用,维护职工的合法权益。

工会是员工权益最强有力的维护者,只有真正发挥了工会的监督制约作用,才能更好地促进外资企业社会责任的实现。目前,我国外资企业的工会势单力薄,工会维权机制还不健全,执行工会法律刚性不够,而且一些政府领导因担心强调工会权力会吓走外商而对工会发展没有给予应有的重视。事实上,政府依法行政是投资环境的重要因素,与招商引资并不矛盾。目前,外资企业要大力贯彻落实胡锦涛同志关于"扩大工会工作覆盖面和增强工会组织凝聚力"的重要指示,把工会组织起来以切实维护劳动者权益。工会对企业社会责任的关注,要落实在对企业的监督制约上。虽然承担社会责任是对企业经营者的要求,但现实表明,单凭自觉性外资企业对劳动者的社会责任是有限度的,且劳动者权益受侵害往往发生在企业内部,这就需要工会对外资企业进行制衡和约束。

五、加强公众和新闻舆论等社会监督工作

在我国,要加强对外资企业经营活动的监督,除政府的法制监管外,社会公众对企业社会责任进行监督也是必不可少的。外资企业外部的社会公众蕴藏着广泛的社会力量,包括公民个人的监督、社会团体的监督以及新闻舆论的监督等。但是当前我国社会公众还缺乏维权意识和社会责任意识,在外资企业出现社会责任问题时不知道申讨和进行自我保护,这也是外资企业忽视在我国履行社会责任的原因之一。因此,为推进和促进外资企业在我国履行社会责任,首先要加强对社会公众的社会责任理论指导和培训。一方面通过各种渠道宣传《劳动法》、《消费者权益保护法》等各项普法知识,提高企业员工及消费者的法律意识、维权意识和自我保护意识;另一方面,积极倡导各类民间组织举办学术会议和企业间的研讨会,组织专家对有关社会责任问题进行

专项分析,对企业履行社会责任的典型经验进行宣讲,并通过多种渠道向全社会传播,加强各方面对社会责任问题的深入了解和讨论。

　　新闻传媒尤其是电视、网络传媒是当代社会获取信息的重要途径,其传播的信息内容和理念对于社会公众的价值取向和社会风气有着直接或间接的深远影响,公众舆论压力对企业品牌的影响不可估量。由于这种新闻舆论监督成本低、覆盖面广、社会影响深远,因此,新闻舆论监督应该是社会监督的重心。因此,中国政府要积极发挥新闻舆论监督工作,为舆论监督营造一个宽松的政治环境和法律氛围,鼓励其对外资企业履行社会责任情况进行热点报道,并借用企业履行社会责任榜单、举办颁奖活动等形式,公开奖励履行社会责任优秀外资企业并谴责履行社会责任缺失企业,从而对公众起到强有力的引导和提示作用。另一方面,中国的大众媒体在监督外资企业承担社会责任的过程中要有责任感和使命感,本着客观公正的态度,做出真实性、准确性和时效性兼备的报道,切实反映广大群众的意见和呼声。在表彰先进、树立典范的同时,对违法乱纪、损害社会利益、逃避社会责任的外资企业予以揭发和批判,以其对社会公众的影响放大新闻传播效应,全面推进外资企业积极履行社会责任。

第五节　中国外资企业社会责任建设展望

　　企业社会责任概念传入我国不过十余年的时间,中国企业无论在社会责任的理念还是行动上都要远远落后于外国企业和跨国企业。但是随着企业社会责任理念在我国日益深入人心,在国有企业、民营企业和外资企业中全面开展企业社会责任建设已经成为不可逆转的必然趋势。目前外资企业在我国履行社会责任总体状况不佳,部分外资企业还存在重大违法乱纪等严重逃避社会责任的行为。但是,一些外资企业通过履行社会责任的实践活动,已初步感悟到了企业社会责任与企业竞争力之间的密切联系。更多的外资企业开始或已经认识到:企业社会责任既有付出价值,更有收益价值。外资企业履行社会责任不仅是在中国市场乃至国际市场实现可持续发展的需要,同时也是作为东道国的中国政府和公众的迫切诉求,此外,国际社会组织和国际标准对外资企业的社会责任实践活动有着较强的规范和约束作用。在外资企业自身努力和社会各界的监督下,外资企业的社会责任建设一定会突破瓶颈,朝着更规范、更法制、更普及、更健康的道路发展。

一、履行社会责任是外资企业可持续发展的需要

外资企业从追求利益的本质出发,逐渐认识到企业利益与企业环境,特别是企业的可持续发展能力与社会环境的关系不再是分离的、对立的,而是相互促进、相互协调的,企业承担社会责任对企业的可持续发展是有好处的,而不承担社会责任就会付出高昂的代价。同时也认识到不仅要使企业生产的产品拥有较高的知名度,而且企业还要树立良好的品牌形象和积极向上的社会形象,才能更多地赢得顾客的青睐和消费者的满意。因此,外资企业要想提升其国际竞争力和产品认知度,就必须把社会责任建设提升到企业战略管理的高度,为其长远生存和可持续发展奠定坚实的基础。

二、外资企业履行社会责任是中国政府和公众的强烈诉求

企业的社会责任超越了以往只强调财务指标,将赚取利润作为唯一目标的传统理念,更强调在生产过程中对人的价值与社会的关注,注重生产过程中人的健康、社会的和谐及自然环境的维护和改善。企业社会责任与当前中国政府倡导的"以人为本"的人文理念相通,与"科学发展观"、"构建和谐社会"的执政理念是一致的。外资企业在中国开展经营活动,理所应当响应政府的引导和指示,通过加强和改进自身的社会责任管理,主动承担自己应尽的社会责任和义务,努力和中国各界一起营造一个公平公正、健康有序的投资环境。

另外,随着我国科技的进步和经济的发展,社会公众的生活水平不断提高,大多数人的温饱问题已得到解决,其重点必然转向提高生活质量,对人权、环保等非物质利益方面的追求将逐步加强,这必然要求外资企业对我国经济社会发展的贡献应从经济利益方面扩展至社会文化方面,从而承担更广泛的社会责任。

三、国际社会组织和国际标准约束和规范着在华外资企业的社会责任实践

企业社会责任运动的最初形式,就是企业在劳工组织和消费者压力下的

"企业生产守则运动"，它要求企业，尤其是跨国公司，必须以国际劳工标准为依据制定并实施工资、劳动时间、安全卫生等劳工标准。如今，在企业社会责任呼声越来越高的情况下，国际社会团体和非政府组织也不断壮大，对跨国公司的跨国经营活动给予了更广泛更深入的舆论监督和约束。同时，国际组织还通过制定国际标准来对跨国公司的经济活动进行规范，在促使跨国公司承担社会责任方面做出了不懈的努力。跨国公司通过投资在华设立分支机构之后，由其跨国经营的特点决定了其经济活动将依然受到国际社会组织的监督和国际标准的规范，现代化的网络通信技术也为国际组织监督跨国公司社会责任运动搭建了更加便利的平台。因此，在华外资企业要维持其产品的良好形象，就不能采取歧视经营和双重标准，要像在母国和其他发达国家一样，积极主动地承担社会责任。

第六节 小 结

企业社会责任是 21 世纪以来国内外不断升温的热门话题之一，也是商界和学者共同关注的焦点。但由于我的知识和文章篇幅有限，文章中仍然存在很多不足。第一，文章企业社会责任基础理论知识较缺乏，文章的大部分篇幅用于整理收集到的数据并进行初步分析。第二，笔者对企业社会责任相关问题认识水平有限及写作技巧欠缺，导致文章结构不够新颖，写作方式有些死板。第三，国内对于外资企业社会责任研究尚处于起始阶段，各种案例和资料不是很多，因为缺乏外资企业履行社会责任的具体相关数据，暂时无法进行定量分析。不过，这所有的不足将成为我以后进一步学习的动力，希望在以后的学习中得以改进。

参考文献

陈宏辉、陈利荣、王江艳：《在华投资跨国公司弱化企业社会责任的原因分析》，《现代管理科学》2007 年第 6 期。

胡永峰：《经济全球化视野下的企业社会责任问题探讨》，西北大学 2006年学术论文。

黄帅：《试论公司对消费者的社会责任》，《北方工业大学学报》2006 年第

6 期。

金润圭、杨蓉、陶冉:《跨国公司社会责任研究——基于 CSR 报告的比较分析》,《世界经济研究》2008 年第 9 期。

黎友焕、刘延平:《中国企业社会责任建设蓝皮书(2010)》,人民出版社 2010 年版。

黎友焕:《SA 8000 与企业社会责任建设》,中国经济出版社 2004 年版。

黎友焕:《广东省民营企业社会责任建设报告》,《广东省民营经济蓝皮书》(2007 年 3 月)。

黎友焕:《国内企业社会责任理论研究综述》,《WTO 经济导刊》2007 年第 1 期。

黎友焕:《论企业社会责任建设与构建和谐社会》,《西北大学学报(哲学社会科学版)》2006 年第 5 期。

黎友焕:《企业、政府、社会之间的良性互动——企业社会责任与可持续发展》,《广州日报》2007 年 2 月 12 日。

黎友焕:《企业社会责任》,华南理工大学出版社 2010 年版。

黎友焕:《企业社会责任——经济全球化趋势》,《广东培正学院学报》2007 第 2 期。

黎友焕:《企业社会责任理论》,华南理工大学出版社 2010 年版。

黎友焕:《企业社会责任理论呼唤实际——加强企业社会责任理论研究的紧迫性和重要性》,《亚太经济时报》2007 年 1 月 11 日。

黎友焕:《企业社会责任实证研究》,华南理工大学出版社 2010 年版。

黎友焕:《企业社会责任与可持续发展》,《丽水日报》2007 年 5 月 20 日。

黎友焕:《企业社会责任与可持续发展》,《威海日报》2007 年 3 月 13 日。

黎友焕:《企业社会责任在中国》,华南理工大学出版社 2007 年版。

黎友焕:《企业为公益做贡献是双赢》,《亚太经济时报》2007 年 3 月 29 日。

黎友焕:《时代的呼唤:加强工会在社会责任建设中的维权》,《亚太经济时报》2007 年 3 月 14 日。

黎友焕:《我国纺织业如何应对企业社会责任运动》,《商业时代》2007 年第 5 期。

李晓丽:《跨国公司转让定价避税与中国反避税税制建设研究》,浙江大学 2005 硕士学位论文。

刘连煜:《公司治理与公司社会责任》,中国政法大学出版社 2001 年版。

龙云安:《跨国公司社会责任研究》,四川大学 2007 年博士学位论文。

苗苗:《论跨国公司在华社会责任的强化及对我国企业的启示》,东北财经大学 2007 年学术论文。

欧阳峣:《跨国企业的社会责任》,中国经济出版社 2009 年版。

乔丹丹:《我国外资企业逃避税问题及对策研究》,江南大学 2009 年学术论文。

邱小欢:《在华跨国公司内部贸易研究》,《经济研究导刊》2007 年第 7 期。

石晓华:《跨国公司的社会责任若干法律问题研究》,广西师范大学 2008 年学术论文。

宋高峰:《在华跨国公司社会责任问题研究》,西南财经大学 2007 年学术论文。

谭梁、刘开明:《跨国公司的社会责任与中国社会》,社会科学文献出版社 2003 年版。

田祖海:《美国现代企业社会责任理论的形成与发展》,《武汉理工大学学报(社会科学版)》2005 年第 3 期。

王克群:《外资企业在中国逃避社会责任的表现及其治理》,《经济研究》2007 年第 5 期。

杨帆:《论我国外商投资企业的国民待遇》,西南政法大学 2003 年学术论文。

俞毅:《论跨国公司直接投资的社会责任》,《国际经济合作》2006 年第 12 期。

张慧杰:《跨国公司社会责任研究》,天津财经大学 2005 年学术论文。

张明:《入世后中国企业社会责任问题初探》,《经济纵横》2005 年第 12 期。

周清:《跨国公司在中国履行社会责任问题研究》,苏州大学 2009 年学术论文。

第九章　中国商帮企业社会责任比较分析

摘要：在企业社会责任运动在我国如火如荼进行着的同时，作为各地民营企业代表的各大商帮越来越频繁地为社会各界所关注，而民营企业社会责任建设正面临着诸多难题，因此从中国商帮这个层面来研究企业社会责任显得尤为重要。本文首先介绍了中国商帮的基本情况和中国商帮企业社会责任的概况，通过对这些基本情况的研究，本文把重点放在最有影响力、最具代表性的鲁商、苏商、浙商、闽商和粤商这五大商帮上，以现代商帮对原籍省份的各方面贡献和影响力最大为基础，从企业经济责任、企业伦理责任、企业慈善责任和企业环境责任四个方面系统地对五大商帮的企业社会责任现状进行了整理和比较，并在此基础上做出了深入的分析，最后为中国商帮企业社会责任的发展提出了合理的、可行的建议。

关键词：企业社会责任、商帮、现状、比较分析、建议

Abstract：In recent years, corporate social responsibility widely spread in China, and some companies start to build it, as representatives of private enterprises, business groups are concert by the community, and corporate social responsibility of private enterprises face many challenges, so it is very important to study corporate social responsibility in the perspective of Chinese business groups. This paper introduces the basic situation of Chinese business groups, then briefly describes the profile of corporate social responsibility of Chinese business groups. This paper focuses on the five most influential and most representative business groups, namely Lu, Su, Zhejiang, Fujian and Guangdong business, and based on modern business groups providing the most contribution and other influence to the provinces of origin in all aspects, collate and compare the current situation of corporate social responsibility of business groups in four aspects, called corporate economic responsibility, ethical responsibility, charitable responsibility and environmental responsibility. After in-depth analysis, the paper provides a reasonable and feasible proposals in order to develop corporate social responsibility of Chinese business groups.

Key Words: CSR, Business Groups, Situations, Comparative Analysis, Proposal

第一节　中国商帮的基本情况

目前,学术界对商帮的研究总的来说比较欠缺,且更多偏向传统十大商帮文化和经营理念的研究,对现代商帮的内涵更是没有进行深入的探讨,往往避开商帮的基本情况来谈商帮,使得在研究商帮问题上存在着较大的争议,令人混淆,例如在一些著作的案例分析中胡雪岩为徽商典型,另一些著作则为浙商代表。因此,在研究商帮企业社会责任问题时,有必要对商帮的基本情况做出说明。

一、商帮的内涵

辜胜阻(2007)把商帮定义为:"商帮是指称雄逐鹿于商界的以地域为中心,以血缘、乡谊为纽带,以'相亲相助'为宗旨的对区域经济产生重大影响的商人群体。"①这个定义被学术界广为接受,本文以此定义为出发点。

明清时期,各地"商帮"的活动中心可以在本地,但主要经商活动在其他地方,如晋商的活动中心在山西,但经商活动在全国,甚至国外;也可以活动中心不在本地,经营也不在本地,如徽商的活动中心在扬州,经营则在全国。尽管现代商帮的经商活动范围更广,却更多呈现出以本地为主的经营特征,如浙商对浙江的贡献和影响最大,鲁商对山东的贡献和影响最大,因此本文所指的商帮是以经营地为主来划分的,对商帮相关的研究也将从区域的角度展开。

①　辜胜阻:《区域经济发展要高度重视商帮的作用》,《中华工商时报》2007 年 2 月 12 日。

二、现代商帮的格局

(一)旧商帮的由来

早在先秦时期我国就有商人和市场的概念,并出现了早期的商业社会分工。据《春秋穀梁传》中记载:"古者有四民,有士民、商民、农民和工民。"《荀子》中将四民排列为:"农士工商。"在当时的社会分工序位中,各行业不存在尊卑高低。但在战国末期,韩非首次把商人列入"五蠹"之列,并称为"邦之蠹也",开始抑制商品经济发展,直到宋代,钞票的出现使商品交换突破了狭小的地域范围,明中叶后期,经济快速发展。然而重本抑末的政策仍使"商"在社会阶层排序中屈尊末位。商人利用天然的乡里、宗族、血缘关系联系起来,常常结帮成伙,形成了商帮。当时社会兴起了地方商帮,其中著名的十大商帮为山西、徽州、陕西、福建、广东、江右、洞庭、宁波、龙游和山东商帮。其中,晋商和徽商是明清时期势力最大、影响最远的两大商帮。①

(二)现代商帮的格局

经过30多年的改革开放与发展,我国目前已形成三大经济发展活跃区域。在这些区域及其周边省市形成了一批新的商帮,它们创造了目前中国最具竞争力的产业,如珠三角的电子信息、浙江的纺织、皮鞋和五金、闽南的运动鞋在中国乃至全球都占有重要的地位。从2009年中国企业500强排行榜和中国民营企业500强排行榜中可以看出山东、江苏、浙江、福建和广东五省民营企业实力的强大(见表9-1),这在一定程度上也反映了山东商帮、江苏商帮、浙江商帮、福建商帮、广东商帮这五大商帮强大的影响力。

表9-1　2009年中国企业500强和中国民营企业500强中五省情况

名称	山东	江苏	浙江	福建	广东
民营企业数	41	108	161	6	12
五省民营企业总比例	65.6%				
企业数	51	50	37	7	37
五省企业总比例	36.4%				

---

① 邓俏丽等:《中国商帮文化特征综述》,《中国集体经济》2009年10月(下)。

从体制来看,在最北端的山东商帮,国有企业色彩浓厚;江苏商帮具有集体企业的色彩,越往南,民营企业的特色愈浓烈。从地图上看,五大新商帮都处于沿海地区(见表9-2)。① 因此,山东商帮、江苏商帮、浙江商帮、福建商帮、广东商帮②被并称为中国新五大商帮,也代表了中国现代商帮。

表9-2　中国五大新商帮的相关情况

名称	山东商帮	江苏商帮	浙江商帮	福建商帮	广东商帮
代表企业	海尔、海信、双星、小鸭、三联、青岛啤酒、三角等	小天鹅、红豆、华西村、沙钢、阳光、海澜等	苏泊尔、正泰、杉杉、雅戈尔、万向、传化、吉利	安踏、三兴、柒牌、七匹狼、厦新、万利达等	美的、格兰仕、科龙、TCL、创维、南方高科等
文化因子	儒家与道家结合	吴文化	永嘉文化	典型的客家商业文化	南粤文化
商帮文化特点	受国营模式影响较大,与政府的荣损过于密切	"又红又专"的集体所有制模式	大名鼎鼎的温州模式创造出私营企业的楷模	"爱拼才会赢",拼搏	自由开放、冒险开拓、务实创新
代表人物	张瑞敏、周厚健、金志国、张继升	朱德坤、沈文荣、吴协东	鲁冠球、李书福、南存辉、徐冠巨	丁志忠、丁水波、李晓忠	何享健、梁庆德、李东升、黄宏生

三、现代商帮的经营特征

(一)现代鲁商的经营特征

1. 实在守信,以义致利。现代鲁商继承了实在守信这个历史传统,成为在现代商业经营中成功的法宝。另外,深受儒家文化熏陶的山东商人注重"以德为本,以义为先,以义致利"的经营思想。因此,山东商人非常讲商业道德、诚实守信,不仅取得了生意朋友的信任,更重要的是赢得了消费者长久的信赖,赢得真正的市场,最终使得现代鲁商主导的企业在市场竞争中长期立于不败之地。

2. 吃苦耐劳,务实肯干。孟子云:"天将降大任于斯人也,必先苦其心志,

① http://wenku.baidu.com/view/5adc40eeaeaad1f346933f0a.html。

② 山东商帮简称鲁商,江苏商帮简称苏商,浙江商帮简称浙商,福建商帮简称闽商,广东商帮简称粤商。

劳其筋骨,饿其体肤,空乏其身。"吃苦耐劳、务实肯干、不图虚名、专注实效的作风不仅贯穿于鲁商的奋斗历程中,而且非常普遍。现代鲁商秉承了这种吃苦的精神,坚持以苦为本、以苦为荣、以苦为乐。

3. 官商结合,纵横捭阖。山东是儒家的故乡,重义轻利、重农轻商的思想深深影响山东商业的发展。鲁商把经营企业视为"治国平天下"的一种实现形式,与政府具有千丝万缕的联系。现代鲁商主导下的企业的国有资产在全国各地商帮之中比例最高。因此,鲁商的使命感、历史责任感以及纵横捭阖的战略视野远胜于其他商帮。

(二)现代苏商的经营特征

1. 稳中求胜。苏商根植于吴文化。吴文化重格物致知,强调均衡、集体、等级。稳中求胜是江苏商人最大的特征。苏南地区是平原水乡,历代粮仓,物产十分丰富,水陆交通十分发达,民风比较委婉隐忍,人们普遍有较强的本土意识,视出门在外为畏途。因此,现代苏商认为做生意、搞经营应该稳打稳扎,步步为营,看不准、拿不稳的生意决不去做。这也导致了江苏商人在冒险精神上较其他商帮,特别是浙江商人略逊一筹。

2. 独立经营。从历史上来看,江苏商人都非常聪明,经营行业多以粮、棉等风险程度不高的商业为主,他们也更多偏好自己独立进行经营,比较少的受到乡谊的约束。由于独立经营,可以不受他人约束,能够最大限度地发挥自己的聪明才智,赚得清楚,亏得明白,因而受到江苏商人的青睐。然而,改革开放后,这种"肥水不流外人田"的意识在很多时候制约了苏商之间以及苏商与其他商帮之间的信息共享、资源共用,从而错失横向联合、牵手共同做大的机会。

3. 谦实有利。礼貌待客、谦恭和气是江苏商人经商的风格之一。江苏商人对待客人口甜似蜜,让人顿觉亲热,使得买卖容易成交。

(三)现代浙商的经营特征

1. 产业资本与金融资本的融合。著名资本家王延松说:"凡欲工商业之发达,首需谋经济之充裕,与金融之活动。"现代浙商就是以产业资本与金融资本的融合为经营思想,专注于产业发展,并进行民间融资方式的创新,迅速拓展实力,并形成了独具特色的区域经济——以高度专业化和集中化为特征的产业集群经济。

2. 炽烈的企业家精神。现代浙商的成功与其炽热的企业家精神息息相关。现代浙江商帮吃苦耐劳,有着强烈的事业心。创造"温州模式"的温州商人就是靠勤奋吃苦,在体制和意识形态的边缘完成资本积累的。凭着其炽热的企业家精神(包括肯吃苦、肯拼搏、敢创新),一些原本是补鞋的、打铁的、缝衣服的、修打火机的等普通劳动者富裕起来了,成长为国内著名、世界知名的企业家。

3. 务实团结。浙商创业之初没有多少经营经验和知识,但他们相对务实,从小生意开始做起,把小生意做到了极致。他们的风格就是怎么挣钱怎么做,从来就没有一个定式。实用主义是他们遵循的一条基本原则。浙商还非常团结,在全国很多城市都有温州商会、杭州商会、宁波商会。

(四)现代闽商的经营特征

1. 敢冒风险,爱拼会赢。福建人到海外发展,大多为生活所迫,大多靠白手起家,克服了种种难以想象的困难,不仅在居住地站稳了脚跟,有的甚至成为世界知名的企业家。他们最重要的特征就是吃苦耐劳,敢拼敢闯,正如一首闽南民歌所唱的那样"爱拼才会赢"。

2. 合群团结,豪爽义气。福建人在外经营发展时,具有很强的团队合作精神。闽商在世界各地有很多的商会组织。他们积极参加各种闽籍华人社团,推动世界福建同乡会,团结合作,增进闽台经贸关系和技术交流,通过境外投资合作,充分发挥闽籍乡亲的"桥梁"和"中介"作用,带动家乡的产品出口和劳务输出。

3. 恋祖爱乡,回馈桑梓。闽商具有强烈的恋乡情结,他们情系桑梓,为家乡捐资助学、造桥修路,报效家乡。近二十年来,许多海外华商回福建投资,带回了许多外界的商业经验和经营理念,成为福建对外开放的重要载体。有海外闽商的配合,不少本土闽商在很短时间内就完成了资本积累。这也使得他们在很短时间里就再度崛起。

4. 善观时变,顺势有为。"智者,先见而不惑,能谋虑,通权变也。"现代闽商的迅速崛起和取得的骄人成绩,除了秉承中华民族勤奋节俭的传统美德外,还得益于他们善观时变、因势制胜、稳扎稳打和诚信经营的理念。

(五)现代粤商的经营特征

1. 敢为人先,开拓进取。现代粤商根植于岭南文化。岭南文化在中华文化体系中本来属于一种区域边缘文化,很长时间以来,在整个中华体系中就表现出独特的开放性、包容性和商品经济色彩等亚文化特征。岭南人有着中国商人少有的自由开放、冒险开拓、务实创新的精神。正是在这种敢为人先、开拓进取、兼收并蓄的岭南文化传统下，基于珠江三角洲自身的经济发展水平和既有制度框架，广东既没有抛弃传统优势，也没有拒绝甚至勇于吸纳新的经济成分和制度因素。在实践中，乡镇集体经济成分，国有经济成分，私人经济成分，港、台资企业，三资企业等都能在这一地区得到迅猛发展，从而真正体现出各种经济成分的比较和竞争优势。

2. 注重实际，反对空想。倡导"经世致用"是岭南学派的一贯作风，比如南海"九江先生"朱次琦认为："读书者何为？读书以明理，明理以处事。先以自治其身心，随而应天下国家之用。"正是在这种实用思想的熏陶下，广东人摒弃了中原文化中"耻言利"的意识，普遍具有强烈的功利主义。20世纪90年代初，惠州市一位副市长提出了"米袋子论"和"黑匣子论"，就深刻表明了广东人那种将实践效果视为检验行为是否正确的唯一标准的思维方式。

3. 淡薄政治，灵活多变。在古代信息、交通不便的情况下，广东人想在政坛谋取一席之地相当不易。另外，岭南从古到今商业贸易都十分发达，追求利润比较容易。这就使得传统岭南人以商业为中心，淡薄政治。如在明清时期涌现的十大商帮之中，粤商多为纯粹的民间商人，与政治少有牵连。改革开放后，现代粤商保留了淡薄政治的传统，先人一步敢吃螃蟹，专注市场竞争。同时，广东人做企业，从来不将自己的生产局限在一定的框架之中。在市场变化时，粤商马上调整产品。有人这样评价现代粤商的生意经："上得快，转得快，变得快。"灵活多变是现代粤商经营成功之诀窍。①

四、现代商帮面临的问题

山东商帮因为国企色彩过浓在现代企业制度等方面的探索显得不足；苏南商帮的集体主义也导致了企业产权模糊、所有者不到位；私营企业的招牌及制度也让浙江商帮、闽南商帮以及广东商帮的很多企业难以招到高层次人才。另外，作为中国经济的重要组成部分，各商帮的发展都不可能脱离所有中国企业面临的市场、宏观经济环境等而独立生存，因此，目前中国企业所面临的诸

---

① 较多参考苏东水、彭贺：《中国管理学》，复旦大学出版社 2006 年版，第 191—197 页。

如资源紧缺、原辅材料价格上涨、出口政策调整、汇率变动、贸易壁垒等问题也严重影响着各商帮的发展。数据显示,目前国外技术性贸易壁垒对我国每年造成的损失约200亿美元,浙江则是我国遭受反倾销立案调查最多的省份,同时,资源紧缺、原材料价格上涨等因素也严重制约着各大商帮的发展。

商帮是以地域、区域文化为基础,而这种区域文化概念与开放的市场是矛盾的、对立的,因为市场是流动的,哪里有利益资源就流向哪里,商帮的地域运作方式会阻碍市场的充分流动,影响整个市场的成熟发展。因此,在市场经济的兴起和经济全球化的今天,中国五大新商帮如何突破自身的局限,参与国际竞争,成为中国商帮亟须解决的问题。

第二节　中国商帮企业社会责任概述

一、企业社会责任的概念和层次

(一)企业社会责任的概念

企业社会责任(Corporate social responsibility,简称CSR)是指企业在创造利润、对股东承担法律责任的同时,还要承担对员工、消费者、社区和环境的责任。企业社会责任行为表现可以大致分为对内部人责任、对外部商业伙伴责任和对社会公共责任三个维度。内部人责任就是对股东、管理者和员工的责任,外部商业伙伴的责任包括对债权人、供应商、分销商和消费者责任,公共责任就是对政府、环境和社区的责任。

(二)企业社会责任的层次

以卡罗尔为代表的许多中外学者将企业社会责任看做是有层次和等级的。卡罗尔(1991)提出了企业社会责任金字塔模型,从金字塔底部到顶部依次是经济责任、法律责任、伦理责任、慈善责任。这个模型概括了企业社会责任中的多个纬度。其中经济责任是指企业必须赢利,给股东以回报,这是最低层次的社会责任,是实现其他更高层次社会责任的基础;法律责任是指企业必须依法经营,一切活动必须遵守法律的相关条款;伦理责任是指企业的各项活动必须符合社会基本伦理道德,不能做违反社会公德的事情;慈善责任是指企业作为社会的一个组成部分,需要为社会的繁荣、进步和人类生活水平的提高做出自己应有的贡献,是最高层次的企业社会责任。慈善责任包括成为一个社会期望的好企业公民而做的一系列活动,是企业自愿和自由决定承担的活动。①

在卡罗尔的基础上,中国的一些学者也发展了企业社会责任的模型。陈迅(2005)依据社会责任与企业关系的紧密程度把企业社会责任分为三个层次:一是"基本企业社会责任",包括:①对股东负责;②善待员工。二是"中级企业社会责任",包括:①对消费者负责;②服从政府领导;③搞好与社区的关系;④保护环境。三是"高级企业社会责任",包括:①积极慈善捐助;②热心公益事业。② 李海婴(2006)根据履行社会责任的强制性程度提出了企业社会责任层级结构模型。在此模型中,法律责任是法律规定企业必须承担的最基本社会责任和义务;基本企业社会责任包括对股东、经营人员和员工以及其他内部利益相关者所需要承担的责任,是企业正常运转的基石;中级社会责任是企业对消费者、供应商、债权人、社区以及政府相关部门等外部利益相关者所需要承担的责任,这是狭义的外部责任,是企业持续发展的基础,仍然具有一定的强制性;高级社会责任包括两个层次:战略性责任和道义责任。战略性责任是企业基于战略考虑意义上的某些不能直接获得经济回报的"无偿行为",如公益广告、无偿冠名赞助等,这类责任在一定程度上具有长远的战略经济意义。道义责任则不以取得直接或间接经济回报为目的,是为企业做出的无偿贡献,如为失业者提供培训。道义责任是企业自我实现的体现。③ 黎友焕(2007)提出了"黎友焕企业社会责任三层次模型"(见图9-1),该模型认为在某特定社会发展时期,企业对利益相关者应该承担的经济、法规、伦理、自愿性慈善以及其他相关的责任。在这个模型中,企业的经济责任主要有:①为社会尽可能提供多样化的产品和服务。②提供更多的就业机会。③促进社会财富的增长。④提高社会资源的利用效率,主要有:节约资源、改变经济增长方式、发展循环经济、调整产业结构等。⑤创造和积累企业利润。企业的法规责任主要有:①遵守国际公约。②遵守国家的法律和规定。③执行国际通用标准。④执行行业规范、行业标准和行业的道德准则。⑤执行企业内部的规章

① 王新新等:《社会责任金字塔模型及其启示》,《企业研究》2007年第2期。
② 陈迅:《企业社会责任分级模型及其应用》,《中国工业经济》2005年第9期。
③ 李海婴:《企业社会责任:层次模型与动因分析》,《当代经济管理》2006年第6期。

制度。企业的伦理责任主要有：①维护股东的权益。②维护消费者权益。③维护职工权益。④积极参与社区建设。⑤承担公共设施使用成本。⑥维持资源、环境与社会可持续的发展。企业的自愿性慈善责任主要有：①抚贫帮困。②救死扶伤。③安置残疾人。④赡养孤寡。除了以上四种责任之外，企业还应当根据当时当地的人情、风俗习惯等方面以及社会经济发展的变化对企业的新要求而履行其他相关的社会责任。①

图 9-1　黎友焕企业社会责任三层次模型

二、商帮与企业社会责任

近几年，国内相关学者对企业社会责任的研究日益增多，分析角度呈现出多元化。无论是宏观层面的，还是微观层面的都有所涉及，但是从与区域经济发展密切相关，同时与民营企业发展紧密联系的中国商帮的角度来研究企业社会责任问题尚未出现，而中国商帮在中国经济建设和社会发展上的作用越来越明显，因此对中国商帮企业社会责任进行研究并作比较分析十分必要。

第一，适应了区域经济协调发展的需要。国家经济是各地区区域经济有机结合而成的整体，区域协调发展是国民经济平稳、健康、高效运行的前提，是科学发展的重要内容与任务，是实现可持续发展的前提。作为地区经济发展很不平衡的多民族大国，区域协调发展不仅是重大的经济问题，亦是重大的政

---

① 黎友焕：《企业社会责任研究》，西北大学 2007 年博士学位论文。

治问题、社会问题和国家安全问题,所以促进区域协调发展是全面建设小康社会,构建社会主义和谐社会实现共同富裕的必然要求,是社会主义现代化建设战略任务的重要组成部分。① 那么如何促进区域经济的协调发展? 唯物辩证法认为事物的内部矛盾(即内因)是事物自身运动的源泉和动力,是事物发展的根本原因,外部矛盾(即外因)是事物发展、变化的第二位的原因。② 因此,政府政策等外部因素只能是区域经济协调发展的重要方面,对于内部因素的研究才是解决区域经济发展问题的关键。众所周知,商帮是区域经济发展的基本力量,解决好商帮的问题便是区域经济协调发展的关键途径之一。然而,各地商帮都有各自的商业文化,包括商业智慧、商业精神、商业道德和商人追求、商人风格、商人价值等在内的社会文化,这些商帮文化之间的冲突将阻碍到商帮之间的交流与合作,直接影响到区域经济协调发展,而通过比较分析各地商帮重点所在区域企业社会责任的状况,可以有效促进以企业社会责任为核心的共同价值观的形成。

第二,适应了民营企业发展的需要。民营企业对中国经济的贡献越来越大,为了在经济全球化进程中健康成长,必须加快建设民营企业社会责任。民营企业社会责任的研究表明,民营企业社会责任的建设不仅需要发挥政府倡导,政策鼓励,行业协会及舆论监督的导向作用,而且需要社会各界通过各种途径来宣传和引导。中国商帮作为一支重要的社会力量,与民营企业的关系十分特殊,可以对民营企业社会责任建设起到实质性的影响。比较分析各地商帮的企业社会责任就是为了促进民营企业的社会责任建设,而民营企业社会责任建设的加快也必将推动民营企业更好的发展。

第三,适应了和谐社会建设的需要。现代社会中,商会是商帮最主要的组织形式和交流平台。商会不仅有强化社会管理、弥补政府"失灵"的功能,而且具有提供公共服务、弥补市场"缺陷"的作用。利用商会的管理和中介机制,可以减少企业交易成本和社会管理成本。此外,商会还可以在国际竞争中扮演政府不可替代的重要角色,成为市场竞争和秩序规范的维护者。因此,通

---

① 沙国:《中国区域发展战略历史性转变的区域经济学分析》,《现代商贸工业》2008 年第12 期。

② 陈先达:《马克思主义哲学原理》,中国人民大学出版社 2004 年版。

过比较分析各地商帮的企业社会责任,找出各地商帮发展中存在的缺陷,促使各地商帮的竞争与合作,充分发挥各地商帮相关组织的作用,必将有利于中国商帮的共同发展,有利于和谐社会的建设。

三、商帮履行企业社会责任的发展阶段

中国现代商帮出现和发展的过程,是民营企业由小到大、由弱到强的过程,是国有企业改革不断深化的过程,也是各地民营企业社会责任理念从模糊到清晰,各地民营企业社会责任实践从自发、盲从,到自觉的过程。

(一)第一阶段(1979 年到 1984 年)

改革开放初期,由于广东商人"敢为人先"的特点以及深圳作为第一个经济特区的属性,粤商企业的"三来一补"企业、中外合资企业、个体企业、私营企业、国有集体企业等各种不同组织形式得到了快速发展,吸引了周边各省市成千上万的外来员工,粤商为当地经济发展作出巨大贡献的同时,也为我国经济提供了重要的劳动力就业市场,不知不觉中履行了本应由国家承担的重要的社会责任。山东地区国有企业较多,这些国有企业承担了过多的社会责任,除了完成政府指令性计划的责任之外,还要额外承担解决社会就业、职工子女教育、职工及家属的医疗和养老等社会职能。鲁商在国有企业占多数的氛围中,被迫承担着一些社会责任。

但是,整体来看,这个阶段的中国商帮尚处于襁褓期。对于孕育期和成长初期的少量商人群体而言,关注的重点首先是生存的问题,因此,在社会责任承担方面,他们更多的是关注自身的发展,关注家族的发展,较少也没有能力关注社会的发展,甚至还出现了部分企业"逃避税收"、"污染环境"的非社会责任行为,在承担社会责任方面主要呈现偶发性、随意性的特征。

(二)第二阶段(1984 年到 1997 年)

随着中国经济的快速发展,各地商帮经济实力不断壮大,山东、江苏、浙江、福建和广东已经成为各地外出务工人员的首选之地,企业和员工的"温饱"问题基本得到解决,消费者权益、员工福利待遇、债权人利益等与企业生产、销售相关的问题开始得到了社会各界的重视。面对社会的监督和国家法律法规的约束,一方面,各地企业不得不开始由仅仅承担与短期利益密切联系的经济责任向兼顾法规责任以及伦理责任转变;另一方面,各地实力排名靠前

的企业因积蓄了较好的物质基础,积极参与慈善事业的发展。正是由于企业在这个阶段面临很多问题,商帮内部的互助合作变得越来越频繁,具有区域特征的商帮才开始正式引起人们的关注。

这个阶段的商人已渐渐地认识到,一个企业要发展好,必须借助外部的资源和力量,与供应商、顾客、员工、社区、政府和竞争者等建立良好的关系。"消费者总是对的"、"顾客就是上帝"、"员工第一,客户第二"、"股东满意是我们的目标"等观点在商界广为流传。这个阶段表现的特征是企业承担的社会责任主要还是利益相关者中紧密层责任,如顾客、员工和投资者责任;承担社会责任不连续性,"想起来就捐点,想不起来就算了,捐多少也很随意",企业承担社会责任并没有被看做是企业长远发展的战略需要。

(三)第三阶段(1997 年至今)

商人们经历了内部激烈的竞争和外部恶劣环境的考验,有的成为拥有多家子公司并开展跨国经营的集团公司,有的却因经营不善而退出市场。在成熟的市场经济环境下,诚信经营成为企业经营的第一准则,"做大不如做强,做强不如做长"成为众多企业经营的第一理念。许多企业开始向社会定期公布自己的社会责任报告,让全社会监督他们的企业社会责任履行情况。企业开始不仅仅关注狭义上的利益相关者。商人们认识到,企业做大了,企业就不单纯是自己的,企业更是社会的,企业的价值不在于企业家自身赚了多少钱,更在乎企业为社会做了多大的贡献。商人们开始将道德经营、伦理经营和社会责任等作为企业经营的准绳,在企业社会责任的承担方式、方法和手段方面有了巨大的进步。首先,普遍对社会责任有了较为完整的认识;其次,企业对社会责任的理解更为深刻,企业承担了社会责任,企业的声誉得到了改善,企业在消费者、媒体和政府心中的形象得到了提升,企业更有可能实现可持续发展。

由于我国社会主义市场经济体制在这个阶段中已相对完善,支柱产业的建设、标志性人物的打造和共同价值观的构建变得相对容易,同时,各地商会组织的建立以及国际商会的召开等使得各地商帮内部形成了有效的沟通机制和合作平台,因此,商帮的崛起已经具备条件。

第三节　中国商帮企业社会责任的现状

本节主要是以黎友焕企业社会责任三层次模型为基础,将企业社会责任分为四个层次,其中第一层次为企业经济责任和企业法规责任,第二层次为企业伦理责任,第三层次为企业环境责任,第四层次为企业慈善责任。由于黎友焕企业社会责任三层次模型中的企业经济责任包括企业应该提高社会资源利用效率和企业伦理责任包括企业应该维持资源、环境和社会可持续发展,它们均涉及企业在环境方面的责任和义务,因此本文将企业环境责任从企业经济责任和企业伦理责任中提出,形成一个新的层次。这样的划分不仅符合中国企业发展的实际状况,而且有利于比较分析中国商帮企业社会责任建设情况。同时考虑到企业法规责任可以通过其他层次的责任反映出来,因此本文从企业经济责任、企业伦理责任、企业慈善责任和企业环境责任四个方面对中国五大商帮所在重点经营区域的企业社会责任基本状况进行了描述。

本节在各层次具体内容上亦有所选择,通过抓住主要矛盾和矛盾的主要方面来发现问题的实质。在企业经济责任上,选择了各大商帮在社会财富积累上、税收贡献上和就业上三个方面的内容;考虑到中国的劳动力富裕导致企业员工的权益保证存在缺陷,在企业伦理责任上,以员工工资、安全生产等方面的内容为重点;在企业慈善责任上,以企业的捐款和捐物为重点;在企业环境责任上,与国家发展战略相结合,以节能为重点。

一、企业经济责任

(一)社会财富积累

中国商帮主导下的企业提供了大量高质量的产品和服务,创造了大量利润,不断满足人们日益增长的需要,为国家和地区创造了大量社会财富,有力地促进了中国和各省经济的又好又快的发展。

1978 年山东省经济总量占全国经济总量的 6% ,2009 年为 10% 。1978年—2009 年山东省实现 GDP 年均 12.1% 的快速增长,经济总量由 1978 年的 225.45 亿元增长到 2009 年的 33805.3 亿元,增长了近 150 倍,2009 年两天半的时间创造的财富就超过了 1978 年一年的总量。人均 GDP 由 1978 年的 316

元上升到 2009 年的 35796 元,剔除价格因素,年均增长 11.1%。

1978 年江苏省经济总量占全国经济总量的 6.8%,2009 年达到了 10.2%。1978 年—2009 年江苏省实现 GDP 年均 13.1% 的快速发展,经济总量从 1978 年的 249.24 亿元增长到 2009 年的 34061 亿元,增长了 136 倍以上,2009 年两天半的时间创造的财富就已经接近 1978 年一年的总量。人均 GDP 由 1978 年的 430 元上升到 2009 年的 44231 元,剔除价格因素,年均增长 12.1%。

1978 年浙江省经济总量占全国经济总量的 3.4%,2009 年为 7%。1978 年—2009 年浙江省实现 GDP 年均 13.5% 的快速发展,经济总量从 1978 年的 123.72 亿元增长到 2009 年的 22832 亿元,增长了 184.5 倍,2009 年两天的时间创造的财富已经达到了 1978 年一年的总量。人均 GDP 由 1978 年的 331 元上升到 2009 年的 44335 元,剔除价格因素,年均增长 12.4%。

1978 年福建省经济总量占全国经济总量的 1.8%,2009 年为 3.5%。1978 年—2009 年福建省实现 GDP 年均 13.0% 的快速增长,经济总量从 1978 年的 66.37 亿元增长到 2009 年的 11949.5 亿元,增长了 180 倍,2009 年两天的时间创造的财富已经达到了 1978 年一年的总量。人均 GDP 由 1978 年的 273 元上升到 2009 年的 33051 元,剔除价格因素,年均增长 11.5%。

1978 年广东省经济总量占全国经济总量的 5%,2009 年为 11.2%。1978 年—2009 年广东省实现 GDP 年均 13.3% 的快速增长,经济总量从 1978 年的 185.85 亿元增长到 2009 年的 37759 亿元,增长了 203 倍,2009 年两天的时间创造的财富已经达到了 1978 年一年的总量。人均 GDP 由 1978 年的 370 元上升到 2009 年的 39357 元,剔除价格因素,年均增长 12.2%。(见表 9-3,图 9-2 和图 9-3)

表 9-3　1978—2009 年五省 GDP 相关排名(从低到高)

1978 年 GDP 排名	2009 年 GDP 排名	1978—2009 年 GDP 增长倍速排名	1978—2009 年均 GDP 增长率排名	1978—2009 年人均 GDP 增长率排名	2009 年人均 GDP 排名
福建	福建	江苏	山东	山东	福建
浙江	浙江	山东	福建	福建	山东
广东	山东	福建	江苏	江苏	广东

续表

1978 年 GDP 排名	2009 年 GDP 排名	1978—2009 年 GDP 增长倍速 排名	1978—2009 年 均 GDP 增长率 排名	1978—2009 年 人均 GDP 增长 率排名	2009 年人 均 GDP 排 名
山东	江苏	浙江	广东	广东	江苏
江苏	广东	广东	浙江	浙江	浙江

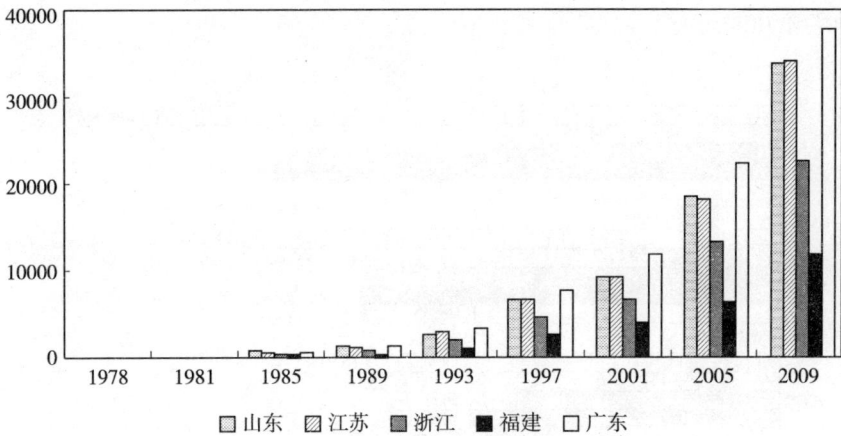

图 9 - 2　1978—2009 年五省 GDP（单位：亿元）

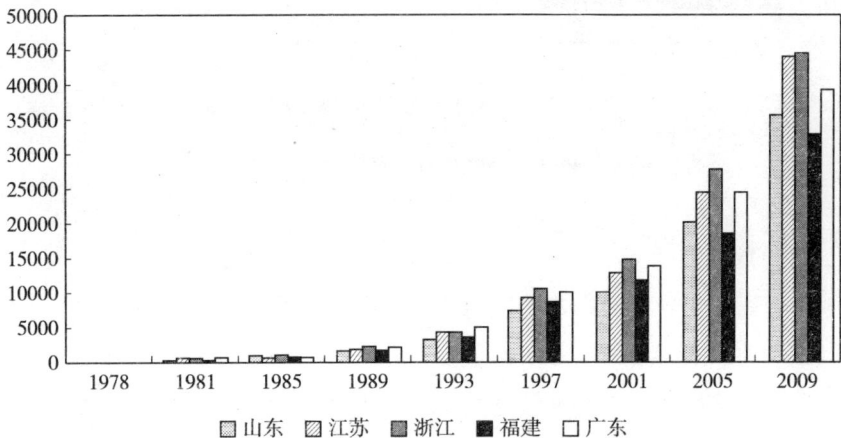

图 9 - 3　1978—2009 年五省人均 GDP（单位：元）

(二)税收

中国商帮主导下的企业通过合法经营,依法纳税来承担起社会责任。国家和地方税收的大部分来自企业纳税,企业纳税对中国经济和各省经济的持续稳定发展作出了巨大贡献。2008 年山东省全年税收收入为 1533.53 亿元,江苏为 2278.71 亿元,浙江为 1792.09 亿元,福建为 704.45 亿元,广东为2864.79 亿元,分别比上年增加 225.18 亿元,383.94 亿元,256.74 亿元,110.43 亿元,449.32 亿元,增长了 17.2%,20.3%,16.7%,18.6%,18.6%(见图 9-4 和图 9-5)。

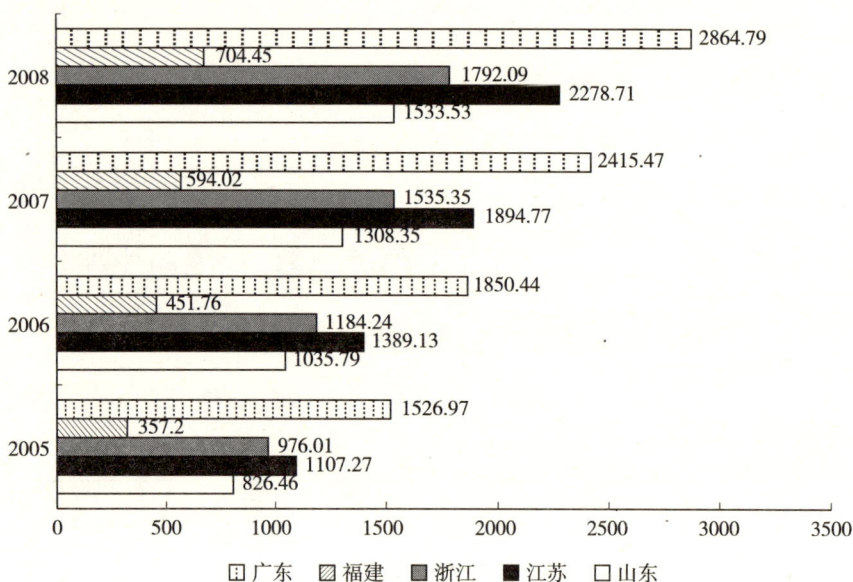

图 9-4　2005—2008 年五省税收收入(单位:亿元)

(三)就业

中国商帮主导下的企业通过创造大量的就业机会,缓解了就业压力,为维护国家和地区的安定和发展作出了重要贡献。

山东省 2009 年全年城镇新增就业 105.7 万人,农村劳动力转移就业122.4 万人,连续 6 年实现城镇新增就业和农村劳动力转移就业都突破百万,失业人员再就业 62.5 万人,比上年增长 20.0%,其中,困难群体再就业 11.8

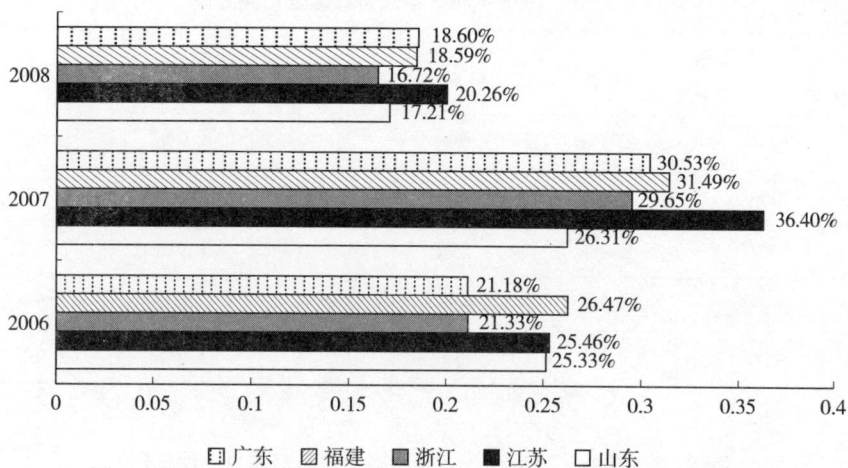

図 9-5　2005—2008 年五省税收收入比上年增长率

万人,增长 0.9%。城镇零就业和农村零转移就业贫困家庭保持"动态消零",城镇登记失业率为 3.4%,比上年降低 0.1 个百分点。

江苏省 2009 年末全省城乡从业人员 4674.6 万人,比上年末增加 25.8 万人,促进下岗失业人员再就业 52 万人,其中就业困难人员再就业 18.1 万人,城镇登记失业率为 3.22%,城镇零就业家庭连续 28 个月保持动态为零,农村劳动力转移大力推进,新增农村劳动力转移 31.1 万人。

浙江省 2009 年全年新增城镇就业人数 81.9 万人,年末城镇登记失业率为 3.26%,比上年末下降 0.23 个百分点。

福建省 2009 年年末全省从业人员 2169.93 万人,比上年末增加 90.15 万人,其中城镇单位从业人员 475.03 万人,城镇新增就业 67.2 万人,全年有 9.4 万下岗人员实现了再就业,年末城镇登记失业率为 3.9%,比上年末上升 0.04 个百分点。

广东省 2009 年年末全社会从业人员 5680.00 万人,比上年末增长 2.3%,全年城镇新增就业 172.30 万人,就业困难人员实现再就业 17.00 万人,年末城镇实有登记失业人员 39.51 万人,城镇登记失业率 2.6%,比上年末上升 0.04 个百分点(见表 9-4 和表 9-5)。

表 9 - 4　2005—2009 年五省城镇登记失业率

年份 省份	山东	江苏	浙江	福建	广东
2005	3.3%	3.6%	3.7%	4.0%	2.6%
2006	3.3%	—	3.5%	—	2.6%
2007	3.2%	3.2%	3.27%	3.9%	2.5%
2008	3.5%	3.3%	3.49%	3.86%	2.6%
2009	3.4%	3.22%	3.26%	3.9%	2.6%

表 9 - 5　2005—2008 年五省非国有企业和集体企业就业比例

年份 省份	山东	江苏	浙江	福建	广东
2005	45.0%	48.5%	60.6%	58.0%	50.6%
2006	46.3%	53.3%	64.6%	60.9%	52.9%
2007	46.6%	54.8%	67.1%	62.7%	55.6%
2008	46.4%	55.7%	69.2%	63.6%	56.0%

数据说明:根据 2009 年中国统计年鉴中"按登记注册类型分职工人数"统计制表。

二、企业伦理责任

企业职工是企业最重要的利益相关者之一,切实维护职工权益是企业重要的社会责任。2008 年全年城镇单位在岗职工平均工资为 29929 元,比上年增长 17.2%,扣除物价因素,实际增长 11%。国有单位在岗职工年平均工资为 31005 元,城镇集体单位为 18338 元,其他单位为 28387 元。全国城镇单位在岗职工日平均工资为 111.99 元,比上年增加 12.68 元。[1]　其中浙江省在岗职工平均工资在五省中最高,为 34146 元,以下依次是广东省 33110 元,江苏省 31667 元,山东省 26404 元,福建省 25702 元,山东、福建和江苏增长速度较快(见表 9 - 6 和图 9 - 6)。

---

① 　黎友焕、刘延平主编:《中国企业社会责任建设蓝皮书(2010)》,人民出版社 2010 年版。

表 9-6　2008 年五省在岗职工平均工资排名

工资排名	平均工资(单位:元)	工资增长率排名	工资增长率(单位:%)
浙江	34146	江苏	15.7
广东	33110	山东	15.6
江苏	31667	福建	15.3
山东	26404	广东	12.5
福建	25702	浙江	10.7

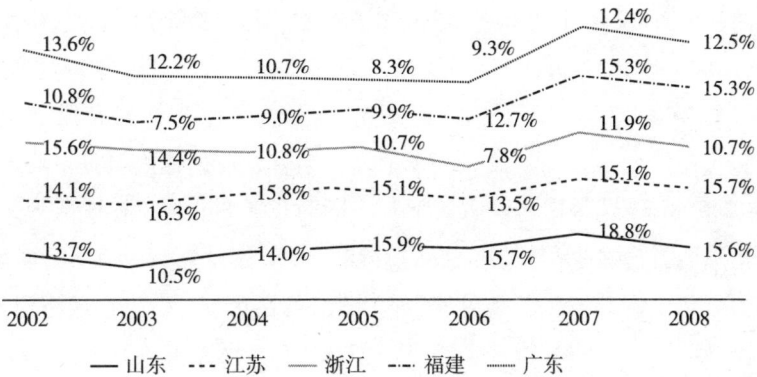

图 9-6　2002—2008 年五省工资增长率

　　山东省 2009 年城镇职工基本养老、医疗、失业、工伤和生育保险参保人数分别达到 1661.0 万人、2540.2 万人、899.5 万人、1064.6 万人和 703.0 万人,分别比上年末增加 95.2 万人、686.0 万人、35.4 万人、199.6 万人和 65.0 万人,企业退休人员养老金水平进一步提高,月人均增加 143 元,平均水平达到 1341 元。各类生产安全事故 22658 起、死亡人数 5033 人,分别比上年下降 14.8% 和 9.9%。亿元 GDP 生产安全事故死亡 0.15 人,下降 16.7%。其中,煤矿百万吨死亡 0.04 人,下降 52.2%;工矿商贸就业人员 10 万人死亡 0.87 人,下降 5.4%。①

　　江苏省 2009 年年末企业职工基本养老保险、城镇职工基本医疗保险、失

――――――――――

　　①　《2009 年山东省国民经济和社会发展统计公报》。

业保险参保人数分别达到 1387.8 万人、1701.1 万人(含参保退休人员)和 1079.1 万人,分别比上年末增加 96.9 万人、96.8 万人和 26.9 万人。年末享受企业职工基本养老保险离退休人员 385.5 万人,享受城镇职工基本医疗保险退休人员 418.6 万人。年末全省企业职工养老保险、城镇职工基本医疗保险覆盖面分别达到 98%、96%。2009 年事故起数和死亡人数实现"双下降",全年发生各类事故 20225 起,死亡 5870 人,同比事故起数下降 12.24%,死亡人数下降 1.84%。亿元 GDP 生产安全事故死亡人数为 0.168 人,下降 12.04%。①

浙江省 2009 年企业养老、城镇职工基本医疗、工伤、失业、生育保险参保人数分别达到 1432 万、1174 万、1331 万、784 万、750 万,分别比上年增加 138.4 万、119.8 万、69.3 万、53.4 万、60.7 万。企业基本养老保险基金累计结余 935.8 亿元,支付能力达到 32 个月。全省企业退休人员月平均养老金待遇为 1445 元,继续位居全国省区第一。同时,2009 年浙江省被认为是全国最具安全感的省份之一,各类事故总量继续下降,连续第 6 年实现"零增长"的目标。全年全省共发生各类事故 28455 起、死亡 6546 人、直接经济损失 27771 万元,分别比上年下降 10.1%、6.4% 和 6.2%。火灾事故共发生 4275 起、死亡 79 人,直接经济损失 5306 万元,分别下降 8.7%、7.1% 和 6.8%。②

福建省 2009 年年末参加城镇基本养老保险人数 584.61 万人,比上年增加 27.38 万人。其中参保职工 476.73 万人,参保的离退休人员 107.88 万人。全省参加失业保险人数 348.14 万人,增加 9.45 万人。年末全省企业参加基本养老保险离退休人员 88.66 万人,全部实现了养老金按时足额发放。年末全省领取失业保险金人数 3.61 万人,减少 1.03 万人。全省安全生产形势总体平稳,共发生各类事故 17680 起,比上年下降 11.5%;死亡 3413 人,下降 6.1%;受伤 16398 人,下降 13.6%;经济损失 18673 万元,下降 6.5%。亿元生产总值生产安全事故死亡人数为 0.29 人,下降 14.7%;工矿商贸就业人员十万人生产安全事故死亡人数为 1.87 人,下降 11.0%。煤矿事故 13 起,死亡 20 人,分别下降 27.8%、4.8%。

---

① 《2009 年江苏省国民经济和社会发展统计公报》。
② 《2009 年浙江省国民经济和社会发展统计公报》。

　　广东省 2009 年参加基本养老保险 2716. 43 万人,比上年末增长 11. 1%;其中参保职工 2422. 27 万人,增长 11. 6%;参保离退休人员 294. 16 万人,增长 7. 7%。参加基本医疗保险 4568. 50 万人,增长 27. 9%;参加失业保险 1489. 50 万人,增长 3. 3%。参加工伤保险 2435. 50 万人,增长 5. 8%;其中参保农民工 1632. 00 万人,增加 108. 20 万人。参加生育保险 1586. 30 万人,增长 56. 9%。年末领取失业保险金人数下降 5. 1%。2009 年全年共发生各类事故 37695 起,比上年下降 16. 4%;死亡 7252 人,受伤 38911 人,直接经济损失 33727. 60 万元,分别下降 10. 4%、18. 0% 和 9. 6%。其中,亿元地区生产总值生产安全事故死亡率为 0. 19,道路交通万车死亡率为 3. 76。① (见表 9 - 7)

表 9 - 7　　2009 年五省生产安全事故情况

地区	各类事故		死亡		常住人口 (万人)	亿元 GDP 生产 安全事故死亡率
	起数	下降(%)	人数	下降(%)		
山东	23658	14. 8	5033	9. 9	9470. 3	0. 15
江苏	20225	12. 24	5870	1. 84	7724. 5	0. 168
浙江	28455	10. 1	6546	6. 4	5180	—
福建	17680	11. 5	3413	6. 1	3627	0. 29
广东	37695	10. 4	7252	18. 0	9638	0. 19

三、企业慈善责任

　　胡润中国慈善排行榜由胡润研究院主办,调查对象主要是中国民营企业和中国民营企业家,自 2004 年开始每年发布一期。2010 年初胡润研究院调查了 3000 多位企业家,包括《2009 年胡润百富榜》上的 1000 位企业家,交叉核对了来自最新的报道、新闻发布会和慈善基金会档案等,拜访了专家、学者、记者、业内人士和慈善家本人,综合统计了 2005 年至 2009 年连续 5 年的现金捐赠、和现金相关的捐赠以及有法律效力的承诺捐赠情况,发布了《胡润 2010 中国慈善排行榜》。从 2010 年上榜慈善家的出生地分布上看,粤商仍然排名第一,有 18 人上榜,浙商和闽商紧随其后,分别有 15 人和 13 人上榜。而在

---

　　①　《2009 年广东省国民经济和社会发展统计公报》。

《2009 年胡润百富榜》上,最多的是浙商,其次才是粤商,苏商也较多,位列第三,闽商只排名第四。此外,山东的慈善家上榜人数比去年有所增加。从上榜慈善家公司总部分布上看,广东是慈善家设立公司总部最多的地区,有 19 人,其次是江苏有 10 人,浙江和福建均为 9 人。和以出生地分布来看五省上榜的人数相差不大,排名靠近(见表 9 - 8 和表 9 - 9)。

表 9 - 8　2010 胡润慈善榜地区分布(共 100 家)①

	山东	江苏	浙江	福建	广东
以企业所在地计数	2	10	9	9	19
以企业家出生地计数	4	10	15	13	18

表 9 - 9　2010 胡润慈善榜地区捐款数

单位:万元	山东	江苏	浙江	福建	广东
以企业所在地统计各地区捐款总额	25600	142740	77815	159310	965770
以企业家出生地统计各地区捐款总额	61910	178580	122805	479350	318780

　　中国社会工作协会主办的中国慈善排行榜以所有企业为调查对象,《2008 中国慈善企业排行榜》统计显示,广东、北京、上海、江苏、浙江、山东等经济相对发达省市的捐赠总额排在全国前列;而海南、宁夏、青海、西藏等西部经济欠发达地区捐赠总量低于国内其他省市区(见表 9 - 10)。

表 9 - 10　2008 年各省捐赠情况一览表

排名	省份	捐赠总额(万元)	捐赠占 GDP 比例	排名	省份	捐赠总额(万元)	捐赠占 GDP 比例
1	广东	843239.1	0.0024	16	内蒙古	147093.1	0.0019
2	北京	707209.9	0.0069	17	贵州	133664.7	0.0044

---

① 根据胡润百富网整理制表。

续表

排名	省份	捐赠总额（万元）	捐赠占GDP比例	排名	省份	捐赠总额（万元）	捐赠占GDP比例
3	上海	706616.3	0.0059	18	吉林	128033.4	0.0020
4	浙江	606960.1	0.0029	19	江西	127127.4	0.0021
5	江苏	557124.7	0.0017	20	重庆	123198.3	0.0024
6	山东	432632.3	0.0014	21	福建	116141.7	0.0010
7	天津	289965.2	0.0046	22	云南	98673.3	0.0018
8	河北	263149.9	0.0016	23	广西	97077.4	0.0014
9	辽宁	232497.4	0.0019	24	甘肃	84945.3	0.0028
10	河南	219978.3	0.0014	25	黑龙江	71713.5	0.0009
11	湖南	215842.6	0.0019	26	新疆	38435.7	0.0009
12	山西	213938.3	0.0030	27	海南	32939.3	0.0009
13	湖北	205253.2	0.0020	28	宁夏	26606.5	0.0025
14	安徽	160686.5	0.0020	29	青海	13865.6	0.0014
15	陕西	153304.5	0.0023	30	西藏	13426.5	0.0034

资料来源:《2008年度中国慈善捐助报告》。

四、企业环境责任

山东省 2009 年共淘汰钢铁产能 212 万吨,水泥熟料 1510 万吨,焦炭 47 万吨,关停小火电装机容量 193.3 万千瓦。重点考核的千户重点用能工业企业主要产品生产实现节能 470.8 万吨标准煤;千户重点企业的 49 项单位产品能耗指标中,下降的占 93.9%。新能源和可再生能源开发应用力度不断加大。新增风电装机容量 49.7 万千瓦,增长 1.4 倍;风力发电 12.0 亿千瓦时,增长 1.2 倍。

江苏省大力推进资源节约型、环境友好型社会建设,实施重点节能减排项目,淘汰落后产能,深入开展化工生产企业专项整治。2009 年全年共实施 1121 个减排项目,关闭小火电组 687.6 万千瓦,淘汰落后炼铁能力 245 万吨、落后炼钢能力 547.2 万吨,分别完成"十一五"总目标的 224.3%、51.1% 和

77.4%。预计超额完成单位 GDP 能耗降低率的年度目标。化学需氧量、二氧化硫排放量分别削减 3.1% 和 4.1%,累计完成"十一五"减排总目标的 98.93% 和 121.1%。

浙江省 2009 年规模以上工业单位增加值能耗同比下降 5.9%;千吨以上和 1311 家重点用能企业能源消费比上年分别下降 1.9% 和 3.3%,单位工业增加值能耗分别下降 6.7% 和 6.9%。化学需氧量和二氧化硫排放量分别比上年削减 4.6% 和 5.3%。

福建省 2008 年单位 GDP 能耗为 0.843 吨标准煤/万元,比 2007 年下降了 3.70%,远低于 2008 年全国 1.102 吨标准煤/万元的单位 GDP 能耗标准,从低到高排名,位居全国第 6;单位工业增加值能耗 1.180 吨标准煤/万元,也居全国第 6;单位 GDP 电耗 1098.56 千瓦时/万元,比上年下降 4.98%;比全国平均水平低 276.73 千瓦时/万元,居全国第 12 位,虽然福建省单位 GDP 能耗水平已在全国居前,但与全国和先进省市相比,还有一定差距,降低能耗水平的难度更大。

广东省 2009 年节能工作成效明显,推动了十大重点节能工程,成立节能专项资金项目 277 项,其中 112 项节能技术改造项目可实现节能量 41 万吨标准煤。[1] (见表 9-11 和表 9-12)

表 9-11　2009 年五省节能目标完成情况[2]　　　　　　　　(单位:%)

地区	2009 年万元地区生产总值能耗降低目标	2009 年万元地区生产总值能耗降低率	"十一五"前四年万元地区生产总值能耗累计降低率	"十一五"节能目标完成进度
山东	5.45	5.46	18.51	82.39
江苏	4.60	5.17	17.51	86.28
浙江	4.00	5.41	17.36	85.42
福建	3.20	3.52	13.22	81.32
广东	3.70	4.14	13.77	84.99

---

① 五省国民经济和社会发展统计公报。

② 中央政府门户网站:http://www.gov.cn/zwgk/2010-06/24/content_1635900.htm。

表 9 - 12　2009 年五省单位 GDP 能耗等指标公报①

地区	单位 GDP 能耗		单位工业增加值能耗		单位 GDP 电耗	
	指标值（吨标准煤/万元）	上升或下降（±%）	指标值（吨标准煤/万元）	上升或下降（±%）	指标值（千瓦时/万元）	上升或下降（±%）
江苏	0.761	-5.17	1.107	-10.17	1064.25	-5.50
浙江	0.741	-5.41	1.123	-4.96	1176.50	-2.33
福建	0.811	-3.81	1.150	-2.70	1032.05	-5.87
山东	1.072	-5.46	1.543	-9.20	972.49	-3.86
广东	0.684	-4.27	0.809	-6.94	1002.09	-6.13

第四节　中国商帮企业社会责任的比较分析

一、中国商帮企业社会责任的比较

(一)企业经济责任

在各地商帮的主导下,山东、江苏、浙江、福建和广东这五省的企业无论是在社会财富的增长上,还是在税收和就业的增加上,对各省经济的贡献都很突出,反映了鲁商、苏商、浙商、闽商和粤商对企业经济责任上的重视,基本上都做到了"一方商帮富一方百姓"。

如上表 9 - 3、图 9 - 2 和图 9 - 3 显示,1978—2009 年年均 GDP 增长和人均年均 GDP 增长上,浙江、广东和江苏处于领先地位,山东和福建稍微落后,但是浙江和江苏的 2009 年人均 GDP 达到了 4 万元以上,山东和福建差距明显;图 9 - 4 和图 9 - 5 显示,2008 年广东、江苏的税收达到 2 千亿元以上,福建和山东税收较少,其中福建 2008 年的税收只有 704.45 亿元,只有广东或江苏的 1/3,江苏省增长速度领先,福建省因为税收基数小,增长速度紧跟江苏省,浙江省处于落后地位;表 9 - 4 显示,2005—2009 年只有广东的城镇登记失业率低于 3%,基本维持在 2.6%,其他四省都在 3% 以上,其中福建省的城镇登记失业率 2005 年达到了 4%,近几年也没有呈现下降的趋势,浙江省失业率

---

① 中国发展门户网:http://cn.chinagate.cn/economics/2010 - 07/16/content _20508761.htm。

下降明显,但受金融危机的影响,2008 年五省失业率都有小幅上升;表 9 - 5 显示,2005—2008 年除山东省外其他四省的非国有企业和集体企业就业上的贡献超过了国有企业和集体企业,其中浙江省 2008 年非国有企业和集体企业就业比例达到 69.2%,该比例五省均有上升趋势。

(二)企业伦理责任

表 9 - 6 和图 9 - 6 显示,山东、江苏、浙江、福建和广东这五省在岗职工平均工资 2002—2008 年一直保持着快速增长的态势,年均都在 10% 以上,江苏、山东和福建工资增长率一直领先,2008 年浙江、广东和江苏的平均工资超过了 3 万元,平均工资最高的浙江和平均工资最低的福建之间平均工资差了近 1 万元;表 9 - 7 显示,各省 2009 年的生产事故发生数都比 2008 年有所下降,各类事故率下降最明显的是山东省,死亡率下降最明显的是广东省,但是常住人口相近的广东和山东在总数上差别却很大,广东省 2009 年死亡人数有 7252 人,山东为 5033 人,广东省发生 37695 起各类事故,为五省之首,山东则为 23658 起,亿元 GDP 生产安全事故率上,山东最低,依次是江苏、广东和福建,浙江数据缺失,但从各类事故发生数和死亡数来看,其亿元 GDP 生产安全事故率与福建省的不相上下。

当然,不可否认的是,中国各大商帮内部都有一些企业仍存在着欺骗消费者的行为,甚至是在食品上,如三聚氰胺问题、洗虾粉问题、牙膏问题、牛奶问题等等,严重损害了消费者的利益。

(三)企业慈善责任

表 9 - 8 和表 9 - 9 显示,2009 年,在企业慈善责任上,山东省处于落后状态,福建和广东遥遥领先,按企业出生地统计胡润慈善榜上各地区捐款总额发现,山东的捐款总额不到浙江的一半,只有广东的 1/5 左右,福建的近 1/8,按企业所在地统计胡润慈善榜上各地区捐款总额发现,山东为浙江的 1/3,江苏或福建的 1/6 左右,广东的 1/37,各省差距很明显;表 9 - 10 显示,对 2008 年包括国有企业和集团企业的所有企业统计发现,广东省捐款总额为全国第一,处于第四、五和六名的依次是浙江、江苏和山东,福建为全国第 21 名,捐赠占 GDP 比例广东、浙江、江苏、山东和福建依次是 0.24% 、0.29% 、0.17% 、0.14% 和 0.10% 。

（四）企业环境责任

表 9-11 显示,2009 年,山东、江苏、浙江、福建和广东这五省都完成"十一五"节能目标的 80% 以上,其中江苏、浙江和广东达到 85% 左右,快于山东和福建;表 9-12 显示,这五省单位 GDP 能耗、单位工业增加值能耗和单位 GDP 电耗都较上一年有所下降,其中山东和福建在单位 GDP 能耗和单位工业增加值能耗上高于其他三省,但山东省较去年的下降幅度快于其他四省,福建省处于最慢水平,单位 GDP 电耗上,浙江消耗最多,山东消耗最低,但各省相差不大。作为发展中国家的中国正处于经济转型阶段,对资源能耗等的需求较大,而节能技术相对落后,各地商帮如何在突破生存瓶颈的同时更好地履行企业环境责任是我们面临的一大难题。

通过这五大商帮在企业经济责任、企业伦理责任、企业慈善责任和企业环境责任四个方面的比较,本文发现各地商帮在履行企业社会责任上侧重点有所不同,总的来看,既具有很大的共性,同时又存在明显的地域特色。

二、中国商帮企业社会责任的分析

（一）具有同一性的主要原因

第一,全球化的不断深入

企业社会责任的理念开始于发达国家,企业社会责任运动的兴起反映了现代企业价值的演进。近年来我国外贸依存度达到 60%—70%,与世界主要经济体联系紧密。经济全球的不断深入,发达国家对企业社会责任的要求必然进一步影响我国多数外向型企业的发展。在这种企业必须承担社会责任浓厚的外在氛围里,我国与世界其他国家联系最紧密的沿海省市——山东、江苏、浙江、福建和广东企业社会责任发展迅速,鲁商、苏商、浙商、闽商和粤商在各地活动领域开始呈现出具有帮派特色的承担企业社会责任形象。

第二,社会主义市场机制的日益完善

改革开放以来,我国一直重视对经济体制的改革,市场经济的优势渐渐被广泛认识和接受,但由于市场存在一些自身无法调节的缺陷,因此我国经济改革一直遵循取"市场"之精华,去"市场"糟粕的原则,以"摸着石头过河"的探索精神,不断完善经济体制,建立了市场和计划理性结合的社会主义市场经济体制。鲁商、苏商、浙商、闽商和粤商对各省的巨大经济贡献正是因为社会主义市场机制的不断完善,这些商帮得以充分发挥其在经济上的作用。

第三,民营企业成为中国社会和经济发展的重要部分

作为代表民营企业的商帮,尽管具有不同的地域文化特征,但是处于相同的大的环境中,它的发展与民营企业的发展具有同步性。当民营企业日益成为中国社会和经济发展的重要组成部分时,各大商帮主导下的企业承担社会责任也就具有了很大的共性。

第四,企业追求利益和社会责任的平衡

亚当·斯密在《国富论》中指出市场这只"看不见的手"是经济运行最完善的机制,然而现代企业为了竞争、为了赢利而作出偷税、漏税、克扣员工工资、提高员工工作强度、污染环境等不承担社会责任的行为已经是不能适应时代的潮流,这样的企业必然无法长期生存而走向灭亡,大多数企业对此已经有所认识。要想"做强做长"就要服务大众,寻求利益和社会责任的平衡。中国各大商帮近些年在企业社会责任上的突出表现也印证了他们在社会责任上的新认识和新理解。

(二)存在差异的主要原因

第一,各地民营企业数量和实力的不同

截至 2008 年 12 月,山东、江苏、浙江、福建、广东五省私营企业分别有422085 户、816376 户、517852 户、204975 户、732028 户,个体工商户分别有1863086 户、2279563 户、1899705 户、585856 户、3025246 户,私营企业注册资本和个体工商业资金总数分别为 81657783 万元、169269579 万元、115559805 万元、59432020 万元、136208024 万元;根据 2009 年统计年鉴数据,2008 年三大产业中第二产业仍是山东、江苏、浙江、福建、广东五省经济发展的主要支柱,规模以上工业企业单位数分别为 42629 个、65495 个、58816 个、17212 个、52603 个,其中江苏、浙江和福建的规模以上工业私营企业达到 27897 个、40320 个和 10407 个。

从上面的数据可以看出,江苏、广东和浙江三省的民营企业数量和实力强于山东和福建。民营企业发展落后的省份,企业之间的竞争和合作相对不足,不能够充分发挥企业集群和产业集群的规模效应,因此五省民营企业发展的不同步和实力的强弱,代表各省和地区民营企业的商帮的影响力就存在一定差异,各地商帮企业社会责任上的表现也就各不相同。浙江的私营企业数量

多、规模大、效益好,浙商被许多学者认为是现代中国第一商帮,浙商企业社会责任情况总的来说略优于苏商和粤商,明显优于鲁商和闽商。

第二,各大商帮经营特征的差异

从鲁商、苏商、浙商、闽商和粤商企业社会责任各个层次的比较来看,在企业经济责任和企业环境责任的建设上,浙商、粤商、苏商要明显优于鲁商和闽商;在企业伦理责任的建设上,浙商、粤商、苏商员工工资增长上贡献突出,鲁商在安全生产上处于领先地位;在企业慈善责任建设上,闽商和粤商贡献更大。这五大商帮对企业社会责任各个层次重视程度的不同,本质上是由于各大商帮的经营特征存在差异。

鲁商的"以德为本,以义为先,以义致利"的理念,决定了鲁商在承担社会责任上,更加注重伦理责任,不可能偏向经济责任上。我国人多复杂的国情,"稳定压倒一切",而经济的平稳发展是社会稳定、和谐的前提,因此在一定程度上,各地商帮对经济责任的承担与其对环境责任的承担具有明显的对应性。

闽商的"敢冒风险,爱拼会赢"的特征,使得福建人敢于在全世界发展,而较多的国外成功经验,促使更多闽商走向国外。因此,相对于其他商帮所在省份,福建省的经济状况在反映闽商对经济责任的承担上显得较弱。闽商的"恋祖爱乡,回馈桑梓"的特征,一方面证明了上述关于闽商并不轻视对经济责任的承担的结论,另一方面,使得闽商在企业慈善责任的承担上贡献突出。

"产业资本与金融资本融合"、"稳中取胜"、"敢为人先、开拓进取,注重实际"表明浙商、苏商、粤商在经营问题上考虑得更加全面,在企业社会责任的承担上也就表现得相对更全面。另外,"注重实际"的经营特征使得粤商更加重视慈善捐款给企业带来的广告宣传、形象提升的效应。

第三,政府相关政策的不同

深圳作为中国改革开放的试验田,政府给予了很多的优惠政策,给粤商的发展带来前所未有的契机。经过几十年的快速发展,广东及其周边区域很快富裕起来了,"衣食足则知荣辱",加上与国外先进的企业长期接触与交流,粤商思想观念也在与时俱进,对企业社会责任的认识和理解也就比其他商帮更深刻。

鲁商以国有企业为模范,学习和建设企业社会责任,而国有企业社会责任的建设是以国家政策为依据,如根据《中华人民共和国国民经济和社会发展第十一个五年规划纲要》的节能要求,国有企业在企业环境责任上尤为重视,鲁商在这种企业氛围中也就形成了具有山东特色的企业社会责任建设方式。

江苏省内部经济状况呈现两极态势——苏南富于苏北,苏北与山东接壤,苏南与浙江靠近。为了给苏商的发展创造良好的生存、发展环境,江苏政府在制定商业方面政策时,就在一定程度上借鉴了山东省和浙江省政府相关政策的优点,因此,表现在企业社会责任各层次建设上,苏商的排名始终介于鲁商和浙商之间。

第四,与世界联系的紧密程度的不同

由于广东与香港和澳门接近,与世界联系更紧密,粤商渐渐具有了更加开放和国际化的意识,粤商的钱比别的商帮赚得更快一点,一些粤商甚至有了"暴发户心态"。在国际企业社会责任运动兴起的时候,粤商为了适应时代的潮流,加紧了企业社会责任建设的步伐,但是对于企业社会责任的内涵未作深入的研究和讨论,对企业社会责任的认识和理解也就存在一定的缺陷。

福建省经济相对落后、交通情况不佳、投资环境一般等制约了福建的快速发展,闽商一般会先选择在海外发展,发展好了再回到福建投资,稳定后再考虑到省外投资和发展。然而,尽管闽商与世界联系非常紧密,但是当前福建省经济的落后、人口规模小使得闽商在企业社会责任建设上未能突出地表现出来,唯有慈善责任建设上稍处领先地位。

第五节　中国商帮企业社会责任发展的建议

一、解决民营企业成长中的难题是前提

民营企业的发展环境中仍然有很多不和谐的因素,主要是融资环境、行政环境及自然环境问题。在融资环境方面,民营企业融资渠道的不畅通,特别是针对他们的金融产品和融资渠道很有限,还没有建立起与中小企业的发展相适应的投融资体系;在行政环境方面,某些行业和某些地方,仍存在着行政透明度低、行政效率不高、行政制度不健全等问题,导致不少地区民营企业处于商业信息缺失的劣势地位;在自然环境方面,许多民营企业高速、高耗、低效的生产方式受资源瓶颈硬性制约,生态环境的破坏,将使民营企业在今后的发展中付出沉重代价。

要建设中国企业社会责任,就必须先解决民营企业面临的种种困境和难题。一方面,政府部门应该提供与民营企业健康发展相配套的政策法规,降低民间机构从事金融行业的准入标准,消除各种歧视行为,引导企业向技术含量高、环境污染少的方向转移和发展;另一方面,企业应该顺应企业社会责任大建设的潮流,改变"先生存,后发展"的落后想法,与时俱进,真正做到把企业社会责任建设与企业的生存、成长和发展紧密联系起来。解决了民营企业亟须解决的问题,同时更新了民营企业的发展理念,民营企业的发展必将更加迅速和健康,民营企业各种力量将如雨后春笋般出现和崛起,商帮企业社会责任的建设必将如火如荼地进行。

二、以全面认识为基础,按需建设是重点

卡罗尔和黎友焕都强调社会责任各个层次的责任并不是相互排斥,也不是相互叠加的,企业社会责任的层级是存在的,但是企业并不是按金字塔中由低到高的次序履行其责任,而是可能同时履行所有的社会责任。金字塔模型排列的目的只是强调社会责任的发展顺序。比如,在历史发展中,社会首先强调了企业对股东的经济责任然后强调企业的法律或法规责任,最后强调企业的伦理责任和慈善责任。企业承担的所有责任都可以归于其中。

中国各大商帮对企业社会责任的认识上仍然是各持己见,倾向于某一个或某几个特定的层次,既不全面又没有达成共识。这样对于企业之间联系越来越密切的今天,容易造成企业对于社会责任意识上的混乱,不利于我国企业社会责任的建设。另外,中国各大商帮处于不同的区域,而区域之间必然存在着或大或小的差异,各地区必然根据各自实际情况发展和建设企业社会责任,也就导致了各大商帮企业社会责任建设的参差不齐。

因此,有关部门应该加强沟通与合作,做到以下两点:

第一,统一认识。以科研单位为主体,建立企业社会责任研究基地,首先在理论界组织企业社会责任大讨论活动,举行高质量的企业社会责任大会,其次推出在企业社会责任建设上更科学、更合理、更有成效的一些企业和地区作为表率,并予以奖励。

第二,重点突出。各大商帮根据各地区发展阶段的实际情况来调整企业社会责任的发展方向,不拘泥于形式,建立灵活的应对机制。如在出现重大灾

难或者是特殊问题时,各大商帮应该起到领头羊的作用,带领企业踊跃捐款、捐物,而这些企业的突发性捐款和捐物也应该是企业战略计划内的。

三、与华商的崛起相结合

各地商帮在建设和发展各自商帮文化的同时,应该以华商的崛起为最终目标,华商一旦超越了某一种地域文化的局限,真正形成一种整体的力量后,将是几千年的中华文明在市场经济和全球化条件下的成功转型,必然会对中华文明的发展产生巨大的影响,也将会对世界文明的发展,作出新的、更大的贡献![1]

各地商帮企业社会责任建设情况一定程度上反映了各地商帮文化的特色,而企业社会责任的内涵又决定了各地商帮文化走向融合的趋势。因此,以建设中国商帮企业社会责任为桥梁,加强各大商帮内部文化的融合,渐渐形成具有中国整体文化特色的华商。

首先,在各大商帮内会员企业建立企业社会责任资料库,一定时期后,在全国范围内进行推广,形成标准统一的全国性的企业社会责任资料库。由于商会是各大商帮最主要的组织形式和交流平台,资料库的建立和维护费用可以由联合的商会筹备,联合后的商会可以通过会员募捐、会费收取、财政投资等方式筹款,还可以收取适当的资料库查询费。

其次,各大商帮除了召开本帮大会,应该积极筹备和召开华商大会。会议内容必须有各大商帮重视的企业社会责任问题。初期的会议以社会责任的各个层次来比较各大商帮企业社会责任建设情况为主,促进各大商会站在商帮的角度指导企业建设企业社会责任。一定时期后,会议中关于商帮企业社会责任的内容应该更加具体化,包括各大商帮中企业发布社会责任报告数量、质量等情况的比较,并与科研单位参与和举办的企业社会责任大会相结合。

参考文献

陈淑妮、黎友焕:《SA 8000 对广东省劳动力成本的影响》,《商业时代》2008 年第 1 期。

---

①　伍继延:《天下商帮　共创华商》,《中国商人》2009 年第 1 期。

陈淑妮、黎友焕:《SA 8000 对缓解广东"民工荒"困境的影响及其对策研究》,《产业与科技论坛》2008 年第 4 期。

陈先达:《马克思主义哲学原理》,中国人民大学出版社 2004 年版。

陈迅:《企业社会责任分级模型及其应用》,《中国工业经济》2005 年第 9 期。

邓俏丽等:《中国商帮文化特征综述》,《中国集体经济》2009 年第 10 期。

杜彬、黎友焕:《金融机构的社会责任基准:赤道准则》,《郑州航空工业管理学院学报》2008 年第 2 期。

龚成威、黎友焕:《我国企业环境信息公开的实践、问题及建议》,《中国行政管理》2008 年第 6 期。

辜胜阻:《区域经济发展要高度重视商帮的作用》,《中华工商时报》2007 年 2 月 12 日。

郭文美、黎友焕:《食品企业履行社会责任刻不容缓》,《中国贸易报》2007 年 12 月 13 日。

蒋东梅、黎友焕:《企业社会责任理念下的产品质量法修改建议》,《产业与科技论坛》2008 年第 5 期。

黎友焕、杜彬:《国内 SA 8000 研究综述》,《中外食品》2008 年第 11 期。

黎友焕、龚成威:《环境规制下的国外企业社会责任运动及启示》,《世界环境》2008 年第 3 期。

黎友焕、龚成威:《基于外部性的企业社会责任福利分析》,《西安电子科技大学学报(社会科学版)》2008 年第 6 期。

黎友焕、黎少容:《SA 8000 对我国劳动者权益保障的启示》,《中国行政管理》2008 年第 6 期。

黎友焕、王星:《2008 年 APEC 峰会与中国企业社会责任》,《中国贸易报》2008 年 12 月 4 日。

黎友焕、叶祥松:《改进 SA 8000 认证体系与市场秩序之我见》,《商业时代》2007 年第 12 期。

黎友焕、叶祥松:《企业社会责任与竞争力之辩》,《冶金报》2008 年 4 月 1 日。

黎友焕、张洪书:《论国际企业社会责任运动与广东企业家精神建设》,

《西安电子科技大学学报(社会科学版)》2007 年第 5 期。

黎友焕、赵景锋:《基于社会责任的企业发展方式变革》,《商业时代》2007 年第 9 期。

黎友焕、叶祥松:《国外企业社会责任研究综述》,《经济学动态》2007 年第 5 期。

黎友焕:《国际企业社会责任运动对企业文化发展的影响——基于文化有效性模型的研究》,《郑州航空工业管理学院学报》2007 年第 4 期。

黎友焕:《企业社会责任理论》,华南理工大学出版社 2010 年版。

黎友焕:《企业社会责任研究》,西北大学 2007 年博士学位论文。

黎友焕等:《中国企业社会责任建设蓝皮书(2010)》,人民出版社 2010 年版。

李海婴:《企业社会责任:层次模型与动因分析》,《当代经济管理》2006 年第 6 期。

刘兆峰:《企业社会责任与企业形象塑造》,中国财政经济出版社 2008 年版。

吕福新等:《浙商的崛起与挑战——改革开放 30 年》,中国发展出版社 2008 年版。

丘新强、黎友焕:《基于企业社会责任视角的中国出口食品安全问题探讨》,《世界标准化与质量管理》2007 年第 12 期。

沙国:《中国区域发展战略历史性转变的区域经济学分析》,《现代商贸工业》2008 年第 12 期。

苏东水、彭贺:《中国管理学》,复旦大学出版社 2006 年版。

王新新等:《社会责任金字塔模型及其启示》,《企业研究》2007 年第 2 期。

伍继延:《天下商帮　共创华商》,《中国商人》2009 年第 1 期。

第十章　国内企业发布《社会责任年度报告》分析报告

摘要：2010 年，企业社会责任的国际化发展趋势更加明显，企业社会责任也呈现扩大化和复杂化趋势，引发了全球社会对社会责任的更深层次的反思。我国经过 30 多年的改革开放，社会各界对社会责任的认识不断深化，企业的社会责任意识不断深化，企业实践也不断创新和深入。随着企业社会责任实践的不断深入，企业社会责任报告①已经成为企业履行社会责任的综合展现，是利益相关方衡量评价企业履行社会责任效果的重要依据，又是推进社会责任建设的重要工具。

关键词：社会责任年度报告、问题、建议

Abstract：The international development trend of corporate social responsibility became more obvious, and it presented a picture of magnification and complication which aroused a deeper reconsideration on global corporate social responsibility in 2010. After more than 30 years of reform and open policy, all social sectors have deeper cognition of social responsibility. At the same time, the consciousness of corporate social responsibility has gained a better understanding. The CSR has become a comprehensive manifestation that the corporates execute social responsibility. It's also become a significant basis measure which used by the related groups to evaluate the effect that corporates execute social responsibility, as well as an important tool to drive

---

① 综合性非财务报告的名称有许多，如社会责任报告、可持续发展报告、企业公民报告、企业公民体系发展报告、企业公民社会责任报告、环境报告、环境与社会管理计划监测报告、HSE（健康、安全与环境）报告等，在文中统称为"社会责任报告"。

forward the social responsibility construction.

Key Words：CSR annual reoprt，issues，suggestions

第一节　国内企业发布《社会责任年度报告》现状分析

2006 年之前,我国企业对社会责任报告等综合性非财务报告不感兴趣或了解甚少,仅有极少数的企业发布了可持续发展报告或者环境报告。2006 年开始中国发布的社会责任报告数量明显增加,对企业社会责任报告的研究也取得重大进展,因此,2006 年也被称为"企业社会责任报告发展元年"。① 下面将对 2010 年 1 月 1 日—2010 年 10 月 31 日国内企业发布的 2009 年度社会责任报告进行分析。

一、综合分析

企业披露社会责任报告对我国来说仍然是一个新鲜事物,但近年来发展十分迅猛。企业加强社会责任建设与加快转变经济发展方式的内涵具有一致性,企业编制社会责任报告,除了有利于和利益相关方沟通、有利于企业树立良好社会形象之外,还对企业提高社会责任管理水平具有重要作用。目前,我国企业社会责任报告进入稳步发展阶段,综合分析此阶段的特点,有助于对社会责任报告发展的总体情况进行把握。

(一)年度分析

2010 年,中国企业的社会责任报告无论从发布的数量、质量以及影响力等方面,较以往都有较大提高。根据商务部《WTO 经济导刊》的统计显示,2010 年 1 月 1 日至 10 月 31 日,中国发布的各类社会责任报告达 663 份,超过了 2009 全年发布的社会责任报告数量,较去年同期的 582 份增长 14%;预计保持全球报告总量15% 左右的份额,中国企业社会责任报告进入稳步发展

---

① 姜甜、程昂:《国内企业发布〈社会责任年度报告〉分析报告》,黎友焕、刘延平主编:《中国企业社会责任建设蓝皮书(2010)》,人民出版社 2010 年版。

阶段。①

2010 年,中国企业社会责任报告整体水平明显提升。尽管企业社会责任报告的质量因企业性质、规模、所处行业和区域而差异明显,报告对于促进利益相关方沟通、提升企业管理水平和竞争实力的作用均还有待于进一步提升,但与去年相比,今年的报告总体上呈现出形式更加规范、可读性更强、内容更加深入、国际化水平更高等显著特点,整体水平明显得到提升。

从图 10-1 中我们可以看出,2006 年中国仅有 23 家企业发布企业社会责任年度报告;2007 年共有 77 份报告向社会公布;2008 年达到 169 份;2009 年出现"井喷",超过 582 份;2010 年仅 1—10 月就达 663 份。尽管这一数量相对中国企业数量而言仍然不高,但始终高涨的速度表明企业社会责任的理念已经在中国深入发展,越来越多的企业正在以积极的态度履行社会责任。

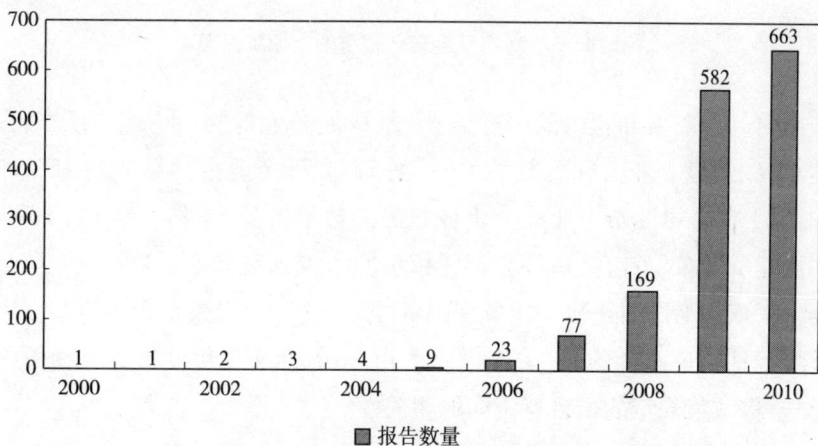

图 10-1　中国企业社会责任报告发展年度分布图②

(二)企业属性分析

从 1999 年到 2005 年,外资企业是中国企业发布社会责任报告的主体。

---

① 张来民在 2010 年 06 月 19 日开幕的 2010 中国企业社会责任年会上发布的《2010 年中国企业社会责任发展报告》,http://money.163.com/10/0622/10/69PDD0IH00254CJS.html。

② 数据根据张来民在 2010 年 06 月 19 日开幕的 2010 中国企业社会责任年会上发布的《2010 年中国企业社会责任发展报告》及安嘉理等:《报告发展概述》,《价值发现之旅 2009——中国企业可持续发展报告研究》(2010 年 6 月)。

2006 年后,国有企业异军突起,扭转了这一局面,占据社会责任报告发布的主导地位。从 2010 年 1 月 1 日到 2010 年 10 月 31 日,在我国发布社会责任报告的公司数量已达到 663 家,这些公司累计发布的报告数量则超过 663 份。已发布报告的 663 家企业中有中央企业、国有非央企、民营企业、外资/合资企业。

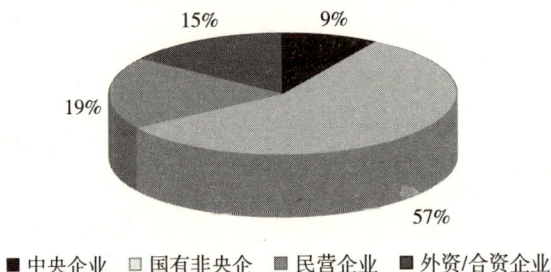

15%　9%

19%

57%

■ 中央企业 □ 国有非央企 ■ 民营企业 ■ 外资/合资企业

图 10 - 2　发布社会责任报告的企业属性图

如图 10 - 2,发布报告的国有企业(含中央企业和国有非央企)最多,占总数的 66% ,民营企业占到总数的 19% ,外资/合资企业占到总数的 15% 。根据统计,上市公司发布企业社会责任报告的数量占到 74% 。这与自 2006 年以来深交所发布《上市公司社会责任指引》、上交所发布《关于加强上市公司社会责任承担工作的通知》、国务院国资委颁布《关于中央企业履行社会责任的指导意见》、证监会颁布《关于做好上市公司 2009 年年度报告及相关工作的公告》等政策规定的出台有正向的相关性。

(三)行业分析

发布报告的企业分散在不同的行业,行业分布相较 2009 年更加广泛。调查发现,包括纺织服装、医药、汽车、造纸、电子制造和其他制造类在内的制造业发布社会责任报告的数量远远超过其他行业,电力、采掘业和金融保险业的社会责任报告数量也相对比较集中。近年来,越来越多的企业关注并相继加入到企业社会责任报告实践中来,企业社会责任报告已经从制造、能源、电力等行业,逐步向金融、信息通讯、网络、传媒、采掘、贸易、零售、房地产等行业扩散。

二、对比分析

在对我国企业社会责任报告发布总体情况有了一定的了解后,从报告本身出发分析披露情况,为研究社会责任报告发展的方向及总结问题、提出改善建议有更为直观的作用。以下将对比笔者选取的 18 份已发布的社会责任报告,从 6 个方面来分析目前我国企业社会责任报告编制的情况。①

(一)报告名称分析

为了调查我国当前企业社会责任报告的发布情况,笔者以《财富》(中文版)2010 年 7 月发布的世界 500 强中的中国上榜企业排名靠前且能获取综合性非财务报告的 18 家企业②(不含港、澳、台资企业)为样本,从各上市公司网站获取其综合性非财务报告等信息内容以分析。

从综合性非财务报告的名称来看,现今独立发布的报告名称呈多样化趋势发展,如社会责任报告、可持续发展报告、企业公民报告、企业公民体系发展报告、企业公民社会责任报告、环境报告、环境与社会管理计划监测报告、HSE(健康、安全与环境)报告等。但从表 10 - 1 来看,大多数企业还是采用"企业社会责任报告"或"社会责任报告"名称。

表 10 - 1　企业发布报告的名称③

序号	2010 年世界 500 强名次	企业名称	报告名称
1	7	中国石油化工集团公司	2009 年可持续发展报告

---

① 所选取进行分析的社会责任报告以各公司网站上下载的 PDF 格式的电子报告为准。

② 进入世界 500 强的企业更具有代表性,社会责任报告的发布也比较有前瞻性。因通过对中国电信集团公司、中国中信集团公司的网站及借助其他搜索工具查找,均未发现有关中国电信集团公司、中国中信集团公司 2009 年社会责任报告的发布情况,但在各自公司网站有相关企业社会责任建设的专题介绍及各有下属公司发布了 2009 年社会责任报告。为统一评价标准,在此仅考察集团公司的社会责任报告发布情况,故进入世界 500 强的中国企业(不含港澳台子企业)排名靠前的 20 家企业除这两家企业外共有 18 份报告,文中仅选取这 18 家企业。

③ 该表选取 2010 年度进入《财富》杂志公布的世界 500 强的排名靠前的 22 家中国企业(不含港澳台企业),选取进入世界 500 强的企业更具有代表性,社会责任报告的发布也比较有前瞻性。通过对中国电信集团公司、中国中信集团公司的网站及借助其他搜索工具查找,均未发现有关中国电信集团公司、中国中信集团公司 2009 年社会责任报告的发布情况,但在各自公司网站有相关企业社会责任建设的专题介绍及各有下属公司发布了 2009 年社会责任报告。

续表

序号	2010 年世界 500 强名次	企业名称	报告名称
2	8	中国国家电网公司	2009 年社会责任报告
3	10	中国石油天然气集团公司	2009 年企业社会责任报告
4	77	中国移动通信集团公司	2009 年企业社会责任报告
5	87	中国工商银行股份有限公司	2009 年社会责任报告
6	116	中国建设银行股份有限公司	2009 年社会责任报告
7	118	中国人寿保险股份有限公司	2009 年社会责任报告
8	133	中国铁道建筑总公司	2009 年社会责任报告
9	137	中国中铁股份有限公司	2009 年社会责任报告
10	141	中国农业银行股份有限公司	2009 年社会责任报告
11	143	中国银行股份有限公司	2009 年社会责任报告
12	156	中国南方电网有限责任公司	2009 年企业社会责任报告
13	182	东风汽车公司	2009 年社会责任报告
14	187	中国建筑股份有限公司	2009 可持续发展报告
15	203	中国中化集团公司	2009 年社会责任报告
16	223	上海汽车集团股份有限公司	2009 年度社会责任报告
17	224	中国交通建设股份有限公司	2009 年企业社会责任报告
18	252	中国海洋石油总公司	2009 可持续发展报告

(二)报告形式分析

从 2009 年企业编制并发布社会责任报告呈现井喷状态以来,2010 年我国企业的社会责任报告发布已经初成体系,步入稳步发展期。目前发布的报告均图文并茂,将企业履行社会责任的行动立体呈现于读者面前。其中,中国中化集团公司的社会责任报告除 PDF 版本外,还有能翻阅的电子书版本,形式十分生动,给人留下深刻印象。从表 9 - 2 中我们能够看到,统计的 18 家企业所发布的社会责任报告大部分有中英文版本,其中中国工商银行股份有限公司、中国建设银行股份有限公司、中国铁道建筑总公司、中国中铁股份有限公司、中国交通建设集团有限公司等 5 家企业采用中英文互译的方式阐述报告内容,中国农业银行股份有限公司及中国中化集团公司等 2 家企业用中文全文、英文摘要的方式阐述报告内容,东风汽车公司、中国建筑股份有限公司、上海汽车集团股份有限公司等3家未见有英文报告,其余8家企业都是在公司的中文网站上发布中文报告,在英文网站上公布英文报告。

就报告编写的形式而言,按照国际惯例,企业社会责任报告的最后必须附上读者反馈表和企业的联系方式,但是从表10-2的统计情况看,既有读者反馈表又有地址的报告只有6家企业:中国国家电网公司、中国移动通信集团公司、中国工商银行股份有限公司、中国人寿保险股份有限公司、中国南方电网有限责任公司、中国中化集团。大多数的企业仅留有企业的地址,而未附上读者意见反馈表;还有5家企业连地址也没有附上。由此可见,一方面说明我国企业社会责任报告的编制在形式上还存在一定的规范性欠缺,另一方面,说明各企业对社会责任报告的传播是否足够广泛还没有一个国际化的认识。从指标数来看,多数企业所制定的社会责任报告都在最后列出了报告中所阐述的各项标准,以清楚地呈现并衡量业绩,建立实施社会责任的管理保障体系,体现企业战略与社会责任的一致性,如国家电网公司的社会责任报告就用了150个指标来说明本年度企业在社会责任建设及履行方面所做的实践及研究。

表10-2　社会责任报告形式统计表①②③

序号	企业名称	页数	语言	读者调查表	地址	指标数
1	中国石油化工集团公司	44	中英	无	有	未统计
2	中国国家电网公司	104	中英	有	有	150
3	中国石油天然气集团公司	61	中英	无	有	121
4	中国移动通信集团公司	68	中英	有	有	未统计
5	中国工商银行股份有限公司	124	中英	有	有	84
6	中国建设银行股份有限公司	143	中英	无	有	107
7	中国人寿保险股份有限公司	59	中英	有	有	未统计

①　表10-2中统计的结果均是笔者按照从各公司网站上公布的2009年社会责任报告中整理得来,报告以各公司网站上下载的PDF形式为准。

②　表10-2指标数一栏中,"未统计"是指报告中未将指标数统计成表,并非作者未统计。

③　表10-2中的页数一栏中统计的数字均是作者按照从公司网站上下载的PDF格式的报告页数统计,其中包含封面及封底。

续表

序号	企业名称	页数	语言	读者调查表	地址	指标数
8	中国铁道建筑总公司	101	中英	无	无	未统计
9	中国中铁股份有限公司	64	中英	无	有	未统计
10	中国农业银行股份有限公司	124	中英	无	有	64
11	中国银行股份有限公司	67	中英	无	无	未统计
12	中国南方电网有限责任公司	66	中英	有	有	101
13	东风汽车公司	74	中文	无	无	121
14	中国建筑股份有限公司	55	中文	无	无	未统计
15	中国中化集团公司	64	中英	有	有	121
16	上海汽车集团股份有限公司	60	中文	无	有	未统计
17	中国交通建设股份有限公司	95	中英	无	有	未统计
18	中国海洋石油总公司	63	中英	无	有	121

（三）可获性分析

我国企业社会责任报告的发布方式一般都是新闻稿、集册出版以及网站发布等形式。本文所选取的18家企业的社会责任报告大部分是从该企业的网站上提供的下载点下载，只有极少数是通过搜索工具进行搜索下载所得。其中，国家电网、中石化集团等公司网站的醒目位置均提供有关企业社会责任的专题，其报告均可在线阅读或进行下载。而中国建设银行、中国移动等企业虽然也提供了企业社会责任报告的下载，但是位置不明显，不易被利益相关者发现，这样就丢失了一部分的潜在读者。更有极少数公司在其公司网站上根本无法获得企业社会责任报告。由此说明我国企业对社会责任报告的发布渠道还有待于进一步拓宽，提升社会责任报告的可获性，提高利益相关者获取相关信息的方便度，减少不必要的报告获得成本。

另外，社会责任报告的语言也会影响其可获性。从表10－2的统计情况看，所选取的18家企业中有15家有中英文版本的报告，在这一点上，我国企业日渐与国际接轨。

（四）报告内容完整性分析

根据国资委《关于中央企业履行社会责任的指导意见》中所阐述的内容，本文采用黎友焕(2010)等人在《中国企业社会责任建设蓝皮书(2010)》中列出的 12 项考察社会责任报告完整度的指标来考察以上 18 个企业所发布报告的完整度。A. 经济贡献 B. 环境保护 C. 资源降耗 D. 产品 E. 消费者/客户 F. 供应商/投资者 G. 社区活动 H. 员工的安全健康 I. 员工的培训与发展 J. 反腐倡廉 K. 创新发展 L. 社会捐助①。表 10 - 3 为 18 家企业报告完整性的统计情况：

表 10 - 3　企业社会责任报告内容完整度统计表②

序号	企业名称	涉及内容
1	中国石油化工集团公司	A/B/C/D/E/F/G/H/I/J/K/L
2	中国国家电网公司	A/B/C/D/E/F/G/H/I/J/K/L
3	中国石油天然气集团公司	A/B/C/D/E/F/G/H/I/K/L
4	中国移动通信集团公司	A/B/C/D/E/F/G/H/I/J/K/L
5	中国工商银行股份有限公司	A/B/C/D/E/F/G/H/I/J/K/L
6	中国建设银行股份有限公司	A/B/C/D/E/F/G/H/I/J/K/L
7	中国人寿保险股份有限公司	A/B/C/D/E/F/G/H/I/J/K/L
8	中国铁道建筑总公司	A/B/C/D/E/F/G/H/I/J/K/L
9	中国中铁股份有限公司	A/B/C/D/E/F/G/H/I/J/K/L
10	中国农业银行股份有限公司	A/B/C/D/E/F/G/H/I/L
11	中国银行股份有限公司	A/B/C/D/E/F/G/H/I/K/L
12	中国南方电网有限责任公司	A/B/C/D/E/F/G/H/I/J/K/L
13	东风汽车公司	A/B/C/D/E/F/G/H/I/J/K/L
14	中国建筑股份有限公司	A/B/C/D/E/F/G/H/I/J/K/L
15	中国中化集团公司	A/B/C/D/E/F/G/H/I/J/K/L
16	上海汽车集团股份有限公司	A/B/C/D/E/F/G/H/I/L
17	中国交通建设股份有限公司	A/B/C/D/E/F/G/H/I/J/K/L
18	中国海洋石油总公司	A/B/C/D/E/F/G/H/I/J/K/L

从表 10 - 3 中可以明显地看出，经过短短 4 年的发展，我国企业社会责任

---

① 黎友焕、刘延平主编：《中国企业社会责任建设蓝皮书(2010)》，人民出版社 2010 年版。

② 表 10 - 3 中的统计结果是我们课题组成员共同讨论的结果，如有理解上的偏差，请读者谅解。

报告的编制水平已经有了明显的提高,18家大型企业中仅有4家企业未能涉及全部的指标,当然这也与企业本身所从事的行业有一定的联系。但是,就这几家企业缺失的指标部分而言,反腐倡廉这一指标是个敏感但不可忽视的话题,企业不应该隐晦地跳过这一指标,应该对利益相关者负责,认真披露反腐倡廉工作的建设及完成情况。

(五)中肯性分析

根据全球报告倡议组织(GRI)发布的第三版《可持续发展报告指南》(2006版),要求编制报告不但要有关于企业积极方面的信息,还得有需要改进以及事故等消极方面的信息。我们分析了以上18家企业编制的2009年社会责任报告,发现大部分样本报告没有披露相关的负面信息,选择性披露的痕迹较重;定量信息质量较差,数据不够完整规范;特别是在绩效部分,基本只涉及了社会责任履行较好的领域,对于一些很重要的消极方面信息,或者编写较为草率,或者选择不予披露,这直接影响了报告的中肯性。在报告中,对于所获得的奖励、荣誉、高层组成、慈善等积极信息浓墨重彩地描述,而对于企业本年度所面临的问题、风险都用极为委婉的方式表达,或者不予以披露,致使社会责任报告缺乏中肯性、平衡性立场,在一定程度上仅仅成为企业炫耀成就、宣传业务的软广告工具。

表10－4　社会责任报告中肯性统计表

序号	企业名称	积极信息披露情况	消极信息披露情况
1	中国石油化工集团公司	有,详尽披露	有,简单罗列(p17、p29)
2	中国国家电网公司	有,详尽披露	有,简单罗列(p25、p55)
3	中国石油天然气集团公司	有,详尽披露	有,简单罗列(p34、p36)
4	中国移动通信集团公司	有,详尽披露	有,简单罗列(p17、p26、p27)
5	中国工商银行股份有限公司	有,详尽披露	有,简单罗列(p27)
6	中国建设银行股份有限公司	有,详尽披露	无
7	中国人寿保险股份有限公司	有,详尽披露	有,简单罗列(p25)
8	中国铁道建筑总公司	有,详尽披露	有,简单罗列(p40、p51)
9	中国中铁股份有限公司	有,详尽披露	无
10	中国农业银行股份有限公司	有,详尽披露	无
11	中国银行股份有限公司	有,详尽披露	有,简单罗列(p32)

续表

序号	企业名称	积极信息披露情况	消极信息披露情况
12	中国南方电网有限责任公司	有,详尽披露	有,简单罗列(p21、p24、p25)
13	东风汽车公司	有,详尽披露	有,简单罗列(p46)
14	中国建筑股份有限公司	有,详尽披露	有,简单罗列(p21、p33)
15	中国中化集团公司	有,详尽披露	无
16	上海汽车集团股份有限公司	有,详尽披露	有,简单罗列(p14)
17	中国交通建设股份有限公司	有,详尽披露	有,简单罗列(p24)
18	中国海洋石油总公司	有,详尽披露	有,简单罗列(p30、p55)

表 10-4 中的结果为笔者根据各公司网站提供的 2009 社会责任报告 PDF 格式所统计。

（六）独立第三方审验分析

如表 10-5 统计所示,在已发布报告的 18 家企业报告中,只有中国石油化工集团公司、中国国家电网公司、中国工商银行股份有限公司、中国建设银行股份有限公司、中国银行股份有限公司、中国南方电网有限责任公司等 6 家企业交由独立第三方审验,其中中国石油化工集团公司、中国南方电网有限责任公司交由中国社会科学院经济学部企业社会责任研究中心对其报告的完整性、实质性、平衡性、可比性、可读性、创新性等进行评价,并得到了重点描述企业的关键社会责任议题、补充描述负面影响的改进措施、增加披露同行业关键绩效数据等改进建议;中国国家电网公司、中国银行股份有限公司交由挪威船级社(DNV)对其报告的包容性、实质性、回应性等进行审验,作出了中肯的审验结果及审验意见,并提出了改进意见;中国工商银行股份有限公司交由安永华明会计师事务所对其报告进行了鉴证,鉴证书中对中国工商银行股份有限公司的关键社会责任指标、重要性和包容性给予中肯评价,并对报告的重要性、可比性、时效性、清晰性、平衡性等提出了建议;中国建设银行股份有限公司交由毕马威华振会计师事务所对其报告进行了鉴证,并得到该报告"在任何重大方面不存在不公允的表述"这一结论。还有中国移动通信集团公司、中国中化集团公司未申请独立第三方审验,但是出具了相关方证言,其证言均为国内与社会责任研究相关的权威人士出具,从证言的内容看,多为溢美之

词,少有提出中肯的建议及意见。其余 10 家企业均既未申请独立第三方审验
也无相关方证言。根据调查,我们认为,我国目前没有相关的审计准则及社会
责任报告编制标准是我国大多数企业发布的社会责任报告缺乏独立第三方审
验的重要原因。

表 10-5　社会责任报告独立第三方审验情况统计表

序号	企业名称	独立第三方审验情况
1	中国石油化工集团公司	中国社会科学院经济学部企业社会责任研究中心
2	中国国家电网公司	挪威船级社(DNV)
3	中国石油天然气集团公司	无
4	中国移动通信集团公司	无,有相关方证言
5	中国工商银行股份有限公司	安永华明会计师事务所
6	中国建设银行股份有限公司	毕马威华振会计师事务所
7	中国人寿保险股份有限公司	无
8	中国铁道建筑总公司	无
9	中国中铁股份有限公司	无
10	中国农业银行股份有限公司	无
11	中国银行股份有限公司	挪威船级社(DNV)
12	中国南方电网有限责任公司	中国社会科学院经济学部企业社会责任研究中心
13	东风汽车公司	无
14	中国建筑股份有限公司	无
15	中国中化集团公司	无,有相关方点评
16	上海汽车集团股份有限公司	无
17	中国交通建设股份有限公司	无
18	中国海洋石油总公司	无

第二节　国内企业发布《社会责任年度报告》存在的问题

　　总体而言,国内企业的社会责任报告在一定程度上都存在不够规范的问
题,在编制的过程中存在较多的问题。通过发掘指明这些已存在或潜在问题,

能为中国企业社会责任报告编制的发展指明改善及发展的方向。

一、企业发布社会责任报告自愿性差

随着国际企业社会责任运动的蓬勃发展、我国对外贸易量的不断增长、上市公司的逐年增加,我国企业社会责任报告的发布得到长足发展。但从历年中国企业社会责任报告发布年度分布图来看,我国社会责任报告发布是在2006 年深交所发布《深圳证券交易所上市公司社会责任指引》才开始大幅度增长,是在 2008 年国务院国资委《关于中央企业履行社会责任的指导意见》、证监会《关于做好上市公司 2009 年年度报告及相关工作的公告》、上交所《〈上海证券交易所上市公司环境信息披露指引〉的通知》等政策发布后,我国的社会责任报告发布才进入迅猛增长的状态。此前,尽管有国外企业发布社会责任报告的先例,但是我国企业并未能自愿地披露社会责任信息。这一问题,在我们近几年对中国企业社会责任报告发布研究中均有发现。尽管 2010年我国企业发布社会责任的数量有了较大增长,但仍然是我国众多企业中的极少数,我国大部分的企业并未意识到作为企业公民应当承担的责任,也没有意识到披露社会责任报告对提升企业社会形象,提高企业综合形象及国际竞争力的重要作用及现实意义,进而转化为自觉发布社会责任报告的行动。

二、社会责任范围界定不一致

2008 年 1 月 4 日国资委发布的《关于中央企业履行社会责任的指导意见》对社会责任的范围做了界定,社会责任应该从八个方面理解:"一、坚持依法经营诚实守信,二、不断提高持续赢利能力,三、切实提高产品质量和服务水平,四、加强资源节约和环境保护,五、推进自主创新和技术进步,六、保障安全生产,七、维护职工合法权益,八、参与社会公益事业。"从以上 8 点可看出,经济责任是企业必须承担的社会责任之一。本文仅从统计的 18 份社会责任报告框架中涉及的经济责任情况来分析各企业对社会责任范围的界定是否统一。如表 10 - 6 所示,从统计的 18 份社会责任报告框架中所涉及的经济责任情况看,各企业对于社会责任范围的界定有比较大的出入。统计的 18 家企业所编制的社会责任报告中,中国工商银行、中国南方电网有限责任公司、上海汽车集团股份有限公司、中国海洋石油总公司等 4 家企业将经济责任单独列为一个单元,分别为"经济

层面"、"经济绩效"、"促进经济发展的社会责任"、"经济责任与业绩"进行阐述;中国建设银行股份有限公司、中国铁道建筑总公司、中国中铁股份有限公司、中国农业银行股份有限公司、中国银行股份有限公司、中国银行股份有限公司、东风汽车公司、中国建筑股份有限公司、中国中化集团公司、中国交通建设股份有限公司等10家企业将其作为大单元下面的一个点来阐述,如中国建设银行股份有限公司"社会责任业绩"中的一个部分,阐述为"经营业绩"等。而中国石油化工集团、中国石油天然气集团公司、中国国家电网公司、中国移动通信集团公司等4家企业均未在报告的框架中涉及经济责任。

表10-6　社会责任报告框架涉及经济责任情况统计表

序号	企业名称	经济责任内容
1	中国石油化工集团公司	未涉及
2	中国国家电网公司	未涉及
3	中国石油天然气集团公司	未涉及
4	中国移动通信集团公司	未涉及
5	中国工商银行股份有限公司	经济层面
6	中国建设银行股份有限公司	经营业绩
7	中国人寿保险股份有限公司	经济责任
8	中国铁道建筑总公司	整体生产经营情况
9	中国中铁股份有限公司	促进经济发展
10	中国农业银行股份有限公司	经营业绩
11	中国银行股份有限公司	实现国有资产保值增值、股东价值
12	中国南方电网有限责任公司	经济绩效
13	东风汽车公司	经济责任
14	中国建筑股份有限公司	可持续经营持续赢利能力
15	中国中化集团公司	提供资源保障,服务国民经济
16	上海汽车集团股份有限公司	促进经济发展的社会责任
17	中国交通建设股份有限公司	股东责任
18	中国海洋石油总公司	经济责任与业绩

三、报告编制没有统一的标准

到目前为止,各种编制原则、指南、指标体系使得企业在编制过程中显得无所适从,因此大多数的企业只能参照国际相关的原则、指南等进行编制,例如,从表 10-7 的统计可以看出,在 18 家企业当中有 16 家企业在编制社会责任报告时参照了《全球报告倡议组织(GRI)可持续发展报告指南 G3 标准》,占 89%。但是迄今为止,我国仍然没有一个专门权威的政府机构负责出台一个统一的编制原则或指南以及相应的行业责任指标体系,导致我国企业社会责任报告编制无章可循,阻碍了我国社会责任报告披露的发展。

从表 10-7 的统计可以看出,我国企业社会责任报告编制标准除参照《全球报告倡议组织(GRI)可持续发展报告指南 G3 标准》外,参照国务院国资委、上交所相关要求的各有 8 家,占 44%;报告编制的标准还有联合国全球契约(UNGC)十项原则、中国企业社会责任报告编写指南等;每家企业参照的标准均有 2 种及以上,有些企业甚至达到 7 种标准。这表明,我国的企业社会责任标准的仍不统一,存在一定程度的混乱。

同时,由于缺乏一个统一的标准及指南,而我国社会责任会计仍然处于研究阶段,未能以货币形式统一反映各项社会责任指标,故很多企业社会责任报告主要采用文字等定性方式来进行披露,缺乏像企业年报中具体的会计及统计等方法的定量化披露,未能满足各利益相关方信息使用者的需求,导致了各行业以及同行业中企业之间的社会责任报告缺乏横向可比性。

表 10-7 企业社会责任报告的编制标准统计表

序号	企业名称	编制标准
1	中国石油化工集团公司	《全球报告倡议组织(GRI)可持续发展报告指南 G3 标准》、《关于做好上市公司 2008 年履行社会责任的报告及内部控制自我评估报告披露工作的通知》
2	中国国家电网公司	GRI《可持续发展报告指南》(2006 版)、英国社会责任研究机构 Account Ability 发布的 AA1000 系列标准、社会责任国际标准 ISO 26000/DIS 稿、中国社科院《中国企业社会责任报告编制指南》、中国可持续发展工商理事会《中国企业社会责任推荐标准和实施范例》
3	中国石油天然气集团公司	国务院国资委《关于中央企业履行社会责任的指导意见》、GRI《可持续发展报告指南》(2006 版)、国际石油行业环境保护协会(IPIECA)和美国石油学会(API)联合发布的《油气行业可持续发展报告指南》

序号	企业名称	编制标准
4	中国移动通信集团公司	联合国全球契约(UNGC)十项原则、GRI《可持续发展报告编写指南(G3)》和通信行业补充标准、《中国企业社会责任报告编写指南(CASS-CSR1.0)》
5	中国工商银行股份有限公司	《GRI可持续发展报告指南2006版》及金融服务业相关补充指引、中国银监会《关于加强银行业金融机构社会责任的意见》、中国银行业协会《中国银行业金融机构企业社会责任指引》、上交所《上海证券交易所上市公司环境信息披露指引》和《公司履行社会责任的报告》
6	中国建设银行股份有限公司	上交所《关于加强上市公司社会责任承担工作暨发布的通知》,《上海证券交易所上市公司环境信息披露指引》及上市公司2009年年度报告工作备忘录,第一号附件二《〈公司履行社会责任的报告〉编制指引》和GRI可持续发展报告指南
7	中国人寿保险股份有限公司	上交所《公司履行社会责任的报告》编制指引、GRI可持续发展报告指南第三版、《GRI金融服务行业补充指引》和GRI Level C报告模板
8	中国铁道建筑总公司	国务院国资委《关于中央企业履行社会责任的指导意见》、上交所《公司履行社会责任报告》编制指引、《GRI可持续发展报告指南》
9	中国中铁股份有限公司	联合国全球契约"十大原则"、全球报告倡议组织(GRI)、社会责任国际(SAI)、《中国企业社会责任报告编写指南(CASS-CSR1.0)》相关标准、国务院国资委、上海证券交易所、香港联合交易所有关规定
10	中国农业银行股份有限公司	《GRI可持续发展报告指南》(2006版)及金融服务业相关补充指引等标准、中国银监会《关于加强银行业金融机构社会责任的意见》、中国银行业协会《中国银行业金融机构企业社会责任指引》
11	中国银行股份有限公司	《GRI可持续发展报告指南(2006版)》及《金融服务业补充指南》、中国银监会《关于加强银行业金融机构社会责任的意见》、中国银行业协会《中国银行业金融机构企业社会责任指引》、上交所《上海证券交易所上市公司环境信息披露指引》
12	中国南方电网有限责任公司	国务院国资委《关于中央企业履行社会责任的指导意见》、联合国全球契约十项原则、GRI《可持续发展报告指南》(2006版)、中国工业经济联合会《中国工业企业及工业协会社会责任指南》、中国社科院《中国企业社会责任报告编写指南》(CASS-CSR 1.0)
13	东风汽车公司	国务院国资委《关于中央企业履行社会责任的指导意见》、《GRI可持续发展报告指南》
14	中国建筑股份有限公司	国务院国资委《关于中央企业履行社会责任的指导意见》、GRI《可持续发展报告指南》(2006版)
15	中国中化集团公司	国务院国资委《关于中央企业履行社会责任指导意见》、联合国全球契约(UNGC)十项原则、GRI可持续发展报告指南(G3)

序号	企业名称	编制标准
16	上海汽车集团股份有限公司	上交所《关于加强上市公司社会责任承担工作暨发布〈上市公司环境信息披露指引〉的通知》、《〈公司履行社会责任的报告〉编制指引》
17	中国交通建设股份有限公司	国务院国资委《关于中央企业履行社会责任的指导意见》、中国社会科学院《中国企业社会责任报告编写指南》
18	中国海洋石油总公司	GRI《可持续发展报告指南》、联合国"全球契约"原则

四、报告编制存在印象管理现象

印象管理是指人们试图控制其他人对自己所形成某种形象的过程,延伸到社会责任研究领域,即是企业为了使广大信息接受者形成特定印象,对其所披露的信息进行包装和操纵,试图控制信息使用者并影响其判断和决策。[1]根据对 18 份社会责任报告的研究,国内企业主要通过以下途径进行印象管理,打造美好形象,包括:(1)精心选择披露方式,在文字表达、图表设计、颜色搭配等细节方面均尽力美化企业及管理层形象;(2)有选择地进行披露,根据样本数据,对于企业的亮点部分就浓墨重彩地写,作为重点进行披露,而对于所存在的不足或者发生的事故等消极部分,往往一笔带过,有的企业甚至只字不提;(3)操纵可读性,社会责任履行较好的企业会尽量向利益相关者披露相关信息,但当企业社会责任履行情况较差时,会倾向于在报告中运用含混不清、模棱两可的语言和估计数字,或辅以大量图片使得报告表面看起来比较充实,有的甚至通篇是口号,照搬照抄相关规定撑门面。这在很大程度上是一种自我褒扬及美化,而弱化了社会责任信息披露的真实性及有用性。这些印象管理行为降低了企业社会责任报告的信息含量和质量,也降低了其相关性和有用性。

五、报告披露内容过于行业化

报告披露的内容过于行业化,未能迎合公众的需求。笔者在研读这 18 份

----

① 沈洪涛:《国外公司社会责任报告主要模式述评》,《证券市场导报》2007 年 8 月。

具有代表性的报告时发现,对于环境保护社会责任的披露主要集中于能源、化工以及工业制造等行业,而在 IT、金融等行业的报告中就很少提及,他们重点披露的是服务质量、消费者满意等方面的信息。由此可见,各行业、企业对于社会责任范围界定的宽泛性存在差异,所承担的社会责任及报告所披露的重点也就不同,披露的内容也就显得过于行业化。笔者还发现,报告大都将大量篇幅花在披露公益责任上,而对于社会公众所需要的产品安全责任信息、消费者利益信息及环境保护责任信息并未详细披露,加之目前我国社会责任会计仍然处于研究阶段,未能以货币形式统一反映各项社会责任指标,就导致了各行业以及同行业中企业之间的社会责任报告缺乏横向可比性。

六、缺乏独立第三方审验

社会责任报告实施独立第三方审验的目的,如同对公司财务报告进行注册会计师独立审计一样,是为了确保报告内容的客观性和可靠性。经过审验程序的报告并不意味着我们可以笃定地相信其中所有的信息,当然,也并不意味着所有未经审验的报告都不可信赖。审验程序的确可以表明,企业在数据可信度方面已经更进一步,并且数据披露的背后存在一套相对成熟的机制。

从全球资本市场的角度来看,由专业的独立第三方对企业社会责任报告的可靠审验是增强市场信心的关键,也是增进社会责任报告信息价值的发展方向。从样本数据来看,对社会责任报告进行第三方审验的企业数量为 6 家,仅占 1/3,还有 2/3 的报告没有经过独立第三方审验,当然这也与我国企业社会责任报告编制发展还不成熟,很多企业还缺乏申请国外权威机构审验的能力有关,但这无疑大大降低了报告的真实性和可靠性。

七、报告披露未能与利益相关者有效沟通

随着影响商业表现的外部因素愈加复杂且相互关联,企业迫切需要一对好的"触角"来帮助他们理解、预测和回应日益复杂的外部运营环境。就企业社会责任而言,这意味着,企业需要建立一套定期的机制来开展利益相关方沟通。体现这一沟通机制的最佳方式,是在企业社会责任报告中纳入利益相关方的观点,而不仅仅只在报告末尾堆砌第三方证言、评论。

我们在搜集相关信息,下载社会责任报告的过程中发现,大部分企业在制

定报告编写计划之前未能及时有效地获取利益相关者的信息需求,致使报告编写流于形式,未能真正起到真实披露的作用。笔者研读的 18 份社会责任报告中仍然有一部分的企业在报告发布之后缺乏意见反馈信息表,造成了信息沟通的不通畅,在一定程度上降低了报告传播的广泛性及有用性。

第三节　完善企业社会责任报告的建议

随着国际标准化组织(ISO)在 2010 年 11 月 1 日宣布 ISO 26000《社会责任指南》的正式发布,ISO 26000 必将对整个社会重视和实践社会责任产生深远影响。[1] 然而我国企业社会责任事业的建设与实践才起步不久,社会责任报告制度及体系建设还处于发展上升阶段,如何面对这个机遇与挑战,是摆在我国企业、政府、社会面前的一道难题。建立企业社会责任报告制度,需要政府、企业和社会联动加以推进。

一、制定和完善法律法规

目前我国的经济及法律建设并没有完全成熟,企业实施社会责任并非全部出于自愿。对一个企业而言,是否有动力实施社会责任行为,维护投资者、消费者、员工、债权人、政府、社区和环境等方面的利益,这与政府制度有着密切的关系。经济、社会的发展,在加快企业社会责任理念在中国传播的同时,为中国企业可持续发展报告的发展也创造了良好的条件。[2] 一方面,政府、监管机构出台了各种政策和指引,加强了对企业可持续发展报告的监管和引导;另一方面,行业协会、研究机构、非政府组织等社会各方力量,通过提供发布平台、发布行业指引、编制报告指南等方式,鼓励和支持企业编制和发布可持续发展报告。要使企业社会责任报告制度和体系建设在中国广泛推行,就必须建立并完善相关的法律法规。

---

① 黎友焕、路媛:《ISO 26000 颁布及我国企业的应对思路》,《中国贸易报》2010 年 11 月 11 日。

② 陈宗兴、黎友焕、刘延平主编:《中国企业社会责任建设蓝皮书(2010)》,人民出版社 2010 年版。

　　首先,要动态地制定与社会责任信息披露关系密切的法律法规。2010 年 11 月 1 日,ISO 26000《社会责任指南》正式发布。鉴于在尊重多样性和差异性原则的前提下,ISO 26000 的主要内容是强调组织遵纪守法、尊重人权、关心员工、保护消费者、热心社会公益、关爱环境,为社会、经济和环境的可持续发展作贡献等,这对于我国当前转变经济增长方式、实现经济社会又好又快发展具有重要的现实意义。为此,建议有关政府部门下一步针对我国经济、社会、文化的特点,根据采用国际标准的有关规定,参照 ISO 26000 的内容,研究并制定符合我国国情的社会责任标准,以促进我国企业社会责任工作健康、有序发展,进而完善企业社会责任报告制度。

　　其次,要加大奖惩力度。对履行企业社会责任表现良好的企业,政府在资源分配和服务等方面予以优待;对企业社会责任表现缺失的企业,加大惩处的力度,杜绝一些企业钻法律的漏洞,逃避责任。

　　再次,要加大执法力度。转变严格执法损害投资环境的错误观点,树立严格执法有利于净化投资环境,有利于提升地区和企业竞争力的观念;进一步增强执法力量,建立长效机制,严格执法,加强执法监督,增强执法的科学性、有效性,以法律手段促使企业履行社会责任,形成定期发布企业社会责任报告制度。

二、保证报告的完整性

　　社会责任报告的披露是为了给利益相关者提供参考决策的依据,所以为了使各利益相关者得到完整、准确的信息,社会责任报告的编制应该保证其完整性。

　　首先,保证报告内容的完整性。从企业履行社会责任的本身看来,报告所披露的信息至少要包括:社会责任发展战略、社会责任履行管理以及社会责任绩效情况。在报告编制之前,企业就应该将社会责任纳入企业发展战略以及管理制度,明确企业已经承担、还未承担、应该承担的社会责任,以及如何承担社会责任,将社会责任的理念与公司具体的可操作的政策结合,可涉及企业战略、企业价值观、企业治理、企业社会责任指标考核等。参考 ISO 26000《社会责任指南》,具体说来应该包括以下 6 方面的内容:(一)与社会责任有关的术语和定义;(二)与社会责任有关的背景情况;(三)与社会责任有关的原则和实践;(四)社会责任核心主题和问题;(五)社会责任的履行;(六)处理利益相关方问题;(七)社会责任相关信息的沟通。社会责任报告的内容应该尽量符合报告阅读使用者——企业利益相关者的需求,应该始终以利益相关者的需求为出发点,而不是将报告看做是标榜、宣传企业的工具。①

其次,要有完整的信息披露制度。一是制定行业统一的企业社会责任报告指南框架与相关责任指标体系。目前,我国企业社会责任报告的编制缺乏权威、统一的编制指南框架予以规范,部分企业参照 GRI 发布的原则指南和相应指标体系来编制,部分企业根据企业社会责任报告的相应内容体系编制,从而造成不同企业编制的报告之间缺乏横向可比性。因此,应抓住 ISO 26000《社会责任指南》正式发布的机遇,针对我国经济、社会、文化的特点,根据采用国际标准的有关规定,参照 ISO 26000 的内容,研究并制定符合我国国情的社会责任标准。二是结合企业战略目标规划及管理活动制定报告发布制度和沟通机制。企业履行社会责任的实践活动其实是与企业管理活动、提升企业业绩等战略目标直接或间接相关的。应该对社会责任管理、社会责任报告编制实现程序化、规范化的操作,建立完整的社会责任报告管理体系。从信息采集、整理到报告的编写、校对、发布,从目标的订立到具体的执行,到最后的考核,都应该不断完善各个环节,有前瞻性地构建长效的运营机制,以保证社会责任报告编制的科学性。

三、发展独立第三方审验

从全球范围来看,主动将第三方观点纳入公司责任报告已成为越来越多的公司的选择。从我国目前的情况来看,虽然国内企业社会责任报告不断增加,但目前只有极个别企业的报告进行了审验。为了提高公司社会责任报告的质量,需要从各个方面完善,其中第三方审验是提高报告可信度非常重要的一环。对中国本土企业来说,在进军海外市场的过程中,审验可以通过帮助利益相关方评估企业的可靠性和可持续性来提升公司信用度,从而提高企业的国际竞争力。企业披露社会责任信息是为企业的利益相关者提供决策的重要

---

① 戚志敏:《ISO 26000 对我国经济社会的影响及其对策》,《广东省社会科学(增刊)》2010年第 12 期。

依据,所以本着诚信经营的目标,企业披露社会责任信息应该具有合法性、真实性、中肯性、可比性等特征。通过独立第三方对于企业社责任报告的确凿性、可靠性、完整性、中肯性等指标进行严格的评估,不仅能够避免企业避重就轻披露,免除企业自我吹嘘、公关广告的嫌疑,增进报告的公信度,还能够促进企业改进社会责任信息的采集、处理的质量。①

我国公司社会责任报告引入第三方审验的必要性已是不争的事实,但在借鉴国外经验,引入第三方审验机制的过程中,必须处理好以下问题,包括:(1)确定企业社会责任报告中需要提供的信息以及审验标准,如参照 ISO 26000《社会责任指南》制定中国的社会责任指南;(2)分阶段进行强制审验或自愿审验,先实行强制审验,发展到一定阶段后再过渡为自愿执行与外部强制执行相结合的阶段,最后再完全过渡为自愿审验;(3)在审验过程中注意利用专家团队的工作,建立联合审验小组;(4)注意提高审验人员的专业素质,企业社会责任报告的审验在审验对象、方法、指标评价、责任界定等方面都具有一定程度的特殊性,具有较强的专业性、技术性、综合性。②

四、掌握披露技巧

企业在编制社会责任报告的过程中,除了应该重视社会责任的框架、内容及指标外,还应该掌握披露的技巧。

第一,社会责任报告的语言应该尽量保持中立。从前面的分析中我们看出:很多企业在编制社会责任报告的过程中,都极尽溢美之词,浓墨重彩地标榜企业的亮点,在披露事故及企业的不足之处时就一笔轻轻带过。这不符合社会责任报告披露的中肯性及确凿性标准。披露社会责任报告的语言应该尽量保持中立性,尽量采用社会公众的客观评价来提高信息的确凿性。一份成功的报告,不但要包含历史的成绩,更应该尝试融入前瞻性的信息;不但要包含正面的陈述,更应该有负面信息的披露,尝试以严谨规范的态度对所有相关信息作出中性而准确的表达;不但要包含企业希望传递的内容,更应该尝试从

① 罗金明:《企业社会责任信息披露制度研究》,《经济纵横》2007 年第 6 期。
② 杨海燕、许家林:《企业社会责任报告第三方审验主要标准述评》,《证券市场导报》2009 年第 12 期。

报告阅读者的角度出发,披露各利益相关方感兴趣的信息。

第二,注意报告披露的时间。一般来说,社会责任报告的披露最好与企业年报披露的周期及披露时间接近或者一致比较好。这样,能使得财务报告的信息采集、整理和社会责任信息采集、整理同步进行,也有利于将会计编制系统融入社会责任审验中。

第三,采取定量描述与定性描述相结合的方式。从目前我国所发布的社会责任报告情况来看,多数企业将社会责任信息的披露当做是宣传企业形象的途径,社会责任报告也都由企业的宣传、公关、社会责任、战略管理部门等编制,很少有企业让会计部门的人员参与其中。企业应该将社会责任信息会计化,将企业社会责任绩效定量化,让企业的会计人员参与到企业社会责任编制的过程中,使会计账簿为企业社会责任信息的披露提供相关信息,由此能够使数据进行循环利用,比较经济,而且能够为报告提供良好的数据控制及审查机制,保证数据的可靠性及完整性。①

第四,分部信息与汇总信息披露相结合。目前,我国发布社会责任报告的企业大都是跨国公司或者大型集团企业,这些企业的社会责任报告主要是以汇总数据合并来披露社会责任信息。披露的汇总信息尽管能够反映一个企业履行社会责任的总体情况,但同时也会由此而掩盖企业在某些领域或者地区的拙劣行迹或者出色业绩,导致不同地区或者行业的利益相关者无法获取自己所关注的社会责任信息,令社会责任报告披露的有效性、有用性及相关性都打了折扣,影响了社会责任报告披露的质量。所以,社会责任报告应该采用分部信息及汇总信息结合的方式,既全面反映企业社会责任履行情况的全貌,又能反映不同地区、行业的情况,满足企业所有的利益相关者的需要。

因此,最可取的方法是根据 ISO 26000 社会责任指南,结合我国国情对企业社会责任报告编制指引进一步的完善,形成有中国特色的社会责任报告编制指引,确立中国特色社会责任报告发布制度,对具体的披露内容、披露方式、披露时间等进行详细的规定,以更好地指导企业的社会责任报告编制。②

---

① 耿建新、房巧玲:《环境信息披露和环境审计的国际比较》,《环境保护》2003 年第 3 期。

② 黎友焕、魏升民:《关注 ISO 26000 准则,透视我国的应对之策》,《亚太经济时报》2010年 11 月 11 日。

五、强化舆论监督

要促进社会责任的稳步发展,除了借助政府力量,通过制定法律法规来约束企业的行为以外,还要充分发挥社会力量对企业履行社会责任的情况进行监督。社会责任的履行和发展不仅仅是企业单方面的责任,也是整个社会必须关注的问题,社会有责任也有义务督促企业履行社会责任。

首先,加强媒体的导向作用。主流媒体及非主流媒体都有义务强化对不良事件的披露和评论,使公众能够及时清楚地了解事件的始末。传统媒体的监督也有利于避免企业为了自身的利益对于事件的发生有所隐瞒。网络媒体的关注能够使更多的民众参与进来,使社会各界人士共同对事件的始末、性质、结果,以及现行的管理制度等进行探讨分析。媒体的导向作用能够有效地促使社会民众形成共识,激发民众的社会责任意识,促使民众对于具有不良行为的企业的产品、服务进行抵制,利用舆论压力使企业认识到怠于履行社会责任的严重性。媒体以独立的监督者身份存在,它们是推进企业社会责任发展的重要力量,一方面,加大对不履行社会责任的行为进行揭露和批评,对企业不履行社会责任的行为进行曝光,形成强大的社会责任舆论压力;另一方面,向社会广泛宣传企业社会责任思想、理念和企业成功经验,使企业和社会各界提高对社会责任问题的认识,为全面推进企业社会责任工作铺平道路。媒体的披露及评论,能够使政府更多地了解群众的呼声,从而加强政府法律制度的建设。

其次,完善社会责任监督体系。除了政府、媒体的约束外,通过发挥 NGO组织、工会、消费者协会等社会团体的作用,形成多渠道、多层次的社会责任监督体系。同时还可以通过建立社会责任道德评价机制,使社会资金进入社会责任感强的企业,以激励企业自觉履行社会责任。

第四节　国内企业发布《社会责任年度报告》展望

从目前我国社会责任报告的发布情况来看,要求我国企业彻底与国际接轨、大规模披露社会责任信息的时机还未成熟。近期我国应该先不断地完善社会责任报告的编制体系,由大型企业、上市公司入手,以点及面,使社会责任报告的发展呈辐射化增长。从政府、社会对社会责任的关注来看,我们有理由相信社会责任报告披露会呈现以下的趋势：

一、发布报告的企业数量将不断增长

近几年来，我国企业社会责任报告总数的记录每年都会被刷新，2010 年 10 月底，这个数字已经突破 600。企业社会责任的发展已经摆脱以前的"质疑、犹豫"阶段，翻开了崭新的一页。外资企业、国有企业、民营企业都在积极加入到践行社会责任的队伍中，政府也不断地出台有关于社会责任报告发布的法律法规，对社会责任报告编制采取自愿和强制披露相结合的方式，鼓励企业披露社会责任信息，自觉接受社会公众的监督。毕竟，还有许许多多中国企业从来没有发布过报告，如果他们中的一小部分能够加入到报告企业的行列中来，现在的数字必定会呈现几何级的增长。

二、报告的质量将不断提升

随着社会责任建设在全社会的发展，企业的利益相关方也不断地对企业披露社会责任信息提出新要求，企业为了提升自身的价值，会对报告的质量、内容以及规范性等不断地改善。随着企业报告编制经验的积累，中国企业报告的总体水平逐步提高，越来越多高质量的报告涌现。加之，社会责任报告编制的准则、社会责任绩效指标的不断统一，也使得我国社会责任报告编制的完善成为可能。

根据统计的资料，相当数量的报告都有较为成熟的框架，战略、管理和绩效各板块结构完善、内容充实、表述清晰，报告的整体设计、制作精良。特别是在战略、管理部分，较往年有较大提升，很多企业在报告中阐述了企业社会责任的战略、目标，以及如何渗透到日常经营管理中。中国的企业在编制和发布报告的过程中改善了企业社会责任管理，提升企业可持续发展能力。国家电网、中国工商银行等企业已经建立了定期发布社会责任报告的机制，有这些大型企业的示范及带头，我国社会责任报告将不断地提升。

三、报告编制的指标和准则不断完善

社会责任报告编制的指标和准则也在不断地完善。随着 ISO 26000 社会责任指南的正式发布，我国企业社会责任报告正向着规范化、普及化的方向发

展。报告不再是少数外资企业或者行业老大所独有,各个行业、各种性质的企业均参与到可持续发展报告的编制和发布中。从目前的研究来看,已经有不少大型企业连续数年发布报告,把报告作为一个固定的信息披露渠道和企业可持续发展管理的重要组成部分。同时,在未来的一年中,报告内容也会越来越丰富,一些新的议题也会被纳入。例如,2009年底,中国政府承诺大幅降低单位 GDP 的碳排放量。响应政府的号召,在2010年的企业社会责任报告中,已经有关于碳强度的信息披露;相信随着 ISO 26000 社会责任指南的推广,我国参照出台自己的指引,今后我国的企业社会责任报告编制的指标和准则将更加完善。

四、与国际惯例接轨

目前我国社会责任报告的编制还未完全与国际惯例接轨,编制参考的标准、规范等也是良莠不齐。随着政府及相关组织法律法规的不断完善,随着 ISO 26000《社会责任指南》的正式发布,我国社会责任报告的编制将有章可循。当前,在全球范围内,一些跨国公司、非政府组织、多边组织或国际机构为推行社会责任,制定了多种社会责任标准、企业指南等,对企业产生了很大影响。近几年来,国际标准化组织一直致力于制定关于社会责任的 ISO 26000 标准,经过6年多的反复讨论、起草和修改,已于2010年11月1日正式发布。需要特别说明的是,ISO 26000 从一开始就不仅限于企业的社会责任,而是针对"所有组织"的社会责任。ISO 26000 不仅能在国际一级明确社会责任的范围、内容、实施原则等,为履行社会责任提供规范和指导,而且会对整个社会重视和实践社会责任产生深远影响。[①]

通过不断地完善社会责任评价指标体系、编制标准、发展第三方独立审验,社会责任报告最终会走向国际惯例,建立定期编制社会责任报告制度,披露具有公信度的社会责任报告。

---

① 黎友焕、路媛:《ISO 26000 颁布及我国企业的应对思路》,《中国贸易报》2010年11月11日。

五、利益相关方重要性渐现

在企业社会责任建设中,利益相关方是绕不开的一个关键词。[1] 调查显示,报告编制成为企业和各利益相关方沟通的良好契机,一些企业开始在报告编制过程中咨询了利益相关方的意见,这为企业的可持续发展管理打下坚实的基础。这是个良好的开端,一旦对话开始,沟通和合作就可能出现,企业才能更加体会到各利益相关方的重要性。

利益相关方的重要性还体现在 ISO 26000 社会责任指南编制过程中。据介绍,参加 ISO 26000 制定工作的社会责任专家达 524 人,这些专家分别来自政府、产业界、劳工、非政府组织、消费者以及其他等六个类别的利益相关方。[2] 而 ISO 26000 标准开发过程中,工作组遵循的 5 项重要原则之一就是强调对利益相关方的关注;在其核心主题中,利益相关者的关注更是重点之一。相信在今后的社会责任报告编制过程、报告内容中,利益相关方将发挥越来越重要的作用。

参考文献

安嘉理等:《价值发现之旅 2009——中国企业可持续发展报告研究》(2010 年 6 月)。

曹明福、杜署光:《战略联盟:中国企业的成长战略》,《内蒙古科技与经济》2003 年第 1 期。

曹明福:《中国成为"世界工厂"的五大瓶颈》,《现代经济探讨》2003 年第 2 期。

黎友焕、龚成威:《百年企业更应承担社会责任——对国内已发布报告企业的研究分析》,《上海国资》2008 年第 12 期。

黎友焕、龚成威:《国内企业社会责任理论研究新进展》,《西安电子科技大学学报(社会科学版)》2009 年第 1 期。

黎友焕、郭文美:《中国如何加快企业环境责任的履行》,《世界环境》2009

---

[1]　安嘉理等:《报告发展概述》,《价值发现之旅 2009——中国企业可持续发展报告研究》(2010 年 6 月)。

[2]　戚志敏:《ISO 26000 对我国经济社会的影响及其对策》,《广东省社会科学(增刊)》2010 年第 12 期。

年第 2 期。

黎友焕、郭文美:《中国如何加快企业环境责任的履行》,《世界环境》2009年第 2 期。

黎友焕、路媛:《ISO 26000 颁布及我国企业的应对思路》,《中国贸易报》2010 年 11 月 11 日。

黎友焕、路媛:《遵循社会责任促进可持续发展》,《中国贸易报》2010 年 12 月 2 日。

黎友焕、魏升民:《关注 ISO 26000 准则透视我国的应对之策》,《亚太经济时报》2010 年 11 月 11 日。

黎友焕:《论企业社会责任建设与构建和谐社会》,《西北大学学报(哲社版)》2006 年第 5 期。

黎友焕:《企业社会责任》,华南理工大学出版社 2010 年版。

黎友焕:《企业社会责任在中国》,华南理工大学出版社 2007 年版。

黎友焕:《企业社会责任在中国——广东企业社会责任建设前沿报告》,华南理工大学出版社 2007 年版。

黎友焕等:《企业社会责任理论》,华南理工大学出版社 2010 年版。

黎友焕等:《企业社会责任实证研究》,华南理工大学出版社 2010 年版。

戚志敏:《ISO 26000 对我国经济社会的影响及其对策》,《广东省社会科学(增刊)》2010 年第 12 期。

王凯、黎友焕:《国内企业社会责任理论研究综述》,《WTO 经济导刊》2007 年第 1—2 期。

杨海燕、许家林:《企业社会责任报告第三方审验主要标准述评》,《证券市场导报》2009 年第 12 期。

张来民:《2010 年中国企业社会责任发展报告》,"2010 中国企业社会责任年会",http://money. 163. com/10/0622/10/69PDD0IH00254CJS. html。

张韵君、陈嘉欣:《慈善社会责任与企业利益关系分析》,《当代经济》2010年第 2 期。

张韵君:《一种战略性选择:企业慈善社会责任》,《当代经济管理》2010年第 2 期。

第十一章　在华跨国企业发布《社会责任年度报告》分析报告

摘要：2010 年全球经济平稳回升，跨国公司运营环境相对好转，进驻大中华地区的跨国公司数量与日俱增，并且成为促进我国经济增长的主要角色之一。本专题本着稳定性、代表性以及完整性等原则，选取 10 个在华跨国公司公布的企业社会责任报告作为研究样本，试图通过研究样本企业的社会责任报告来揭示在华跨国企业发布的中国社会责任报告的问题，并提出对策建议，同时为相关利益方提供参考，鼓励更多企业积极发布社会责任报告。

关键词：在华跨国企业、企业社会责任报告、问题、对策

Abstract：The global economic situation presents a picture of prosperity and the multinational companies have been operating in a better environment relatively in 2010. More and more multinational corporations come into China and play significant roles in economic development by reports as the samples to research the issue in the hope of finding out the problems that are inherent in the CSR reports and then put forward several instructive suggestions on the improvement of the reports, which may provide essential reference points for the interested party, as well as advocate more corporations to publish CSR actively.

Key Words：multinational corporations in China；CSR report；problems；suggestions

继中国加入 WTO 以后，跨国公司意识到中国消费市场的巨大潜力，纷纷在中国境内设立分公司，这一方面加快了全球资源配置的效率，另一方面也为

中国经济增长提供了新的动力。因此研究这些跨国公司在华发布的企业社会责任报告变得尤为重要,这不仅是对跨国公司在华经营的监督,同时也对中国本土企业进军国际市场具有借鉴意义,可以促进中国经济又好又快的发展。

第一节　在华跨国企业发布企业社会责任报告现状

企业社会责任报告不仅综合体现企业当年度运营状况、财务状况以及环境绩效等信息,还为各利益相关方投资提供了参考信息。近年来,我国企业逐步意识到发布社会责任报告的重要性,社会责任报告数量增长趋势明显,2009年又创新高:截至2009年末,统计数量达到533份,是去年数量的4.4倍。但在华跨国公司发布的企业社会责任报告数量则保持相对平稳的增长趋势,从2006年起每年以一倍左右的速度增长。

一、报告数量分析

表 11 - 1　　在华跨国企业在我国发布企业社会责任报告历年统计

	2002	2003	2004	2005	2006	2007	2008	2009
在华跨国企业报告数量	1	2	1	2	8	15	35	69
全国企业报告总数	2	3	4	9	23	77	121	533
比例%	50	66.70	25.00	22.20	34.80	19.50	28.90	12.90

二、报告名称分析

根据分层抽样原则,本文在世界500强企业中,从不同行业抽取该行业最具代表性的10个企业作为样本观测。这些企业在所属行业里具有很强的代表性,企业全球运营战略明确,在华固定资产占一定比例,作为样本点更能反映在华跨国企业社会责任报告状况的真实性。

我们在研究中发现:以"社会责任报告"为题的占54%,以"企业社会责任"为题的占37%,这两者以91%的高比率占据报告名称的绝对优势,其他以"可持续发展报告"和"企业公民报告"为题的只占7%极少数比例,其他名称仅填补2%比例。从10个样本企业的报告名称表 11 - 2 来看:以"可持续发

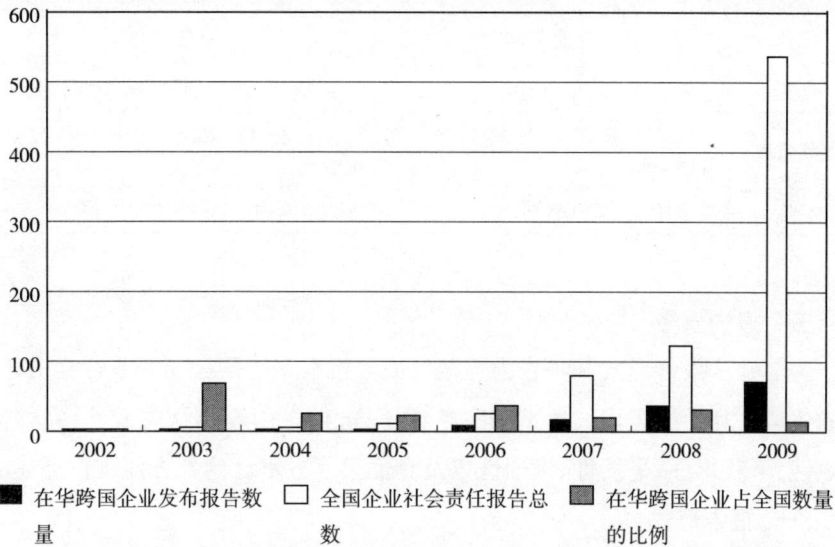

图 11-1　在华跨国企业在我国发布企业社会责任报告历年统计

数据来源:《价值发展之旅 2009——中国企业可持续发展报告研究》由商道纵横、香港施乐会、国家环保部宣教中心、清华大学建设管理系等单位研究编写。

展报告"命题的报告数为 4 份,以"企业社会责任"命题的报告数为 5 份,以"年度简报"命题的报告数为 1 份,与上述 91% 比例恰好吻合。

表 11-2　样本企业 2009 年企业社会责任报告名称

行业	企业名称	报告名称
计算机处理器	英特尔中国 Intel China	2009—2010 英特尔中国企业社会责任报告
汽车制造	丰田汽车(中国)投资有限公司 Toyota	丰田中国可持续发展报告(2010)
其他制造	东芝中国 Toshiba	东芝中国 2010 CSR 报告书
金融	汇丰银行(中国)有限公司 HSBS	汇丰中国企业社会责任报告 2009
批发零售	玫琳凯(中国)化妆品有限公司 Marykay	玫琳凯中国企业社会责任报告 2010
住宿餐饮	麦当劳(中国)有限公司 Mcdonald	麦当劳 CSR 报告 2009
电子制造	三星(中国)有限公司 Samsung	2009 年三星可持续发展报告

行业	企业名称	报告名称
化工	巴斯夫大中华区 BASF	巴斯夫大中华地区 2009 年度简报
食品饮料	可口可乐(中国)饮料有限公司 Coca-cola	可口可乐中国 2008—2009 可持续发展报告
冶炼	美铝中国 ALCOA	2009 美铝中国可持续发展报告

三、报告质量

本部分从报告形式和报告内容两方面分析在华跨国公司企业社会责任报告的质量。其中报告形式着重于完整性评价,报告内容则从关键性、完整性、时效性、可获得性、平衡性、沟通性以及有无第三方审计这几方面进行评述。

(一)报告形式

完整的企业社会责任报告应包括报告前言、责任管理、市场绩效、社会绩效、环境绩效以及报告后记六部分组成。如表11—3(样本企业社会责任报告形式完整性评估)在 10 家企业中只有东芝中国按照《企业责任报告编写指南》将六部分内容完整陈述,玫琳凯(中国)化妆品有限公司和阿迪达斯(中国)有限公司分别缺失两部分内容,完整性较差;除东芝中国和可口可乐(中国)饮料有限公司以外其余 8 家均没有后记部分的相关利益方对该报告的点评以及未来的展望;在责任管理方面,可口可乐(中国)饮料有限公司和玫琳凯(中国)化妆品有限公司均未披露相关责任管理现状或披露信息不明确;在市场绩效方面,玫琳凯(中国)化妆品有限公司将市场绩效界定模糊,社会绩效和环境绩效虽有披露却明确性较低;在环境绩效方面,10 家跨国公司都高度重视能源的有效利用以及全球气候问题,并将报告重点逐渐转移至可持续发展的长远利益,该部分内容完整且充实。

表 11 - 3　样本企业社会责任报告形式完整性评估

企业名称	前言	责任管理	市场绩效	社会绩效	环境绩效	后记	有无第三方评审
英特尔中国 Intel China	★★★	★★★	★★	★★★	★★★	★★	

续表

企业名称	前言	责任管理	市场绩效	社会绩效	环境绩效	后记	有无第三方评审
丰田汽车（中国）投资有限公司 Toyota	★★★	★★	★★	★★★	★★★		
东芝中国 Toshiba	★★★	★★★	★★★	★★★	★★★	★★★	★
汇丰银行（中国）有限公司 HSBS	★★★	★	★	★★★	★★★		
玫琳凯（中国）化妆品有限公司 Marykay	★★★			★★	★★★	★	
麦当劳（中国）有限公司 Mcdonald	★	★	★★★	★★★	★★★	★★	
三星（中国）有限公司 Samsung	★★	★★★	★★★	★★★	★★★		★
巴斯夫大中华区 BASF	★	★★		★★	★★★	★	
可口可乐（中国）饮料有限公司 Coca-co-la	★★★		★★★	★	★★★	★	★
美铝中国 ALCOA	★★★	★★	★★★	★★	★★★		

（注：空白表示无相关信息披露；★表示仅有内容但不清晰；★★表示内容清晰但不具体；★★★表示内容既清晰又具体）

此表为课题组成员研究讨论得出，难免有失偏颇，欢迎广大读者批评指正。

（二）**报告内容**

报告内容作为企业社会责任报告的核心部分，其关键性、平衡性、时效性、可获得性、完整性、沟通性以及有无第三方审计等至关重要，本文选取的 10 家样本企业均为该行业最具代表性的企业之一，通过比较 10 个样本企业的企业社会责任报告发现其中的缺陷及弊端，对该行业其他企业形成良好的示范作用。

1. 关键性和平衡性

关键性是指 CSR 报告披露的议题是否对企业可持续发展以及利益相关方产生关键影响。其中包括企业的财务状况汇报、员工福利水平、股票信息以及当年度业绩情况等诸多内容，这些内容的披露对于企业股东、客户、供应链上的相关利益方所做的运营决策都极具参考价值。我们考察的 10 个样本企业中汇丰银行和玫琳凯中国化妆品有限公司关键性相对较差。汇丰银行对于财务信息和福利状况披露不够具体，社会资助项目也只有文字性阐述，缺乏图表的精确直观描述。而玫琳凯中国化妆品有限公司在第 22 页图表中对于组织承诺度、战略连接度、客户导向以及价值践行度等指标上的表述并未注明其参照指标和可考依据，所示比例数据虽展示玫琳凯数据和调研平均值的比照，对于客户和投资商而言，并无可信价值。而在 2010 年报告第 29 页质量控制环节和第 31 页消费者权益保护这两个重要内容上草草了事，没能给消费者和投资方提供有价值的参考。其余 8 家企业均以图表形式不同程度地披露了企业的销售状况、废水排放数量、能源利用情况以及供应链运营体制等重要信息，对于相关利益方具有参考价值并产生关键影响。

平衡性是指报告中应中肯、客观地披露企业在报告期内的正面和负面信息，以确保利益相关方可以对企业的整体业绩进行正确的评价。在 10 个样本企业的企业社会责任报告中，我们并未找到相关负面信息，企业将全部重点放于理念宣传和业绩汇报方面，对于企业的不达标项目和影响投资者决策的负面信息并无相关表述，因此平衡性方面还有待改进。

2. 时效性和可获得性

时效性是指企业应及时、有规律地通过社会责任报告披露其履责信息，其中包括两个方面：一是报告发布的信息和数据与事件发生的实际时间之间的时间间距；二是报告发布的周期性。从表 11－4 中我们可以看出，10 个样本企业均以一年为周期发布企业社会责任报告，除英特尔公司和麦当劳中国有限公司发布的各项数字信息只更新到 2008 年外，其余 8 家都更新到 2009 年，特别是东芝中国、英特尔中国、丰田汽车以及玫琳凯已将信息更新至 2010 年，样本企业社会责任报告时效性良好。

可获得性一般从企业社会责任报告的提供方式角度进行研究，笔者分别登录 10 家样本企业的官方网站，按照主页是否设有企业社会责任专栏或可持续发展专栏以及这些项目是否标识于网站醒目位置，将可获得性分为三个层次如表 11－4（样本企业时效性及可获得性分析）所示，从表中我们捕捉到如下信息：除英特尔中国和麦当劳中国有限公司在中国官方网站上没有设置专门的企业社会责任专栏外，其余几家均设有该栏目，企业社会责任报告也能在醒目位置下载取得,故获得成本很低。

在报告的语言方面,除麦当劳和三星只提供英文报告外,其余8家均提供中文报告。跨国公司在华发布的企业社会责任报告正在逐渐突破语言屏障,增加了报告的易读性并降低了理解难度,使得更多利益相关方能够轻易获得报告相关讯息。

表 11-4　样本企业时效性及可获得性分析

企业名称	专门明显	专门不明显	没有专门栏目	时效性(更新至)	中国报告语言类型
英特尔中国 Intel China			★	2010	中文
丰田汽车(中国)投资有限公司 Toyota	★			2010	中文
东芝中国 Toshiba	★			2009.4.1—2010.3.31	中文
汇丰银行(中国)有限公司 HSBS	★			2009	中英互译
玫琳凯(中国)化妆品有限公司 Marykay		★		2010	中文
麦当劳(中国)有限公司 Mcdonald			★	2008	英文
三星(中国)有限公司 Samsung		★		2009	英文
巴斯夫大中华区 BASF	★			2009	中文
可口可乐(中国)饮料有限公司 Coca-cola	★			2009	中文
美铝中国 ALCOA	★			2009	中文

3. 完整性和规范性

报告的内容完整性和形式完整性具有密切的关系,在前文中着重阐述形式完整性,并通过图表形式将报告正文分为前言、责任管理、市场绩效、社会绩效、环境绩效、后记六个部分,在此不作赘述。

从报告编写的规范性角度考虑,2006年10月4日至6日,全球报告倡议组织(GRI)在荷兰阿姆斯特丹举行了《可持续发展报告指南》第三版(G3)的发布会议,该版本成为跨国公司编写企业社会责任报告的主流参照标准,其他标准还包括社会责任国际标准 SA 8000 以及 AA 1000 等。此外,国际标准化组织于 2010 年 11 月 1 日在瑞士日内瓦国际会议中心举行 ISO 26000 发布仪式,ISO 26000 是继 ISO 9000 和 ISO 14000 之后最新发布的参照标准,在全球范围内尚未得到广泛普及。从表 11 - 5 中可知:东芝中国、英特尔、可口可乐3 家明确提出按照"全球报告倡议组织"(GRI)G3 编写;三星除参考 CRI(G3)外还依据 AA 1000APS 作为参照标准;巴斯夫大中华区的企业社会责任报告较为特殊,参照了《德国商法典》和《国际财务报告准则》(IFRS),报告编写较去年更为规范。特别指出:东芝中国不仅明确提出编写依据,还将 ISO 26000作为 2010 年企业社会责任报告的编写依据之一,公布 ISO 26000 草案中的与7 个核心主题相关的工作,是 10 家企业中唯一使用最新标准的跨国企业。

表 11 - 5　样本企业综合分析表

公司名称	所属行业	页数	中国分册语言	全球报告语言类型	中国分册内容及其规范性	在华业务相关度	独立第三方审计
英特尔中国 Intel China	计算机处理器	111	中文	英文	参照 GRI(G3)标准;内容充实完整;无负面信息	高度相关	指出以后选用权威机构审计
丰田汽车(中国)投资有限公司 Toyota	汽车制造	57	中文	英文、日文	未披露参照标准;内容充实完整;无负面信息	中度相关	无
东芝中国 Toshiba	其他制造	59	中文	英文、日文	参照 AA1000AP 以及 ISO 26000;内容充实完整;无负面信息	低度相关	第三方意见
汇丰银行(中国)有限公司 HSBS	金融	27	中英互译	英文	未披露参照标准;内容涉及较少;无负面信息	高度相关	无
玫琳凯(中国)化妆品有限公司 Marykay	批发零售	54	中文	英文	未披露参照标准;内容涉及较少;无负面信息	中度相关	无
麦当劳(中国)有限公司 Mcdonald	住宿餐饮	71	英文	英文	参照 GRI 构架编写;内容充实完整;无负面信息	低度相关	无
三星(中国)有限公司 Samsung	电子制造	92	英文	英文	参照 GRI(G3)和 AA1000APS 标准;内容充实完整;无负面信息	中度相关	有

续表

公司名称	所属行业	页数	中国分册语言	全球报告语言类型	中国分册内容及其规范性	在华业务相关度	独立第三方审计
巴斯夫大中华区 BASF	化工	29	中文	英文	参照《德国商法典》和《国际财务报告准则》IFRS；内容充实具体；无负面信息	渐近中度相关	无
可口可乐（中国）饮料有限公司 Coca-cola	食品饮料	56	中文	英文	参照全球报告倡议组织（GRI）G3指南；内容充实完整；无负面信息	中度相关	根据《联合全球契约》内部审核
美铝中国 ALCOA	冶炼	33	中文	英语	未披露参照标准；内容充实完整；无负面信息	高度相关	无

该表由课题组成员根据企业官网发布的 CSR 内容整理所得，不当之处欢迎指正。

4. 沟通性和独立第三方审计

良好的沟通性一方面有利于企业与相关利益方建立稳固的信赖关系，对企业长远发展大有裨益；另一方面能够及时从相关利益方获得反馈信息，便于企业改进机制满足相关利益方的诉求。但在 10 家样本企业中，我们只找到了中国各分公司的联系方式以及地址，对于反馈信息的披露并未显示，报告的沟通性有待提高。

第三方审计一方面确保所发布报告的信息准确性，另一方面则使报告所言情况更具公信力。笔者在调查 10 家样本企业中，只有东芝中国和三星公司提供了第三方意见或审核机构鉴定，可口可乐公司根据《联合全球契约》进行内部审核，可靠性有待斟酌，英特尔自评等级为 B，指出以后报告中会考虑采用权威机构的第三方审计，但在 2010 年的报告中并未实现。其余 6 家并未提供第三方审计的相关讯息，这应该引起在华跨国公司的高度重视。

第二节　在华跨国企业社会责任报告存在问题

一、缺乏"中国特色"

2010 年 11 月 1 日 ISO 26000 正式发布,社会对企业履行社会责任的关注点已经从"是否应该履行"转变到针对跨国企业组织结构的特殊性,现从报告本土化程度、报告编制标准和报告质量等三个角度分析在华跨国企业社会责任报告存在的问题。

"应该怎样履行"ISO 26000 设立了全球统一的企业社会责任的概念,明确了其原则和核心主题,以期在世界范围内形成一个对社会责任基本相同的规则和理解。虽然 ISO 26000 项目组包括 99 个成员国[①],但具体实践标准在应对不同国家的法律、经济发展条件、环境、社会和文化等差异时,仍显得苍白无力。企业履行的社会责任因企业所在国的不同而不同。这就对经济活动范围跨越不同国家的跨国企业所发布的社会责任报告提出了更高的要求。企业在编制报告时不能迷信国际标准,其分布在不同国家、地区的企业社会责任报告应反映出各国企业社会责任理念的特殊性。

但已有跨国公司的在华企业社会责任报告却并没有表现出"中国特色"。质量相对较高的跨国公司中国报告大多数依照全球报告倡议(GRI)编写。GRI 发起的目的是为了提高报告质量,并增强报告在全球范围内的可比性和可信度,但企业社会责任概念的自身特点注定 GRI 不能成为一个世界通用准则。而且 GRI 不能保证报告精确、专业、详细简明(Wilenius,2005)。在对不同利益相关者的重要性评价上,我国的具体情况与其他地区的企业社会责任评价标准不同。从黎友焕 CSR 综合评价体系来看,就中国的现实国情而言,我国企业的核心利益相关者为股东、员工和企业管理者,蛰伏利益相关者为行业伙伴、消费者、债权人和政府,而社区和非政府组织、国际机构等特殊利益团体只属于企业的边缘利益相关者。重要性的差别表现在中国报告的编写上,即各部分内容表述的详尽程度和占整体报告的篇幅不同,但跨国公司在华发

---

① 数据来源:黎友焕、路媛:《ISO 26000 颁布及我国企业的应对思路》,《中国贸易报》2010 年 11 月 11 日。

布的社会责任报告并没有体现出这一差别,报告本土化程度低。

二、实行"双重标准"

论述跨国企业报告质量的"双重标准",有必要先说明跨国企业履行社会责任的"双重标准"。同一跨国公司在西方发达国家有可能是履行社会责任的典范,而在发展中国家则成为商业丑闻的曝光点。造成这一巨大角色反差的主要原因为各国经济社会环境的不同。经济社会环境的不同为跨国公司实践多重企业社会责任标准创造了外部条件,而追求利润最大化则为跨国公司敢于践踏利益相关者权益的内在动因。西方发达国家相对完备的法律体系和社会监督机制使得企业无法忽视社会责任。但我国法律法规体系的不完备,非政府组织、民间组织和行业协会等社会团体活动的影响力小,消费大众和普通雇员对企业社会责任理念还比较陌生、维权意识弱等现状使得跨国企业逃避责任有机可乘。

跨国企业报告质量的"双重标准"实际是其对不同国家履行社会责任"双重标准"的一种表现。有些跨国企业的中国报告只少量涉及中国地区信息,报告主题仍为其母公司,如东芝中国。被考察企业东芝中国在连续两年的报告中都存在共同的问题,报告中中国分部业务主要停留在定性和政策性描述上,定量指标大部分以东芝集团或东芝日本国内为主体,没有中国分部的具体指标,除"环境活动"部分有相对系统的描述外,对中国地区业务的涉及主要通过零散的实例表现。有些跨国公司的中国报告尽管对中国地区的针对性很强,但仍有关键指标未涉及。在报告中自称全球报告严格参照 GRI 编写的英特尔公司,其中国分部报告中 GRI 规定的多处核心内容未涉及,如"生成和分配的直接经济价值"一项,报告中注释基于公司政策与相关法律规定,公司无法就单个国家的财务信息对外公布;"接受来自政府的财政资助"一项,报告中注释由于公司属性与相关法律规定,公司无法就单个国家财务信息对外公布;"男性职工与女性职工的基本工资比率"一项,报告中注释英特尔中国未做相应统计。

三、存在"无章可循"现象

企业社会责任报告应系统、清晰、客观地反映企业在社会责任方面的各项作为,这样才能满足其利益相关方对企业信息的需求,达到编制报告的目的。但部分在华跨国企业发布的企业社会责任报告仍表现为无章可循。

《汇丰中国企业社会责任报告2009》是汇丰中国第4次发布企业社会责任报告,但其报告质量仍然缺乏系统性和全面性。2009年的报告与去年的报告篇幅基本相同,都是25页左右,同样是以中、英双语编制的,也就是说其报告内容只有12页左右,其中还包括大量插图。虽然不能绝对地认为报告篇幅与报告完整性正相关,但细读这份报告便可以知道,这样的篇幅不能承载全部的企业社会责任信息。这份报告分企业可持续发展、促进低碳经济、推动消费者教育和支持社会发展四部分,其中企业可持续发展部分包括汇丰在业务发展、风险管理、环境管理、社区投资四方面的理念和可持续发展管理架构两部分,而剩下的三部分都是以企业在相关方面展开的活动实例方式展示汇丰中国在这几方面的作为,其中无任何负面信息披露,以定性描述为主。但一个企业所承担的社会责任不是几句概括性的理念描述就能表达清楚的,企业社会责任方面也不仅只包括促进低碳经济、推动消费者教育和支持社会发展这三方面。黎友焕CSR综合评价体系涉及九类利益相关者,企业对每个利益相关者的责任又分为经济责任、法规责任、伦理责任和慈善责任。这一体系充分证明了企业社会责任的系统性和复杂性。

第三节　对策建议

针对在华跨国企业社会责任报告存在的问题,现提出如下对策建议。

一、健全法制建设

首先,完善法律监管体系建设,加大执法力度,健全我国法律体系。可从加强对跨国企业的反垄断监控;严惩商业贿赂和产品质量不合格等情况;完善税法等相关法律,堵住其逃避税负责任的渠道等方面入手,抵制跨国企业以"双重标准"履行社会责任。

其次,设立专门的企业社会责任法律法规,弥补法律缺位。我国现行的法律体系中没有一部专门针对企业社会责任的法律,新《公司法》中只是笼统提及企业社会责任,形成企业有法难依的局面,其他相关法律,如《中华人民共和国工会法》、《消费者权益保护法》、《产品质量法》、《反不正当竞争法》、《反垄断法》、《劳动法》等法律法规虽然都从不同的角度涉及企业社会责任范畴的部分内容,但仍有未经法律法规硬性规定的部分,而且我国政府没有处理企业社会责任方面问题的专门职能部门,法律的缺位和职能部门的缺位使得我国监管跨国公司履行社会责任出现体制漏洞。政府应尽快补上法律缺位和职能部门的缺位。

二、建立我国企业社会责任评价机制

在华跨国企业发布的社会责任报告之所以出现各种各样的问题,究其根源是我国没有适合中国国情的企业社会责任评价机制。由于对企业社会责任认识的不清晰,导致企业在履行社会责任时没有确切努力的目标。体现在报告编制方面,则表现为报告内容不分重点、缺乏"中国特色"内容、报告无章可循等问题。因此,要提升报告质量,应尽快建立适合我国国情的企业社会责任评价机制。

关于我国企业社会责任评价机制,我国现已出现不少理论探索,代表性的有 2006 年由商务部跨国公司研究中心、中国社科院世界经济与政治研究所联合发布的《中国公司责任报告编制大纲(草案)》和《中国公司责任评价办法(草案)》(简称《双草案》),2006 年由北京大学民营经济研究院完成的《中国企业社会责任评价体系与标准》,2005 年由中国纺织工业协会社会责任见识推广委员会发布的中国纺织企业社会责任管理体系(简称 CSC9000T),2008年由中国纺织工业协会社会责任办公室推出的《中国纺织服装企业社会责任报告纲要》以及 2010 年在《中国企业社会责任建设蓝皮书(2010)》中由广东省社会科学院教授黎友焕博士提出的中国企业社会责任综合评价指标体系等。

但这些评价体系都在不同方面存在不足或有行业局限性。《双草案》对利益相关方的划分缺乏科学性,一级指标体系不健全;《中国企业社会责任评价体系与标准》主要包括经济责任、环境责任和社会责任三个维度;CSC9000T的指标中没突出环境保护的重要性,行业局限性强,只适用于纺织行业;中国企业社会责任综合评价指标体系设立时调查问卷未覆盖行业的各个方面,指标设计也存在主观性,等等。建立评价机制要经过一个漫长的探索过程,需要社会各界更多的关注，研究机构、高等教育机构等学术机构应结合中国的实际情况，尽快研究出适合我国的企业社会责任评价机制，为企业及其利益相关方指明行动的方向，同时能迅速提升企业社会责任报告的水平。

三、加大宣传教育力度，增强舆论监督

加大企业社会责任宣传教育力度，增加国内对在华跨国企业社会责任报告的需求，增强舆论监督，营造企业发布社会责任报告的软压力。国内对企业社会责任报告的需求不旺盛，社会舆论监督不强，是在华跨国公司发布的企业社会责任报告数量不多，质量不高的原因之一。一份企业社会责任报告应包括企业履行经济责任、法律责任、伦理责任和慈善责任等社会责任方面的信息，也应是企业系统梳理社会责任理念和行为、后果，并做全面、客观反应的一种方式。我国各企业利益相关方应意识到可以通过企业的社会责任报告作为一种声张权利的途径，应监督企业完成。

第四节　在华跨国企业社会责任报告展望

一、在华跨国公司企业社会责任报告的数量和质量将大幅提高

在数量方面，拉动在华跨国公司企业社会责任报告增长的动因归结于两个方面：一是政府越来越重视跨国公司社会责任报告的披露。政府通过制定政策法规以及组织制定行业社会责任报告披露规范来敦促在华跨国公司履行社会责任。迫于政府压力，越来越多的在华跨国公司不得不健全自己的社会责任报告披露制度。此外，在社会舆论监督方面，民间组织和社会媒体等通过舆论或指定相关标准对企业履行社会责任、健全社会责任报告机制进行激励和监督。三是在华跨国公司从自身发展的角度考虑。随着市场经济的日益发展，市场和消费者的日益成熟，消费大众越来越"挑剔"，越来越看重除商品和服务以外的企业非经济行为。企业对社会责任的履行直接影响消费者对该企业的印象分，从而影响消费者的消费行为。越来越多的跨国企业正是看到了这一点，把履行社会责任当做宣传企业形象的重要手段，如在高校开展捐资助学，丰田捐建"丰田桥"，关注青少年儿童体重超标，关注健康的活动等等。

在质量方面，促进在华跨国公司企业提高社会责任报告的动因归结为：一

是随着社会责任日益成为除经济指标外企业对社会贡献越来越重要的标准，在华跨国公司企业披露社会责任报告的具体情况吸引越来越多的中国学者、专家以及高校学术研究机构的关注。由于这些知识分子学术修养以及专业水平都相当高，在华跨国公司企业不得不提高报告质量，以应对学者和专家的舆论压力乃至由学者专家发起的政策性约束。二是政府和社会不仅看重在华跨国公司企业社会责任报告披露的数量也越来越看重其质量。随着政府制定社会责任报告披露的制度和规范，在华跨国公司企业也必须提高社会责任报告的质量。随着这一领域研究的深入和社会关注度的日益提高，关于社会责任报告披露的各种制度和规范也日益建立起来了，披露社会责任报告也变得有章可循，在华跨国企业也就有的放矢了。

二、在华跨国企业社会责任报告参照标准必将趋同

就目前的情况看，在华跨国企业披露社会责任报告的参照标准"鱼龙混杂"。有的参照 AA 1000AP 及 ISO 26000，有的参照 GRI（G3）标准，还有的参照《德国商法典》和《国际财务报告准则》IFRS 等等。但我国企业社会责任报告参照标准必将趋同。首先，参照标准自身缺陷性决定了参照标准的趋同。由于在华跨国企业披露社会责任报告的历史尚短且参照标准还无统一规定，所以各个在华跨国公司企业只能"自作主张"。就目前来看，报告质量较高的在华跨高公司的社会责任报告大多数是参照全球报告倡议（GRI）编写。参照 GRI 编写是为了增强报告的全球范围的可比性和官方的可信度。但 GRI 不能完全适合中国的国情，而且 GRI 也不能保证报告的精准、专业、详细简明。至于参照类似《德国商法典》和《国际财务报告准则》的社会责任报告显然不能满足中国政府、专家学者乃至社会大众的要求。所以随着这一领域研究的日益成熟，企业社会责任报告参照标准趋同是不可避免的。其次，有了标准才便于比较，有了比较才有优劣以及合格不合格的判别依据。随着我国市场经济日趋成熟，社会责任报告的质量一定会成为衡量在华跨国公司企业履行社会责任的重要指标，如果连社会责任报告的质量都难以保证，则更无法准确判断该企业是否认真履行了应尽的社会责任。再次，有了统一的参照标准才能准确衡量社会责任报告整体的质量。参照指标不统一将导致统计指标的不一致。这一方面会影响到报告总体的科学分析及预测，另一方面会使得报告需

求方无法准确衡量企业社会责任报告的优劣差异和实用价值。所以参照标准的趋同只是时间问题。

参考文献

曹明福：《全球价值链分工：从国家比较优势到世界比较优势》，《世界经济研究》2006 年第 11 期。

曹明福：《全球价值链分工的利益来源：比较优势、规模优势和价格倾斜优势》，《中国工业经济》2005 年第 10 期。

曹明福：《赛马辨析》，《企业管理》2005 年第 2 期。

朝晖：《跨国公司社会责任规范体系及有关问题》，《大连海事大学学报（社会科学版）》2009 年第 2 期。

大趋势：《企业社会责任报告国际动态》，《WTO 经济导刊》2007 年第 8 期。

金润圭、杨蓉、陶冉：《跨国公司社会责任研究——基于 CSR 报告的比较分析》，《世界经济研究》2008 年第 9 期。

黎友焕、郭文美：《基于企业社会责任理念的审计工作新思路》，《中国审计》2009 年第 16 期。

黎友焕、陈理斌：《强化广东企业家精神建设的思考》，《现代乡镇》2009 年第 3 期。

黎友焕、龚成威：《百年企业更应该承担社会责任——对国内已发布报告企业的研究分析》，《上海国资》2008 年第 12 期。

黎友焕、龚成威：《企业社会责任理论研究新进展》，《西安电子科技大学学报（社会科学版）》2009 年第 1 期。

黎友焕、龚成威：《中国企业家社会责任感探析——比尔·盖茨慈善捐赠案例及启示》，《生产力研究》2009 年第 20 期。

黎友焕、郭文美：《中国如何加快企业环境责任履行》，《世界环境》2009 年第 2 期。

黎友焕、胡明区：《汶川地震中企业社会责任行为分析》，《中国企业公民蓝皮书》（2009 年 6 月）。

黎友焕、李双双：《面对危机：责任选择泾渭分明》，《WTO 经济导刊》2009

年第 2 期。

黎友焕、刘延平:《中国企业社会责任建设蓝皮书(2010)》,人民出版社 2010 年版。

黎友焕、王星:《2008:SA 8000 国内认证新趋势》,《世界标准化与质量管理》2009 年第 3 期。

黎友焕、尹丽文:《中国企业慈善社会责任研究》,《中国企业公民蓝皮书》(2009 年 6 月)。

黎友焕:《SA 8000 与中国企业社会责任建设》,中国经济出版社 2004 年版。

黎友焕:《富二代的社会责任》,《羊城晚报·财富杂志》2009 年第 5 期。

黎友焕:《企业社会责任》,华南理工大学出版社 2010 年版。

黎友焕:《企业社会责任导论》序,企业社会责任导论,2009 年 8 月。

黎友焕:《企业社会责任理论》,华南理工大学出版社 2010 年版。

黎友焕:《企业社会责任实证研究》,华南理工大学出版社 2010 年版。

黎友焕:《企业社会责任在中国》,华南理工大学出版社 2007 年版。

黎友焕:《企业申请 SA 8000 认证:五个缺一不可》,《WTO 经济导刊》2004 年第 9 期。

黎友焕:《企业应对社会责任标准体系(SA 8000)认证需要注意的几个问题》,《财经理论与实践》2004 年第 5 期。

盛斌、胡博:《跨国公司社会责任:从理论到实践》,《南开学报(哲学社会科学版)》2008 年第 4 期。

殷格非、崔征:《企业社会责任报告在中国》,《WTO 经济导刊》2008 年第 8 期。

朱文忠:《跨国公司企业社会责任国别差异性的原因与对策》,《国际经贸探索》2007 年第 5 期。

第十二章　企业社会责任咨询培训市场走势评析及展望

摘要：随着国际企业社会责任运动的深入开展，国内企业社会责任运动也方兴未艾，这为企业社会责任咨询培训市场提供了广阔的天地。但是，目前企业社会责任咨询培训市场也存在许多问题。在对政府机关及咨询培训机构进行电话及网络调研的基础上，本文对国内企业社会责任咨询与培训市场环境、发展现状及发展趋势进行剖析，并从政府、企业和咨询培训机构等三个方面提出了相应的政策建议。最后本文对企业社会责任咨询培训市场的发展趋势进行了展望。旨在为广大学者研究企业社会责任咨询培训市场发展问题提供一些参考，也为企业社会责任咨询培训市场健康发展作出贡献。

关键词：社会责任，咨询与培训，战略

Abstract：As development of the international corporate social responsibility movement in depth, domestic corporate social responsibility movement grows vigorously. All these provide the consulting and training market of corporate social responsibility with a vast world. But now, there are also many problems in the consulting and training market of corporate social responsibility. Based on investigations on the government agencies and consulting and training organizations by telephone and online research, this paper analyzes the environments, status and trend of the domestic consulting and training market of corporate social responsibility, and gives some advice on the development of this market from perspectives of government, business corporate and consulting and training institutions. Finally this paper makes a prospect of development trend of consulting and training market of corporate social responsibility. The purpose of this paper is to provide some references for academics and some ideas on the healthy development of the market.

Key Words：social responsibility，consulting and training，strategic

在经济全球化的背景下，企业社会责任运动在全球范围内兴起并对我国产生了广泛的影响。企业与社会各个利益相关者的互动关系日趋紧密。跨国公司的生产守则运动、政府的管制、消费者的货币投票、新闻媒体的广泛报道等都给企业履行社会责任带来了强大的压力。企业在内外压力与动力的合力作用下，不得不给予各利益相关者更大的关注，同时，也必须在企业社会责任的履行方面作出更多的行动。由于企业既缺乏对社会责任相关理论知识、生产守则、法律政策的理解和掌握，又缺乏应对各种验厂及社会责任报告编写方面的人才。因此，企业社会责任咨询与培训市场应运而生，为企业和社会公众解决各种难题，传播社会责任的知识和理念。目前，国内对于企业社会责任咨询与培训市场研究的文献非常少，更缺乏对于该市场的深入研究的实证性文献。本文，在对政府机关及咨询培训机构进行电话及网络进行大量调研的基础上，对国内企业社会责任咨询与培训市场环境、发展现状及发展趋势进行剖析，并从政府、企业和咨询培训机构等三个方面提出了相应的政策建议。最后本文对企业社会责任咨询培训市场的发展趋势进行了展望。旨在为广大学者研究企业社会责任咨询培训市场发展问题提供一些参考，也为企业社会责任咨询培训市场健康发展作出贡献。

本章包括四个方面的内容：第一，企业社会责任咨询培训市场概述；第二，国内社会责任咨询与培训市场发展驱动力分析；第三，国内企业社会责任咨询与培训市场现状及存在问题分析；第四，政策建议及市场展望。

第一节　企业社会责任咨询培训市场概述

一、企业社会责任的涵义

自 Oliver Sheldon（1924）首次提出企业社会责任概念以来，"企业社会责任"（Corporate Social Responsibility，简称 CSR）一直受到社会各界的广泛关注，但迄今没有一个被普遍接受的定义。学者黎友焕（2007）提出了一个相对比较完整的、动态的企业社会责任定义,即"在某特定社会发展时期,企业对其利益相关者应该承担的经济、法规、伦理、资源型慈善以及其他相关的责任"①。徐尚昆、杨汝岱(2007)在对西方文献和国内企业调研问卷归纳分析的基础上,发现中西方共有的企业社会责任纬度包括经济责任,法律责任,环境保护、客户导向、以人为本(西方称为员工利益)、公益事业(西方称为慈善事业)等6个;西方企业独有的企业社会责任纬度包括股东和平等2个;中国企业独有的企业社会责任纬度主要包括就业、商业道德和社会稳定与进步等3个。

综上所述,企业社会责任的内容是随着社会的发展不断扩展的,主要包括经济责任、法律责任、伦理责任和自愿责任等4类。企业对这4类社会责任的重视程度是从经济责任到自愿责任逐步降低的。由于所处的行业、政策环境以及自身经营状况不同,各个企业应根据自身状况分层次履行企业社会责任(陈迅、韩亚琴2005)。由于企业社会责任是一个不断扩展的概念,社会责任咨询与培训市场也必然随着企业社会责任内涵的扩展而不断扩张。因此,社会责任咨询与培训市场也是一个不断扩展的市场。

二、社会责任培训市场结构分析②

(一)市场服务业务类型

根据目前国际国内企业社会责任的实践标准,企业社会责任咨询与培训市场范畴主要包括企业社会责任基础知识培训、企业社会责任报告咨询与培训、COC与体系认证咨询与培训、SA 8000体系认证咨询与培训、企业社会责任战略咨询与培训等几大部分内容。

1. 基础知识培训

基础知识培训主要是针对企业管理人员、员工和政府部门进行的知识普及性的培训;培训的主要目的是帮助组织成员建立企业社会责任的知识体系,并提高其对企业社会责任的理解;培训的主要内容包括企业社会责任的概念和内涵、企业社会责任与社会经济发展、企业社会责任与劳资关系、企业社会

---

① 黎友焕:《企业社会责任研究》,西北大学2007年博士学位论文。
② 本部分内容系通过对中国国家认证认可监督管理委员会、企业社会责任咨询培训机构进行电话访谈和网站调研获得资料整理而成。

责任与公司发展等主题。

2. 企业社会责任报告咨询与培训

企业社会责任报告目前都还没有一个统一的定义。全球报告倡议组织（GRI）将企业社会责任报告称为可持续发展报告，定义为："对组织在实现可持续发展目标方面的表现进行衡量、披露以及对内部和外部利益相关者负责的做法"。企业社会责任报告是企业所发布的所有非财务报告统称，主要包括以下几种类型：环境报告、环境健康安全报告、环境健康安全与社会/社区报告、企业责任报告、可持续发展报告、环境社会报告、慈善报告、社会/社区报告以及其他共九个类型。企业发布社会责任报告的重要目的是为了能让利益相关方在阅读报告后，作出有利于他们切身利益的决定。目前，国内进行企业社会责任报告咨询培训的主要参考标准有《可持续发展报告指南》（G3 版）①和《中国企业社会责任报告编写指南》②等。

企业社会责任报告培训主要针对企业管理人员，企业社会责任事务负责人，企业社会责任报告、社会责任报告编写人员以及社会责任相关人员。培训的内容主要包括：企业社会责任报告的框架、结构以及编写流程介绍；企业社会责任报告的策划和优先次序以及如何体现对利益相关方的重要性；报告实质性的应用，报告工作的重点；构建报告，界定报告内容，质量及界限；报告审核及如何向利益相关者宣传工作；适合企业报告的有效工具介绍；成功报告案例学习等内容。

咨询的主要内容包括：企业社会责任报告参考标准的介绍；确定报告的目标和主要利益相关方；报告信息透明和责任；确定利益相关方优先关注的问题；利益相关者参与和有效沟通工具；为企业量身定制个性化报告解决方案；企业社会责任信息和数据管理；测度和报告社区投资的成效；平衡报告各利益相关方焦点议题；向关键利益相关方披露和宣传企业社会责任报告。

3. 生产守则咨询与培训

狭义的生产守则又称为"公司行为守则"，主要是指各跨国企业、组织自

---

① 《可持续发展报告指南》（G3 版）由全球报告倡议组织（GRI）于 2006 年 10 月发布。

② 《中国企业社会责任报告编写指南》由中国社会科学院经济学部企业社会责任研究中心于 2009 年 12 月发布。

已制定的内部生产守则,只有符合其政策和原则的工厂,才能够成为其供应商。在咨询培训市场中,咨询培训机构往往称其为"COC"(CODE OF CONDUCT)。目前,我国企业尤其是外向型企业受这类守则的影响最大。广义的生产守则还包括公约及全球倡议类生产守则、行业生产守则和标准、外部生产守则和工具(黎友焕,刘延平 2010)。但是根据电话及网络市场调研,目前我国的生产守则咨询培训业务通常只包括公司行为守则、行业行为守则和SA 8000 认证体系(属于外部生产守则和工具)。但由于 SA 8000 的地位有些特殊,因此在下文单独分类说明。

生产守则咨询业务主要是查厂咨询。查厂是指"跨国公司在订单下达或者货物交付之前,派遣本公司的专职人员或者委托公证行的专业检查人员对供应商或者分包商的生产资料、生产环境、员工等进行实时实地调查,以判断其是否符合公司生产守则的要求,并以此作为订单下达和接受货物的依据"①。咨询培训机构也通常称其为"验厂"。

验厂咨询的主要内容包括依据相应生产守则全面审查工厂现状、提出全面整改方案、提供员工及相关管理人员的培训、实地整改指导,模拟审核、审核前指导并陪同审核、审核结果分析改善。验厂培训的内容主要包括公司及生产守则情况介绍、验厂标准介绍、验厂所需文件介绍、操作实例讲解等内容。通常验厂咨询业务中也包括验厂培训的内容。

4. SA 8000 咨询与培训

(1)SA 8000 审核员培训

SA 8000 审核员包括内审员和外审员两种,内审员是公司内部负责公司内部 SA 8000 体系运行、管理以及审核的人员,不实行国家注册制,只要参加内审员培训合格后就能取得培训机构颁发的内审员证书。外审员(也称注册审核员)是以 SAI 认可的认证公司名义从事第三方审核的人员,可以直接到需要进行 SA 8000 认证的公司进行审核。外审员实行 SAI 注册制,需要先参加外审员培训,考试合格后取得由 SAI 认可的认证机构颁发的外审员培训合格证,才能成为 SAI 注册审核员。

SA 8000 内审员培训的对象一般是由需要进行 SA 8000 认证的企业委派

---

① 黎友焕:《SA 8000 与中国企业社会责任建设》,中国经济出版社 2004 年版。

的以后在内审员岗位工作的员工;培训的内容主要包括:企业社会责任与 SA 8000 标准的产生背景及其在中国的实践;跨国公司验厂要求与 SA 8000 标准的联系;推行 SA 8000 的成本收益以及面临的困难;SA 8000 的基本框架;如何建立 SA 8000 管理系统;SA 8000 认证基础知识等内容。

SA 8000 外审员又称为 SAI 注册审核员,该培训一般针对已经具有一定的企业社会责任及 SA 8000 认证体系知识水平,且致力于在 SAI 认定 SA 8000 认证机构工作的学员;培训的主要内容包括:企业社会责任的推动力,行为准则和 SA 8000 的发展;各个利益相关者在社会责任审核中的身份与作用;针对 SA 8000 认证标准具体条款的审核方法;审核关键技巧;关于资格考试的试题辅导等内容。

(2)SA 8000 验厂咨询

SA 8000 验厂咨询的主要流程包括:对现有体系诊断、确认咨询计划和体系策划;对相关人员进行标准体系知识、体系文件运行前培训,组织相关文件编制;实施体系试运行并完善,实施内部审核;协助企业实施认证申请、内部模拟审核、正式现场审核以及持续改进;为确保体系长期有效的运行而进行跟踪服务等。此外,一些关于 SA 8000 认证体系的基础知识培训的内容往往都融合在上述的咨询与培训业务中,在此不再赘述。

4. 社会责任战略咨询与培训

关于企业社会责任战略的定义比较少,通常被称为企业社会战略。Husted & Allen(2007)认为,企业社会战略是指具有明显创造竞争优势意图的战略性企业社会责任,它是"为获取长期社会目标和创造竞争优势,企业在社会问题方面的定位"①。也就是说,企业社会战略是企业为了获取竞争优势,实现社会绩效和经济绩效的双赢,在有关社会责任问题上的定位、设计与投资。

(1)企业社会责任经理人培训

该类培训主要针对企事业单位的管理人员,培训的主要内容包括:企业社会责任系统认知;沟通能力与人力资源管理知识;各部门在企业社会责任 CSR 系统中的角色;企业社会责任系统监控与绩效评估等内容。进行此类培训业

---

① Husted B W, Allen D B and Coduras A. The Use of Corporate Social Strategy among Large Spanish Firms[Z]. European Business Ethics Network Annual Conference, Budapest, Hungary, August 30, 2003.

务的咨询培训机构很少,且没有统一培训内容。

(2)企业社会责任战略培训

企业社会战略培训的主要内容包括:利益相关者参与和识别关键风险;企业社会责任、企业品牌和企业声誉的关系;企业社会责任计划执行和案例分析;企业社会责任监控和测度;非财务风险管理;企业社会责任投资;企业社会形象推广。目前,企业社会责任战略培训还停留在企业管理加企业社会责任的层次上,没有实现二者在经营战略上真正融合运用的层面。

(3)企业社会责任战略咨询

企业社会责任战略咨询主要包括两种,企业社会责任营销策划和企业社会责任投资管理。企业社会责任营销策划咨询主要内容包括:从社会责任角度为企业提供企业社会责任形象设计和策划;组织策划企业社会责任报告新闻发布会;创办企业社会责任内刊/宣传册等。企业社会责任投资管理咨询的主要内容包括:社区发展、企业社会责任形象推广、社会责任投资成效评估。社区发展主要包括通过社区调查规划社会责任发展战略;与当地社群沟通认识他们所关心的问题;识别风险和机遇、制定相应的社会责任政策去扩大机遇和缓解风险;社区投资监控和管理等内容。企业社会责任形象推广包括规划和组织户外推广活动展示公司对社会责任的承担;强化与公众和利益相关者的交流、搭建与公众沟通平台;推广公司形象和产品等内容。社会责任投资成效评估主要指监督、管理社会责任投资项目过程。

目前,咨询机构为企业提供的社会责任战略咨询服务还仅仅是围绕具体项目进行的局部策划,还没真正将社会责任嵌入企业核心价值观、融入到企业的使命与愿景的层次。在网络调研中,能够提供社会责任战略咨询与培训的机构非常少。但随着企业社会责任运动的不断深入,企业社会责任意识的不断增强,社会责任战略咨询与培训必将成为市场发展的新方向。

(二)服务提供商类型

1. 国内认证咨询培训机构

国内认证咨询培训机构①是指由中国国家认证认可监督管理委员会(以

---

① 机构名单公布于中国国家认证认可监督管理委员会网站的"查询专区",(http://www. cnca. gov. cn/cnca/zwxx/rjwjj/default. shtml)。

下简称"国家认监委")批准的认证培训机构和认证咨询机构。这两种机构的设立要分别符合国家质量监督检验检疫总局《认证培训机构管理办法》(第81号令)和《认证咨询机构管理办法》(第82号令)的规定,且其机构名录均在"国家认监委"网站(查询专区)予以公布。目前,SA 8000认证体系的咨询业务已经列入"国家认监委"批准的认证咨询机构的业务范围。《认证培训机构管理办法》第五章第二十八条规定,"认证咨询机构及其分支机构超越批准业务范围进行认证咨询活动或者分支机构未经备案的,责令改正,处1万元以上3万元以下罚款;情节严重的,国家认监委应当责令停业整顿,直至撤销批准文件,并予以公布。"因此,只有在业务范围内列明SA 8000认证咨询的国内认证咨询机构才具有SA 8000认证咨询资质,其他咨询培训机构没有相应的咨询资质。但是对于SA 8000的注册审核员培训业务,并没有列入"国家认监委"批准的认证咨询机构的业务范围。此外,国内认证咨询培训机构也可以进行除SA 8000认证咨询业务以外的其他企业社会责任咨询、培训业务。

2. 国际认证机构和公证行

跨国公司生产守则往往委托国外认证机构进行验厂审核,因此,国外认证机构一般不能就相应的生产守则进行验厂咨询业务,只能进行一些生产守则方面的认知性培训。但在实际操作中,一些国际认证机构和公证行业提供一些变相的咨询业务,如提供解决方案、支援性服务等。

根据SAI规定,使用SA 8000标准开展认证活动的认证机构需得到美国SAI机构的认可,现阶段全球SA 8000的认证主要由经SAI认可的20家国外认证机构实施[1]。外资认证机构经"国家认监委"备案后,就可以在国内从事SA 8000审核员培训。有时,这些外资机构也委托国内培训机构进行,培训合格签发外资认证机构的证书。由于SA 8000的认证机构和进行认证的企业数量有限,该类业务量比较小。

3. 国内专业企业管理咨询培训机构

国内专业企业管理咨询培训机构是指除了上述机构以外,其他不具有认证咨询培训资质的国内企业管理咨询培训机构。这部分机构的业务范围比较

---

[1] Social Accountability Accreditation Services(SAAS): http://www. saasaccreditation. org/accredcertbodies. htm.

广,不具有 SA 8000 认证咨询及注册审核员培训资质,可以从事除 SA 8000 认证咨询及审核员培训业务以外的企业社会责任咨询、培训业务。

4. 其他组织机构

其他组织机构主要指国内一些商会、行业协会、政府组织、企业等组织机构。为了提高内部成员的社会责任意识,这些组织机构常聘请培训机构培训人员或专家学者进行组织内部培训。例如,商务部和瑞典驻华大使馆为商务主管部门人员定期举办的"中瑞企业社会责任培训班"。

(三) 管理机构

1. 中国国家认证认可监督管理委员会(CNCA)

中国国家认证认可监督管理委员会(以下简称"国家认监委")是国务院决定组建并授权,履行行政管理职能,统一管理、监督和综合协调全国认证认可工作的主管机构。其职能中与企业社会责任培训咨询相关的职能为:"依法监督和规范认证市场,监督管理自愿性认证、认证咨询与培训等中介服务和技术评价行为;根据有关规定,负责认证、认证咨询、培训机构和从事认证业务的检验机构(包括中外合资、合作机构和外商独资机构)的资质审批和监督;依法监督管理外国(地区)相关机构在境内的活动;受理有关认证认可的投诉和申诉,并组织查处;依法规范和监督市场认证行为,指导和推动认证中介服务组织的改革。"①

2. 中国合格评定国家认可委员会(CNAS)

中国合格评定国家认可委员会(英文缩写为:CNAS)是由国家认证认可监督管理委员会批准设立并授权的国家认可机构,统一负责对认证机构、实验室和检查机构等相关机构的认可工作。它是在原中国认证机构国家认可委员会(CNAB)和中国实验室国家认可委员会(CNAL)基础上合并重组而成的。质量管理体系认证机构认可;环境管理体系认证机构认可;职业健康安全管理体系认证机构认可;食品安全管理体系认证机构认可;软件过程及能力成熟度评估机构认可;产品认证机构认可;有机产品认证机构认可;人员认证机构认

---

① 中国国家认证认可监督管理委员会网站:http://www.cnca.gov.cn/cnca/zwxx/rjwjj/default.shtml。

可;良好农业规范认证机构认可。①

3. 中国认证认可协会(CCAA)

中国认证认可协会(China Certification and Accreditation Association,缩写为 CCAA)是由从事认证认可及相关工作的机构、人员自愿组成的非营利的全国性行业组织,依法取得社会团体法人资格。② 该协会具有行业自律、维护权利、人员注册、交流培训等多项职能。

中国国家认证认可监督管理委员会、中国合格评定国家认可委员会和中国认证认可协会只是认证咨询机构和认证培训机构的管理协调机关,其管理和协调的范围不能涵盖整个企业社会责任咨询培训行业。

三、企业社会责任咨询与培训的意义

通过咨询、培训、评估以及形象传播等服务,咨询培训机构用专业的角度帮助企业改善供应链的工作环境,保护企业在公众和非政府组织中的品牌声誉;规划可持续发展战略,以增强企业社会道德责任和生产力;建立社会责任体系,帮助企业融入社群;推动企业社会责任的传播,令社会责任文化得到公众广大的认知和支持,从而促进全社会的道德发展。

(一)帮助企业树立正确的观念,改善供应链环境

1. 帮助企业树立正确的观念

我国企业在积极履行经济责任和公益责任的同时,也存在着大量的损害利益相关者的现象,如污染环境、制造及销售假冒伪劣产品、发布虚假广告欺骗消费者、不顾员工的安全和健康、侵犯知识产权、用工招聘中存在歧视等。究其原因,我国许多企业对于对企业社会责任的认识上存在误区,导致企业对企业社会责任存在抵制的心理,消极履行或者逃避其应当承担的社会责任,最终将影响企业价值的提升。因此,政府部门、行业协会、咨询培训机构以及企业通过举办各种研讨会及内部培训会,通过社会责任基础知识的普及,使企业员工特别是管理层人员能够意识到诚信、纳税、节约、环保、文化建设、维护消费者权益等对于企业的发展和树立良好社会形象的重要性;理解和掌握企业

---

① 中国合格评定国家认可委员会:http://www.cnas.org.cn/col753/index.html? colid=753。

② 中国认证认可协会:http://www.ccaa.org.cn/ccaa/xhjj/8563.shtml。

履行社会责任的实质内容、指导思想以及实施过程中的应该事项,达到提升内部员工士气、企业的凝聚力和向心力的作用;通过专业验厂实务操作及生产守则基础知识培训,使企业员工明确了标准具体的实施程序和步骤以及实施的意义,使社会责任的每一项内容真正落到实处,达到预期的效果。

2. 改善供应链工作环境

随着国际企业社会责任运动的深入开展,跨国公司对供应商验厂的频率越来越高,要求也越来越严格。我国许多工厂企业在社会责任体系、质量管理体系等方面还极不完善,众多厂家也不能很好地自主理解与执行企业社会责任众多标准。专业咨询培训机构通过对企业实施系统诊断,提出全面整改方案并实地指导企业进行整改,使企业达到生产守则的标准,从而改善供应链工作环境。在专业咨询培训机构进行咨询的过程中,也包含了对生产守则、验厂标准、企业社会责任基础知识的培训,增强了企业管理人员及员工对生产守则的理解,提高供应链企业对生产守则的认可度和执行的自觉性。

此外,有些工厂类企业可能同时为多个跨国公司供应商品,不得不面临多个客户不同的验厂标准。企业自身的能力和人员配备有限,无法独立通过众多生产守则的验厂。因此,企业需要专业的验厂咨询团队,凭着其丰富的验厂实战经验、资深的行业阅历,在为企业量身定制能够应对单个甚至多个客户验厂要求的系统解决方案,增加验厂通过率,节约企业多次验厂整改的成本,提高企业生产效率。

(二)增强企业与各利益相关者的双向交流

企业作为社会的一个组成部分,与周围的利益相关者存在密切的联系。在其生产经营过程中,企业不仅要考虑自身的经济利益,还要考虑各个利益相关者的利益要求,如顾客、员工、商业伙伴、政府、社区等。各利益相关者通过各种途径给企业的经营活动和社会责任履行带来影响。因此,企业需要通过发布各种企业社会责任报告、形象传播等途径与利益相关者形成双向交流,既使利益相关者对企业社会责任的履行有全面的了解,又可以督促企业提高内部规范治理水平。

企业社会责任报告是企业披露社会责任信息的重要渠道。我国企业社会责任报告的整体水平不高,大部分报告还处在起步阶段,报告指标覆盖率和国际化程度不高,信息披露的广度和深度仍存在欠缺,与回应利益相关者要求和体现公司价值尚有一定差距。因此,需要咨询培训机构进行专业的辅导,提高企业社会责任报告的发布质量,增强企业社会责任报告对各利益相关者的回应。

此外,咨询培训企业通过为企业策划社会责任形象、制定社会责任体系,组织策划企业社会责任报告新闻发布会等,增进了企业和各利益相关者的沟通,为企业和利益相关者建立了沟通平台。

(三)提高利益相关者的认知水平,增强其社会监督能力

社会各界对企业社会责任的基础知识了解不多,在对企业履行社会责任进行监督的过程中,难免会出现一些偏差。例如,我国媒体、大众最关注的企业的社会责任行为莫过于各种捐助活动。对于各种在灾区捐款活动中"吝啬"的企业,公众和媒体都纷纷口诛笔伐,甚至组织抵制企业的产品及股票。这些行动严重影响企业的生产经营。但是在企业社会责任的理论中,捐赠属于自愿责任,不应作为评价企业履行社会责任状况的主要指标。通过咨询培训机构、政府、行业协会、媒体、科研机构等联合举办企业社会责任培训、咨询活动,使企业社会责任观念得到广泛的传播,加深各利益相关者对社会责任内涵的理解,更好地发挥社会监督的作用。

第二节 国内社会责任咨询与培训
市场发展驱动力分析

国内社会责任咨询与培训市场的发展离不开企业社会责任运动的推动。跨国公司、政府、消费者、员工、行业协会等组成的强大的利益相关者影响着企业社会责任的履行,从而对社会责任咨询与培训市场的发展产生直接或间接的推动作用。

一、跨国公司

经济全球化时代,跨国公司在全球范围内实施战略安排。国际供应链上每一节点的企业效率与社会责任履行情况都会影响整个供应链上企业成本及竞争力。跨国公司通过提高供应商的社会责任履行情况和社会信誉,可以提高供应链的效率和竞争力(吴明华2010)。因此,我国企业在不断地融入跨国公司供应链的同时，也正接受跨国公司越来越频繁、越来越严格的社会责任审核。

跨国公司推行社会责任的标准主要有内部生产守则、行业生产守则和标准体系认证三种。我国许多工厂企业生产环境、劳工状况等方面还很薄弱，众多厂家也不能很好地自主理解与执行企业社会责任众多标准。因此，企业需要专业咨询培训团队，帮助企业改善软硬件环境，逐步符合跨国公司生产守则的要求。跨国公司的生产守则运动极大地推动了我国企业社会责任建设的同时，也为我国社会责任咨询培训市场提供了良好的市场动力。

二、政府

当前我国企业履行社会责任的低水平虽与企业的认知能力有关，但主要原因是消极成本过低，而积极成本过高。因此，政府相继颁布一系列政策法规法律进行约束和规范，同时也从政策上对企业加以引导。

（一）立法推动

2006 年 1 月 1 日生效的《中华人民共和国公司法》修订案在其总则第五条中，明确规定"公司从事经营活动，必须遵守法律、行政法规，遵守社会公德、商业道德，诚实守信，接受政府和社会公众的监督，承担社会责任"。由此，企业履行社会责任被提升到了法律的高度。目前，除了《公司法》、《劳动合同法》、《可再生能源法》、《节约能源法》、《循环经济促进法》等政府已颁布的相关法律外，中国政府陆续发布了一系列法规、规定和办法，如针对中央企业、工业企业、上市公司、大型商业银行、出口企业等发布的办法或指导意见，引导和推动企业更好地履行社会责任。此外，针对我国能源资源消耗过大、环境污染严重等突出问题，我国政府积极地承担国际环境责任，已经缔结或签署了《斯德哥尔摩公约》、《巴塞尔公约》和《京都议定书》等 50 多项国际环境公约。

（二）政策引导

政府也通过倡导、鼓励等措施来引导和推进企业社会责任的发展。2006 年 10 月党的十六届六中全会审议通过《中共中央关于构建社会主义和谐社会若干重大问题的决定》，其中明确提出"广泛开展和谐创建活动，形成人人促进和谐的局面。着眼于增强公民、企业、各种组织的社会责任"，对包括企业在内的各种组织履行社会责任提出了明确的要求。在 2007 年中央经济工作会议上，胡锦涛总书记提出"引导企业树立现代经营理念，切实承担起社会责任"的要求。2007 年,中央国资委发布《关于中央企业履行社会责任的指导意见》,对中央企业的社会责任发展来加以引导。2010 年 8 月,国资委在央企负责人会议上要求所有央企在三年内必须发布企业社会责任报告,使履行社会责任要成为企业的自觉行动和软实力之一。此外,国家发改委、劳动与社会保障部、国家环保总局、安全生产监督局等各政府部门分别从节能降耗、劳动执法、污染控制和安全生产等几个方面对企业进行监督,给企业施加了强大的社会责任压力。

但是 levine(2008)认为,虽然中国官方提倡企业社会责任,但是对企业行为没有显著影响。因此,政府在加强法律法规建设、加大政策引导力度的同时,也加强执法和检验监督的力度。

三、社会公众

企业的生存和发展取决于它能否有效地处理与各种利益相关者的关系(贾生华、陈宏辉 2003)。企业生活在社会的大系统中,企业的诸多行为信息都暴露于公众的视野之下。消费者、企业员工、投资者、债权人、社会团体、传媒与社会舆论、社区居民等利益相关者的监督对企业形成了一定的压力,使其在经营决策中不得不考虑社会影响。消费者可以利用对企业的货币投票权选择购买那些负责任的公司所生产的产品;员工可以利用工作抉择权选择在那些负责任的公司工作;投资者可以利用股票选择权将那些负责任的公司作为投资目标。社会的信息化程度越高,企业对于公众的投票压力感受愈深(禹海慧,2010)。新闻媒体对发生的重大企业社会责任缺失现象,如红心鸭蛋、富士康事件、外资企业工会事件、多宝鱼、SK-Ⅱ等事件,给予了广泛的关注和报道,给企业施加了强大的压力。另一方面,新闻媒体对负责任的优秀企业的宣传,提高了企业的美誉度,也增强了企业履行社会责任的动力。

四、社会责任投资

我国金融机构也开始对社会责任问题表现出更大程度的关注。深圳证券交易所于 2006 年 9 月出台了《上市公司社会责任指引》,鼓励上市公司建立相应的社会责任制度,并倡导社会责任报告与年报同时披露;2008 年 5 月,上海证券交易所发布《关于加强上市公司社会责任承担工作通知》,引导各上市公司积极履行社会责任,重视利益相关者的共同利益。这些指导意见和工作通知的发布促进了企业社会责任实践的开展,特别是促进了上市公司社会责任报告发布工作。2008 年共有 290 家上市公司披露了发展报告和社会责任报告;2009 年,发布社会责任报告的企业数量急速增长,深沪两市共有 467 家上市公司发布了 2008 年度的社会责任报告。社会责任报告的发布不仅为社会责任投资的股票筛选提供了有效的信息来源,更让社会责任投资进入了更多的领域。目前,我国的社会责任投资还处于起步阶段,投资的项目还非常有限,主要有以企业家为主的生态基金——阿拉善 SEE 生态基金(2004 年 6 月)、中银国际成立的准社会责任基金——中银持续增长(2006 年 3 月发行)、"兴业社会责任投资基金"(2008 年 4 月发行)。

此外,中央银行采取了一系列的环保信贷政策。2006 年 12 月 19 日,中国人民银行宣布与国家环保总局合作,将企业污染记录的信息纳入企业信用数据库。此后,中国人民银行开展了"绿色信贷运动"或者叫"银行部门的环保风暴",敦促中国所有的商业银行在向公司贷款时要执行严格的环保审查程序。2007 年 12 月,深圳证券交易所宣布正在与泰达集团合作推出泰达环保指数(姜涛,任荣明,袁象 2010)。

上述各利益相关者对企业履行社会责任形成了外部驱动压力,迫使企业在经营过程中无论是出于短期获得订单的经济目的,还是出于长期树立企业形象及实现可持续发展的目标,都必须积极履行企业社会责任,从而间接地推动了企业社会责任咨询培训市场。徐尚昆、杨汝岱(2009)通过研究也发现,"企业承担社会责任能够带来企业社会资本的增加,承担社会责任与企业的可持续发展并非此消彼长的零和博弈,而完全可以达到一种双赢的均衡。"也就是说,企业在为履行社会责任付出成本的同时,也可以获得社会资本,从而使企业与各利益相关者都从中获益。

第三节　国内企业社会责任咨询与培训市场现状及存在问题分析

国内企业社会责任培训咨询市场刚刚起步,既有无限潜力,又存在许多问题。本文在分析社会责任咨询培训市场发展现状的同时,找出市场存在的种种问题以及问题的根源,以期推动社会责任咨询培训市场的健康发展。

一、国内企业社会责任咨询与培训市场发展现状

随着我国社会责任的广受关注,越来越多的企业开始注重自身的社会责任履行问题,开始寻求与利益相关者沟通的平台,因此,我国企业社会责任咨询培训行业的现状可以概括为:"市场广阔、发展迅猛,鱼龙混杂、有待提高。"

(一)生产守则咨询培训仍为市场业务的主力

国际企业社会责任运动主要表现为由跨国公司为主导的社会责任标准认证活动。全球已有近400个企业社会责任标准(包括跨国公司生产守则),其中影响较大的包括:环球服装生产社会责任(WRAP)认证、英国的道德贸易行动(ETI)标准、国际玩具业协会(ICTI)商业行为守则、商业社会责任准则(BSCI)、供应商商业道德数据交换(Sedex)、德国的外贸零售商协会(AVE)标准、海关—商贸反恐联盟(C-TPAT)、全球安全验证(GSV)、荷兰的清洁服装运动(CCC)标准等。我国企业在融入国际价值链的同时,也面临采购商日益严苛的"验厂"挑战。企业自身的能力和人员配备有限,无法独立通过众多生产守则的验厂。为了能够持续获得订单而不大幅增加成本,大多数工厂企业利用专业的验厂咨询团队为企业量身定制系统解决方案,增加验厂通过率。

(二)企业社会责任报告发布对市场贡献有限

政府和金融机构的引导政策极大地促进了企业信息披露的力度,企业社会责任报告的发布数量呈现快速增长的态势。企业社会责任报告已经成为企业披露社会责任信息、与利益相关方有效沟通的重要工具和渠道。《2001—2009 中国企业社会责任报告研究》数据显示,"2009 年发布的各类社会责任报告达582 份,是2008 年169 份的3.44 倍"[①],呈现出快速增长的态势。这主要是先进企业优秀示范、政府政策有效引导、社会力量积极推动以及企业意识不断上升的结果。虽然企业发展社会责任报告的数量快速增长,但"在上市公司发布的400 份企业社会责任报告中,有70%—80%的企业自己撰写报

---

① WTO 经济导刊编辑部:《中国社会责任投资的发展路径研究》,《WTO 经济导刊》2009年第12 期。

告,其中仅有 20%—30% 的企业采取了第三方审验。"①因此,虽然企业社会
责任报告发布的数量增长迅速,但对企业社会责任咨询培训市场的贡献却非
常有限。

(三)各类市场业务价格透明度不同

对于培训类业务,各咨询培训机构采用网络报价的方式,价格透明度比较
高。但是对于咨询和企业社会责任报告撰写业务,由于其中的业务流程相对
比较复杂,各个咨询培训机构的价格差距较大。"一般较专业的机构撰写报
告的价格在 20 万—25 万间,但一些新近的机构往往通过价格战来获取更多
的'客户',甚至低至几万元。"②

二、国内企业社会责任咨询与培训市场存在问题

对于这个新兴的、资金壁垒和技术壁垒都比较低的市场,各种企业管理咨
询、培训公司大量涌现,各种培训、论坛等层出不穷,都想在该市场分一杯羹。
因此,导致了咨询培训机构在资质、授课能力、课程开发等方面还存在不少的
差距,甚至出现虚假宣传、过度承诺等现象。

(一)行业发展无序

企业社会责任运动在我国开展的时间并不长,企业社会责任咨询与培训
市场更是处于刚刚起步阶段,存在许多不足:没有行业准入制度、缺乏行业监
管;除了认证咨询机构和认证培训机构受"国家认监委"监督管理外,该行业
没有明确的管理部门或者行业协会;缺少被广泛深入认同的行业规范、行业标
准和行业自律机制。这种无序发展的很明显的一个特征就是,由于没有权威
机构或政府机构的约束,很多咨询培训机构在网站建设的过程中,优先注册以
"中国"、"企业社会责任"等级别的名称。此外,很多机构进行超范围经营。
例如,SA 8000 认证体系的咨询业务已经正式列入"国家认监委"批准的认证
咨询机构的咨询业务范围。因此,只有在"国家认监委"颁发的"认证咨询机
构批准书"的批准范围中列明"SA 8000 认证咨询"项目的认证咨询机构才能
进行 SA 8000 认证体系的认证咨询业务。"国家认监委"公布的认证咨询机

---

① 原"润灵公益事业咨询":《A股上市公司企业社会责任报告蓝皮书(2009)》(2009 年)。
② 金岩:《解剖企业社会责任服务产业化链条》,《公益时报》2009 年 12 月 14 日。

构名录中仅有 7 家机构拥有这种认证咨询资质①,但是很多咨询培训机构出现超范围经营现象,主要包括以下几种:咨询培训机构不具有"国家认监委"颁发的认证咨询机构批准书,但仍然在网站宣传及电话咨询中宣称可以进行 SA 8000 认证咨询;一些机构虽然具有"国家认监委"颁发的认证咨询机构批准书,但是在批准书列明的批准范围中并不包括 SA 8000 认证咨询资质,仍然在网站宣传及电话咨询中宣称可以进行 SA 8000 认证咨询。

(二)市场需求不稳定

我国企业履行企业社会责任往往是迫于跨国公司、政府以及各利益相关方的压力,内部动力严重不足(姜启军 2007)。国外研究人员比较了多个国家的企业社会责任状况,发现大部分中国企业没有设立社会责任的政策(Baskin 2006,Welford 2005)。在企业社会责任咨询市场中,仍以验厂及体系认证咨询为主要业务,而这些业务的主要客户为中小企业,在履行社会责任的过程中往往具有很大的随意性和应急性,追求的目标也仅仅是通过验厂、获取订单或者进行营销宣传,这就导致培训咨询机构与企业没有形成长期稳定的合作关系。此外,咨询培训机构开发的服务项目缺乏长期性服务。目前,咨询培训机构缺乏针对企业战略发展的课程开发,不能对企业社会责任履行水平进行实质性提高,也是企业缺乏长期合作的动力。

(三)机构水平参差不齐

"国家认监委"对认证咨询培训机构,相应的注册资本要求高一些,仍为 10 万元,且对师资人数及素质有较全面的规定。但是新《公司法》(第 26 条)规定的有限责任公司注册资本的最低限额仅为人民币 3 万元,进一步降低了咨询服务类机构的门槛。对企业社会责任培训的师资没有特殊的规定,使得培训咨询机构的水平无法保证。因此,一些机构开始借助高校、科研机构或认证机构"专家"等社会资源的力量来提升自身的业务能力,或者通过列举合作伙伴或客户的方式进行品牌宣传。在网站调研中发现,一些小规模公司在网站宣传的业务范围中几乎包括了所有企业社会责任生产守则,但是对注册资金、资质证书等实质性问题却没有任何说明。而一些比较正规的机构则严格

---

① 中国国家认证认可监督管理委员会:http://www.cnca.gov.cn/cnca/cxzq/rkcx/4431.shtml。

按照网站公布的资质证明中标注的业务范围进行宣传。

(四)盲目以市场需求为导向,导致市场发展畸形

不同国家和业界可能对企业的社会作用持有不同的价值观和态度(O'Callaghan,2007)。但企业社会责任运动开展的初衷是希望通过制定一系列的生产守则和认证体系,来迫使供应链企业关注劳工、环境等一系列问题。黄群慧、彭华岗等(2009)通过对中国100强企业研究发现,"我国企业社会责任整体水平低下,企业社会责任指数①平均仅为31.7分,1/5的企业刚刚起步,2/5强的企业仍在旁观阶段。"②因此,我国企业履行社会责任还停留在应付跨国公司验厂、形象宣传的层次。我国的咨询培训机构在开展业务过程中,盲目以市场需求为导向,忽略了自身促进和引导社会责任向正确方向发展的社会责任,导致"验厂咨询培训业务"一项独大,培训咨询市场发展畸形。经网站调研发现,一些咨询机构在网站的宣传中公开表示:当企业存在大批雇佣童工,参保比例不达标,厂房、食堂、宿舍建筑结构不合理等难以整改的问题时,可以通过合理回避或者技巧性处理帮助企业通过验厂。

三、问题存在的根源剖析

(一)国内缺乏统一的社会责任认证体系

目前,我国政府及相关部门还没有制定出符合中国国情且被世界接受的社会责任体系,导致我国外向型企业在融入国际供应链的过程中,频繁接受各个跨国公司的验厂,给企业带来了沉重负担的同时也影响了企业的生产。因此,政府应加快制定我国社会责任体系,并积极与国际组织进行交流,使其得到国际社会的认可,减少频繁验厂给企业带来的负担。

(二)企业履行社会责任的战略意识不强

企业社会责任运动在我国起步较晚,企业在认知方面还存在很多误区。

---

① 中国社会科学院经济学部企业社会责任研究中心的《中国100强企业社会责任指数》(2008)是对中国企业联合会、中国企业家协会发布的"2008中国企业500强"中位于前100位的企业(简称为"中国100强企业")的社会责任管理体系建设现状和责任信息披露水平进行评价的综合指数。

② 黄群慧、彭华岗、钟宏武、张蒽:《中国100强企业社会责任发展状况评价》,《中国工业经济》2009年第10期。

因此,企业在履行社会责任的过程中难免存在短视行为。徐炜(2009)通过对中国上市公司100强排行榜中的前50家企业的社会责任报告的发布情况研究发现,中国企业的社会责任报告主要是对自身社会责任信息的披露,社会责任活动并没有形成一种战略,而且并没有有效传递到上游供应环节,整个供应链体系的社会责任管理更无从谈起。因此,企业在履行企业社会责任时,缺乏战略意识,仅仅将社会责任当成宣传和获得订单的工具,从而导致整个咨询培训市场沿着错误的市场方向发展。由此,企业应树立正确的社会责任意识,形成有效的需求。

(三)咨询培训机构自身的社会责任意识有待加强

企业社会责任咨询培训机构在开展各项业务的过程中,存在过度宣传、低价竞争、盲目以市场需求为导向等问题。究其根源,是由于咨询培训机构自身的社会责任意识还没有到位,没有衡量本行业在推动企业社会责任发展中的作用。作为社会责任的推动者、知识的传播者,咨询培训机构更应该加强自身的服务意识、社会责任意识,以推动企业社会责任运动为己任,提高企业履行社会责任的能力和质量。

第四节　政策建议及市场展望

企业社会责任培训市场的健康发展对改善国际供应链工作环境、提高企业履行社会责任能力、增强利益相关者的社会监督能力等方面有着重要的意义,需要政府、企业、培训咨询机构的共同努力。

一、政策建议

(一)政府

1. 加快制定国内社会责任认证体系

近年来,许多国际组织相继出台了监督企业社会责任的实施状况的行动守则和认证体系,比如1997年8月美国CEPAA所制定的社会责任标准SA 8000。但由于该标准不是法律标准,主要是以舆论压力、消费者运动和企业的道德自觉来实现的,不适用于我国的国情。这需要根据我国国情,建立适合中国企业的社会责任标准体系和评估机制,并在此基础上,力争与国际标准对接并将中国企业社会责任标准体系融入国际标准中,得到国际社会的认可。

ISO 26000 的正式发布标志着全球进入社会责任新时代,为我国企业和政府机构提供了一个推进社会责任建设的重要参考和指导。党的十七届五中全会明确提出要以科学发展为主题,以加快转变经济发展方式为主线,提高发展的全面性、协调性、可持续性,实现经济社会又好又快发展。社会责任建设完全符合实现科学发展和可持续发展的要求,是中国实现经济社会又好又快发展的路径选择。但是由于该标准不用于任何认证,它对企业和其他各类组织的实际影响不会非常立刻显现。但是,ISO 26000 必将成为我国国家标准化管理部门研究并制定符合我国国情的社会责任标准的参照标准。(孙继荣,2010)。

2. 建立健全法律法规

企业社会责任咨询培训行业是具有很强的专业特点,且行业内企业的水平参差不齐,业务水平很难得到保证。政府应加强宏观管理,针对行业虚假承诺、过度宣传、低价竞争等不正当竞争行为,制定相关法律规范,对整个行业进行宏观指导和调控,规范和引导咨询培训行业的健康发展。此外,政府还应加强行业的信息公开程度,企业信息查询、咨询效果查询等信息系统,使咨询培训行业的信息透明度加大,以避免各种恶性竞争和企业的虚假宣传。

3. 建立行业协会

咨询培训市场目前的无序发展,归根结底在于缺乏有效的行业标准、行业规范。目前,咨询培训行业的主体是政府,还没有建立行业协会组织。而许多发达国家对咨询培训业的管理基本采用"政府宏观控制,协会行业自律"的管理模式。政府充分发挥宏观调控和管理的作用,对行业发展进行适当的干预;而行业协会则按照市场化运作,通过颁布行业标准、行为规范、从业人员资格认证等方式,形成行业内部自我约束的管理模式。与此同时,行业协会也通过组织行业内学术活动、调研活动来建立行业沟通平台推动本行业整体水平的提高。因此,现阶段我国企业社会责任咨询培训行业应尽快建立全国性的行业协会,加紧制定各项行业规章制度,推行行业准入制度;制定行业内的职业道德守则,增强行业从业人员的职业道德水平和社会责任意识,提高行业信誉;建立统一开放而又竞争有序的市场环境。

（二）企业

我国企业社会责任运动起步较晚,跟发达国家相比还存在一定的差距。当前,我国企业履行社会责任过程中面临的主要挑战就是企业能否把社会责任融入企业发展战略。"企业社会责任战略是一个承诺系统,它将企业社会责任理念与标准作为企业核心价值观的重要组成部分融入企业愿景与使命,并且同企业发展目标相协调,与企业发展战略相匹配,通过资源配置等手段,使企业社会责任管理与企业运营体系和业务流程相融合,与不断发展变化的环境相适应,通过有效的公司治理与绩效评估,使企业在发展过程中实现自身目标的同时,能够与利益相关者'多赢'共存,提升企业竞争优势,构建企业社会责任竞争力,从而实现企业可持续发展的一种新型战略形式"(邵兴东2009)。企业在履行社会责任时,逐步将社会责任理念全面融入战略、日常运营和企业文化中,推动自身的可持续发展。

（三）咨询培训机构

1. 加强自律

在目前缺乏相关法律法规和行业准则的情况下,咨询培训行业的健康发展更多地要依靠咨询培训机构的自律行为。社会责任咨询培训机构应树立自身的社会责任观念,发挥自身推广企业社会责任理念、改善供应链环境、增进利益相关者沟通等作用;加强自律,杜绝超范围经营、虚假宣传、伪造和篡改企业资料等非法活动的发生。

2. 提高自身业务素质。

咨询培训机构最大的资产就是人员的知识和能力。优秀的咨询培训专家可以利用自己的知识技能为企业和客户实现巨大的价值,提升咨询培训机构的品牌价值。培训咨询机构应加大人才的培养力度,加强人才储备。此外,咨询培训机构应提高课程开发水平,创新与优化培训模式。能充分结合个业需求的系统化培训之路从课程内容、讲师水平、服务跟进等多方面进行培训质量承诺。建立起一套讲师、销售、客服等从业队伍的素质模型、管理机制和评价体系。加强其客户意识、职业素养等的提升。使整体从业人员素质得到改善,逐步形成一支能有效挖掘需求、帮助个业设计方案、为个业培训做到增值服务的正规军团。

二、市场展望

(一)社会责任战略咨询培训业务是未来发展的趋势

随着企业社会责任内涵的广泛传播,企业和各利益相关者对企业社会责任的认识层次将进一步提高。企业在经历了一定阶段的"救火式"的企业社会责任履行阶段后,企业履行社会责任的能力有所提高,将更加注重履行社会责任对企业绩效的推动作用,逐步将企业社会责任融入到自身的经营发展过程中。战略性慈善捐赠行为就是目前我国企业中将企业社会责任融入企业战略的代表。战略捐赠使企业将产品销售与社会问题或公益事业相结合,在为相关的公益事业进行捐赠或资助的同时,使企业获得来自政府、社区、员工等各个利益相关者的广泛认可,达到提高产品销售额、实现企业利润以及改善企业的社会形象的目的(陈支武 2008)。因此,随着企业社会责任理念和需求的转变,企业社会责任战略咨询培训业务必将成为未来市场的重要发展方向。

(二)企业社会责任报告咨询培训业务发展潜力巨大

对国内很多企业来说,对企业社会责任的认知程度不够,企业社会责任报告的发布更显得"心有余而力不足"。段彬,田翠香(2010)以我国企业发布的263 份社会责任报告为样本,分析这些报告涵盖《可持续报告指南》(GRI)绩效指标的情况。研究结果表明我国企业社会责任报告对《可持续报告指南》GRI 绩效指标的涵盖程度有限,无任何披露的指标数量约为 65%。在一些重要领域,特别是关系国计民生的行业,加强履行或报告企业社会责任还有很大的发展潜力。

(三)市场秩序将逐步得到规范

国家政府部门开始对企业社会责任认证、咨询与培训市场予以关注。开展企业社会责任认证业务的外商投资认证机构和内资认证机构,须向"国家认监委"的"认监委认可监管部"进行备案。在认证审核业务开展前,认证机构须提交认证机构特殊业务申请书(内资机构)/外商投资认证机构特殊业务申请书(外资机构);在认证业务审核后,认证机构须提交审核企业情况(包括审核报告和审核人员情况等)。开展 SA 8000 的认证咨询业务的认证咨询机构,须向"国家认监委"进行备案,并将"SA 8000 认证咨询"正式列入"认证咨询批准书"的业务范围中。上述"国家认监委"的各项管理措施均表明,政府部门对企业社会责任的认证及咨询培训市场的规范化管理已经逐步展开,企业社会责任咨询培训市场的市场秩序也将逐步得到改善。

小　结

随着企业社会责任运动在我国的广泛开展,越来越多的企业开始重视企业社会责任对企业绩效推动作用,并将企业社会责任纳入自身经营战略当中。由此,企业社会责任咨询与培训市场的作用也显得尤为重要。但是目前,无论是政策环境,还是企业的需求因素,都不利于企业咨询与培训市场的健康发展。为了促进市场尽快向有序、高效的方向发展,政府、企业及培训咨询机构必须共同努力。

参考文献

Baskin J. Corporate Responsibility in Emerging Markets, *The Journal of Corporate Citizenship* [J]. 2006,(24): pp.29-47.

Husted B W and Allen D B. Corporate Social Strategy in Multinational Enterprises:Antecedents and Value Creation[J]. *Journal of Business Ethics*,2007, 74(4):pp.345-361.

Levine,M. . China's CSR Expectations Mature. *China Business Review*, 2008,35(6): p.52.

O' Callaghan, T. . Disciplining Multinational Enterprises: The Regulatory Power of Reputation Risk. *Global Society*: *Journal of Interdisciplinary international relations*,2007,21(1): pp.95-117.

Welford R. Corporate Social Responsibility in Europe, North America and Asia. *Journal of Corporate Citizenship* [J] .2005,(17):pp.33-52.

陈迅、韩亚琴:《企业社会责任分级模型及其应用》,《中国工业经济》2005年第9期。

陈支武:《企业慈善捐赠的理论分析与策略探讨》,《当代财经》2008年第4期。

段彬、田翠香:《GRI〈可持续报告指南〉在我国的适用性分析》,《现代商贸工业》2010年第20期。

龚成威、黎友焕:《中国企业社会责任综合评价指标体系研究》,《2010 中国企业社会责任建设蓝皮书》,2010 年 6 月。

黄群慧、彭华岗、钟宏武、张蒽:《中国 100 强企业社会责任发展状况评价》,《中国工业经济》2009 年第 10 期。

贾生华、陈宏辉:《全球化背景下公司治理模式的演进趋势分析》,《中国工业经济》2003 年第 1 期。

姜启军:《企业履行社会责任的动因分析》,《改革与战略》2007 年第 9 期。

姜涛、任荣明、袁象:《中国社会责任投资的发展路径研究》,《现代管理科学》2010 年第 3 期。

刊物编辑部:《中国社会责任投资的发展路径研究》,《WTO 经济导刊》2009 年第 12 期。

黎友焕、刘延平:《中国企业社会责任建设蓝皮书(2010)》,人民出版社 2010 年版。

黎友焕、路媛:《ISO 26000 将为中国出口企业再添"紧箍咒"》,2010 年 11 月 11 日。

黎友焕、路媛:《遵循社会责任促进可持续发展》,《中国贸易报》2010 年 12 月 2 日。

黎友焕、彭燕妮:《解读我国企业社会责任》,2010 年 2 月。

黎友焕、王星、黎友隆:《我国绿色消费问题研究》,《广东消费经济蓝皮书》。

黎友焕、魏升民:《关注 ISO 26000 准则,透视我国的应对之策》,《亚太经济时报》2010 年 11 月 11 日。

黎友焕:《广东省企业社会责任研究会 2009 年工作报告》,《企业社会责任》2010 年 2 月。

黎友焕:《基于医院社会责任理念的医院价值观重塑》,《创新》2010 年第 6 期。

黎友焕:《论企业社会责任对企业价值观的重塑》,《广东社会科学》增刊,2010 年 6 月 21 日—23 日。

黎友焕:《企业社会责任研究》,西北大学 2007 年博士学位论文。

黎友焕:《中国企业社会责任的发展与困惑》,《中国贸易报》2009 年 11 月 11 日。

邵兴东:《企业社会责任战略研究》,《开发研究》2009 年第 5 期。

吴明华:《企业社会责任作用于我国的新态势及其对我国民营企业出口的负面影响》,《合肥工业大学学报(社会科学版)》2010 年第 6 期。

徐尚昆、杨汝岱:《企业社会责任概念范畴的归纳性分析》,《中国工业经济》2007 年第 5 期。

徐尚昆、杨汝岱:《中国企业社会责任及其对企业社会资本影响的实证研究》,《中国软科学》2009 年第 11 期。

徐炜:《中国上市公司社会责任实施的现状研究——以企业的社会责任报告为例》,《首都经济贸易大学学报》2009 年第 2 期。

禹海慧:《企业社会责任与民营中小企业成长空间》,《特区经济》2010 年第 2 期。

实　践　篇

第十三章　承担社会责任研究使命,创新开展企业社会责任研究

——广东省企业社会责任研究会工作掠影

摘要:近年来国际企业社会责任活动发展如火如荼,中国企业在积极参与国际分工的同时势必深受活动的影响和熏陶,并重新审视企业自身的社会、环境、经济责任,为企业的长足发展做良好奠基。本文着重介绍广东省企业社会责任研究会的发展历程和主要研究成果,将该研究会在促进企业社会责任运动方面所做的努力和贡献呈现于读者,并就研究会的长远发展提出新的要求、设想。

关键词:企业社会责任、广东省企业社会责任研究会、研究成果

Abstract:International CSR activities are growing vigorously recently, Chinese corporates which take part in the international division of labour have been influenced and edified inevitably, most of them rescan their responsibilities of society, environment and economic, as well as laid a good foundation for the further development. This chapter emphasizes the development background and main academic achievements of Guangdong CSR research society and show the efforts and contributions the research society made in promoting CSR movement. In addition, the CSR research society make new requests and assumptions for the further development.

Key Words:CSR, Guangdong CSR research society, academic achievements.

第一节　广东省企业社会责任研究会
简介及其发展历程

一、广东省企业社会责任研究会简介

广东省企业社会责任研究会(Guangdong international corporate social responsibility,简称GDICSR)是由广东省社会科学院、广东商学院、广东康然医药有限公司等法人单位联合发起,由广东省社会科学院、广东商学院、中山大学、华南师范大学、华南理工大学、暨南大学、华南农业大学、深圳大学等百位著名专家发起,经政府部门批准成立的省一级学会。

该学会是广东省社会科学院的下属机构,接受业务主管单位广东省社会科学院和登记管理机关广东省民间组织管理局的业务指导和监督管理。该学会是广东地区从事企业社会责任研究或管理工作的机关、团体、企事业单位和专家学者,为实现其宗旨自愿联合起来的学术团体,具有独立社团法人资格,为非营利性社会组织。学会遵守国家宪法、法律和行政法规。以联合社会各方面力量,共同研究和推动解决广东企业社会责任建设过程中存在的问题,促进广东经济社会持续协调发展为根本宗旨。

目前,学会会员近600人,理事会理事来自80多所院校、50多个大中型企业、10多家媒体和20多个企业社会责任工作管理单位的220人,其中具有高级职称或博士学历的专家成员达180人。原广东省委常委黄浩同志任名誉会长,广东省社会科学综合开发研究中心主任、经济学教授黎友焕博士任会长,广东各部门近20位厅局级领导任顾问。

二、广东省企业社会责任研究会的发展历程

近年来国际企业社会责任运动发展如火如荼,并随着跨国公司加大对中国投资的同时导入中国,广东作为中国改革开放的前沿阵地和外向型经济比例最高的地区,已经深刻感受到了这场社会责任运动带来的压力和挑战。

为了应对这种新型的国际经济贸易发展规则,广东学术界率先开展了对企业社会责任各种情况的深入研究,并取得丰硕的成果,很多广东学者的著作和研究论文已经成为目前国内学术界研究企业社会责任的重要参考文献。尤

其值得提出的是广东省社会科学院院长梁桂全研究员、广东省社会科学界联合会主席兼党组书记田丰研究员、广东商学院原副校长徐印州教授等学者早在 10 年前就预见到了开展对企业社会责任研究的重要性，并于 2003 年就指示成立了由 30 多位研究人员组成的课题组开展对该领域的广泛研究，设立了全国第一个 SA 8000 专业网站和专业数据库，及时为广东省委、省政府领导提交了决策参考研究报告（课题组于 2004 年 2 月向时任广东省委书记的张德江报送了企业社会责任研究报告，同时报送广东副省级领导干部）。2004 年，广东省社会科学院公开出版了全国第一本企业社会责任蓝皮书《2004 广东企业社会责任建设蓝皮书》，引起了很大的社会反响。随后，一些学者提出要成立广东省企业社会责任研究会，搭建一个更专业、更高层次的研究平台，组合全省研究企业社会责任的力量，在更大范围内开展对企业社会责任的研究。这个建议，得到了广东 60 多所高校和 40 多家大中型企业以及 20 多家媒体的响应。于是，广东省社会科学院原有的企业社会责任课题组的 30 多位成员就作为研究会的发起人，2005 年初先后得到广东省社会科学院和广东省民政厅的文件批复后，开始开展研究会的各项筹备工作，在筹备期间，得到了中山大学、暨南大学、华南师范大学、华南理工大学、华南农业大学和广东商学院等单位和专家学者的大力配合与支持，同时一大批专家、学者陆续加入到筹备工作队伍之中，使得整个筹备工作能如期进行，并取得了初步的成功。

2007 年 1 月 13 日，广东省企业社会研究会第一次会员代表大会在广东商学院隆重举行，400 多名会员参加了会议。原广东省委常委黄浩，广东省社会科学界联合会主席、党组书记、博士生导师田丰研究员，原广东商学院校长、博士生导师吴家清教授，广东省民政厅相关领导以及 20 多家媒体的记者出席了会议。会议一致以投票形式选举了研究会第一届理事会成员。

随后几年，先后有近百家企业加入到研究会成为会员，个人会员也发展到 600 余人，国内外的一批学者先后担任研究会顾问或者与研究会建立战略合作伙伴关系，共同开展企业社会责任研究会，使广东省企业社会责任研究会从地方性研究会迅速成长为我国开展企业社会责任研究的最重要平台之一。

第二节　广东省企业社会责任研究会
工作情况及其社会影响

围绕研究会的宗旨和目标，广东省企业社会责任研究会从 2007 年到 2010 年的主要工作如下：

一、研究会各项工作开展简况

1. 鼓励会员单位开展企业社会责任研究活动

广东省企业社会责任研究会（GDICSR）在鼓励会员单位开展 CSR 活动内容主要包括：

一是学术研究方面。学会成立之初，学会秘书处就组织专家队伍，先后到广东商学院、华南师范大学、广东教育学院、广东培正学院、东莞理工学院城市学院、广东商学院华商学院等会员单位举办企业社会责任专题讲座，并与以上单位的专家学者举行座谈会，共同探讨如何以研究会为平台，力争在 3 至 5 年内推出一批有持久生命力和社会影响力的作品。2007 年研究会与东莞理工学院城市学院合办"东莞企业社会责任研究中心"，共同推进珠三角地区企业社会责任的研究和实践。2007 年 5 月 16 日，在东莞理工学院城市学院 1 号教学楼举行"东莞企业社会责任研究中心"揭牌仪式，研究会会长黎友焕博士和东莞理工学院城市学院副院长程发良教授共同揭牌。研究会秘书处先后于 2007 年和 2008 年暑假组织专家在广东省社会科学院、广东教育学院和广东商学院开办假期大学生企业社会责任科研与实践活动，共组织近 90 名学生开展企业社会责任学术研究和实践教育活动，撰写企业社会责任学术论文近 40 篇；为进一步调查研究广东企业社会责任的实际发展情况，研究会组织部分理事在 2008 年、2009 年分别调研珠三角地区、潮汕地区的基础上，2010 年，对梅州、肇庆、茂名等地区的企业社会责任建设情况进行全面调研，收集了一批企业社会责任建设的第一手数据，为研究会进一步开展全省企业社会责任研究奠定了坚实的基础。

二是教育活动方面。2007 年 5 月 8 日，应广东培正学院科研处和经济系的邀请，研究会会长、经济学教授黎友焕博士在广东培正学院 4115 多媒体教室举行了主题为"企业社会责任在中国"的讲座,广东培正学院 200 多位师生参加了会议,会后该校与研究会达成推进开展企业社会责任教育活动的合作意向。2007 年 5 月 16 日,应东莞理工学院城市学院邀请,研究会会长黎友焕博士在该院 4 号楼 315 会议室向该院 100 多名师生作了题为"中国企业对企业社会责任的认知与实践"的学术报告,活动结束后,该院与研究会达成推进开展企业社会责任教育活动的合作意向。2007 年暑假,东莞企业社会责任研究中心组织几十名学生进行企业社会责任问卷调查,形成了数个科研水平较高的企业社会责任实践调研报告。目前,东莞理工学院已经对企业管理、社会学的多个专业设置了企业社会责任课程,系统指导学生学习企业社会责任专业知识。2009 年 5 月至 6 月,为推进广东省企业社会责任研究、推广、普及工作,广东省企业社会责任研究会理事、广东培正学院管理学系行政管理教研室主任张韵君博士充分利用指导学生毕业论文的机会,积极倡导加强企业社会责任研究,动员学生毕业论文选题瞄准企业社会责任的相关问题,组织学生系统地研究企业社会责任,开展相应的调查研究活动并取得了比较满意的成果;此外,研究会理事、战略合作伙伴纷纷鼓励并指导自己所带的研究生以企业社会责任为主要研究方向,经初步协商,由黎友焕教授(广东省社会科学院和广东商学院)、陈德萍教授(广东外语外贸大学)、陈宏辉教授(中山大学岭南学院)、吴克昌教授(华南理工大学公共管理学院)、喻卫彬教授(广东商学院国际经济贸易与统计学院)、朱文忠教授(广东外语外贸大学国际商务英语学院)、晁罡副教授(华南理工大学工商管理学院)、陈淑妮教授(深圳大学人力资源研究所所长)、曹明福教授(天津工业大学经济管理学院)等指导的研究生已经建立了稳定的交流关系,塑造了企业社会责任教育的良好氛围,有力地拓宽了学生学习企业社会责任的资源网络。

2. 推动年度课题研究工作并开展成果评审活动

从 2008 年开始,研究会每年公布《年度研究课题招标实施办法》和《年度研究课题指南》(课题总经费约 180 万元人民币),推动会员积极开展研究会年度课题研究。同时,为了更加规范年度课题研究工作的长期开展,研究会先后发布了《广东省企业社会责任研究会年度研究课题招标申请书》、《广东省企业社会责任研究会年度课题研究大纲》、《广东省企业社会责任研究会年度研究课题阶段报告书》、《广东省企业社会责任研究会年度研究课题验收申请表》、《广东省企业社会责任研究会年度课题立项通知书》等。

为推动广东省企业社会责任的研究工作、表扬在各年度研究工作中取得优秀成绩的人员,从2007年开始,研究会开展"年度企业社会责任研究科研成果评奖活动",对凡广东省内个人或集体编撰并正式出版的企业社会责任相关领域的专著(含个人专业性论文集)、教材、译著等,公开发表的论文、调研咨询报告,被地级以上市党委、政府或省直厅级以上单位采纳的调研咨询报告等企业社会责任的研究成果进行评审。为了保证该奖的质量,研究会坚持每年评审获奖不超过9项,其中一、二等奖和三等奖各不超过3项。实行年度课题招投标和进行科研成果评选这两项工作已经成为了广东省学术团体的独有特色,受到各界的关注,不少专业职称的评审,都把研究会年度课题和科研成果奖励作为重要的科研成果来审批。

3. 开展访问学者研究工作并热情接待国外学者的来访

研究会成立以后,国内外很多学者和学术单位都加强了与研究会的交流,不少专家学者强烈要求与研究会的相关研究人员进行合作研究。2008年10月20日,研究会颁布实施《广东省企业社会责任研究会访问学者规章制度》,积极推动访问学者的合作研究活动。凡有兴趣与研究会的理事会成员合作研究的国内外专家学者,都可以根据该制度的有关规定(具体见网站:http://www.gdcsr.org.cn)向研究会提出作访问学者的申请,由研究会根据研究项目的内容,安排具体的专家作为访问学者的指导老师,并到指定的导师所在单位做访问学者,访问期间的具体工作安排,按研究会指定专家所在单位的相关规定进行,访问工作结束后,由研究会和指导老师所在单位分别出具访问学者证明书。

研究会开展的访问学者研究工作具体表现在:

一余鸿华博士。2009年7月至8月,美国凤凰城大学企业社会责任学者余鸿华博士专程到广东省企业社会责任研究会做访问学者,专门调查研究了中国企业社会责任的发展现状。期间,余博士与20多位研究会理事进行了深入的探讨和交流,还与10多位理事到广发证券广州洛溪新城证券营业部,就广发证券近年来在企业社会责任建设方面的情况进行了实地调研,与广发证券公司的领导进行了友好而亲切的交流。

二刘藏岩教授。2009年9月,经广东省社会科学院和温州大学批准,一直研究企业社会责任并已经发表 10 多篇企业社会责任学术论文的温州大学商学院刘藏岩教授到广东省社会科学院做访问学者,访问时间自 2009 年 9 月至 2010 年 8 月,为期一年。期间,刘藏岩副教授在黎友焕教授的指导下完成自带的教育部 2007 年人文社会科学基金项目——《中国民营企业社会责任推进机制研究》,同时以广东省企业社会责任研究会和《企业社会责任》杂志社为平台,开展企业社会责任领域的多元化研究。

三曹明福博士的研究生团队。2009 年 7 月至 8 月,研究会战略合作伙伴专家、天津工业大学教授曹明福博士组织天津工业大学的研究生到研究会访学,跟研究会理事一起在广东进行了一系列的企业社会责任调查研究活动,获得了良好的效果。

近年来,研究会还热情接待了许多国外来访学者,具体包括:①2007 年 3 月 12 日,经广东省外事办牵线,日本创价大学(Soka University)经营学部栗山直树教授和香港国际创价学会的李刚寿理事长等人一行近 20 人访问研究会,研究会组织 7 位专家在广东省社会科学院会议厅接见了到访客人,就企业社会责任相关问题交流了意见。②2007 年 4 月 20 日,日本国际贸易总商社组织 80 位在华企业负责人访问研究会,并在广东省社会科学院举行了企业社会责任座谈会,会期 1 天,研究会组织了国内近 100 名企业社会责任专家出席了会议。③2008 年 1 月 21 日,美国驻广州总领事馆副领事 Kathi Yu 和美国驻广州总领事馆政治经济顾问 Edward Lee 等一行专程访问研究会,研究会秘书长喻卫斌教授等 4 位专家与到会客人在广东省社会科学院会议厅进行了友好会晤。会晤双方有关人员围绕企业社会责任范畴下的多个领域进行了热烈的讨论和深入的交流,对美国驻广州领事馆与广东省企业社会责任研究会的进一步交流和合作也达成了初步意见和共识。④2008 年 2 月 29 日,日本创价大学教授栗山直树和 Philippe Debroux 教授(博士)带领其 20 多个学生与广东省企业社会责任研究会举行了关于 CSR 的学术交流活动,活动在华南师范大学国际交流学院 A 楼 506 室举行,研究会 4 名专家参加了学术活动。中日双方专家和学者们就企业社会责任(CSR)的各方面展开了深刻交流,中国经营报和亚太经济时报还对这次活动作了跟踪报道。⑤2008 年 3 月 31 日,香港乐施会 NGO 发展、社会性别和城市生计项目中国部经理王云仙(女)博士、香港乐施会企业社会责任中国部助理项目干事蔡睿、中国社会工作研究中心项目主任邹崇明等3位企业社会责任研究专家访问研究会,研究会理事、华南理工大学的张树旺博士等5位专家参加了会谈。⑥2008年5月13日下午,美国驻广州总领事馆经济政治部副领事 Ashley L. Brady 和美国驻广州总领事馆政治经济顾问 Edward Lee 等一行访问研究会长,研究会4名专家参加了会谈。⑦2009年3月1日,由研究会和日本创价大学携手举办的"中国企业社会责任理论研究前沿讲座"在华南师范大学办公楼8楼会议厅举行。此次讲座由研究会会长黎友焕博士为来自日本创价大学的20多名访学交流学生作主题为《中国企业社会责任理论研究新进展》的演说,研究会理事李双双、王星等一起与来自日本的学生们进行了现场互动式的学术交流。⑧2010年上半年,研究会与多家国外企业社会责任组织建立了新的交流合作关系。其中,2010年6月接受来自美国加州大学伯克利分校政治学系伯克利亚太经济合作组织研究中心的韩籍吴承娟博士的访问,同时已经跟吴博士达成了战略合作伙伴的协定,双方表示要进一步加强交流和合作。⑨2010年9月27日,经外事部门联系,澳大利亚驻香港总领事馆领事 Andrea Biggi 和澳大利亚驻广州总领事馆高级研究助理 Tara Li 一行前往广东省社会科学院拜访广东省企业社会责任研究会会长、广东省社会科学综合开发研究中心主任、经济学教授黎友焕博士,就人民币国际化（RMB internationalization）、粤港合作协议（Hong Kong-Guangdong Co-operation Agreement）、中澳经贸交流关系和企业社会责任等热点话题与黎友焕教授展开深入交流,黎友焕就来访客人提出的一系列问题作了详细分析和回答,还就广东省社会科学院对有关问题的研究情况作了简单介绍。来访客人多次表示本次是专程拜访黎友焕教授,也期盼聆听到黎教授的真知灼见,并表示希望以后能加强与广东省社会科学院的交流和合作。参加会谈的还有研究会理事魏升民等。⑩2010年12月1日下午,美国印第安纳大学（Indiana University）Bloomington 教授、中山大学社会学与人类学学院访问学者 Tim Bartley 博士专程到广东省社会科学院就企业社会责任相关问题拜访黎友焕博士,两位中美企业社会责任知名学者的企业社会责任学术交流会在广东省社会科学院1号楼的院党组会议室进行。研究会理事会理事包括:来自广东外语外贸大学国际学院讲师陈斌博士,ISO 26000 评估与研究所研究员陈小平、广东省社会科学院的黎德辉、《企业社会责任》杂志编辑张钰莹记者和中山大学、广东商学院等单位的其他学者共7人参加了会议,学术交流会议在一片温馨的讨论氛围中圆满结束。

4. 积极参与对外学术交流

除接待国外学者访问外，研究会专家近年来还积极参与会外一系列学术交流活动，表现在：①2008 年 3 月 8 日，经广东省外事办牵线，应美国驻广州总领事馆的邀请，研究会组织 5 位专家参与由美国驻广州总领事馆举办的"美国消费者行动主义与消费者政策及对美国与海外市场的影响"学术论坛。②英国诺丁汉大学为了向国际企业社会责任研究人员提供一个交流企业社会责任信息和观点的平台，探讨企业社会责任在当前国际和中国的热点研究领域，于 2008 年 5 月 20 日在其上海办事处（上海市兴义路 8 号万都中心大厦）9 楼 901 室举行国际企业社会责任圆桌会议，会议由英国诺丁汉大学国际金融研究中心 Sue Bishop 教授主持，国际企业社会责任研究知名资深学者、现任英国诺丁汉大学企业社会责任国际中心主任 Jeremy Moon 教授专程出席会议，研究会会长黎友焕教授应邀出席会议并做主题发言。③应英国驻广州总领事馆高级项目管理主任谭露的邀请，研究会会长黎友焕博士于 2008 年 6 月 17 日应邀出席"英国企业实践良好企业社会责任工作小组第九次会议"。④2008 年 8 月 7 日下午，研究会 4 位专家应邀出席 Bureau Veritas（法国国际检验局，简称 BV）在广州举行的企业社会责任研讨会。⑤2008 年 8 月 24 日到 29 日，研究会应美国维泰中国公司的邀请，组织 6 位专家到安徽黄山参加企业社会责任教材编撰研讨会，与来自安徽农大、湖南大学等高校一起探讨我国新时期企业社会责任专业教材的编撰工作。经多次协商，研究会与香港太莱国际认证集团有限公司达成了紧密合作的初步协定，该集团今后将委托我研究会作为该公司在国内培训、认证、监管的唯一合作方。⑥2009 年 7 月 13 日—17 日，研究会理事李双双应邀参加了由 BV（bureau veritas）公司举办的 SAI 认可的 SA 8000 审核员培训课程。来自各检验公司、认证公司、工厂、大使馆及 NGO 组织的代表参加了此次培训。通过参与此次培训活动，加深了研究会对 BV（bureau veritas）公司和 SA 8000 的理解，同时也加强了与其他企业社会责任组织的学术交流。⑦2009 年 10 月 19 日，SGS 通标标准技术服务有限公司联合世界自然基金会在广州珠岛宾馆举行"2009 年 SGS 可持续发展高峰论坛"，研究会会长黎友焕博士、理事陈宏辉教授应邀分别作了精彩演讲。会后，研究会 5 名理事与参会的世界自然基金会、BSR 商务社会责任国际协会、富士康、大自然等 NGO 组织和企业代表进行了交流和讨论。⑧由《新人力》杂志社、易才大学人力资源学院联合主办的"第四届《新人力》高峰论坛"以"2009 中国人力的责任与跨越"为主题,先后在北京、广州、成都、上海四地举行,广州作为第二站于 2009 年 12 月 11 日上午在香格里拉酒店珠江宴会厅召开。研究会会长黎友焕博士应邀参加了该论坛,并对易才集团的首份企业社会责任报告给出中肯点评。⑨2009 年 12 月 20 日下午,"2009 年广东民营经济论坛——企业的社会责任与品牌之路"在珠江宾馆会议中心二楼隆重召开。研究会会长黎友焕博士应邀参加并作了关于我国目前企业社会责任发展情况的主题发言。

　　2010 年研究会专家也参与了若干学术会议,具体包括:①2010 年 4 月 28 日,中山市三乡镇"经济转型与政府创新战略系列高端培训活动"特别邀请研究会派专家前往该镇为 200 多位乡镇干部和企业领导作学术报告,研究会会长黎友焕博士结合金融危机影响的背景,就珠三角企业如何承担社会责任等问题作了专题讲座,受到了与会人员的好评。②研究会副秘书长、华南理工大学工商管理学院副教授晁罡博士于 2010 年 6 月 6 日至 11 日,前往北京大学参加了全国首届商学院企业社会责任教学研讨会,与参会的 140 多位专家学者进行了企业社会责任教学心得交流。③2010 年 10 月 19 日至 21 日,由全国博士后管理委员会办公室、陕西省人力资源和社会保障厅共同主办的"2010 年中国经济学、管理学博士后论坛"在西北大学萃园隆重召开。来自全国经济学、管理学设站单位的相关专家学者、博士后研究人员等 60 余人参加了会议。研究会会长、北京交通大学博士后黎友焕教授在"后改革时代的城乡融合"分论坛中作主题发言,并作为主要评论人对其他博士后的发言和提交论坛的论文进行了评述。④2010 年 10 月 27 日下午,由广东商学院团工委主办的"善水大讲坛"之"社会聚焦"系列讲座在三水校区图书馆学术报告厅举行。研究会会长黎友焕博士应邀担任主讲,三水校区团工委书记钟智主持讲座。⑤2010 年 11 月 2 日,黎友焕会长,常务理事、广东商学院教授刘佐太博士及广州市社科院尹涛所长一行到佛山南方产权交易所考察指导。佛山南方产权交易所林海平董事长亲自接待了来访嘉宾,交易部廖洪强部长介绍了佛山南方产权交易所目前的基本情况、运作模式、业务开展情况以及我所中小企业融资服务中心核心业务产品和服务理念。黎友焕会长还为南方产权交易所全体员工作了学术讲座。⑥2010 年 11 月 14 日黎友焕会长应广东商学院邀请在广东商学院综合楼 103 阶梯课室为广东商学院首届 MBA 两个班的学生 80 多人作学术讲座。广东商学院经济贸易与统计学院副院长、教授崔建华博士主持了讲座。⑦2010 年 12 月 7 日至 9 日,研究会会长黎友焕博士、副会长林军博士、常务理事刘佐太、许泽群等作为高级经济师评审专家参与了 2010 年广东省高级经济师评审委员会的评审工作。在广东省高级经济师的历年评审委员中,研究会专家学者占 30% 以上。⑧2010 年 12 月 21 日,研究会会长黎友焕博士应邀在华南农业大学竹园宾馆参加了"2010 年度广东省烟草专卖局科研项目评审"并负责企业社会责任项目的专审工作。

　　研究会努力做到与国内同领域交流和联络工作,具体表现在:①2007 年 1 月,研究会 2 名专家应邀参加了由中共中央党校校刊社、广东省委党校、广州开发区和广东浩鑫建设集团举办的"构建和谐社会与企业家的社会责任高层论坛",研究会会长黎友焕在论坛上作主题发言。②2007 年 3 月 5 日,研究会 3 位专家应邀参加了由汕尾逸挥基金医院主办的周年学术研讨会,研究会会长黎友焕作了主题报告。此外,一年多以来,研究会专家应邀参加"中国未来 500 强企业社会责任建设"等 60 多次学术活动。③热情招待商道纵横、中央财经大学企业公民研究中心等单位的国内同行专家来访。研究会与中央财经大学企业公民研究中心、社会科学文献出版社等单位共同出版《中国企业公民蓝皮书》,并发动 9 位理事成员撰写了 7 个专题研究报告(10 万字)。该蓝皮书将是我国第一本企业公民蓝皮书,由社会科学文献出版社于 2009 年 1 月出版。同时,研究会已经跟中央财经大学企业公民研究中心达成了进一步的合作框架,今后我们将争取共同主办全国性企业社会责任研究会、共同主办《企业社会责任》杂志社、每年共同编撰出版《中国企业公民蓝皮书》等等。④2009 年 3 月 5 日,研究会发布《关于开展妇女权益保护和消费者权益保护活动的通知》(粤企社责函〔2009〕3 号),鼓励各会员积极开展妇女权益保护和消费者权益保护宣传及教育活动。据不完全统计,研究会共有 18 个会员单位参与了该活动,这次动员会员单位围绕企业社会责任相关主题而举行的公益宣传活动,从不同层面有力提升了研究会的社会形象和社会影响力。⑤2009 年 4 月 12 日,应杭州余杭供电局邀请,研究会会长黎友焕为该局全体干部职工作了"基于和谐社会理念的供电企业社会责任建设"学术讲座。这也是国家电网公司系统专门邀请研究会专家参与该公司企业社会责任建设的又一次活动。⑥2009 年 8 月 22 日，会长黎友焕作为主讲嘉宾应邀出席羊城晚报财富沙龙第 186 期——《富二代的社会责任》，与上百位广东富二代就企业社会责任进行了对话和交流。此外，2010 年厦门大学成立了企业社会责任研究中心，该中心有关负责人多次与研究会领导进行了交流，初步达成推动双方合作与交流的意向。

5. 主办一系列专业学术会议

研究会为积极承担社会责任研究使命，仅 2010 年就主办了多次有关 CSR 的专业学术会议。具体包括：①2008 年 11 月 22 日，广东省企业社会责任研究会 2008 年会暨第一届中国·南方企业社会责任论坛在广东商学院综合楼学术报告厅举行，研究会 400 多位理事会成员参加了会议。研究会顾问、原广东商学院校长、博士生导师吴家清教授，研究会顾问、广东省社会科学院副院长刘小敏研究员，研究会顾问、原广东商学院副校长徐印州教授，研究会常务副会长、广东商学院经济贸易与统计学院院长、博士生导师叶祥松教授，研究会副会长、华南理工大学工商管理学院副院长李业教授，广东商学院人事处副处长、教授喻卫斌博士，广东省社会科学届联合会郑红军博士，广东政协委员、广东省工商联执委、广东省总商会执委、研究会副秘书长林义鸿先生分别在论坛就企业社会责任发表演说。②2009 年 12 月 5 日广东省企业社会责任研究会 2009 年会暨第二届中国·南方企业社会责任论坛在中山大学岭南学院岭南堂三楼讲学厅举行，研究会 400 多位理事会成员参加了会议。研究会顾问、广东省社会科学院副院长、研究员李新家博士，研究会副会长、中山大学岭南学院副院长、博士生导师陈宏辉教授，中国南方电网公司战略部龚鹤强博士，CSR Asia 中国区总监何智权博士，广东政协委员、广东省工商联执委、广东省总商会执委林义鸿，研究会访问学者、温州大学商学院副教授、原《企业社会责任》杂志编辑部主任刘藏岩女士，研究会副秘书长广东金融学院副教授张长龙博士以及研究会副秘书长、华南理工大学工商管理学院副教授晁罡博士分别就企业社会责任问题在论坛上进行了精彩的主题演讲。③2010 年 4 月 7 日晚，由广东松山职业技术学院经管系主办的经管讲堂在该院 C301 学术报告厅举行系列讲座之第二场报告会，该院经管系主任、研究会理事吴东泰副教授以研究会作为主办方的名义，作了题为"企业的社会责任"的专题报告。④

2010 年 6 月 26 日上午,"2010 年广东省企业社会责任研究会年会暨粤商伦理与社会责任国际研讨会"在广东外语外贸大学北校区国际会议厅召开,广东省企业社会责任研究会理事成员、科研单位的专家学者以及企业代表和关注企业社会责任发展的各界人士近 200 人参加了这一盛会。年会首先是广东省企业社会责任研究会会长、经济学教授黎友焕博士对广东省企业社会责任研究会在 2010 年上半年的工作和第一届理事会的工作进行了总结汇报,接着会议邀请相关领导为广东省 2009 年度企业社会责任研究科研成果获得者进行了颁奖,随后进行了研究会第二届理事会的换届选举,最后由华南农业大学副校长、博士生导师王浩研究员代表新当选的理事会成员发言。会议的第二部分是由广东外语外贸大学粤商研究中心主任、副教授申明浩博士和广东外语外贸大学国际商务英语学院副院长郭桂杭教授共同主持的粤商伦理与社会责任国际研讨会。广东外语外贸大学副校长、教授陈德萍博士、广东外语外贸大学副教授顾也力博士、广东省社会科学院副院长、教授李新家博士、华南农业大学副校长、博士生导师王浩研究员、广东省企业社会责任研究会会长、教授黎友焕博士、光明日报理论版副主任、主编孙明泉博士、英国 London Metropolitan University 大学 Lez Michael Bacchus 博士、华南农业大学经济管理学院副院长、副教授万俊毅博士、对外经济贸易大学国际经济伦理研究中心副秘书长侯胜田博士、广东外语外贸大学《战略决策研究》主编、博士生导帅杨韶钢博士、广东外语外贸大学国际商务英语学院副院长、教授朱文忠博士、广东外语外贸大学 MBA 教育中心副主任、教授吴易明博士、广东外语外贸大学粤商研究中心主任、教授申明浩博士、广州外语外贸大学国际商务英语学院副院长郭桂杭教授相继在会上发言。⑤2010 年 6 月 26 日下午,广东省企业社会责任研究会、《企业社会责任》杂志社、广东外语外贸大学和光明日报在广州的白云山下的"云山小站"咖啡厅举办"云上论道"圆桌学术论坛,主题为"谁有资格来编制和认证企业社会责任报告",会议由光明日报理论版副主任、主编孙明泉博士主持,圆桌嘉宾为:广东省社会科学院综合开发中心主任、广东省企业社会责任研究会会长、《企业社会责任》杂志社社长兼总编辑黎友焕博士;广东外语外贸大学副校长、教授、广东省企业社会责任研究会常务副会长陈德萍博士;广东工商联执委、广东总商会执委、广东省政协委员、广东美顿食品有限公司董事长、广东省企业社会责任研究会副秘书长林义鸿。广东省企业社会责任研究会部分会员、中山大学、广东外语外贸大学、广东商学院、华南师范大学、华南理工大学、华南农业大学、暨南大学、深圳大学、汕头大学等30多所院校的专家、学者以及30个企业的40多位企业家共100多人参加了会议。⑥2010年7月22日，研究会和《企业社会责任》杂志社在广东省社会科学院三楼学术报告厅召开"创新企业社会责任研究方法"座谈会，研究会会长、《企业社会责任》杂志社社长兼总编辑黎友焕博士主持了会议，来自研究会理事会、《企业社会责任》杂志社、广东省社会科学院、广东省综合开发中心等单位的几十位企业社会责任专家、学者参加了会议。会议还专门就三篇例文的研究方法进行了讨论和剖析，例文包括：《企业社会责任与消费者权益保护》（路媛）、《浅谈中国企业社会责任建设》（戚志敏）、《审计视角下企业社会责任建设浅析》（魏升民）。座谈会成员一致认为，创新企业社会责任研究方法必须要坚持理论与实践相结合，通过实地调研，获得第一手资料。研究方法的创新来源于对生活的深刻感悟，今后，要更加注重从现实经济生活中获取素材，通过去粗取精，去伪存真，由此及彼，由表及里，创新企业社会责任研究方法，推动企业社会责任研究又好又快发展。会议一致认为创新企业社会责任研究方法必须要有企业的参与，通过与企业合作，深入企业内部调研，掌握最新的企业社会责任动态，结合ISO 26000，分析对于中国企业，特别是珠三角地区外贸型企业的重大影响，通过实证研究、案例研究，创新企业社会责任研究的方法，拓展企业社会责任理论研究的新领域。⑦2010年9月26日下午，广东省企业社会责任研究会、《企业社会责任》杂志社和《中国企业社会责任建设蓝皮书》编辑委员会在广州市天河北路369号广东省社会科学院2号楼402召开办好"中国第一本企业社会责任杂志"和"中国第一本企业社会责任优秀案例集"工作座谈会，几十位专家、学者出席了会议。会议认为，自从2004年出版中国第一本企业社会责任专业蓝皮书《广东企业社会责任建设蓝皮书》（广东经济出版社2004年12月）以来，以黎友焕为首的企业社会责任团队出现了新的变化：一方面是，团队核心人员已经发展到40多人，涵盖国内外20多个院校或企业，团队依赖的平台不仅有成员各自所在单位，还有广东省企业社会责任研究会、《企业社会责任》杂志社、《中国企业社会责任建设蓝皮书》编辑委员会等核心单位；另一方面是，团队的科研成果突飞猛进，承担了一批国家、省级和企业委托课题，发表了一大批有社会影响力的文章，出版了《企业社会责任系列丛书》和《中国企业社会责任优秀文库》，各成员相继出版了一批个人专著。会议高度评价了《中国企业社会责任建设蓝皮书(2010)》的重要理论价值及实践意义，并认为由《广东企业社会责任建设蓝皮书》转变编辑《中国企业社会责任建设蓝皮书》是一个巨大的转折。

6. 积极开展 ISO 26000 的系列研究活动

研究会还积极致力于 ISO 26000 系列研究活动的开展，具体表现在：①2010 年 9 月 16 日，广东省企业社会责任研究会、《企业社会责任》杂志社和广东省社会科学综合开发研究中心在广州市天河北路 369 号广东省社会科学院 2 号楼 402 召开"企业社会责任前沿问题研究座谈会"，会议由黎友焕主持。会议着重讨论了社会责任国际标准 ISO 26000 的最新内容，包括发展历程、争论、具体标准条例、影响等，针对下一步如何开展企业社会责任理论，特别是跟踪 ISO 26000 的最新进展，作了详细的阐述。②2010 年 11 月 13 日下午，"ISO 26000 学术研讨会"在广东省社会科学院 2 号楼 402 的中国 ISO 26000 评估与研究所举行。广东省社会科学院、广东商学院、中央电视台第二频道(CCTV2)、广东省企业社会责任研究会、《企业社会责任》杂志社、中国 ISO 26000 评估与研究所、广东省社会科学综合开发研究中心等单位 20 多人出席了会议。参会专家、学者就 ISO 26000 的发布情况、制定进程、对我国的影响、我国各界对 ISO 26000 的反应和目前我国理论界研究 ISO 26000 的现状、存在问题等方面进行了详细的分析并提出许多需要学者们重视的中肯意见。③2010 年 12 月 19 日，由 ISO 26000 评估与研究所、广东省企业社会责任研究会、广东商学院教务处、《企业社会责任》杂志社主办的"ISO 26000 国际论坛暨高级研修班"在广东商学院实验楼 210 学术报告厅圆满召开。广东省社会科学院教授、广东省企业社会责任研究会会长、《企业社会责任》杂志社社长兼总编辑黎友焕博士，广东商学院教务处处长、教授李俊博士，广东商学院经济贸易学院院长、博士生导师叶祥松教授，广东商学院人事处副处长、教授喻卫斌博士，广东外语外贸大学国际商务英语学院副院长、教授朱文忠博士，广东金融学院金融法学研究中心主任、广东金融法学院法律系副主任、副教授张长龙博士，招商局集团有限公司博士后研究员、西北大学经济管理学院副教授马莉莉博士，华南农业大学经济管理学院副教授左伟博士，自动化工程师、英国格兰摩根大学政策评估硕士研究生、现任深圳市市场监督管理局打假办主任张少标主任,英国 University of Glamorgan 工商管理理学学士和创业实践专业理学硕士、现任深圳华评企业管理评估公司孙铭泽总经理,广州汉道企业形象策划有限公司叶天文总经理以及十二家媒体,国内外十几所高校专家、学者和企业家、几十家企业负责人等参加了会议。参会嘉宾分别就 ISO 26000 将来的发展趋势和在国内外的影响进行了预测。在场嘉宾都指出,ISO 26000 的分量不可低估,他们对 ISO 26000 未来的发展前景充满期望,我们应该主动认识、研究和实施符合本国国情的 ISO 26000 社会责任标准,以期在 ISO 26000 社会责任国际标准推行中取得主动权。本次学术研讨会收集到国内外专家学者提交的学术论文上百篇,经研究所专家学者评审,共 14 篇论文入选。④2010 年 12 月 25 日,广东省社会科学院企业社会责任研究方向研究生毕业论文选题论证会在广东省社会科学院 2 号楼 801 召开。论证会由黎友焕博士主持,广东省社会科学院、广东商学院和华南师范大学的研究生出席了会议。

7. 与企业或地方政府开展社会责任实践活动

为了让研究会从事理论研究的学者更加直观认知企业社会责任运动,研究会先后与海丰敏兴服装有限公司(2007 年向沃尔玛供货近 10 亿美元,现有工人近 2 万人)等几十家企业建立了紧密联系,不定期组织学者到企业考察或举行座谈会,讨论企业社会责任运动的发展情况。如 2007 年 12 月 4 日,深圳大浪街道文化节"公民大讲堂"开坛,第一个主题就是企业社会责任。研究会应邀组织 3 位专家出席大讲堂,并对深圳大浪街道所在的 10 多家企业作企业社会责任的实地调研活动,与 10 多位企业家详细探讨深圳社会责任发展情况;2008 年 7 月 21 日,应南方电网公司的邀请,研究会组织 5 位专家到南方电网公司对《南方电网公司 2007 企业社会责任年度报告》进行评析,为南方电网公司修订报告提出了一系列的建议。

新劳动合同法颁布实施后,研究会秘书处组织专家到 40 多家企业解读新劳动合同法的实施。据统计,研究会相关理事与 40 多家企业的近 700 位企业高层管理人员共同探讨了新劳动合同法的相关问题,向大约 38000 前线工人讲解和宣传了新劳动合同法的内容。

8. 完善专业网站的建设并继续办好专业刊物

研究会通过完善四个专业网站的建设并继续办好《企业社会责任》杂志,为企业社会责任研究工作的开展搭建良好的平台。

2009 年开始,研究会对原网站:http://www. gdcsr. org. cn 进行改造,在保证原网站继续运行的前提条件下,顺利完成了改版工作,于 2010 年初推出了网站新版。2009 年 9 月开始,我们开通了《企业社会责任》杂志社网站:http://www. gdcsr. net. cn。2010 年 5 月,我们相继开通了《中国企业社会责任建设蓝皮书》网站:http://www. chinaISO 26000. com 和 ISO 26000 评估与研究所网站:http://www. ISO 26000china. com。据研究会于 2010 年 6 月对国内企业社会责任研究工作的跟踪分析,广东省企业社会责任研究会网站每天平均访问量超过 2200 人次,《企业社会责任》杂志社网站每天的平均访问量已经超过 1200 次。《中国企业社会责任建设蓝皮书》网站和 ISO 26000 评估与研究所网站每天的平均访问量已经超过 1000 次。以上四个网站已经稳居国内企业社会责任知名网站十名内。也就是说,目前拥有的这四个网站已经成为广东省企业社会责任研究会对外交流的重要平台。

2008 年研究会在香港注册《企业社会责任》(ISSN2073—6967)杂志社后,联合北京交通大学经济管理学院、广东商学院经济贸易与统计学院等单位联合出版发行《企业社会责任》杂志,并于 2009 年第四季度开始公开出版发行。每期印刷 5000 册,免费赠送国内外企业社会责任组织和专家学者。该杂志的顺利发行,填补了我国(包括:大陆、港澳台地区)没有企业社会责任专业杂志的空白,而且已经引起了国内外企业社会责任理论界和相关企业的高度关注。

9. 加强理事会成员交流合作并初步完成换届工作

为加强理事会成员之间的交流与合作,2009 年研究会秘书处先后组织了 20 多次理事会成员之间的交流活动,包括学术讲座、讨论会、座谈会、专项问题研究等。2009 年 2 月 14 日,就研究会发展现状和未来发展规划问题在广州四海酒家举行座谈会。参加会议的理事会成员包括:广东省社会科学院教授黎友焕博士;中山大学岭南学院副院长、经济学教授陈宏辉博士;华南理工大学副教授晁罡博士;广州市工商行政管理局增城分局伍大军副局长;广东外语外贸大学财经学院系主任、副教授安凡所博士;华南农业大学经济管理学院副院长、教授万俊毅博士;广东金融学院副教授张长龙博士;广东省社科联副研究员郑红军博士;暨南大学经济师邓江年博士以及广东省社会科学院硕士研究生龚成威等。通过以上一系列的交流活动,加强了研究会会员间的沟通,强化了研究会对会员的凝集力。

　　然而,理事会成员之间的交流与合作工作也不完全尽如人意。为进一步推动国内企业社会责任建设,认真履行研究会的社会职责,早在2008年会和2009年会上,不少会员就强烈要求进一步加强会员管理工作,要求广大会员应该积极为研究会服务。其中,不少会员要求应该把一些积极为研究会服务的会员调整到领导岗位,把一些挂名而不开展实质性工作的理事会成员换下来。为此,研究会还在2009年3月15日,发布(粤企社责函〔2009〕5号)"关于要求积极开展各类企业社会责任活动的通知",提出:"凡研究会会员都必须积极参加或组织开展各类企业社会责任活动,其中研究会理事,每届必须公开组织或主持一次以研究会名义主办或协办的50人以上参加的各类企业社会责任活动;研究会常务理事,每届必须公开组织或主持一次以研究会名义主办或协办的100人以上参加的各类企业社会责任活动;研究会副会长和副秘书长,每届至少必须公开组织或主持一次以研究会的名义主办的年会或120人以上的学术论坛。尤其是在院校及企业工作的会员,要积极推动研究会与所在单位共同举办各种讲座或研讨活动,同时也提倡会员主动联系其他单位与研究会共同举办相关的活动。该项活动记录,将作为会员考核的主要依据,并作为换届继续留任或变动岗位的重要条件。根据这些会议和文件精神,研究会于2010年初开始进行换届的准备工作,并在2010年6月26日的年会上如期进行。从换届的初步效果看,有不少企业社会责任专家补充到理事会来,新的理事会成员阵容更加强大、层次更高。

二、研究会工作成效及其社会影响概况

　　2007年以来,各种媒体就企业社会责任领域向研究会约稿200多篇,向研究会采访企业社会责任相关问题近2000人次,各种组织邀请研究会派员参加各类企业社会责任会议超过1100次,其中地厅级以上政府部门要求研究会派专家出席会议的130多次。共有77家企业的年度社会责任报告邀请研究会参与评审,研究会专家提出的意见和修改建议都得到大家的好评。有333家企业要求研究会专家到企业作学术讲座,632家企业在企业社会责任建设或认证方面要求研究会给予咨询和帮助。到目前为止,有220多个国内外企业社会责任组织跟研究会建立了交流合作关系。研究会成立至今取得的工作成效及社会影响具体表现在:

一是科研成果方面。据不完全统计，到 2010 年底，研究会会员发表企业社会责任专业相关论文 3660 篇，出版专著 114 本。会员主持国家社科基金、国家自然基金和国家教育部人文社科基金 40 多项，主持广东社科基金、广东自然基金等省级纵向项目 50 多项。由研究会策划并编撰出版了多套专业系列丛书，具体包括：①由研究会编撰并由会员撰写的《企业社会责任系列丛书》已经由华南理工大学出版社于 2010 年 6 月陆续出版发行，首批 3 本著作：《企业社会责任》、《企业社会责任理论》和《企业社会责任实证研究》是研究会会长黎友焕主持的国家社科基金项目"强化企业社会责任研究"的项目成果，由研究会 14 名理事参与编著，现已出版发行，另外 5 本：《企业社会责任概论》、《企业社会责任基础》、《企业社会责任实务》、《中国企业社会责任研究》和《国际企业社会责任运动研究》等已经在撰写或校稿之中。②由研究会与北京交通大学经济管理学院等院校联合编撰的《中国企业社会责任研究专家文库》的相关编撰工作已经启动，其中，由研究会理事编撰的个人专著《企业社会责任管理战略》和《企业社会责任与人力资源竞争力》等专著已经在校稿之中，本研究文库预计 2011 年中旬开始将陆续公开发行。③由研究会与北京交通大学经济管理学院等院校联合编撰的《中国企业社会责任研究优秀文库》的相关编撰工作已经启动，其中，由研究会理事编撰的个人专著《企业社会责任与劳工保护》和《中国企业社会责任研究》等专著已经在校稿之中，本研究文库预计在 2011 年底开始陆续公开发行。④鉴于 ISO 26000 研究的紧迫性，研究会决定在 2010 年底开始启动《ISO 26000 系列丛书》的编撰工作，其中《ISO 26000 中英文版对照》、《ISO 26000 管理战略》等书已经开始编撰工作。上述四套企业社会责任系列丛书的编撰和出版发行将改变我国企业社会责任研究系统性和全面性不足的局面，系列丛书内容的深度和质量突破更是体现了我国企业社会责任理论研究的创新，也极大地提升了研究会在国内外的影响力和知名度。

此外，应中央财经大学企业公民研究中心的邀请，研究会在 2009 年参与编撰我国第一本企业公民蓝皮书——《中国企业公民报告（2009）》，研究会 9 名理事负责 11 万字的撰写工作，黎友焕会长任该蓝皮书副主编；由研究会与北京交通大学经济管理学院等单位共同编撰，主要由研究会会员执笔的《中国企业社会责任建设蓝皮书（2010）》约 55 万字已经于 2010 年 6 月由人民出版社公开发行。该书内容丰富、新颖，与国内其他类似蓝皮书有很大的区别并独具特色，必将在我国理论界产生巨大的影响。

二是社会影响方面。回顾研究会成立以来，每当我国发生企业社会责任的重大事件后，研究会都积极组织专家学者进行相关问题的研究，并与媒体互动，发表对问题的看法和评论，及时给社会各界提供明确的专家意见。据不完全统计，研究会会员近两年来在各种媒体发表对企业社会责任相关问题的研究意见超过 1000 人次，赢得了良好的社会形象。具体表现如下：①研究会参与了 2007 年 3 月 31 日羊城晚报报业集团和中国移动广东分公司在广州鸣泉居举办的羊城晚报财富沙龙暨"企业公民 VS 社会和谐"论坛，研究会会长黎友焕作为唯一主讲嘉宾在会上作了学术报告。②研究会会长黎友焕应邀出席羊城晚报 2008 年 1 月 17 日举行的财富沙龙 08 群英会暨战略研讨会。③2008 年 1 月 12 日，北京大学光华管理学院、中国企业联合会全球契约推进办公室、商务部《WTO 经济导刊》共同举办首届中国企业社会责任学术年会及征文活动，研究会推荐了 6 篇文章参加该活动。④2008 年 6 月 21 日，研究会作为特邀单位参与协办"岭南大讲坛·企业论坛第 7 期：和谐社会需要什么样的企业家？"，会议在暨南大学学术报告厅举行，研究会会长黎友焕教授作为主讲嘉宾参加了会议。⑤2008 年 10 月 8 日研究会作为主办单位，与佛山日报社和佛山市质量技术监督局在佛山新闻中心佛山传媒集团大楼三楼国际会议中心举办"佛山企业的社会责任"研讨活动，研究会会长黎友焕作主题演讲后，参会的近百家品牌企业代表们纷纷在佛山品牌企业社会责任倡议书上签名。⑥2009 年 7 月 13 日，我国第一本企业公民报告蓝皮书——《中国企业公民报告（2009）》蓝皮书在北京召开新闻发布会。研究会会长黎友焕博士在会上作了发言，认为该蓝皮书是中国研究企业公民领域中层次较高的专著，并与大家分享了广东省企业社会责任研究会编撰这本蓝皮书的情况和历程。通过参与该蓝皮书的撰写工作，提升了研究会在全国的影响力，扩大了理事会成员与全国其他地区专家学者的交流。⑦《中国企业社会责任建设蓝皮书（2010）》编辑委员会聘请现任全国政协副主席陈宗兴任顾问兼名誉主编，还邀请了国内外多位知名企业社会责任专家加入该蓝皮书的编委会，其成员阵容相当强大。此外，研究会拟于明年恢复《广东企业社会责任建设蓝皮书》编撰工作，与相关单位联合编撰出版发行，同时每年将进行"广东企业社会责建设 100 强"的评选工作并作为以后研究会的年度重点工作之一,相关具体工作已经在推进之中。

第三节　研究会面临的主要问题及未来的工作思路

在研究会各项工作不断推进的同时,研究会未来的发展也面临着不少问题,需要广大会员一起克服和努力。

一、目前面临的主要问题

首先,研究会完成换届工作后,不少理事会新成员在如何围绕研究会目标和使命开展工作方面需要引导和推动,研究会和理事会成员的社会影响力也亟待提高;其次,研究会经费不足严重影响了各项工作的有效开展,筹资压力巨大;再次,会员参与研究会年度常规工作的热情还有待提升。虽然研究会开展了各类活动,但会员参与的比例还处于相当低的水平,甚至一些会员根本就没有关心和参与这些工作,还是有一部分理事会成员只是挂名而不开展研究会的组织工作。

二、未来的工作思路

首先,研究会完成换届工作后,应该加强理事会成员的交流活动,加大理事会成员以研究会的名义举办各类活动的推动力度,建议研究会的领导(包括会长、副会长、秘书长和副秘书长)以身作则,主动搭建交流合作平台,积极以研究会的名义开展工作;其次,围绕开拓研究会发展空间和提升社会影响力的目标,有计划地逐步加大推进研究会的年度常规工作,尤其是把年度课题招投标、科研成果评选、两本蓝皮书、两套系列丛书和杂志的出版工作与各理事会所在单位的工作结合起来,推动这些常规工作的进一步深化;再次,创造性开展对外合作工作。充分利用研究会四个网站、两本蓝皮书和杂志社的影响力,与相关部门和组织合作开展活动,尤其是开展"企业社会责任建设先进单位"的评选工作,进一步提升研究会的社会影响力,拓展研究经费的来源渠道。

参考文献

广东省企业社会责任研究会 2007 年工作总结和 2008 年工作计划,广东省企业社会责任研究会 2008 年会暨第一届中国·南方企业社会责任论坛,广东商学院综合楼学术报告厅,2008 年 11 月 22 日。

广东省企业社会责任研究会 2008 年工作总结和 2009 年工作计划,广东省企业社会责任研究会 2009 年会暨第二届中国·南方企业社会责任论坛,中山大学岭南学院岭南堂三楼讲学厅,2009 年 12 月 5 日。

广东省企业社会责任研究会 2009 年工作总结和 2010 年工作计划,广东省企业社会责任研究会 2010 年会暨粤商伦理与社会责任国际研讨会,广东外语外贸大学北校区国际会议厅,2010 年 6 月 26 日。

广东省企业社会责任研究会第一届理事会工作总结和第二届理事会工作计划,广东省企业社会责任研究会 2010 年会暨粤商伦理与社会责任国际研讨会,广东外语外贸大学北校区国际会议厅,2010 年 6 月 26 日。

附件一　2010 年 1—12 月企业社会责任动态

● **广东省企业社会责任研究会网站完成改版**

1 月 3 日,我国首个经省级以上政府批准成立的企业社会责任专业"省一级学会"——广东省企业社会责任研究会网站 http://www.gdcsr.org.cn/顺利完成改版工作,该网站已经成为我国企业社会责任领域的知名网站,点击率位居同行前列。

● **中国电子科技集团公司组建质量安全与社会责任部**

国资委研究局 1 月 5 日消息,中国电子科技集团公司在原质量安全部的基础上组建了新的质量安全与社会责任部。

● **时尚传媒发布社会责任报告**

1 月 7 日,时尚传媒集团发布了首份企业社会责任报告。

● **阿里巴巴发布 2009 年度社会责任报告**

1 月 11 日,阿里巴巴在其滨江区的总部发布《开启新商业文明——阿里巴巴集团 2009 年度社会责任报告》,这是阿里巴巴集团发布的第三份社会责任报告。

● **国家人力资源和社会保障部课题组访问广东省企业社会责任研究会**

1 月 13 日,国家人力资源和社会保障课题组一行访问了广东省企业社会责任研究会,研究会会长黎友焕、副秘书长龚成威、常务理事张建涛、理事王星、李双双、戚志敏等研究会专家学者与来访官员一起探讨了当前国际与国内企业社会责任标准认证及认证标准的情况。

● **国家电网公司发布 2009 年社会责任报告**

1 月 27 日,国家电网公司于今天发布《国家电网 2009 社会责任报告》。

● **许继电气发布《2009 年社会责任报告书》**

1 月 29 日,许继电气股份有限公司发布《2009 年社会责任报告书》。

● **中钢集团发布中国企业在发达国家首个社会责任报告**

1月29日,中钢集团今日在北京和澳大利亚珀斯同步发布《中钢集团可持续发展澳洲报告》,这是中国企业第一次在发达国家发布的社会责任报告或可持续发展报告。

● **广宇集团发布2009年度社会责任报告**

2月1日,广宇集团股份有限公司发布《2009年社会责任报告》。

● **塔牌集团发布2009年度社会责任报告**

2月9日,塔牌集团股份有限公司发布《2009年度社会责任报告》。

● **英力特发布2009年度社会责任报告**

2月11日,宁夏英力特化工股份有限公司发布《2009年度社会责任报告》。

● **人民时评:从胡锦涛总书记讲话看媒体的"社会责任"**

2月12日,从胡锦涛总书记讲话看媒体的"社会责任",在中国,提媒体的社会责任,则另有一番深远意义。媒体不仅仅是政府与民众之间,是不同利益群体之间沟通的桥梁,更有望成为平衡社会的一种独立力量。

● **斯米克发布2009年度社会责任报告**

2月27日,上海斯米克建筑陶瓷股份有限公司发布《2009年度社会责任报告》。

● **首钢股份发布2009年度社会责任报告**

3月4日,北京首钢股份有限公司发布《2009年度社会责任报告》。

● **国元证券、中泰化学发布2009年度社会责任报告**

3月9日,国元证券股份有限公司发布《2009年度社会责任报告》。

同日,中泰化学股份有限公司发布《2009年度社会责任报告》。

● **华帝股份、天茂集团发布2009年度社会责任报告**

3月10日,华帝燃具股份有限公司发布《2009年度社会责任报告》。

同日,天茂实业集团股份有限公司发布《2009年度社会责任报告》。

● **太阳电缆、安泰科技、煤气化发布2009年度社会责任报告**

3月16日,福建南平太阳电缆股份有限公司发布《2009年度社会责任报告》。

同日,安泰科技股份有限公司、太原煤气化股份有限公司也发布《2009年度社会责任报告》。

● **苏宁电器发布 2009 年度企业社会责任报告**

3 月 16 日,苏宁电器股份有限公司发布《2009 年企业社会责任报告》。

● **闽福发 A 发布 2009 年度社会责任报告书**

3 月 18 日,神州学人集团股份有限公司(闽福发 A)发布《2009 年度社会责任报告书》。

● **五粮液、鲁泰 A、华菱钢铁、一汽轿车发布 2009 年度企业社会责任报告**

3 月 19 日,宜宾五粮液股份有限公司发布《2009 年度社会责任报告》。

同日,鲁泰纺织股份有限公司、湖南华菱钢铁股份有限公司、一汽轿车股份有限公司分别发布《2009 年度社会责任报告》。

● **泸天化、中国中期发布 2009 年度企业社会责任报告**

3 月 20 日,四川泸天化股份有限公司发布《2009 年度社会责任报告》。

同日,中国中期投资股份有限公司发布《2009 年度社会责任报告》。

● **新兴铸管、一致药业、东方钽业、神火股份、锡业股份发布 2009 年度企业社会责任报告**

3 月 23 日,新兴铸管股份有限公司、深圳一致药业股份有限公司、宁夏东方钽业股份有限公司发布《2009 年度社会责任报告》。

同日,河南神火煤电股份有限公司、云南锡业股份有限公司分别发布《2009 年度企业社会责任报告》。

● **焦作万方发布 2009 年度企业社会责任报告**

3 月 24 日,焦作万方铝业股份有限公司发布《2009 年度社会责任报告》。丰原生化、湖北宜化、复星医药发布《2009 年度企业社会责任报告》。

3 月 25 日,安徽丰原生物化学股份有限公司、湖北宜化化工股份有限公司发布《2009 年度社会责任报告》。

同日,上海复星医药(集团)股份有限公司与年报一起发布《2009 年度社会责任报告》。

● **中金岭南、圣农发展、柳工发布 2009 年度企业社会责任报告**

3 月 26 日,深圳中金岭南有色金属股份有限公司发布《2009 年度社会责任报告》。

同日,福建圣农发展股份有限公司、广西柳工机械股份有限公司发布

《2009 年度社会责任报告》。

● **中铝公司发布 2009 年社会责任报告**

3 月 27 日,中国铝业股份有限公司发布《2009 年社会责任报告》。

● **恩华药业发布 2009 年度企业社会责任报告**

3 月 30 日,江苏恩华药业股份有限公司发布《2009 年度社会责任报告》。

● **福晶科技、电广传媒发布 2009 年度企业社会责任报告**

3 月 31 日,福建福晶科技股份有限公司发布《2009 年度社会责任报告》。

同日,湖南电广传媒股份有限公司发布《2009 年度社会责任报告》。

● **《财经国家周刊》专访李荣融**

财经国家周刊 2010 年第七期 3 月 31 日消息,就市场广泛关注的"国进民退"、国有企业的监管和治理以及未来发展方向等问题,国资委主任李荣融接受了《财经国家周刊》的专访。李荣融表示,央企要履行经济、政治、社会责任,政府不能过多干预企业,不要发指令,但可以提出目标。企业的事应该由企业来决策。中央企业不仅要履行好经济责任,还要切实履行好政治责任和社会责任,要自觉执行好国家的经济政策。

● **山东首家企业社会责任研究机构揭牌**

中国企业新闻网山东频道 4 月 2 日消息,鲁东大学社会责任研究发展中心在烟台成立。

● **金融街发布 2009 年度社会责任报告**

4 月 6 日,金融街控股股份有限公司发布《企业社会责任报告》。

● **广东省企业社会责任研究会在广东松山职业技术学院举行企业社会责任建设专题报告**

4 月 7 日,由广东松山职业技术学院经管系主办的《经管讲堂》在该院举行系列讲座之第二场报告会,该院经管系主任、广东省企业社会责任研究会理事吴东泰副教授作了题为"企业的社会责任"的专题报告,100 多名师生出席了报告会。

● **浦发银行发布 2009 年度企业社会责任报告**

4 月 7 日,上海浦东发展银行股份有限公司公布了《2009 年年报》,同时披露《2009 年企业社会责任报告》。

●**国机集团发布首份社会责任报告**

　　新华网北京 4 月 8 日消息,中国机械工业集团有限公司 8 日在京发布《中国机械工业集团有限公司 2009 社会责任报告》。

●**中国华电发布 2009 年社会责任报告**

　　4 月 10 日,中国华电集团公司发布《2009 年社会责任报告》。

●**中粮集团发布 2009 年度社会责任报告国资委**

　　4 月 11 日消息,4 月 10 日,中粮集团有限公司发布《2009 年度社会责任报告》。

●**中国航天科工集团 2009 年度社会责任报告**

　　发布国资委研究局 4 月 13 日消息,4 月 12 日,中国航天科工集团公司发布《2009 年度企业社会责任报告》。

●**新中基发布 2009 年度社会责任报告**

　　4 月 13 日,新疆中基实业股份有限公司发布《2009 年度社会责任报告》。

　　关铝股份发布 2009 年度社会责任报告 4 月 20 日,山西关铝股份有限公司发布《2009 年度社会责任报告》。

●**奇正藏药发布首份藏药产业社会责任报告**

　　4 月 22 日,西藏奇正藏药股份有限公司与年报同时发布了《2009 年度社会责任报告》。

●**漳州发展发布 2009 年度社会责任报告**

　　4 月 23 日,福建漳州发展股份有限公司发布《2009 年度社会责任报告》。

●**广东省企业社会责任研究会会长、教授黎友焕博士应邀作企业社会责任学术报告**

　　4 月 28 日,中山市三乡镇经济转型与政府创新战略系列高端培训活动特别邀请我会派专家前往该镇为 200 多位镇村干部和企业领导作学术报告,广东省企业社会责任研究会会长黎友焕博士结合金融危机影响的背景,就珠三角企业怎么承担社会责任等问题作了专题讲座,受到了各界好评。

●**盐田港、海亮股份发布 2009 年度社会责任报告**

　　4 月 28 日,深圳盐田港股份有限公司发布《2009 年社会责任报告》。

　　同日,浙江海亮股份有限公司发布《2009 年度社会责任报告》。

● **中国中冶首份社会责任报告面世**

4月29日消息,中国冶金科工集团有限公司控股上市公司中国中冶发布首份社会责任报告。

● **中国移动发布2009年企业社会责任报告**

4月29日,中国移动通信集团公司在北京发布《中国移动通信集团公司2009年企业社会责任报告》。

● **中信银行发布2009年度社会责任报告**

4月29日,中信银行股份有限公司随年报同期发布《2009年度社会责任报告》。

● **广东省企业社会责任研究会到广东各地开展专题调研**

在2008年调研珠三角地区、2009年调研粤东地区的基础上,5月份,广东省企业社会责任研究会组织部分会员对湛江、茂名、梅州等地区进行企业社会责任专题调研,收集了一大批企业社会责任建设的实际数据。至此,广东省企业社会责任研究会已经完成对广东省各地级市关于企业社会责任问题的实地调研,为进一步开展广东省企业社会责任的研究奠定了坚实的基础。

● **外资企业社会责任座谈会在京召开**

5月5日消息,中国外商投资企业协会在北京召开了"外资企业社会责任座谈会"。

● **中石化发布2009年度企业社会责任报告**

中国石油化工集团公司网5月6日消息,中国石油化工集团公司发布了《2009年度企业社会责任报告》。

● **中国银行业协会发布2009年银行业社会责任报告**

新华网北京5月10日消息,中国银行业协会发布《2009年度中国银行业社会责任报告》。

● **深圳巴士集团发布《企业社会责任报告书》**

深圳新闻网5月14日消息,深圳巴士集团发布《企业社会责任报告书》。

● **第八次国际标准化组织社会责任会议将拟定新标准体系**

新华网哥本哈根5月17日消息,为期5天的第八次国际标准化组织(ISO)社会责任全体会议当地时间5月17日在丹麦首都哥本哈根开幕,会议将讨论并拟定新的社会责任国际标准ISO 26000的最终版本,预计发布时间为 2010 年 9 月。

●中国石油发布 2009 年度社会责任报告

5 月 19 日消息,5 月 18 日,中国石油天然气集团公司在京发布《中国石油 2009 年度社会责任报告》和国别报告《中国石油在苏丹》。按照中国石油社会责任报告发布制度,这是连续第四年发布企业社会责任报告,也是继去年的哈萨克斯坦国别报告后发布的第二份国别报告。

●中交集团发布 2009 年度企业社会责任报告

5 月 18 日,中国交通建设股份有限公司发布《2009 年度企业社会责任报告》,这是中交集团发布的第三份企业社会责任报告。

●中储粮总公司发布首份社会责任报告国资委网站

5 月 19 日消息,中储粮总公司发布首份企业社会责任报告《2005—2009 年中国储备粮管理总公司社会责任报告》。

●蒙电发布 2009 社会责任报告人民网

5 月 21 日消息,内蒙古自治区新闻办公室主持召开新闻发布会,发布《内蒙古电力(集团)有限责任公司 2009 社会责任报告》。

●荷兰《企业社会责任指引》在京发布法制日报

5 月 26 日消息,荷兰王国驻华使馆携手荷比卢工商协会,在京发布了《企业社会责任指引》,该指引是一个为荷兰在华企业及其在华供应商提供如何在中国实行负责任的商业行为的实用指南。

●工业企业社会责任指南发布

经济日报北京 5 月 26 日消息,中国工业经济联合会当天在京发布《中国工业企业及工业协会社会责任指南》。

●多家期货公司发布社会责任报告

5 月 27 日,当天度久恒期货、大陆期货、国泰君安期货、度中谷期货、度中财期货、度东吴期货、上海中期期货、东证期货、海通期货、华闻期货、华鑫期货、中信新际期货、度海证期货、度浙石期货、金源期货、度良茂期货、申银万国期货等十七家期货公司一同发布 2009 年社会责任报告。

●中欧企业社会责任论坛聚焦绿色可持续竞争力

文汇报 5 月 31 日消息,2010 年中欧企业社会责任全球论坛以"企业绿色可持续竞争力"为主题,5 月 30 日在中欧国际工商学院举行。

● **远东控股集团发布 2009 年度企业社会责任**

中国经济新闻网 5 月 31 日消息,5 月 28 日,远东控股集团有限公司发布了 2009 年度企业社会责任报告。

● **中电投发布 2009 年社会责任报告**

5 月 31 日,中国电力投资集团公司 5 月 27 日发布 2009 年社会责任报告。

● **广东省企业社会责任研究会推出企业社会责任专业系列丛书**

6 月起,由广东省企业社会责任研究会编撰的《企业社会责任系列丛书》(共 8 本)经华南理工大学出版社出版并陆续公开发行。第一批已经公开出版发行的包括:《企业社会责任》、《企业社会责任理论》和《企业社会责任实证研究》等。此外,广东省企业社会责任研究会与北京交通大学经济管理学院等院校联合编撰的《中国企业社会责任研究专家文库》(共 12 本)的相关编撰工作已经启动,将于 2011 年上半年开始将连续公开发行。

● **中国企业社会责任建设蓝皮书 2010 出版发行**

6 月,由广东省企业社会责任研究会与北京交通大学经济管理学院等单位共同编撰的《中国企业社会责任建设蓝皮书(2010)》由人民出版社公开出版发行。现任全国政协副主席陈宗兴担任蓝皮书编委会顾问和名誉主编。

● **华为发布 2009 年社会责任报告**

华为技术有限公司网 6 月 2 日消息,华为 5 月 31 日在北美发布了其当地首份《2009 年度企业社会责任报告》,6 月 2 日发布了《2009 年全球企业社会责任报告》。

● **招行 2009 年度社会责任报告发布**

综合经济日报 6 月 4 日消息,招商银行发布了《2009 年度社会责任报告》。

● **美国加州大学学者访问广东省企业社会责任研究会**

6 月中,来自美国加州大学伯克利分校政治学系伯克利亚太经济合作组织研究中心的韩籍吴承娟博士访问了广东省企业社会责任研究会,并成为广东省企业社会责任研究会的战略合作伙伴。

● **世博民企馆发布《企业家社会责任行动宣言》**

文汇报 6 月 16 日消息,15 日由中国青年国际创业计划(简称 YBC)发起的《企业家社会责任行动宣言》在上海世博会民企馆发布。

●广东电网首发社会责任报告

南方网 6 月 20 日消息,广东电网公司 19 日首次发布《企业社会责任报告》。

●中国一汽集团发布首份社会责任报告

综合中国汽车报 6 月 21 日消息,中国第一汽车集团公司发布了首份《企业社会责任报告》。

●2010 年广东省企业社会责任研究会年会暨粤商伦理与社会责任国际研讨会召开

6 月 26 日上午,2010 年广东省企业社会责任研究会年会暨粤商伦理与社会责任国际研讨会在广外大北校区国际会议中心召开。本次研讨会由广东外语外贸大学商英学院、广外大粤商研究中心及广东省企业社会责任研究会、《企业社会责任》杂志社和广东省社会科学综合开发研究中心主办。出席会议的嘉宾有广东省企业社会责任研究会会长黎友焕,光明日报理论版主编孙明泉、广东外语外贸大学副校长陈德萍等来自美国、英国和京、粤两地的 200多位专家、学者、企业家。

●企业社会责任专家学者、企业家相聚广州白云山畅谈企业社会责任

6 月 26 日下午,由广东省企业社会责任研究会、广东外语外贸大学、光明日报和《企业社会责任》杂志社等单位联合举办,以"谁有资格米编制和认证企业社会责任报告"为主题的"云山论道"学术论坛活动在广州市白云山"云山小站"咖啡厅举行。来自京、粤两地 10 多所高校及 20 多家企业、媒体的100 多名专家学者出席了活动。

●宝钢发布 2009 年企业社会责任报告

2010 年 7 月 6 日,宝钢集团在上海世博会中国馆发布《2009 年企业社会责任报告》,此报告以"这是我们的责任"为主题通过价值创造、诚信经营、环境改善三个基础项和员工、社区、供应链三个优先项为线索搭建了报告的框架,解读了宝钢对社会责任的独到理解。

●ISO 26000 评估与研究所网站完成

ISO 26000 评估与研究所是广东省社会科学综合开发研究中心于 2010 年4 月设立的中国首个事业单位性质的 ISO 26000 专业研究机构,该研究机构网站:http://www.ISO 26000china.com 于 2010 年 7 月改版完成。

●**中国农业银行发布 2009 年社会责任报告**

2010 年 7 月 22 日，中国农业银行发布《2009 年中国农业银行社会责任报告》，此报告是中国农业银行股份有限公司成立以来第二次公开披露的社会责任年度报告。《报告》从公司概况、服务三农、力保民生、扶助中小企业、打造绿色银行、客户至上、热心公益、关爱员工等方面，向社会公众全面报告农业银行 2009 年度履行社会责任情况。

●**企业社会责任研究方法创新座谈会召开**

2010 年 7 月 22 日，由广东省企业社会责任研究会会长、《企业社会责任》杂志社社长黎友焕博士主持的企业社会责任研究方法创新座谈会在广东省社会科学院学术报告厅举行。参会代表围绕主题"创新企业社会责任研究方法"进行了精彩的讨论。

●**2010 年 7 月 23 日胡润研究院发布了《2010 胡润企业社会责任 50 强》榜单。**

上榜 50 强企业中，有 32 家国内企业，其中仍然以国有企业居多，占 22 家；民营企业占 10 家。外资企业上榜数量从去年的 12 家增加 50%，到 18 家。其中拜耳和万科成为胡润 2010 最受尊敬的 CSR 项目。

●**佳能大连办公设备有限公司、大连正水设备环境工程有限公司发布可持续发展报告 2009**

大连市环保局 2010 年 7 月 30 日网站信息，佳能大连办公设备有限公司发布《可持续发展报告 2009》。

同日，大连正水设备环境工程有限公司发布了《2009 年度可持续发展报告》。

●**辉瑞制药有限公司发布 2009 年度可持续发展报告**

2010 年 7 月 30 日，辉瑞制药有限公司发布《2009 年度可持续发展报告》。

●**2010 中国纺织服装企业社会责任报告联合发布会在京举行**

新浪财经报道，2010 年 7 月 30 日，中国纺织工业协会在北京人民大会堂隆重召开 2010 中国纺织服装企业社会责任报告联合发布会暨 2005—2010 中国纺织服装行业社会责任建设五周年回顾、"落实责任你我同行"中国纺织服装行业节能减排绩效评价活动。

●**联合国全球契约·中国高层论坛在沪举行**

2010 年 8 月 2 日，"联合国全球契约·中国高层论坛"在上海世博会联合国馆举行。此次论坛围绕"全球契约可持续发展领导力蓝图与企业社会责任实践"等发展趋势开展研讨与交流,并向相关企业颁发了"2010 年全球契约·中国企业社会责任典范报告奖"。

●中国中煤能源集团有限公司发布 2009 年社会责任报告

2010 年 8 月 11 日,中国中煤能源集团有限公司发布了《中煤集团 2009 年社会责任报告》,此报告全面披露了中煤集团 2009 年履行经济、安全、环境、社会责任的情况,呈现了中煤集团履行社会责任的理念、目标、实践和绩效,生动诠释了中煤集团"美好生活动力源"企业使命的丰富内涵。

●东亚中国发布 2009 年企业社会责任报告

2010 年 8 月 14 日,东亚中国发布了《2009 年东亚中国企业社会责任总结报告》。

●广东省企业社会责任研究会成为毕业生实习基地

2010 年 8 月 18 日,广东科学技术职业学院与广东省企业社会责任研究会签订建立"毕业生实习基地"的合作协议。从今年开始,广东省企业社会责任研究会将每年接受广东科学技术职业学院部分毕业生前来实习。

●广东省企业社会责任研究会与汉道企业社会责任咨询传播机构强强联手共同推动企业社会责任建设

2010 年 8 月 21 日,汉道企业社会责任咨询传播机构(网站:www. csr-guide. com)与广东省企业社会责任研究会签订合作协议,合作管理广东省企业社会责任研究会单位会员。

●东芝(中国)有限公司发布 2010 年社会责任报告

2010 年 9 月 1 日,东芝(中国)有限公司发布《东芝集团 2010CSR 报告书》。

●企业社会责任前沿问题研究座谈会召开

2010 年 9 月 16 日,由企业社会责任研究专家黎友焕博士主持的企业社会责任前沿问题研究座谈会在广东省社会科学院召开,广东省企业社会责任研究会部分理事以及《社会责任》杂志社所有成员参加了这次座谈会。

此次会议黎友焕博士首先介绍了社会责任国际标准 ISO 26000 的最新内容,并针对下一步如何开展企业社会责任理论,特别是跟踪 ISO 26000 的最新进展,做了详细地阐述。接着参会成员就印度"强烈反对"社会责任国际标准

ISO 26000、国资委发布的《关于中央企业履行社会责任的指导意见》以及环保部表态正考虑制定鼓励环境责任保护的政策等社会责任前沿问题进行了深入探讨。

● **中国建材集团发布首份社会责任报告**

2010 年 9 月 17 日,中国建筑材料集团有限公司在北京召开"中国建材集团首次社会责任报告发布会",正式发布 2009 年社会责任报告,这也是我国建材行业中央企业发布的首份社会责任报告。

● **办好"中国第一本企业社会责任建设蓝皮书"和"中国第一本企业社会责任优秀案例集"工作座谈会召开**

2010 年 9 月 26 日下午,"办好'中国第一本企业社会责任杂志'和'中国第一本企业社会责任优秀案例集'工作座谈会"在广东省社会科学院学术报告厅召开,参加此次座谈会的有广东省企业社会责任研究会部分理事、《企业社会责任》杂志社编辑和《中国企业社会责任建设蓝皮书》编辑委员部分成员。

此次会议首先总结了自2004 年中国第一本企业社会责任专业蓝皮书《广东企业社会责任建设蓝皮书》(广东经济出版社 2004 年 12 月)出版以来,以黎友焕为首的企业社会责任团队取得的成就以及出现的新变化。其次就该研究团队接下来工作重点进行讨论,最后黎友焕博士发表了由《广东企业社会责任建设蓝皮书》转变编辑《中国企业社会责任建设蓝皮书》和《中国企业社会责任优秀案例集》的个人看法,同时要求团队所有成员对认真编辑好这两套系列丛书提出了一系列要求和建议。

● **山西义棠煤业公司、华润集团发布 2009 年社会责任报告**

2010 年 9 月 30 日,山西义棠煤业公司在太原花园国际大酒店会议中心发布首份企业社会责任报告《山西义棠煤业公司二○○九年度社会责任报告》。

同日,华润集团《2009 年企业社会责任报告》正式发布。此报告主要介绍了 2009 年度华润集团在依法经营、公司治理、科学发展、环境保护、节能减排、安全生产、顾客至上、质量第一、商业道德、职工权益保护、慈善公益等方面的信息,旨在使社会各界了解华润集团履行社会责任的理念和工作开展情况,听取各界意见,接受监督,改进工作。

●**多家知名企业加入广东省企业社会责任研究会**

2010 年 9 月 30 日,先后有:东莞市新宝利工艺品有限公司、汕头德财毛织服装有限公司、冠亚鞋业有限公司等企业申请成为广东省企业社会责任研究会会员单位,广东省企业社会责任研究会为上述企业颁发"广东省企业社会责任研究会单位会员证书"并授"广东省企业社会责任研究会会员单位牌匾"。

●**中国中铁股份有限公司发布 2009 年社会责任报告**

2010 年 10 月 14 日,中国中铁股份有限公司发布《社会责任报告——2009 年报》。

●**湖南首个直销企业社会责任报告发布**

2010 年 10 月 19 日,绿之韵集团企业社会责任报告发布会在园区隆重召开,该公司以此庆祝荣获国家商务部第 26 张直销牌照以及进驻中国市场七周年。

●**中国流通企业社会责任高峰论坛召开**

2010 年 10 月 22 日上午,由广州市国资委、广州商业总会、广东省社科院精神文明建设研究中心、广东人民出版社联合主办,广百集团承办的中国流通企业社会责任高峰论坛暨《广百集团社会责任蓝皮书》首发式在广州白云国际会议中心隆重举行。

●**东华工程科技股份有限公司发布 2010 年社会责任报告**

2010 年 10 月 28 日,东华工程科技股份有限公司发布《2010 年可持续发展报告》。

●**沈阳鼓风机集团有限公司发布 2009 年可持续发展报告**

2010 年 10 月 30 日,沈阳鼓风机集团有限公司发布《沈阳鼓风机集团股份有限公司 2009 可持续发展报告》。

●**ISO 26000 社会责任导则正式发布**

2010 年 11 月 1 日,在社会责任发展历程中具有里程碑意义的社会责任指南——ISO 26000 正式发布。ISO 26000 是国际标准化组织(International Standard Organization,缩写为 ISO)制定的一个国际标准文件——"ISO 26000 社会责任指南"(Guidance on Social Responsibility)的技术编号。该标准体系旨在帮助组织通过改善与社会责任相关的表现与利益相关方达成相互信任。

●湖北省农村信用社发布社会责任报告

湖北日报报道，2010 年 11 月 8 日，湖北省农村信用社发布社会责任报告。

●2010 企业绿色环保及社会责任主题论坛在京举行

2010 年 11 月 10 日，由新华每日电讯、半月谈杂志社、《参考消息·北京参考》和中国名牌杂志社联合举办的"2010 企业绿色环保及社会责任"主题论坛在北京国家会议中心举行。出席论坛的政府、企业及媒体代表围绕"环保·公益·责任"的主题展开交流和探讨，为中国环保公益事业的进一步发展提供参考。

●易才集团发布《2010 易才集团企业社会责任报告》

2010 年 11 月 11 日，易才集团《2010 易才集团企业社会责任报告》正式在上海新人力论坛对外发布。

●索尼（中国）有限公司发布 2010 年社会责任报告

2010 年 11 月 12 日，索尼（中国）有限公司发布了其第 5 份企业社会责任报告——《企业社会责任报告 2010》，该报告的主题为"为了下一代"。

●《中国企业社会责任建设蓝皮书（2011）》撰写工作分析会胜利举行

2010 年 11 月 13 日《中国企业社会责任建设蓝皮书（2011）》撰写工作分析会在广州市江河大厦胜利举行。此次会议由广东省企业社会责任研究会会长、《企业社会责任》杂志社社长、广东省社会科学综合开发研究中心主任黎友焕博士主持，《中国企业社会责任建设蓝皮书（2011）》编辑委员会成员近 20 人参加了会议。

●中国兵器工业集团发布《2009 年企业社会责任报告》

为综合反映兵器工业集团履行社会责任的实践，2010 年 11 月 18 日，中国兵器工业集团公司在北京发布《2009 年企业社会责任报告》。

●"第六届中国公关经理人年会暨构建企业社会责任基础上新型公共关系高峰论坛"在京隆重举行

由中国公共关系网主办的"第六届中国公关经理人年会暨构建企业社会责任基础上新型公共关系高峰论坛"于 2010 年 11 月 25 日在京举行。

●"金蜜蜂 2010 优秀企业社会责任报告中国榜"在沪举行

2010 年 12 月 1 日，由商务部《WTO 经济导刊》主办的"金蜜蜂 2010 优秀企业社会责任报告中国榜"在上海隆重发布。

● **《中国企业社会责任报告研究 2010》发布**

2010 年 12 月 1 日,《中国企业社会责任报告研究 2010》在上海发布。

● **第七届中国最佳企业公民评选在京举行**

2010 年 12 月 3 日,由《21 世纪经济报道》联合《21 世纪商业评论》发起的"2010 年中国最佳企业公民论坛"暨"第七届中国最佳企业公民评选"活动在北京市光华路 5 号国际会议中心举行。

● **"2010 第一财经·中国企业社会责任榜"在沪揭晓**

2010 年 12 月 8 日"2010 第一财经·中国企业社会责任榜"在上海环球金融中心盛大揭晓。

● **2010 中国·企业社会责任峰会胜利举行**

2010 年 12 月 16 日,由新华社新闻信息中心、新华网、新华每日电讯、参考消息、中国证券报经济参考报财经国家周刊联合主办的"2010 年度中国企业社会责任峰会"在北京人民大会堂举行。

● **中国首届 ISO 26000 国际论坛暨高级研修班隆重召开**

为了推广 ISO 26000 在我国的传播并加强我国有关部门的应对工作,2010 年 12 月 19 日,由广东省企业社会责任研究会、《企业社会责任》杂志社、广东省社会科学综合开发研究中心、ISO 26000 评估与研究所和《中国企业社会责任建设蓝皮书》编辑委员会联合主办的中国首届 ISO 26000 国际论坛暨高级研修班在广东省商学院完满召开。

此次研修班主要围绕"ISO 26000 社会企业责任标准"的颁布实施、将给我国经济社会带来的影响和应对之策三个主题来剖析 ISO 26000 未来在国际国内发展的机遇与挑战。

此次研修班不仅邀请了境内外知名社会责任研究专家作 ISO 26000 相关问题的主题发言,让大家分享专家们的研究成果,而且还邀请了来自各知名企业的高层管理者向大家共享他们的经验成果。

● **中国饮料行业第一部可持续发展报告发布**

2010 年 12 月 23 日,中国饮料工业协会对外发布了第一部《2010 中国饮料行业可持续发展报告》。

附件二 2010 年中国企业社会责任
研究成果统计大全

　　本部分中专著、研究报告通过港澳台图书馆书目检索数据库、CALIS 联合目录、搜索引擎(百度、Google、雅虎香港\台湾)及国内各大型网上书店、出版商网络书目等方式先进行模糊检索得到我国企业社会责任研究专著 27 册,检索而来。

　　博士论文、硕士论文、学术期刊则以中国学术期刊网(CNKI)为数据来源,主要以"我国企业社会责任"为检索词分别检索文章的关键词、提名等部分,分别在学术文献总库、中国学术期刊网络出版总库、中国博士学位论文全文数据库、中国优秀硕士学位论文全文数据库、中国重要会议论文全文数据库、中国学术辑刊全文数据库等各大数据库进行模糊检索,得到博士论文 53 篇、硕士论文 288 篇,期刊论文 545 篇等各类文献共 933 篇,同时也依据发表的时间先后次序排列。在此基础上把一些与企业社会责任关联不大的、来源期刊不正规的去掉,但把对企业社会责任研究具有一定见解的成果留下。最后汇集了 2010 年我国企业社会责任研究成果有 622 篇。

　　但由于本书篇幅有限,无法将学术期刊一一列出,在经过与蓝皮书编委会讨论及征询专家学者意见后,笔者在综合学术期刊文献的年度发表、学术程度、被引用次数、下载次数、学术意义以及其他综合因素作参考,整理汇编研究专著 21 册,综合研究报告 6 册,博士论文 15 篇、硕士论文 120 篇,期刊论文 333 篇。同时,我们添补了今年我国企业社会责任重要会议论文 22 篇,列入本蓝皮书"2010 年中国企业社会责任研究成果统计大全"的今年我国专家学者们在此领域的研究成果文献共计 517 项。

专著:21 册

序号	篇名	作者	出版单位	年/期
1	企业社会责任:理论与中国实践	黄晓鹏	社会科学文献出版社	2010 年 1 月
2	企业社会责任研究:一个新的理论框架与实证分析	辛杰	经济科学出版社	2010 年 1 月
3	商业利益与社会责任:企业社会责任的历史,现实与未来	陆致瑛	新华出版社	2010 年 1 月
4	责任成就卓越	张保文	华夏出版社	2010 年 1 月
5	企业社会责任报告的编制、发布与实施	刘光明	经济管理出版社	2010 年 2 月
6	企业社会责任与市场竞争力:企业社会责任在提升中国私营部门竞争力以及可持续发展中的作用	沈艳、姚洋	外文出版社	2010 年 3 月
7	企业社会责任和企业绩效:企业社会回应管理视角	李新娥	经济管理出版社	2010 年 3 月
8	动荡时代的企业责任:21 世纪面临的挑战	罗布·范图尔德(RobvanTulder)、刘雪涛、曹蓁蓁、姜静	中国经济出版社	2010 年 3 月
9	企业社会责任研究	李双龙	中国农业出版社	2010 年 4 月
10	企业社会责任报告编制指导	殷格非、李伟阳	中国人民大学出版社	2010 年 4 月
11	企业社会责任实证研究	黎友焕	华南理工大学出版社	2010 年 5 月
12	政府与企业社会责任:国际经验与中国实践	钟宏武、张唐槟、田瑾	经济管理出版社	2010 年 5 月
13	政府推进企业社会责任法律问题研究	王丹	法律出版社	2010 年 5 月
14	企业社会责任实践论	清川佑二、李明星	中国经济出版社	2010 年 5 月
15	企业社会责任	黎友焕	华南理工大学出版社	2010 年 5 月
16	企业社会责任理论	黎友焕	华南理工大学出版社	2010 年 5 月

续表

序号	篇名	作者	出版单位	年/期
17	论社会责任对公司治理模式的影响	佐藤孝弘	光明日报出版社	2010 年 5 月
18	企业社会责任	匡海波	清华大学出版社	2010 年 8 月
19	企业的社会责任:理论与实践	范红	清华大学出版社	2010 年 9 月
20	企业社会责任的履行与评价	上海质量管理科学研究院	中国标准出版社	2010 年 10 月
21	浅析我国企业社会责任之软法规制模式——以自律规则为例	刘中杰	人民出版社	2010 年

综合研究报告:6 册

序号	书名	作者	出版单位	年/期
1	深圳资本圈企业社会责任报告(2009)	深圳市证券业协会、深上市公司协会、冯玉	社会科学文献出版社	2010 年 2 月
2	中国企业社会责任建设蓝皮书(2010)	陈宗兴、黎友焕、刘延平、曹朋福、王凯	人民出版社	2010 年 6 月
3	中央企业履行社会责任报告 2010	王再文、赵杨	中国经济出版社	2010 年 7 月
4	广百集团社会责任蓝皮书	广百集团"社会责任蓝皮书"编写组	广东省出版集团,广东人民出版社	2010 年 9 月
5	保险行业企业社会责任年度报告(2010 辑)	中国保险行业协会	法律出版社	2010 年 10 月
6	中国企业社会责任研究报告(2010 版)	陈佳贵、黄群慧、彭华岗	社会科学文献出版社	2010 年 11 月

博士论文:15 篇

序号	中文题名	作者姓名	学位授予单位	学位授予年度
1	企业社会责任对竞争优势影响的实证研究	麦影	暨南大学	2010 年
2	企业社会责任与消费者支持关系的实证研究	高洋	辽宁大学	2010 年
3	中国上市公司社会责任信息披露效应的实证研究	李红玉	辽宁大学	2010 年
4	利益相关者视角下资源型企业社会责任研究	吉海涛	辽宁大学	2010 年
5	绿色物流的制度研究	刘冬林	武汉理工大学	2010 年
6	企业并购中劳动者劳动权保护法律问题研究	肖蓓	华中师范大学	2010 年
7	我国猪肉质量安全问题研究	修文彦	中国农业科学院	2010 年
8	企业社会责任与减缓贫困	陈锋	中国社会科学院研究生院	2010 年
9	构建和谐社会进程中我国企业社会责任建设研究	刘德佳	东北师范大学	2010 年
10	社会主义市场经济条件下的企业社会责任研究	程世宝	中共中央党校	2010 年
11	基于可持续发展视角的企业环境分析与评价研究	马小援	武汉大学	2010 年
12	劳资冲突的经济学分析	赵早	中共中央党校	2010 年
13	企业社会责任与顾客忠诚关系的实证研究	李海芹	华中科技大学	2010 年
14	农业企业的社会责任、创新与财务绩效关系研究	姜俊	华中科技大学	2010 年
15	企业环境责任论	陈红心	苏州大学	2010 年

硕士论文:120 篇

序号	中文题名	作者姓名	学位授予单位	学位授予年度
1	企业慈善捐赠与企业特征关系研究	伍方方	北京交通大学	2010 年

续表

序号	中文题名	作者姓名	学位授予单位	学位授予年度
2	当代中国企业伦理建设的理性思考	赵兴娟	新疆大学	2010 年
3	论新农村建设中乡镇企业的社会责任	余飞	中共湖北省委党校	2010 年
4	我国企业社会责任评价指标及方法研究	杨莉	西北大学	2010 年
5	企业社会责任与经营绩效的关系研究	王小婧	北京化工大学	2010 年
6	企业社会责任法律问题研究	韩晶晶	暨南大学	2010 年
7	基于低碳经济的中小企业综合业绩评价研究	刘源	重庆交通大学	2010 年
8	基于心理契约的国有企业员工工作倦怠的研究	陈莹	陕西师范大学	2010 年
9	中美工伤保险制度比较研究	李迪	江苏大学	2010 年
10	基于企业社会责任的商业银行经营有效性研究	吴景亚	南京理工大学	2010 年
11	基于节能减排视角的企业战略绩效评价体系研究	卢小玲	南京理工大学	2010 年
12	企业社会责任与企业绩效关系研究	吕妮颖	西北大学	2010 年
13	基于利益相关者理论的企业社会责任指标体系研究	田晓琳	北京交通大学	2010 年
14	企业社会责任观:企业与公众视角的对比研究	张栩	西南交通大学	2010 年
15	企业社会责任信息披露与企业特征	金征	北京交通大学	2010 年
16	国有出版企业社会责任现状及对策研究	周勇剑	上海交通大学	2010 年
17	我国农民工权益保护的公共对策	孙苗苗	青岛大学	2010 年
18	企业社会责任建构中的政府责任研究	袁静	青岛大学	2010 年
19	论我国产品质量监管法律制度的完善	贺建	湖南大学	2010 年
20	我国企业社会责任层次研究	张宗刚	山东经济学院	2010 年

序号	中文题名	作者姓名	学位授予单位	学位授予年度
21	构建生产安全第三方管理模式探索	赵光磊	长安大学	2010 年
22	国有企业并购重组中的劳动者权益保护	邢成双	河北师范大学	2010 年
23	食品安全问题产生的原因及对策分析	张成程	东北师范大学	2010 年
24	中国有色金属工业上市公司企业社会责任评价研究	易稳	中南大学	2010 年
25	基于财务报告的我国企业社会责任评价模型研究	陈晶晶	华东师范大学	2010 年
26	我国企业慈善责任研究	米长亮	华东师范大学	2010 年
27	生态正义视角下我国环境责任保险制度研究	黎薇	湖南大学	2010 年
28	企业责任竞争力研究	谢毅	云南财经大学	2010 年
29	我国上市公司社会责任会计报告体系研究	白晓雨	贵州财经学院	2010 年
30	在高危行业强制推行安全生产责任保险研究	杨一帆	中国地质大学（北京）	2010 年
31	企业社会责任信息披露影响因素及经济后果研究	张建红	南京理工大学	2010 年
32	矿业企业社会责任评价指标体系研究	米林林	中国地质大学（北京）	2010 年
33	我国乳品行业社会责任缺失研究	李万里	南京理工大学	2010 年
34	经济责任审计评价指标体系设计	李莹莹	吉林大学	2010 年
35	民营企业社会责任的评价指标体系研究	张颖	吉林大学	2010 年
36	我国企业社会责任会计的构建研究	朱晨力	太原理工大学	2010 年
37	基于企业可持续发展报告的环境信息披露研究	岳燕	太原理工大学	2010 年
38	我国上市公司社会责任报告质量评价	张富龙	北京林业大学	2010 年
39	完善农民工住房保障政策研究	康海华	湖南师范大学	2010 年

序号	中文题名	作者姓名	学位授予单位	学位授予年度
40	企业社会责任对中国对外贸易国际竞争力的影响研究	郭文美	广东省社会科学院	2010
41	论企业公益广告对企业社会责任形象的塑造	李迎曦	安徽大学	2010 年
42	企业社会责任信息披露动因的实证研究	冯文彬	河北大学	2010 年
43	我国烟草企业社会责任管理组织体系研究	张议鸿	吉林大学	2010 年
44	基于利益相关者的企业社会责任评价指标体系研究	徐颖	安徽大学	2010 年
45	环境责任保险制度研究	熊平	西安建筑科技大学	2010 年
46	我国农村留守老人养老保障问题研究	徐春普	河南大学	2010 年
47	环境保护市场化研究	苏志兵	河南大学	2010 年
48	绿色经济与我国出口贸易研究	周婧	安徽大学	2010 年
49	基于和谐劳动关系的非公有制企业劳动争议研究	王孟	河南大学	2010 年
50	企业环境绩效评价研究	赵林林	河北大学	2010 年
51	企业社会责任建设中的政企关系研究	叶磊	复旦大学	2010 年
52	企业战略性社会责任及其竞争力培育研究	王翔	武汉理工大学	2010 年
53	中国商业伦理的当代建构	陈婕	复旦大学	2010 年
54	我国环境污染责任保险制度研究	刘新星	湖南大学	2010 年
55	农民工社会保障的现状及其影响因素分析	刘杨	山东大学	2010 年
56	我国环境责任保险制度研究	秦桂芬	复旦大学	2010 年
57	我国民营企业社会责任评价指标体系构建	王冰	山东经济学院	2010 年
58	中国的企业环境责任研究	张晓丽	青岛大学	2010 年
59	我国上市公司社会责任信息披露与公司特征研究	陈兰	北方工业大学	2010 年

续表

序号	中文题名	作者姓名	学位授予单位	学位授予年度
60	我国医药生物企业社会责任贡献与股价的相关性研究	李磊	武汉理工大学	2010 年
61	外资企业履行社会责任的个案考察	丁睿	苏州大学	2010 年
62	低碳经济背景下企业环境社会责任追究机制研究	闵宁莉	中南大学	2010 年
63	企业员工社会责任心的实证研究	高磊	重庆大学	2010 年
64	上市公司社会责任信息披露影响因素分析	邓冠群	东北林业大学	2010 年
65	论公司社会责任的司法化	安青邦	重庆大学	2010 年
66	"限塑令"执行困境及其化解研究	黄大君	电子科技大学	2010 年
67	企业环境责任法律问题研究	沈昌海	重庆大学	2010 年
68	绿色信贷的机理及激励机制研究	杨烨萍	福建农林大学	2010 年
69	行业协会限制竞争行为的法律规制	徐楠	中国科学技术大学	2010 年
70	基于利益相关者的企业社会责任研究	梁人为	上海师范大学	2010 年
71	企业社会责任的伦理维度研究	段玉明	西南大学	2010 年
72	跨国公司社会责任法律问题研究	刘文墨	大连海事大学	2010 年
73	论企业环境责任法律制度	李淑艳	吉林大学	2010 年
74	由"三鹿奶粉"事件引发的对企业社会责任的思考	卢晶	吉林大学	2010 年
75	企业社会责任的社会学研究	阎旭	吉林大学	2010 年
76	市场经济中国有企业社会责任研究	郭旸	吉林大学	2010 年
77	上市公司社会责任信息披露与公司特征、治理结构的关联性研究	满艳凤	吉林大学	2010 年
78	煤炭企业环境成本核算与控制研究	袁眉	太原理工大学	2010 年

序号	中文题名	作者姓名	学位授予单位	学位授予年度
79	董事信义义务与违信责任问题研究	徐福荃	兰州大学	2010 年
80	论有限合伙及其有限责任保护	凤维友	兰州大学	2010 年
81	法学视角下企业社会责任的实现	王汇杰	兰州大学	2010 年
82	从试点看我国环境责任保险法律制度的构建	王鸿斌	湖南师范大学	2010 年
83	我国反就业性别歧视法律问题研究	乔安丽	安徽大学	2010 年
84	基于环境质量成本模型的企业环境成本核算研究	高丽霞	兰州大学	2010 年
85	上市公司高管变更对公司绩效的影响研究	刘琴	安徽大学	2010 年
86	劳动者工资权益保护探析	王林	安徽大学	2010 年
87	国有企业社会责任法律问题研究	李清华	黑龙江大学	2010 年
88	企业合并的反垄断规制	郭栋	河南大学	2010 年
89	论就业权	颜双玲	广西师范大学	2010 年
90	中国环境责任保险制度研究	惠辉	西北农林科技大学	2010 年
91	伦理学视域下的企业社会责任研究	周莉萍	河南大学	2010 年
92	兰州市二氧化硫排污权交易市场构建研究	刘娥	兰州大学	2010 年
93	我国商业银行低碳金融战略的实施研究	王静	山东大学	2010 年
94	我国房地产企业社会责任与财务绩效关系研究	王丹丹	长安大学	2010 年
95	论我国消费者权益诉讼制度的完善	王晓	西南政法大学	2010 年
96	董事会特征与上市公司社会责任关系的实证研究	刘春生	山东大学	2010 年
97	《劳动合同法》实施后企业人力资源管理的相关问题与对策研究	罗艺尧	山东大学	2010 年

续表

序号	中文题名	作者姓名	学位授予单位	学位授予年度
98	公司终止后的环境责任制度研究	魏慧贤	西南政法大学	2010 年
99	职工上下班事故工伤认定	沈启勇	西南政法大学	2010 年
100	我国旅游上市公司社会责任与经济绩效关系研究	杨玲玲	山东大学	2010 年
101	基于灰色关联分析的国有企业绩效评价研究	危亭	山东大学	2010 年
102	企业社会责任与财务绩效互动关系研究	孙平	山东大学	2010 年
103	我国药品安全的监管问题探析	杨娜	山东大学	2010 年
104	枣庄市危险化学品安全管理问题研究	马兆端	山东大学	2010 年
105	职工参与制度的法律研究	卞广磊	中国政法大学	2010 年
106	我国医药类上市公司环境会计信息披露研究	庞慧茹	中国政法大学	2010 年
107	公司集团债权人的法律保护	王世锋	中国政法大学	2010 年
108	企业环境信息公开法律制度研究	崔赟	中国政法大学	2010 年
109	我国公司股东瑕疵出资的法律责任及立法取舍	余忠文	中国政法大学	2010 年
110	论国有改制企业隐名股东权益保护法律制度的完善	严新	中国政法大学	2010 年
111	国有企业高管激励机制的法律问题研究	贾梦灵	中国政法大学	2010 年
112	大规模产品质量侵权行为的受害人救济机制研究	石煜	中国政法大学	2010 年
113	新的企业模式——社会企业初探	蔡凌萍	天津大学	2010 年
114	我国行业协会垄断行为及损害赔偿责任研究	张慧	天津师范大学	2010 年
15	我国节能减排政策法律完善研究	李汶	西北农林科技大学	2010 年
116	我国高危行业安全生产责任保险制度研究	曹超	首都经济贸易大学	2010 年

续表

序号	中文题名	作者姓名	学位授予单位	学位授予年度
117	企业社会责任与公司财务绩效关系的实证研究	张锋	西安理工大学	2010 年
118	关于企业环境负债若干问题的思考	施铁熹	中国政法大学	2010 年
119	民营企业承担社会责任的评价体系研究	茅一岚	浙江工商大学	2010 年
120	企业社会责任与营运绩效实证研究	官群凯	上海交通大学	2010 年

学术期刊：333 篇

序号	题名	作者	作者单位	文献来源	发表时间
1	自主创新：后金融危机时代高新技术企业的社会责任	马华生	南宁高新技术产业开发区	改革与战略	2010/1/10
2	我国公益捐赠会计处理的法经济学思考	范伟红	西南政法大学民商法学院	经济问题探索	2010/1/10
3	我国企业履行社会责任的现状及对策研究	李坤	江苏财经职业技术学院	财会通讯	2010/1/15
4	上市公司社会责任信息披露现状及对策	孔龙、刘静	兰州商学院	商业会计	2010/1/15
5	企业社会责任壁垒对国际贸易的影响方式分析	郭桂环、秦玉娈	河北师范大学法政学院、石家庄经济学院	商业时代	2010/1/15
6	汽车制造企业社会责任评价研究	邓子纲	湖南省社会科学院	中国国情国力	2010/1/15
7	壳牌环境责任行为的经济机理及其启示	盛科荣	山东理工大学经济学院	生态经济	2010/1/16
8	论企业社会责任信息披露影响因素	陈文婕	湖南大学工商管理学院	财经理论与实践	2010/1/20
9	企业政府关系与企业社会责任：金融危机背景下中国企业的战略创新研究	王亚刚、席酉民、荣卫东	西安交通大学管理学院中国管理问题研究中心、圣路易斯大学约翰库克商学院	科学学与科学技术管理	2010/1/20

序号	题名	作者	作者单位	文献来源	发表时间
10	我国社会责任审计制度安排研究	董佳	宁波大学	现代企业	2010/1/20
11	金融危机下企业社会责任的承担	关欣	中央民族大学法学院	中国集体经济	2010/1/25
12	金融危机背景下国有企业经济功能和社会责任的思考	高菲	吉林大学经济学院	现代商业	2010/1/28
13	我国企业应用 GRI《可持续报告指南》的现状分析	郭晓慧、田翠香	北方工业大学经济管理学院	商业会计	2010/1/30
14	伦理视角下我国医药营销的发展与实践	师东菊、魏云鹏	牡丹江医学院	医学与社会	2010/1/30
15	中国企业社会责任财务绩效评价模型研究	王璟珉、魏东、岳杰	山东财政学院工商管理学院、山东大学经济学院、中共山东省委党校、山东经济学院	中国人口资源与环境	2010/2/5
16	企业社会责任履行"反哺平衡"论纲	郭安元	武汉大学经济与管理学院	生态经济	2010/2/10
17	当前消防安全重点单位消防管理中存在的问题及对策	陶琦	中国铁道科学研究院	铁道劳动安全卫生与环保	2010/2/10
18	试述民营企业承担社会责任的制度建设	雷杰、李蕾蕾、卢云成	昆明学院政法系	昆明学院学报	2010/2/15
19	论企业社会责任及其政府监管	红梅	内蒙古财经学院公共管理系	内蒙古社会科学（汉文版）	2010/2/15
20	探索中国纺织服装企业社会责任信息披露的形式	王晓媛	四川大学工商管理学院	商业文化（学术版）	2010/2/15
21	商业银行绿色信贷的国际比较研究及对我国的启示	林可全、吕坚明	华南师范大学经济与管理学院、华南师范大学外国语言文化学院	探求	2010/2/15

序号	题名	作者	作者单位	文献来源	发表时间
22	环境绩效信息披露及其影响因素实证研究——来自我国上市公司社会责任报告的经验证据	何丽梅、侯涛	北方工业大学经济管理学院、中国电子进出口北京公司	中国人口资源与环境	2010/2/15
23	企业社会责任缺失的原因探析	万顺福	四川师范大学经济与管理学院	人民论坛	2010/2/16
24	企业生态因子与企业社会责任关系研究	赵芸、李常洪、马佳	山西大学管理学院	山西大学学报（哲学社会科学版）	2010/2/20
25	日本企业的环境经营理念及其实践	程永明	天津社会科学院日本研究所	现代日本经济	2010/2/20
26	SA 8000 与国际劳工标准	孙训爽、卫薇	安徽国际商务职业学院	冶金经济与管理	2010/2/20
27	危机视域下企业社会责任的实现途径	胡慧华	首都师范大学政法学院	前沿	2010/2/25
28	企业责任竞争力的路径分析与策略选择	郑文智、林峰	华侨大学工商管理学院	太原理工大学学报（社会科学版）	2010/2/25
29	基于过程视角的企业社会责任评价指标体系	苗婷婷、徐鑫	武汉大学经济与管理学院	吉林工商学院学报	2010/2/28
30	我国企业社会责任中的慈善捐赠行为解析	梁华平	西安工业大学人文学院	重庆科技学院学报（社会科学版）	2010/2/28
31	保险企业社会责任探析	李勇杰	广东金融学院保险系	保险研究	2010/3/1
32	日本循环型社会法律体系的构建	孙静	滁州学院办公室	滁州学院学报	2010/3/1
33	家族企业社会责任及其规制	李红岩、李玉华	西安交通大学人文学院、山西财经大学公共管理学院	当代世界与社会主义	2010/3/1
34	我国企业社会责任法律问题研究	班帅	河北经贸大学法学院	法制与社会	2010/3/1

续表

序号	题名	作者	作者单位	文献来源	发表时间
35	中国上市公司企业社会责任的竞争优势战略属性研究——来自沪深两市 731 家上市公司经验证据	周晨	东南大学经济管理学院	华东经济管理	2010/3/1
36	规范我国企业社会责任问题的思考	黄志锋	华侨大学工商管理学院、黎明大学经济贸易系	华东经济管理	2010/3/1
37	试析政府推动企业履行社会责任的意义与途径	杨宝良	特华博士后科研工作站	江苏商论	2010/3/1
38	构建我国社会责任会计初探	韩雯	安徽财经大学	商业会计	2010/3/1
39	企业社会责任会计信息披露体系的构建	李丰团	郑州航空工业管理学院会计学院	商业会计	2010/3/1
40	公司社会责任的理论迷思与立法比较	古小东	中国科学院研究生院、中国科学院广州地球化学研究所、广东技术师范学院政法学院	商业时代	2010/3/1
41	我国运输行业上市公司企业社会责任信息披露情况研究	金征、祝祖强	北京交通大学经济管理学院	铁道运输与经济	2010/3/1
42	企业社会责任评价模型——基于中国中小企业的实证分析	杨钧	上海财经大学国际工商管理学院	未来与发展	2010/3/1
43	从工具主义到价值主义——试论我国企业环境责任价值取向的现状与前景	孙彬	中南民族大学法学院	咸宁学院学报	2010/3/1
44	市场化改革、工会缺位与劳动者利益	陈弘	南开大学马克思主义教育学院	延安大学学报（社会科学版）	2010/3/1
45	浅析企业慈善的必要性及其实现	王小青、刘海锋	浙江大学公共管理学院、浙江大学光华法学院	中国集体经济	2010/3/1

续表

序号	题名	作者	作者单位	文献来源	发表时间
46	名牌企业道德失范中的矛盾分析及对策	杜莹、尚鹏礼	河北经贸大学人文学院、河北经贸大学马列教学部	中国集体经济	2010/3/1
47	基于社会责任视角的中小企业融资问题研究	罗玉霞、李子珺	中南民族大学管理学院	中国乡镇企业会计	2010/3/1
48	试论医药企业社会责任的范畴及实现途径	李洁	南京中医药大学	中国药房	2010/3/1
49	"责任关怀"是企业很好的战略	潘德福	黑龙江省中小企业服务中心	中外企业家	2010/3/1
50	企业社会责任与经营绩效的关系分析	吴琳芳	郑州航空工业管理学院会计学院	财会通讯	2010/3/5
51	企业社会责任会计信息披露的研究	王韵	河南省信息管理学校会计统计系	河南财政税务高等专科学校学报	2010/3/5
52	金融企业社会责任的国际比较	郝向华	山东经济学院研究生部	山西财经大学学报	2010/3/5
53	国际社会的绿色投资指南实践	李霞、贾越、姜琦	环境保护部环境与经济政策研究中心、环境保护部环境发展中心	环境与可持续发展	2010/3/8
54	煤炭生产企业安全生产费会计处理	许存格	邢台学院	合作经济与科技	2010/3/10
55	企业社会责任会计信息披露问题研究	万寿义、张佳伟	东北财经大学会计学院、东北财经大学内部控制与风险管理研究中心成本管理理论与应用研究室、东北财经大学	现代管理科学	2010/3/10
56	质量安全、员工权益、环境保护三方面履责较优——《我国制药企业社会责任调查分析报告》摘要	于启武、郭文静、赵树基	中国医药行业社会责任研究课题组	WTO经济导刊	2010/3/15

续表

序号	题名	作者	作者单位	文献来源	发表时间
57	基于循环经济视角的企业社会责任报告信息披露研究	杜炜	武汉纺织大学会计学院	财政监督	2010/3/15
58	我国企业履行社会责任存在的问题及对策	彭志敏	陕西财经职业技术学院	兰州石化职业技术学院学报	2010/3/15
59	和谐社会下的企业社会责任研究	杜苇、徐继开、刘晓黎	中北大学	山西高等学校社会科学学报	2010/3/15
60	浅谈中国企业的社会责任信息披露	张晓清	山西金融职业学院	太原城市职业技术学院学报	2010/3/15
61	论我国企业社会责任董事制度的构建	杨贝	河南省政法管理干部学院	特区经济	2010/3/15
62	公司社会责任为何如此难以实现——基于理想和现实的思考	袁碧华	广东商学院法学院	西南民族大学学报（人文社科版）	2010/3/15
63	从循环经济角度看企业社会责任	李希强	兰州商学院	知识经济	2010/3/15
64	我国企业社会责任履行绩效评价体系构建研究——基于利益相关者理论及分项评价模式	赵杨、孔祥纬	北京交通大学经济管理学院	北京工商大学学报（社会科学版）	2010/3/16
65	基于法律视角分析企业社会责任的正当性	郭斌、田学辉	武汉科技大学文法与经济学院	湖北财经高等专科学校学报	2010/3/16
66	企业社会责任问题研究	周婧	北京工商大学商学院	财会研究	2010/3/18
67	中国农业企业社会责任信息披露研究——基于国内外农业企业的对标	陈辉	中南财经政法大学会计学院	宏观经济研究	2010/3/18
68	企业社会责任指数研究	王佳		世界经济情况	2010/3/18
69	论企业的环境社会责任	李作同	广西师范大学政治与行政学院	梧州学院学报	2010/3/19
70	药品商业贿赂的伦理学反思	赵琪、赵迎欢	沈阳药科大学	中国药事	2010/3/19

续表

序号	题名	作者	作者单位	文献来源	发表时间
71	2008 版 SA 8000 标准与中国劳动法比较（上）	周国银	人民大学深圳研究院	WTO 经济导刊	2010/3/20
72	我国的企业应不应该承担社会责任——从两大建材集团玉树赈灾捐款说起	韩永奇	山东省蓬莱市经济贸易局	建材发展导向	2010/3/20
73	企业社会责任内部规制力量探讨	赵晶	晋中学院公共管理学院	长治学院学报	2010/3/20
74	企业慈善的回报——基于长春消费者对王老吉捐款反响的调查	韩烨、李家琳	吉林大学经济学院	知识经济	2010/3/20
75	低碳经济趋势及我国的应对策略	张政航	南京审计学院国际审计学院	中国集体经济	2010/3/20
76	以"紫金矿业"事件为启示再议构建我国社会责任会计	李峰	洛阳理工学院会计学系	中国市场	2010/3/23
77	我国的汽车召回制度浅析	刘金霞	广东机电职业技术学院汽车学院	重庆科技学院学报（社会科学版）	2010/3/23
78	法律视角下强化企业社会责任的路径探索	赵海丽	中共绍兴市委党校法学教研室	北方经济	2010/3/25
79	西部地区矿业企业的社会责任探索	蒋楚麟	贵州省社会科学院	贵州社会科学	2010/3/25
80	上市公司社会责任信息披露研究——来自深圳证券市场石化塑胶行业 2005—2008 年的经验数据	赵凌云、康旭江	石家庄经济学院会计学院	经济与管理	2010/3/25
81	上市公司社会责任评价指标研究	徐泓、朱秀霞	中国人民大学商学院、中国人民大学	经济与管理研究	2010/3/25
82	食品安全、标准化与消费者参与——以经济法视野中的企业社会责任为视角	罗海林、杨秀清、刘灿	西南政法大学	山西财政税务专科学校学报	2010/3/25
83	公司社会责任的内容	韩庆丰	河北大学	商业文化（学术版）	2010/3/25
84	浅议我国企业社会责任的现状及对策	李孔月	济南铁道职业技术学院	商业文化（学术版）	2010/3/25

续表

序号	题名	作者	作者单位	文献来源	发表时间
85	富士康"跳楼门"事件的法律思考	周昕	中共武汉市委党校法学教研部	长江论坛	2010/3/25
86	企业社会责任的效用分析——以 SA 8000 认证为例	杜彬、李俊	企业社会责任杂志社	企业社会责任	2010/3/30
87	中国民营企业社会责任的现状与思考	曹明福、程昂	企业社会责任杂志社	企业社会责任	2010/3/30
88	民营企业慈善责任的阶段性构想与实现路径:基于浙江省的实证研究	刘藏岩、国宁宁	企业社会责任杂志社	企业社会责任	2010/3/30
89	略论中国传统文化优秀道德资源在企业家社会责任培养和履行中的作用	张广才	企业社会责任杂志社	企业社会责任	2010/3/30
90	基于企业社会责任的人力资本投资途径探索	陈淑妮、裴瑞芳	企业社会责任杂志社	企业社会责任	2010/3/30
91	地方政府推动企业社会责任	王星、龚成威	企业社会责任杂志社	企业社会责任	2010/3/30
92	解读我国企业社会责任	黎友隆、彭燕妮	企业社会责任杂志社	企业社会责任	2010/3/30
93	强化广东中小企业社会责任的思考	彭劲松、江华清	企业社会责任杂志社	企业社会责任	2010/3/30
94	中国企业社会责任研究的理论硕果——评《企业社会责任研究》	章林	企业社会责任杂志社	企业社会责任	2010/3/30
95	企业社会责任新发展——第二届中国·南方企业社会责任论坛综述	王星、郭文美	企业社会责任杂志社	企业社会责任	2010/3/30
96	广东省企业社会责任研究会 2009 年会综述	路媛	企业社会责任杂志社	企业社会责任	2010/3/30
97	第四届《新人里》高峰论坛综述	李双双	企业社会责任杂志社	企业社会责任	2010/3/30
98	中国企业社会责任研究新动态(2010 第一季度)	余立明	企业社会责任杂志社	企业社会责任	2010/3/30
99	记企业社会责任研究专家——黎友焕	路媛	企业社会责任杂志社	企业社会责任	2010/3/30

序号	题名	作者	作者单位	文献来源	发表时间
100	记企业社会责任研究专家——陈宏辉	王星	企业社会责任杂志社	企业社会责任	2010/3/30
101	记富有社会责任感的民营企业家——林义鸿	郭文美	企业社会责任杂志社	企业社会责任	2010/3/30
102	2009 中国企业社会责任缺失案例集	余立明	企业社会责任杂志社	企业社会责任	2010/3/30
103	基于员工视角的企业社会责任分析	吴小琼	西南财经大学	经营管理者	2010/3/28
104	试议经济全球化视阈下我国企业社会责任	姜丹丹	哈尔滨师范大学政法学院	边疆经济与文化	2010/3/31
105	企业社会责任的核心是构建和谐劳资关系	彭四平	南海东软信息技术学院	北方经济	2010/4/1
106	西北地区上市公司社会责任信息披露研究——基于甘肃省上市公司数据	廖富阔、陈寒	兰州商学院、河南科技学院	北方经济	2010/4/1
107	上市企业社会责任报告内容分析	夏虹、李赢	东华理工大学经济与管理学院、西南财经大学会计学院	财会通讯	2010/4/1
108	企业社会绩效评价指标体系构建	张绪娥	浙江嘉兴职业技术学院	财会研究	2010/4/1
109	中国国有企业改革演进:另一种视角的解读——关于"国退民进"与"国进民退"争议的思考	丁任重、王继翔	西南财经大学经济学院	当代经济研究	2010/4/1
110	石油石化大公司企业社会责任探析	单洪青	中国石化集团公司经济技术研究院	当代石油石化	2010/4/1
111	伦理学视阈下的绿色信贷	苏宝梅	济南大学政治与公共管理学院、山东省伦理学与精神文明建设研究基地	道德与文明	2010/4/1
112	基于 SEM 的我国劳动关系层面企业社会责任评价	张兰霞、吴小康、陈涛、蒲永清	东北大学工商管理学院	东北大学学报(自然科学版)	2010/4/1

续表

序号	题名	作者	作者单位	文献来源	发表时间
113	自觉承担社会责任是在全球金融危机背景下增强公司核心竞争力的重要方略——谈新《公司法》第5条的正当性与可操作性	刘俊海	中国人民大学法学院	法治论坛	2010/4/1
114	房地产企业社会责任管理研究——基于价值嵌入下的 CGR 整合框架视角	魏国平	广东轻工职业技术学院	广东轻工职业技术学院学报	2010/4/1
115	论我国《劳动合同法》的实施困境及对策	张乐	河南师范大学	行政与法	2010/4/1
116	企业社会责任作用于我国的新态势及其对我国民营企业出口的负面影响	吴华明	泉州师范学院陈守仁工商信息学院	合肥工业大学学报（社会科学版）	2010/4/1
117	民营企业社会责任法律规制的完善	刘爱华、张春玲	哈尔滨商业大学法学院	黑龙江省政法管理干部学院学报	2010/4/1
118	"责任关怀"是企业很好的战略	潘德福	黑龙江省中小企业服务中心	化工管理	2010/4/1
119	我国企业社会责任审计评价体系的构建	阳秋林、王娜	南华大学经济管理学院	价值工程	2010/4/1
120	日本的食品安全保障体制及对我国的启示	马伟锦、张正军	宁波大学外语学院	经营与管理	2010/4/1
121	后劳动合同法时代欠薪逃匿发生原因的法经济学分析	郑文才	厦门大学法学院	开发研究	2010/4/1
122	商业银行对企业社会责任的督促责任	卓雄华	厦门大学法学院	宁德师专学报（哲学社会科学版）	2010/4/1
123	赤道原则与我国银行业环保风险防范	郑伟、宋凯	中国农业银行结算与现金管理部	农村金融研究	2010/4/1
124	试论合伙企业的社会责任承担	郝磊	天津师范大学法学院	人民司法	2010/4/1
125	企业社会绩效与经济绩效相互关系的实证研究	陈煦江	重庆工商大学会计学院	软科学	2010/4/1
126	我国企业社会责任缺失的机理透析	王爱国、武锐	山东经济学院	山东社会科学	2010/4/1

续表

序号	题名	作者	作者单位	文献来源	发表时间
127	在华跨国企业社会责任问题浅析	沈倩环	广州工商职业技术学院	时代金融	2010/4/1
128	我国高校后勤企业责任文化研究——基于价值链战略模型	田书源	四川大学校办	西南民族大学学报（人文社科版）	2010/4/1
129	论我国和谐环境下经济中的企业社会责任	李欢	九江学院商学院	现代经济信息	2010/4/1
130	注重商业公共伦理提升企业国际竞争力	黄平	武汉大学政治与公共管理学院	学习月刊	2010/4/1
131	我国企业社会责任信息披露中存在的问题与对策	范睿	乐金电子（沈阳）有限公司	中国集体经济	2010/4/1
132	基于社会责任的企业、政府和消费者的博弈分析	李振	湖南科技大学商学院	中国集体经济	2010/4/1
133	中外企业慈善社会责任探源		本刊资料室	中国林业产业	2010/4/1
134	我国企业社会责任会计信息披露内容与形式研究	许道琼	广安职业技术学院	中国证券期货	2010/4/1
135	关于企业社会责任与社会责任会计的探讨	于增彪、何晴	清华大学	中国总会计师	2010/4/1
136	社会责任标准体系下的我国中小企业人力资源管理策略	喻剑利、曲波	大连理工大学管理学院、大连海事大学法学院	科技进步与对策	2010/4/7
137	浅议出版企业的社会责任	周勇剑	上海交通大学国际与公共事务学院	编辑学刊	2010/4/8
138	企业社会责任制度化与法律调整机制的转型	林海	江苏省社会科学院法学研究所	学海	2010/4/8
139	国外企业社会责任研究综述	禹海慧、曾鹃	湖南涉外经济学院工商管理系	改革与战略	2010/4/9
140	公众视野下企业社会责任的调查与分析	叶军、林鹏、黑仲玮、田文静、李墨、童哲	天津理工大学国际工商学院	改革与战略	2010/4/10

续表

序号	题名	作者	作者单位	文献来源	发表时间
141	以"社会责任理念"为导向的会计学本科专业课程体系研究——基于对南华大学会计学专业实践调查的分析	阳秋林、唐洋、胡海波	南华大学经济管理学院	湖南科技学院学报	2010/4/10
142	基于性质与功能的我国国有企业社会责任研究	乔明哲、刘福成	同济大学经济与管理学院、安徽财经大学	华东经济管理	2010/4/10
143	SA 8000 标准与我国体育用品制造企业发展研究	吴平、杨明	上海体育学院体育教育训练学院、贵州师范大学体育学院	体育科学	2010/4/10
144	中小企业社会责任发展现状和实践研究	史亚楠	山东大学管理学院	中国商贸	2010/4/10
145	生态文明视野下陶瓷企业社会责任研究	龚志文、郭灵、胡玲	景德镇陶瓷学院	中国陶瓷工业	2010/4/10
146	浅析我国企业社会责任之软法规制模式——以自律规则为例	刘中杰	西南政法大学	经济法论坛	2010/4/12
147	浅析民工荒下的企业社会责任	姚玉龙	甘肃政法学院管理学院	消费导刊	2010/4/12
148	三层次视角科学定位央企社会责任内容边界	李伟阳	国家电网公司社会责任处	WTO 经济导刊	2010/4/13
149	会计信息质量和关系型契约	庄智华	福州大学管理学院	福州大学学报（哲学社会科学版）	2010/4/15
150	对我国企业社会责任的现存问题及原因分析——以诚信为视角	刘晓艳	四川大学法学院	改革与开放	2010/4/15
151	基于社会责任的财务报告的改进	刘敏	辽宁大学	辽宁经济	2010/4/15
152	改革开放以来我国环境治理历程与展望	俞海滨	上海大学管理学院	毛泽东邓小平理论研究	2010/4/15
153	企业捐赠的动因与机制研究	孙万欣	景德镇陶瓷学院	特区经济	2010/4/15

序号	题名	作者	作者单位	文献来源	发表时间
154	问题与规避：对我国民营企业社会责任问题的思考与探索	宋振全	廊坊师范学院社会发展学院	中国商贸	2010/4/15
155	探析 SA 8000 对我国出口贸易的影响	丁玉梅	湖北工业大学经济与政法学院	中国商贸	2010/4/15
156	我国企业实施社会责任审计的基本依据、作用机理及实现路径	张正勇	西南财经大学会计学院	广西财经学院学报	2010/4/18
157	论企业的社会责任：发展、现状与未来	耿建新、张以宽、牛红军	中国人民大学商学院、北京工商大学商学院	中国总会计师	2010/4/18
158	我国企业社会责任建设的进展、问题及对策	景华明	武汉大学政治与公共管理学院	学习月刊	2010/4/19
159	新形势下企业履行社会责任的思考	林海斌、王安庆	中共辽宁省委党校	党政干部学刊	2010/4/20
160	商业银行社会责任：价值性与路径选择	张长弓	中山大学法学院	华南师范大学学报（社会科学版）	2010/4/20
161	转型期我国企业社会责任建设问题研究	叶萍	广州科技贸易职业学院	前沿	2010/4/20
162	我国企业实施社会责任审计的基本依据、作用机理及实现路径	张正勇	西南财经大学会计学院	南京财经大学学报	2010/4/25
163	浅谈企业社会责任与竞争力的关系	王沛、徐继开	中北大学	山西高等学校社会科学学报	2010/4/25
164	我国社会责任会计信息披露的现状及对策分析	黄丽、彭卉	广东工业大学	商业经济	2010/4/25
165	中国式企业社会责任探讨——基于中国移动企业社会责任报告的案例分析	郑菲	中南财经政法大学会计学院	现代商贸工业	2010/4/25
166	环境审计在太湖水污染治理中的实现机制与路径创新	黄溶冰、赵谦	南京审计学院国审学院、财政部财政科学研究所	中国软科学	2010/4/25

续表

序号	题名	作者	作者单位	文献来源	发表时间
167	我国房地产行业企业社会责任评价指标体系设计	武蓉燕、蒋瑜希、周黎明	南京财经大学会计学院	中国证券期货	2010/4/27
168	公共精神对企业社会责任建设的影响	谷高科、曹君	洛阳师范学院管理科学系、中煤集团	WTO 经济导刊	2010/5/1
169	关于我国企业社会责任的探讨	鞠龙克	西北师范大学政法学院	北京电子科技学院学报	2010/5/1
170	企业社会责任和财务绩效相关性研究——以沪市 A 股制造业为例	孔玉生、李菊	江苏大学财经学院	财会月刊	2010/5/1
171	《企业社会责任法》：企业践行社会责任的法制保障	雷兴虎、刘斌	中南财经政法大学法学院、中国计量学院法学院	法治研究	2010/5/1
172	论我国企业社会责任缺失的原因及其矫正——以国内近年发生的系列企业社会责任缺失案为例	邓泽宏、谭力	武汉科技大学	湖北社会科学	2010/5/1
173	我国金融企业社会责任的维度分析	肖蓉蓉	中国人民银行长沙中心支行	湖南工业大学学报（社会科学版）	2010/5/1
174	"富士康事件"对我国当前民营企业管理的启示	甄强	辽宁经济管理干部学院科研处	辽宁经济管理干部学院（辽宁经济职业技术学院学报）	2010/5/1
175	从"捐款门事件"看企业社会责任	杨正灼	四川省社会科学院法学所	南华大学学报（社会科学版）	2010/5/1
176	基于三层次金字塔模型的企业社会责任实现路径研究	高山、石建伟	南京中医药大学经贸管理学院	企业活力	2010/5/1
177	论道德意义上的企业社会责任	韩文龙、王朝明	西南财经大学经济学院	企业经济	2010/5/1
178	基于社会责任的企业捐赠探析	宋传文	山东科技大学（泰安校区）学生工作处	企业经济	2010/5/1

续表

序号	题名	作者	作者单位	文献来源	发表时间
179	政府推进企业社会责任的角色定位	钟宏武、张唐槟	中国社会科学院经济学部企业社会责任研究中心	人民论坛	2010/5/1
180	SA 8000 标准在我国的现状及原因分析	胡元礼、张琦	哈尔滨商业大学经济学院	商业经济	2010/5/1
181	丰田汽车召回事件引发的经济伦理学思考	朱维乔	广州航海高等专科学校继续教育学院	商业经济	2010/5/1
182	我国企业社会责任的现状分析及对策研究	谢慧	郑州大学	市场研究	2010/5/1
183	论民营企业在构建和谐社会中的主体作用	赵厚钊	中共攀枝花市委党校	四川行政学院学报	2010/5/1
184	我国环境合同社会化发展探讨	叶知年、陈秀瑜	福州大学法学院	西南农业大学学报（社会科学版）	2010/5/1
185	农村商业银行商业化经营目标与社会责任关系探讨	胡晓珍、杨龙	华中科技大学经济学院	现代金融	2010/5/1
186	马克思的资本生产社会责任批判对构建我国企业社会责任体系的启示	何平	桂林电子科技大学思政部	学术论坛	2010/5/1
187	关于完善企业社会责任会计的几点思考	张翠芳	中共韶关市委党校	中国集体经济	2010/5/1
188	企业社会责任的内涵与履行——基于公司、责任与社会的研究	李文臣	中国矿业大学管理学院	中国矿业大学学报（社会科学版）	2010/5/1
189	我国质量诚信体系建设亟待完善	王勇	国家质检总局	中国林业产业	2010/5/1
190	突发公共卫生事件时制药企业的社会责任	蒋蓉、邵蓉	中国药科大学国际医药商学院	中国药业	2010/5/1
191	浅议公共健康危机频发下的制药企业社会责任	蒋蓉、邵蓉	中国药科大学国际医药商学院	中国医药工业杂志	2010/5/1
192	CAS 理论视角下民营企业社会责任分析	王环环、诸波、冯利花	西南财经大学	财会通讯	2010/5/10

序号	题名	作者	作者单位	文献来源	发表时间
193	企业的道德责任:补救,抑或追寻	周官平	黄冈师范学院政法学院	黄冈师范学院学报	2010/5/10
194	"双赢"模式下的战略性企业社会责任研究	韩瑞婷	西安石油大学经济管理学院	经营管理者	2010/5/10
195	煤矿雇主责任保险的现状及发展构想	段靓	南京航空航天大学经管学院	煤炭科技	2010/5/10
196	浅析我国煤炭企业加强社会责任的意义	赵诺、孙凤艳	神华宝日希勒能源公司水电公司、神华宝日希勒能源公司	内蒙古科技与经济	2010/5/10
197	完善我国社会责任会计信息披露的建议	刘晓红	河北能源职业技术学院	商业会计	2010/5/10
198	浅论上市公司社会责任审计	黄光聆、李素银	华南理工大学经贸学院、暨南大学管理学院	商业会计	2010/5/10
199	企业社会责任信息披露影响因素研究	马丽、刘秋顺、马欢	河北经贸大学	现代商贸工业	2010/5/10
200	企业参与慈善捐助应协调好相关方利益	杜云岳、孙俊婕	中央财经大学	WTO 经济导刊	2010/5/13
201	当前我国企业社会责任会计信息披露探讨	李惠阳	中国电信股份有限公司厦门分公司	福建商业高等专科学校学报	2010/5/15
202	基于经济法视角谈企业的社会责任	杜彦庆	中山大学	经营管理者	2010/5/15
203	我国农村养老保障中的政府责任研究概述	邱晓星	天津师范大学政治与行政学院	山西师大学报(社会科学版)	2010/5/15
204	企业社会责任的公司治理因素研究	宋建波、李爱华	中国人民大学商学院	财经问题研究	2010/5/18
205	试论企业价值取向与社会责任	曹伟明	常州广播电视大学	经营管理者	2010/5/18
206	企业社会责任会计研究综述	姜莉	湖南大学会计学院	企业科技与发展	2010/5/19

续表

序号	题名	作者	作者单位	文献来源	发表时间
207	基于企业传播视角的我国上市公司社会责任实证研究	苏蕊芯、仲伟周	西安交通大学经济与金融学院	当代经济科学	2010/5/20
208	我国公司社会责任之公司法实现途径的完善	刘彦明	山西晋中学院	中国城市经济	2010/5/23
209	英国企业社会责任信息披露机制启示及借鉴	杨海燕	中南财经政法大学会计学院	财会通讯	2010/5/25
210	构建基于企业社会责任的劳动工资增长机制	吕景春	天津师范大学经济学院	南京社会科学	2010/5/25
211	论无固定期限劳动合同——兼评日本终生雇佣制	唐伶	电子科技大学中山学院经济与管理系	求索	2010/5/25
212	中央企业履行社会责任与财务管理创新	贾玮	北京市建筑设计研究院	人口与经济	2010/5/25
213	我国医药企业社会责任及其履行机制探讨	李洁	南京中医药大学	上海医药	2010/5/25
214	基于过程视角构建企业社会责任评价指标体系	苗婷婷、徐鑫	武汉大学	武汉商业服务学院学报	2010/5/25
215	试析我国电视媒体企业的社会责任	李小健	中国国际电视总公司中视旅游实业事业部	中国电视	2010/5/25
216	我国纺织与服装业上市公司社会责任报告及环境绩效信息披露研究	何丽梅、张洁	北方工业大学经济管理学院、北京吉乐电子集团有限公司	商业会计	2010/5/30
217	女大学生就业难解读与对策分析	李轮	河海大学公共管理学院	消费导刊	2010/5/30
218	后金融危机时代的企业社会责任	李艳芳、耿小博	河北大学管理学院会计系、河北大学艺术学院	中国商贸	2010/5/30
219	社会责任审计发展现状及方法研究	李艳	西安财经学院	财会月刊	2010/5/31
220	企业社会责任会计信息披露体系构想——基于全球企业社会责任报告的现状与发展趋势分析	刘红旗	南京航空航天大学	北方经济	2010/6/1

续表

序号	题名	作者	作者单位	文献来源	发表时间
221	我国企业社会责任信息披露问题的探讨	刘建琴	河南工程学院	财政监督	2010/6/1
222	我国企业社会责任发展现状	包君	西南交通大学	法制与社会	2010/6/1
223	校企合作：企业的社会责任	彭四平	南海东软信息技术学院	广东技术师范学院学报	2010/6/1
224	关于重大事故责任保险的相关思考	王凯	西南财经大学保险学院	经营管理者	2010/6/1
2010/6/1 225	老龄化社会下我国保险企业责任探究——基于长期护理保险的角度	孙访竹	西南财经大学保险学院		经营管理者
226	我国上市公司履行社会责任的现状与对策	申香华	河南财经学院	决策探索（下半月）	2010/6/1
227	我国企业社会责任建设存在的问题与对策	刘启民	青岛大学师范学院	科技信息	2010/6/1
228	构建良好外部推动机制促进国有企业履行社会责任	许宁	中国石油东北销售分公司	品牌与标准化	2010/6/1
229	重塑企业价值体系	李春苗	国务院发展研究中心	人民论坛	2010/6/1
230	我国企业社会责任发展历程及存在问题	杨宝良	特华博十后科研工作站	商业时代	2010/6/1
231	企业财务绩效与社会责任信息披露关系的实证研究	杨晓旭	石河子大学经济贸易学院	市场论坛	2010/6/1
232	中国社会责任投资的发展路径研究	姜涛、任荣明、袁象	上海交通大学安泰经济与管理学院、上海海事大学经济与管理学院	现代管理科学	2010/6/1
233	企业社会责任会计研究	宋杰	集美大学诚毅学院	学理论	2010/6/1
234	林业企业社会责任会计信息披露中存在的问题及对策	田月香	内蒙古呼伦贝尔市广播电视大学	中国林业经济	2010/6/1
235	实现企业社会责任若干问题解析	黄芳	重庆大学法学院、哈尔滨师范大学	北方论丛	2010/6/3

序号	题名	作者	作者单位	文献来源	发表时间
236	企业社会责任的理论基础	王汇杰、陈洪娇	兰州大学法学院	法制与社会	2010/6/3
237	缺陷产品召回制度的立法思考	卢修敏	广东广播电视大学、广东理工职业学院	行政与法	2010/6/5
238	我国法务会计发展现状及其对策探讨	康宽永	广州岭南国际企业集团有限公司	全国商情（理论研究）	2010/6/5
239	论剩余价值生产与企业社会责任	邱成梅	四川大学经济学院	现代商贸工业	2010/6/5
240	我国环境污染责任保险模式的立法选择	焦跃辉、李健		现代经济信息	2010/6/8
241	试论我国地方政府主导企业社会责任运动的困境	周霞	中山大学政治与公共事务管理学院、广东技术师范学院政法学院	求索	2010/6/10
242	民营企业市场营销中的社会责任探讨	巩象忠	淄博职业学院	中国商贸	2010/6/10
243	缺陷产品召回之统一立法——兼评《缺陷产品召回管理条例(送审稿)》	王淑珍	曲阜师范大学法学院	河北理工大学学报（社会科学版）	2010/6/15
244	企业社会责任与企业财务绩效的关系	李承原	东北财经大学会计学院	会计师	2010/6/15
245	企业社会责任会计信息披露存在的问题及对策分析	李静	大连新致软件有限公司	经营管理者	2010/6/15
246	企业社会责任报告评价体系的初步研究	龚明晓、周文华	上海立信会计学院会计与财务学院、上海财经大学会计学院	上海立信会计学院学报	2010/6/15
247	上市公司社会责任财务绩效评价体系构建	刘学青	天津科技大学	特区经济	2010/6/15
248	高校应用型教育与就业结构优化分析	王亚丹、李珍、张海枝	湖北工业大学商贸学院	现代商贸工业	2010/6/15

续表

序号	题名	作者	作者单位	文献来源	发表时间
249	浅谈我国核电企业社会责任会计信息的披露	杨波	中国广东核电集团有限公司财务部	现代商业	2010/6/15
250	当前我国涉环境群体性事件的特征、成因与应对思考	张华、王宁	中国人民公安大学	中共济南市委党校学报	2010/6/15
251	转制后中国出版企业的发展与社会责任	张志强	南京大学出版科学研究所	中国出版	2010/6/15
252	直销行业企业的社会责任	王雨本	首都经济贸易大学	中国工商管理研究	2010/6/15
253	日本发展绿色经济经验及其对我国的启示	严兵	江西科技师范学院建筑工程学院	企业经济	2010/6/16
254	社会责任体系对我国对外贸易发展的影响分析	丁洁、戴睿	四川大学经济学院	中国商贸	2010/6/16
255	我国企业跨国并购 CSR 公关战略探讨——以欧美市场为例	刘藏岩	温州大学商学院	国际贸易问题	2010/6/20
256	保险公司企业社会责任标准	武晨凤	兰州大学	现代商业	2010/6/20
257	我国零售企业社会责任指标体系的构建	刘文纲、梁征伟、唐立军	北京工商大学商学院	北京工商大学学报（社会科学版）	2010/6/25
258	浅析企业领导干部经济责任审计	吴晓红	江苏南通市审计局	财经界（学术版）	2010/6/25
259	我国企业文化中社会责任的缺失及对策	黎友隆	广东消费经济研究会	创新	2010/6/25
260	中国企业履行国际社会责任的探讨	李佳程	无锡江南大学太湖学院	全国商情（理论研究）	2010/6/25
261	富士康"连跳门"拷问农民工劳动权益保障——从企业社会责任视角分析对策	陈小曼	武汉科技大学	劳动保障世界（理论版）	2010/6/28
262	论社会责任对提升我国企业国际竞争力的影响	杨余	武汉江汉大学文理学院	现代商业	2010/6/28
263	中国运输仓储业大型企业社会责任现状分析	孙键	中国科学院研究生院	邯郸职业技术学院学报	2010/6/30

序号	题名	作者	作者单位	文献来源	发表时间
264	从"富豪捐赠承诺"谈私营企业的社会责任	陈璐	东北大学秦皇岛分校	经济论坛	2010/6/30
265	企业社会责任与竞争优势——基于万科集团的案例研究	周洁	中南财经政法大学工商管理学院	企业导报	2010/6/30
266	云山论道:白云上下一场特殊的CSR头脑风暴	丘新强	企业社会责任杂志社	企业社会责任	2010/6/30
267	粤商文化与高端服务产业发展:CSR角度分析	曾成	企业社会责任杂志社	企业社会责任	2010/6/30
268	审计视角下浅析企业社会责任建设	黎友隆、魏升民	企业社会责任杂志社	企业社会责任	2010/6/30
269	农业龙头企业社会责任与食品安全维护	汪凤桂、欧晓明、章裕发	企业社会责任杂志社	企业社会责任	2010/6/30
270	论后金融危机时代农民工就业信息服务体系的构建	张树旺、李登月、晁罡	企业社会责任杂志社	企业社会责任	2010/6/30
271	仿真式教学法在企业社会责任教育中的应用:以荷兰鹿特丹大学和企业社会责任学院的实践为例	吴易明、蔡永亮	企业社会责任杂志社	企业社会责任	2010/6/30
272	"三鹿奶粉事件"引发的企业社会责任深思	李娜	企业社会责任杂志社	企业社会责任	2010/6/30
273	我过企业社会责任的研究现状分析	徐月芳	企业社会责任杂志社	企业社会责任	2010/6/30
274	浅析《劳动合同法》实施对提高我国中小企业社会责任的影响及对策——基于劳动者权益保护角度	刘志业、李荣坤	企业社会责任杂志社	企业社会责任	2010/6/30
275	金融机构在低碳经济发展中的社会责任	张长龙	企业社会责任杂志社	企业社会责任	2010/6/30
276	企业社会责任培育过程中政府与企业的博弈行为分析	邓子纲	企业社会责任杂志社	企业社会责任	2010/6/30
277	浅谈传媒界的企业社会责任	申慧丽	企业社会责任杂志社	企业社会责任	2010/6/30

续表

序号	题名	作者	作者单位	文献来源	发表时间
278	我国企业社会责任理论研究的创新力作——评《企业社会责任理论》	姜甜	企业社会责任杂志社	企业社会责任	2010/6/30
279	中国企业社会责任建设的理论指导和时间参照——评《企业社会责任》	马睿	企业社会责任杂志社	企业社会责任	2010/6/30
280	《中国企业社会责任建设蓝皮书(2010)》书评	路媛	企业社会责任杂志社	企业社会责任	2010/6/30
281	理想的书籍是智慧的钥匙——评《企业社会责任实证研究》	魏升民	企业社会责任杂志社	企业社会责任	2010/6/30
282	广东省企业社会责任研究会 2010 年暨粤商伦理与社会责任国际研讨会综述	戚志敏	企业社会责任杂志社	企业社会责任	2010/6/30
283	2010 年 1—6 月份企业社会责任缺失案例汇集	余立明	企业社会责任杂志社	企业社会责任	2010/6/30
284	2010 年 1—6 月份企业社会责任活动动态	余立明	企业社会责任杂志社	企业社会责任	2010/6/30
285	提升电力企业核心竞争力的抓手	董长青	华北电力大学	全国商情(理论研究)	2010/6/30
286	我国企业参与慈善存在问题及对策研究	侯莉	山西财经大学马克思主义学院	学理论	2010/6/30
287	试论企业社会责任的法律完善	何伟伟	安徽财经大学法学院	洛阳理工学院学报(社会科学版)	2010/7/1
288	探析我国的社会责任会计	石玉平	中国外运江苏南通分公司	现代商业	2010/7/1
289	基于利益相关者理论的我国企业社会责任指标体系研究	姚立根、王华东	河北工程大学经济管理学院	河北工程大学学报(社会科学版)	2010/7/15
290	履行社会责任是纺织企业持续发展的助推器	吴芎	湖南华升株洲雪松有限公司	现代商业	2010/7/15
291	试论创意产业发展对企业社会责任缺失的优化作用	廖双红、肖雁飞	湖南科技大学商学院、湖南省产业经济研究基地	科技管理研究	2010/7/20

续表

序号	题名	作者	作者单位	文献来源	发表时间
292	企业社会责任会计信息披露现状与对策	张根文、朱永勇	合肥工业大学、滁州职业技术学院	财会通讯	2010/7/25
293	我国企业社会责任信息披露发展历程研究	吴丹红	湖北工业大学	财会通讯	2010/7/25
294	企业社会责任履行"反哺平衡"论纲	郭安元	武汉大学经济与管理学院	当代经济管理	2010/7/25
295	反就业歧视视角下的企业社会责任研究	郭毅玲	天水师范学院经济与社会管理学院	乐山师范学院学报	2010/7/25
296	农产品质量安全可追溯体系与企业社会责任构建	任光超、杨德利	上海海洋大学经济管理学院	湖南农业科学	2010/8/1
297	竞争法与消费者权益保护刍议	徐博嘉	西南政法大学	天津市工会管理干部学院学报	2010/8/1
298	我国工业企业对可持续发展的伦理责任	贾新婷	青岛职业技术学院	甘肃社会科学	2010/8/4
299	刍论从国家战略层面推进我国企业社会责任建设——以全球企业社会责任运动为视角	王双喜	渭南师范学院科技处	理论导刊	2010/8/5
300	政府在推进企业社会责任建设中应发挥的作用研究	任素娟	辽宁医学院公共卫生管理学院	中国市场	2010/8/8
301	履责动机与民营企业社会责任观——由"富士康连跳"现象引发的思考	苏蕊芯、仲伟周	西安交通大学	理论与改革	2010/8/10
302	国家保就业行动中的企业公民责任思考	葛秋萍、杨威	华中科技大学公共管理学院、武汉大学经济管理学院	中国行政管理	2010/8/10
303	企业社会责任研究	刘新民	华东师范大学法律系	社会科学	2010/8/15
304	企业社会责任制度构建中应着力化解的矛盾与对策	张继青	河南省委党校法学部	铁道警官高等专科学校学报	2010/8/15

续表

序号	题名	作者	作者单位	文献来源	发表时间
305	企业社会责任视野下的标准化与消费者参与——从食品安全问题切入	杨秀清	西南政法大学经济法学院	上海商学院学报	2010/8/16
306	现代企业社会责任管理探析	苏琳	吉林大学商学院	现代商业	2010/8/20
307	建立我国企业社会责任会计信息披露体系的思考	丁一琳	无锡商业职业技术学院	商业会计	2010/8/25
308	环境责任保险需求不足的成因及解决策略	郑彬	沈阳航空航天大学民航与安全工程学院	沈阳师范大学学报（社会科学版）	2010/8/25
309	综合性社会契约视角下的社会责任投资决策	杨钧	上海财经大学国际工商管理学院	生态经济	2010/8/30
310	论企业社会责任会计信息披露体系构建	林松池	温州职业技术学院	财会通讯	2010/9/1
311	金融危机背景下企业社会责任会计探讨	刘茹	中信银行股份有限公司沈阳分行	现代商业	2010/9/1
312	企业社会责任管理理论及在中国的实践	周绍朋、任俊正	国家行政学院、中国人民大学	国家行政学院学报	2010/9/10
313	GRI 体系下上市公司社会责任信息披露研究综述	吴浙雨、卜华	中国矿业大学管理学院	财会通讯	2010/9/15
314	国有企业社会责任实现路径探析	王丹	中国浦东干部学院	理论月刊	2010/9/15
315	论新型农村金融机构的社会责任	邓建军	中国人民银行宜春市中心支行	金融与经济	2010/9/20
316	我国航空企业社会责任体系构建	刘伟萍	中国民航大学经济与管理学院	人民论坛	2010/9/20
317	构建煤炭企业社会责任综合评价指标的探讨	赵诺	神华宝日希勒能源有限公司水电公司	内蒙古科技与经济	2010/10/5
318	蓝色壁垒对我国外向型中小企业的影响及对策	刘倩颖	周口师范学院	黑龙江对外经贸	2010/10/18

续表

序号	题名	作者	作者单位	文献来源	发表时间
319	一种战略性选择:企业慈善社会责任	张韵君	广东培正学院管理学系、武汉大学信息管理学院	当代经济管理	2010/10/21
320	强化企业社会责任构建和谐企业文化	田际遥	中共湖南省委直属机关党校	湖南行政学院学报	2010/11/13
321	美欧日企业社会责任实践比较研究	刘婷	北方民族大学商学院	商业时代	2010/11/13
322	和谐社会中加强中小企业社会责任的必要性	方巧云	浙江经贸职业技术学院国际贸易系	江西金融职工大学学报	2010/11/18
323	预算软约束下外部融资需求对企业社会责任披露的影响	翟华云	中南民族大学管理学院	中国人口资源与环境	2010/11/18
324	我国企业战略性慈善模式的现实思考	王春	苏州科技学院人文学院	苏州科技学院学报(社会科学版)	2010/12/25
325	广东省企业社会责任研究会2010年工作报告	黎友焕	企业社会责任杂志社	企业社会责任	2010/12/30
326	实证研究的理性光芒——评《企业社会责任实证研究》	宋晓玲	天津工业大学经济学院	企业社会责任	2010/12/30
327	ISO 26000 国际论坛暨高级研修班会议综述	郭思敏、陈小平	企业社会责任杂志社	企业社会责任	2010/2/30
328	ISO 26000 圆桌学术会议综述	陈小平、郭思敏	企业社会责任杂志社	企业社会责任	2010/12/30
329	中美企业社会责任学术交流会议综述——DrTimBartley专程拜访黎友焕教授	张钰莹	企业社会责任杂志社	企业社会责任	2010/12/30
330	社会责任重于泰山——访广东省社会科学培训中心客坐教授,深圳奔达康控股集团有限公司侯少藩董事长	郭思敏、黎德辉	企业社会责任杂志社	企业社会责任	2010/12/30
331	2010年7—12月份企业社会责任缺失案例汇集	陈小平	企业社会责任杂志社	企业社会责任	2010/12/30
332	2010年7—12月份企业社会责任活动动态	戚志敏	企业社会责任杂志社	企业社会责任	2010/12/30

序号	题名	作者	作者单位	文献来源	发表时间
333	社会责任运动三段论分析	卢勇、曹明祥	南京信息职业技术学院	企业社会责任	2010/12/30

中国企业社会责任重要会议论文:22 篇

序号	篇名	作者	会议名称	会议召开时间
1	跨国公司企业社会责任弱化的伦理分析	王智	第三届全国科技哲学暨交叉学科研究生论坛文集	2010-03-01
2	企业社会责任审计主体的选择及具体应用——基于我国政府审计的政治属性	朱贤磊	中国会计学会高等工科院校分会 2010 年学术年会论文集	2010-03-20
3	中国的体育用品企业如何实现企业社会责任与体育产业的成功融合——基于李宁发布国内体育用品行业的首份企业社会责任报告	杨远波、梁琳	2010(第 26 届)中国国际体育用品博览会暨体育产业与体育用品业发展论坛论文集	2010-04-01
4	企业社会责任信息披露与企业市场地位关系研究——来自食品饮料行业的经验数据	张晓洁、朱卫东	中国会计学会高等工科院校分会 2010 年学术年会论文集	2010-04-01
5	公益捐赠的税前扣除:理论、实践与改进	欧理平	中国会计学会高等工科院校分会 2010 年学术年会论文集	2010-04-01
6	责任指数、公司性质与环境信息披露	吴德军、唐国平	"环境会计与西部经济发展"学术年会论文集	2010-05-01
7	中国医药企业社会责任北京共识		中国医药行业社会责任论坛论文集	2010-05-01
8	我国制药企业社会责任调查分析报告	于启武、郭文静、赵树基	中国医药行业社会责任论坛论文集	2010-05-30
9	国外企业社会责任发展比较研究	刘仲文、张继广	中国会计学会高等工科院校分会 2010 年学术年会论文集	2010-06-17
10	论企业社会责任对企业价值观的重塑	黎友焕	第五届中国企业文化国际论坛《广东社会科学》增刊	2010-06-21

续表

序号	篇名	作者	会议名称	会议召开时间
11	企业社会责任报告鉴证的效果研究——基于声誉理论的分析	沈洪涛、王立彦、万拓	商誉会计研讨会	2010-06-26
12	中小企业社会责任投资及评价研究	徐光华、万文佳	中国会计学会高等工科院校分会 2010 年学术年会论文集	2010-06-30
13	加快 ISO 26000 研究履行学术前沿研究社会责任——在 ISO 26000 国际论坛暨高级研修班上的讲话	黎友焕	中国首届 ISO 26000 国际论坛暨高级研修班	2010-12-30
14	从 ISO 26000 角度看食品安全管理	左伟、潘永章	中国首届 ISO 26000 国际论坛暨高级研修班	2010-12-30
15	ISO 26000 对我国出口企业的影响	陈小平、王星	中国首届 ISO 26000 国际论坛暨高级研修班	2010-12-30
16	ISO 26000 对我国经济社会的影响及其对策	戚志敏、李双双	中国首届 ISO 26000 国际论坛暨高级研修班	2010-12-30
17	浅析 ISO 26000 未来在我国的推动	姜斌远	中国首届 ISO 26000 国际论坛暨高级研修班	2010-12-30
18	从 ISO 26000 看惠州市纺织服装企业社会责任现状及对策	徐宁、连剑华	中国首届 ISO 26000 国际论坛暨高级研修班	2010-12-30
19	ISO 26000:是指南还是标准?	陈宏辉、邹黎	中国首届 ISO 26000 国际论坛暨高级研修班	2010-12-30
20	ISO 26000:突破中小企业承担社会在恶人瓶颈的利器	陈宏辉、林洋	中国首届 ISO 26000 国际论坛暨高级研修班	2010-12-30
21	凤凰的梦想——ISO 26000 对我国 CRS 培训和咨询市场的影响	杨华召	中国首届 ISO 26000 国际论坛暨高级研修班	2010-12-30
22	ISO 26000 学术研讨会在广东省社会科学院举行	黄平辉	中国首届 ISO 26000 国际论坛暨高级研修班	2010-12-30

后　记

　　本书由北京交通大学经济管理学院、广东省社会科学综合开发研究中心、广东省企业社会责任研究会、《企业社会责任》杂志社和天津工业大学经济学院等单位共同主编出版，本书是在北京交通大学经济学院院长刘延平教授和广东省社会科学综合开发研究中心主任、广东省企业社会责任研究会会长、《企业社会责任》杂志社社长兼总编辑、广东省社会科学院教授黎友焕博士统一指导下共同完成的。刘延平教授和黎友焕教授根据目前我国企业社会责任建设的需要和各成员的优势研究方向确立了全书的研究框架。全书写作安排如下：

　　第一章由张艳（陕西教育学院数学系）负责

　　第二章由魏升民（《企业社会责任》杂志社）负责

　　第三章由路媛（ISO 26000 评估与研究所）负责

　　第四章由王星（广东省社会科学院）和黎友焕（北京交通大学经济管理学院）负责

　　第五章由张艳（陕西教育学院数学系）、郭继远（西安工程大学计算机科学学院）负责

　　第六章由李双双（广东省社会科学综合开发研究中心）和王凯（西安电子科技大学人文学院）负责

　　第七章由赵秀英（西北大学经济管理学院）负责

　　第八章由宋晓玲（天津工业大学经济学院）负责

　　第九章由章林（天津工业大学经济学院）负责

　　第十章由丘新强（广州南沙城市建设投资有限公司）负责

　　第十一章由姜甜（天津工业大学经济学院）、文志芳（天津工业大学经济学院）负责

第十二章由赵秀英(西北大学经济管理学院)负责

第十三章由黎友焕(北京交通大学经济管理学院)负责

附件一由郭思敏(《企业社会责任》杂志社)、戚志敏(广东企业社会责任研究会)和李超(广东省社会科学院)负责

附件二由郭思敏(《企业社会责任》杂志社)、陈小平(广东商学院经济贸易与统计学院)和齐晓龙(广东省社会科学综合开发研究中心)负责

全书具体的修改由曹明福、黎友焕、王凯负责,最后由刘延平、黎友焕、曹明福、王凯统稿,陈小平、文志芳和张艳对本书进行了全面地校对。

全国政协副主席陈宗兴对本书的写作给予了指导,并对书中的一些具体问题提出了宝贵的意见;人民出版社的李椒元为本书的出版付出了大量的努力,在此谨向他们致以衷心的感谢!

编者

2011-3-5